amsterdam

Susanne Völler
Anne Winterling

Senkrechtstarter

Der UNESCO war der Amsterdamer Grachtengürtel, Gesamtkunstwerk des ›Goldenen Jahrhunderts‹, die Auszeichnung »Welterbe« wert. Touristen lieben den Halbmond, der sich mit seinen Kanälen und Giebelhäusern, mit seiner Pracht und seinem Prunk um den Stadtkern legt. Dabei ist er doch tief im Alltag verankert und weit davon entfernt, ein Freilichtmuseum zu werden, wie die Amsterdamer nach der Nominierung zum Welterbe fürchteten. Den Ausverkauf an ausländische Investoren indes können nur die Stadtpolitiker stoppen …

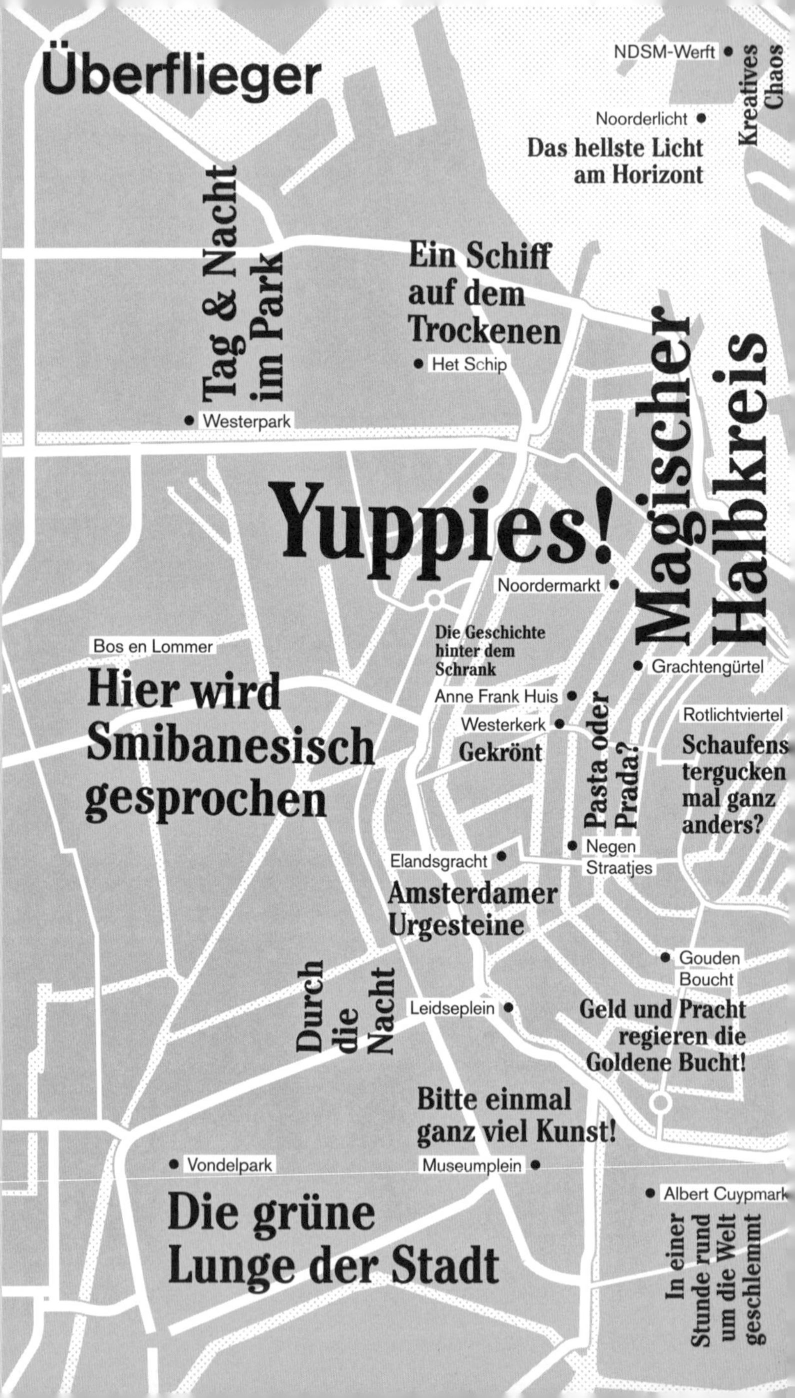

Überflieger

NDSM-Werft
Kreatives Chaos

Noorderlicht
Das hellste Licht am Horizont

Tag & Nacht im Park
Westerpark

Ein Schiff auf dem Trockenen
Het Schip

Magischer Halbkreis

Yuppies!
Noordermarkt

Die Geschichte hinter dem Schrank
Anne Frank Huis

Westerkerk
Gekrönt

Grachtengürtel

Bos en Lommer
Hier wird Smibanesisch gesprochen

Pasta oder Prada?
Negen Straatjes

Rotlichtviertel
Schaufenstergucken mal ganz anders?

Elandsgracht
Amsterdamer Urgesteine

Gouden Boucht
Geld und Pracht regieren die Goldene Bucht!

Durch die Nacht
Leidseplein

Bitte einmal ganz viel Kunst!
Museumplein

Vondelpark
Die grüne Lunge der Stadt

Albert Cuypmark
In einer Stunde rund um die Welt geschlemmt

Amsterdam— von Grachten durchzogen! Mal eben drüberfliegen, eine Runde über dem IJ drehen, über spektakulären Neubauten und altehrwürdigen Wahrzeichen kreisen.

Café De Ceuvel

Nachhaltigkeit trifft auf Coolness

Waterland

Eine Landpartie – raus mit dem Fiets

Big Eye is watching you!

Eye Filmmuseum

Het IJ

Wo kostenlose Fähren durchs Wasser pflügen

Aus dem Nichts erschaffen

Hauptbahnhof

Ankommen auf 9000 Holzpfählen

Muziekgebouw

Maestro

NEMO

Findet Nemo!

Die neuen Inseln

Hortus Botanicus

Kaffee hin & zurück

Micropia

Der schönste Schimmel der Stadt

Brouwerij 't IJ

Proost!

Amstel

Schneller geht's auf dem Wasser

Frisch, frischer, am frischesten

De Kas

Kreuz und quer

Fundstücke — zwischen Giebelhäusern und moderner Architektur, Grachten und dem breiten IJ, Industriebrachen mit Kunstpotenzial und lauschigen Cafés am Wasser. In Amsterdam bilden Gemütlichkeit und Avantgarde ein schönes Paar.

Schöne Aussichten

Amsterdam von oben? Ja, sicher. Zum Beispiel vom grünen Dach des Wissenschaftsmuseums NEMO – mit Wasserlandschaft und Liegestühlen ein Traum, auch ohne Museumsbesuch. Nervenkitzel gibt's auf dem A'DAM LOOKOUT, dem ehemaligen Shell-Turm: Dort können Sie über dem Abgrund schaukeln. Die SkyLounge des Hilton ist bekannt für ihre Cocktails, und, natürlich, die spektakuläre Aussicht!

Werft wird Brutplatz

Schnell rüber mit dem Boot zur ehemaligen NDSM-Werft, wo sich Künstler die riesigen Hallen zu eigen gemacht haben und viele Events gefeiert werden. Noch 'ne Werft: Der verseuchte Boden von De Ceuvel wurde mit Pflanzen entgiftet, das Café setzt auf Nachhaltigkeit. Seit Neuestem kann man bei diesem *broedplaats* sogar in einem der traditionellen Holzboote übernachten.

Gnadenlos

Wussten Sie, dass Rembrandts berühmtestes Bild, die »Nachtwache«, auf allen vier Seiten gekürzt wurde, weil das ursprüngliche Format an einem seiner Standorte, dem Amsterdamer Rathaus, für zu ausladend befunden wurde? Links mussten deshalb einige Personen weichen, der Trommler rechts wurde sogar in der Mitte durchgeschnitten. Überzeugen Sie sich selbst im Rijksmuseum.

›Gezellig‹ am Wasser zu sitzen, ist in Amsterdam Pflicht, ob mit Sandstrand und wunderbar bequemen Liegestühlen im Pllek oder direkt am ehemaligen Hafenbecken in Hannekes Boom oder ganz klassisch an der Gracht im Papeneiland. Wunderbar auf einem alten Boot sitzt man bei P96 an der Prinsengracht.

Shopaholics aufgepasst!

In Amsterdam gibt es alles: große Kaufhäuser, die üblichen Fußgängerzonen, teure Adressen, ein Antiquitätenviertel, wunderbare Concept Stores. Besonders gut aufgehoben ist hier aber, wer's gerne ungewöhnlich mag: kleine (Pop-up-)Shops, ungewöhnliche Ideen, witzige Typen hinter dem Ladentisch. Seit einiger Zeit ist *duurzamheid,* Nachhaltigkeit, ein großer Trend, der sich vor allem in Mode-, Kosmetik- und Schuhläden zeigt. Und noch etwas: Dutch Design genießt Weltruf, deshalb unbedingt bei moooi, Droog und Frozen Fountain vorbeischauen.

Der Wink mit dem Pfahl
Die Amsterdammertjes grenzten früher Fahrbahn und Fußweg voneinander ab. Durch erhöhte Seitenstreifen ihrer Funktion beraubt, begann die Stadt Anfang der 2000er-Jahre, sie rigoros abzubauen – bis ein Aufschrei durch Amsterdam ging: Das Wahrzeichen mit den drei Andreaskreuzen sollte bleiben. So ist es dann auch gekommen.

Ausflüge an den Strand von Bloemendaal und Zandvoort gehören zu den Wochenendritualen der Amsterdamer.

Grüner wird's nicht

Wenn die riesigen Seerosen blühen, ist der Hortus Botanicus am schönsten. Er ist einer der ältesten Botanischen Gärten der Welt. Liebstes Grün der Amsterdamer ist aber der Vondelpark. Er ist ein Eldorado für Jogger, Skater, Radler, Verliebte, Freundescliquen, picknickende Familien … Das Schöne: Es ist für alle Platz, und man kann locker den ganzen Tag hier verbringen, am Ufer der Weiher, im Schatten gewaltiger Bäume, auf einer der Caféterrassen. Steigen Sie doch selbst aufs Fahrrad und unternehmen eine Tour in den Westerpark und die angrenzende Polderlandschaft. Zwischen Gänsen, Ziegen und Schafen lässt es sich prima bei Ons Genoegen einkehren.

In der NDSM-Werft sind neben Kunst und Kultur mittlerweile auch knallharte kommerzielle Interessen getreten.

Inhalt

Vor Ort

Altes Zentrum 34

Ehemaliges Judenviertel und Plantage 62

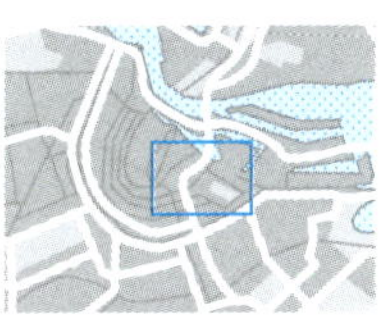

Grachtengürtel 88

Jordaan, Haarlemmerbuurt und Westerpark 120

Museumkwartier, Vondelpark und De Pijp 158

Oost 192

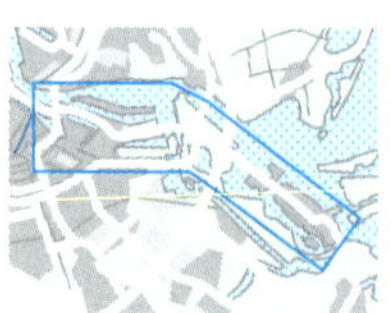

Noord 218

Das Kleingedruckte

Das Magazin

Stadtlandschaften

Dem Wasser abgetrotzt — Aus der Vogelperspektive erinnert Amsterdam an eine halbe Zwiebel: Schicht um Schicht, Ring um Ring hat sie dem Wasser immer mehr Land abgetrotzt und sich in alle Richtungen ausgebreitet.

Altes Zentrum und Grachtengürtel

Wo alles begann: Die Keimzelle der Stadt war eine Mini-Siedlung mit Dämmen und Deichen, die an der Mündung der Amstel lag, daher ihr Name ›Aemstelredamme‹. Im ältesten Stadtteil, dem **Oude Centrum,** brummt's. Kein Wunder, hier stehen die spektakulärsten Bauten Spalier, Königspalast und Oude Kerk etwa, wird im **Red Light District** im Schein der roten Lampen die Nacht zum Tag gemacht, weisen Pekingenten und Wackel-Buddhas den Weg in die kleine **Chinatown.** Intimer wird's, wenn man sich rechts und links vom hektischen **Dam,** der sich wie eine Schneise durchs Viertel fräst, in die schmalen Gassen schlägt.

Als Ende des 16. Jh. das alte Zentrum aus allen Nähten zu platzen begann, entstand das, was heute Jahr für Jahr Millionen Touristen in die Stadt lockt: der zwischenzeitlich als UNESCO-Welterbe geschützte **Grachtengürtel** mit Hunderten Kanälen, Quergrachten und Brücken. Hier war reich, reicher, am reichsten, wer sich ein stylishes Grachtenhaus an **Prinsen-, Keizers-** oder **Herengracht** leisten konnte. Viel Geld lagerte in der **Brouwersgracht** im äußersten Norden des Grachtengürtels in den Speicherhäusern in Form von Kakao, Zucker oder auch Pfeffer. Wen wundert's da, dass die wohlhabenden Amsterdamer auch ›Pfeffersäcke‹ genannt wurden?

Jordaan und Westelijke Eilanden

Doch auch der Grachtengürtel, der sich in Zwiebelringen um den alten Stadtkern legte, reichte irgendwann nicht mehr aus. Immer mehr Menschen kamen und blieben auch. Es entstanden neue Viertel, die sich wie eine Speckschicht um den Grachtengürtel schlossen – von Homogenität bis heute keine Spur. Zuerst war da der **Jordaan:** Hier lebten dichtgedrängt in schlimmsten Verhältnissen die Arbeiter, die den großzügigen Grachtengürtel erbauten. Eng ist hier noch immer alles, doch hat sich das Arbeiter- längst zum In-Viertel gemausert: mit Galerien, Läden und einer üppigen Café- und Terrassenlandschaft.

Als Wohnviertel ebenfalls total angesagt sind die Westlichen Inseln mit **Prinseneilands-, Realen-** und **Bickersgracht.** Doch geht es in dieser Idylle, in der vom 17. bis zum Beginn des 20. Jh. die ›dreckigen‹ Handwerke untergebracht waren, ausgesprochen ruhig zu. Grachten, Speicherhäuser und Zugbrücken auf den **Westelijke Eilanden** lassen an eine Zeitreise ins 17. Jh. denken.

›Neubauviertel‹ jenseits der Grachten

Im Gegensatz zur Enge von Jordaan und Westlichen Inseln wirkt die Weite des **Vondelparks** geradezu verschwenderisch: 48 ha ist der »Central Park Amsterdams« groß. Die Hauptstädter lieben den Landschaftspark, der in der zweiten Hälfte des 19. Jh. aus dem Polder gestampft und zu Hippiezeiten berühmt wurde. Sex, Drugs and Rock 'n' Roll waren hier in den 1970ern an der Tagesordnung.

Ironisch nannten Mittel- und Unterschicht die neu entstandenen Wohnviertel wie **De Pijp** »Gürtel des 19. Jh.«. Das einstige Arbeiterviertel verzaubert heute mit kreativer Energie und viel Multikultiflair, zahlreichen Kneipen, witzigen Geschäften. Klar ist Gentrifizierung hier ein Thema!

Wohlhabender ging es schon immer in der **Plantagebuurt** zu. In dem ehemaligen jüdischen Viertel dominieren weite Straßen und viel Grün. Und was machen Besucher hier? Zoo **ARTIS, Hortus Botanicus** und **Oosterpark** anschauen – logisch!

Rund ums IJ

Rund um **Hafen** und den Wasserweg **Het IJ,** der Amsterdam in eine gute und eine (ehedem) schlechte Seite teilt, entstanden im 20. und 21. Jh. angesagte Wohnviertel am und auf dem Wasser mit teils bahnbrechender Architektur. Amsterdam, das dem Wasser jahrhundertelang den Rücken zugekehrt hatte, setzte auf städtebauliche Aktivitäten, die ein vollkommen neues Bild von der Stadt prägten. Egal, ob im jetzt hippen **Noord** mit seinen kulturellen Highlights, den **Nieuwe Oostelijke Eilanden** (Neue Östliche Inseln), die mit ihrer Ikonenarchitektur Ende des 20. Jh. den Startschuss gaben, oder in **IJburg,** wo die Wohninseln im Wasser einfach auf (angespülten) Sand gesetzt wurden.

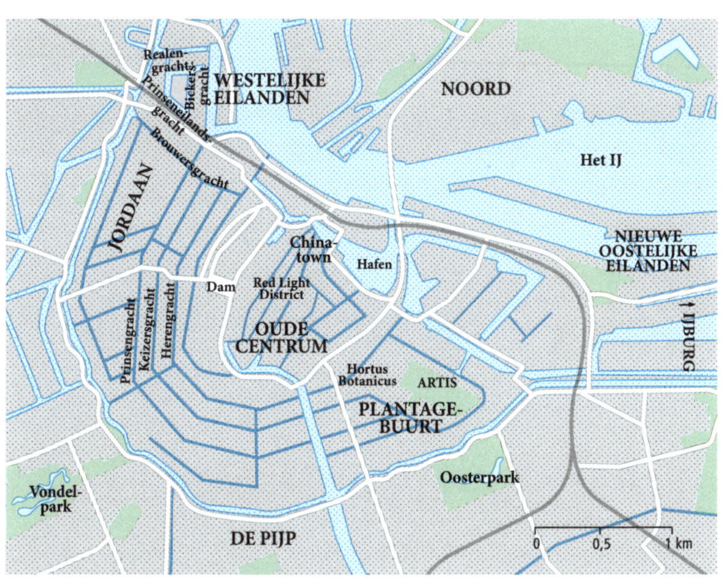

Essen ist mehr

Was, die Niederländer können kochen? – Aber hallo! Die Niederlande genießen zwar auf kulinarischem Gebiet nicht das hohe Ansehen Frankreichs oder Italiens, doch lassen sich in Amsterdam mühelos Restaurants aller Kategorien finden, die richtig ungewöhnliche Gaumenfreuden auftischen. Die Amsterdamer selbst gehen gerne auswärts essen – am liebsten in die kleineren, originell oder trendy eingerichteten Lokale. Beliebt sind aber auch die Grand Cafés mit ihren großen Räumen, hohen Decken und guter Küche.

Schwere Kost

Die traditionelle niederländische Küche ist deftig, Kartoffeln, Fleisch und Gemüse bilden noch immer die Basis fast jeder Mahlzeit, ob separat zubereitet oder vermengt in kräftigen, sättigenden Suppen und Eintöpfen wie dem *stamppot* (Kartoffeleintopf mit Kohl und Würstchen) oder der *erwtensoep* (Erbsensuppe). Im Lauf der Zeit fanden jedoch viele Eigenheiten der französischen Cuisine Eingang in die niederländische Küche oder wurden leicht verändert auf einheimische Speisen angewendet, so bei Lammfleisch von der Insel Texel oder Limburger Spargel.

Auf dem Albert Cuypmarkt gibt es nichts, was es nicht gibt. Lachsköpfe und Krabbenscheren – in welchem Topf die wohl landen?

Eine Reise um die Welt

Die jahrhundertelange Tradition der Gastfreundschaft und die koloniale Vergangenheit haben der niederländischen Küche ihren Stempel aufgedrückt und Amsterdam zu einer weltoffenen Küche verholfen, wobei die indonesische Küche eine ganz besondere Stellung einnimmt. Aufgrund der langen historischen Verbundenheit prägen zahlreiche indonesische Restaurants das Straßenbild der Stadt. Puristen schwören auf die nuancenreiche indonesische Schärfe. Auch der surinamischen Küche gebührt in Amsterdam ein besonderer Platz: Annähernd 70 000 Amsterdamer surinamischer Herkunft haben einer raffinierten Fusion Cuisine Geltung verschafft. In dieser Küche haben sich karibische, afrikanische, lateinamerikanische, libanesische, jüdische, chinesische und vor allem javanische Einflüsse niedergeschlagen.

als satt werden

Zu den meistgeliebten ›tussendoortjes‹, ›Zwischendurchleins‹ oder neudeutsch Snacks, zählt der ›Hollandse Nieuwe‹. Kopf in den Nacken und am Stück in den Mund – so wird der noch junge Hering traditionell gegessen. Mit dieser Prozedur nicht Vertraute müssen etwas üben, denn die zweite Hand hat hier eigentlich nichts zu suchen … Wird der Matjes als ›broodje haring‹ serviert, kommt er in einem hellen, leicht süßlichen Brötchen daher. Doch wie auch immer er über die Theke geht, ist der ›Nieuwe‹ von reichlich gehackten Zwiebeln und meist von ›zuur‹, einer sauren Gurke, begleitet. Und einem Genever. Den besten Matjes gibt's angeblich bei Stubbe's Haring am Singel, Ecke Haarlemmerstraat, oder auf dem Albert Cuypmarkt.

Poffertjes sind eine urniederländische Spezialität – das Gebäck ist nicht viel größer als eine Münze. Gut so, dann passt mehr in den Magen!

Auf die Schnelle ...

Belegte Brötchen sind die meistgeliebten *tussendoortjes,* Snacks. Von altem Gouda über Mozzarella, von Lachssalat bis hin zum knackigen Grün mit Ei und Tomaten variieren die möglichen Beläge. Doch es geht auch raffinierter, z. B. mit Kürbis, Feta, Kichererbsen, Spinat und Balsamicocreme – der Fantasie sind keine Grenzen gesetzt.
Doch auch ein Garnelenbrötchen oder ein *Hollandse Nieuwe* von einem der Fischstände am Wegesrand stillt den Hunger, vielleicht kombiniert mit einer riesigen sauren Gurke, einer *zure bom.* Auch exotischere Gelüste werden befriedigt: mit Kebab, Falafel oder *loempias* (Frühlingsrollen, auch vegetarisch). Um wirklich satt zu werden, empfehlen sich *patat,* wie Pommes hier heißen. Die frisch geschnittenen frittierten Kartoffelstäbchen unterscheiden sich positiv von der Ware, die in Deutschland üblicherweise serviert wird. Mit der Formel *patatje met* werden Pommes Mayo geordert, bei *patatje oorlog* werden Pommes und Zwiebeln in Mayonnaise und Satésauce getränkt.

Zu Schnaps und Bier

Wer so gegen fünf Uhr nachmittags ein *borreltje,* einen Schnaps, in einem der Bruine Cafés zu sich nehmen will, sollte dazu unbedingt eine *borrelgarnituur* bestellen. Zu einem Stückchen Gouda bekommt man dann unverfälschte Amsterdamer Ochsenwurst *(ossenworst)* und *bitterballen* (panierte, frittierte Ragoutbällchen) mit Senf, die meist sehr viel besser schmecken, als sie aussehen. Vegetarische *bitterballen* erobern sich gerade ihren Markt.

Im Gewächshaus essen – bei De Kas ist es möglich!

Wann was wo?

Die Mittagskarte in Eetcafés oder Restaurants unterscheidet sich oftmals erheblich von der am Abend. Mittags zwischen 12 und 14 Uhr nehmen viele Amsterdamer gewöhnlich nur einen kleinen Lunch zu sich – z. B. die belegten Brötchen, *belegde broodjes,* die häufig warm und mit reichhaltigen Belägen wie Lachs oder Ziegenkäse serviert werden. Auch Salate und Suppen sind beliebt. Teure Restaurants bieten hingegen auch Lunchmenüs an. Am Abend, zum Dinner, wird dann ausgiebig mit Vor-, Haupt- und Nachspeise getafelt. Aber Achtung: Die Niederländer essen recht früh zu Abend, und die Küchenzeiten der meisten Restaurants liegen etwa zwischen 17.30 und 22 Uhr. Aus diesem Grund sind bei Lokalen auch stets die Öffnungszeiten der Küche angegeben.

Eet smakelijk – aber wohin zum Essen?*

Wer in Amsterdam essen gehen möchte, hat eigentlich nur ein Problem: das der Qual der Wahl. Kleine Hilfestellung: Gehen Sie doch einfach in einer der folgenden Gegenden auf Entdeckungsreise.

Jordaan E/F 5–7: Vor allem nördlich der Rozengracht versammeln sich mehrere gute Eetcafés, einige Klassiker der Amsterdamer Küche sowie kleine Szene-Restaurants. Es ist besser zu reservieren.

De Negen Straatjes F 7: Das hippe Shoppingviertel zwischen Singel und Prinsengracht lockt auch mit angesagten Restaurants, etlichen Eetcafés und guten Frühstücksadressen.

Nieuwmarkt & Zeedijk Karte 2, **C 1–3:** An einem der ältesten Plätze der Stadt und dem von hier abzweigenden Zeedijk finden sich zahlreiche gute Speise-Adressen. Rund um den Platz locken diverse Lokale unterschiedlichster Preisklasse. An der Nieuwmarkt-Seite des Zeedijk dreht sich alles um die chinesische Küche – Pekingenten im Schaufenster kündigen es an. Kein Wunder, liegt hier doch das ›Epizentrum‹ Chinatowns.

Leidseplein F 8: Die wohl größte Anzahl an Restaurants, Eetcafés und Imbissen findet sich rund um den quirligen Leidseplein. Die Auswahl an Essgelegenheiten ist riesig, und hier wird auch der noch so späte Hunger gestillt. Ein zweites Hinsehen lohnt sich, es gibt viele Neppadressen.

De Pijp G/H 10: Im lebhaften De Pijp wird die Anzahl an (multikulturellen) Restaurants immer größer und das Angebot immer diverser. Rund um den Albert Cuypmarkt – eine super Adresse, um zu snacken – ist die Auswahl mit am größten.

* Wo Sie in den verschiedenen Stadtgegenden gut essen können, steht an Ort und Stelle im Buch.

TYPISCH AMSTERDAM

Frühstücken: In puncto *ontbijt* war die Stadt lange Brachland, das ändert sich gerade rasch, und die morgendliche Menükarte füllt sich mit Leckereien wie ›türkischen Eiern‹, Œufs Bénédicte, Pancakes, Granola, Joghurt, Säften.
High Tea: Warum zum Tee nicht auch einmal etwas Herzhaftes essen? Das dachten sich die Briten, und die Amsterdamer tun es ihnen begeistert nach. Der High Tea ist eine vollständige Mahlzeit und wird nicht nur in vielen großen Hotels serviert. Dabei sind Scones und Clotted Cream, Sandwiches und Macarons natürlich Pflicht!
FEBO: Die Läden, in denen man sich Fast Food aus Automaten an der Wand zieht, sind sehr niederländisch! Kroketten, *kaassoufflé,* Hamburger etc. werden immer frisch produziert und nachgelegt. Und sind lecker!
Café: Hier gibt es selten (nur) süße Kalorienbomben (dazu ab in die *banketbakkerij*), vielmehr stehen auch zumindest kleine Speisen wie *broodjes,* Salate, Suppen etc. auf der Karte.
Craftbeer: Amsterdam ist ein Mekka für Biertrinker – fast 20 Mikrobrauereien zählt die Stadt, und viele von ihnen zeigen sich sehr experimentierfreudig. In den oftmals angeschlossenen Proeflokalen können Sie gleich probieren. Hätten Sie lieber ein Bier mit Sezuanpfeffer oder eines mit Kaffirlimette?

Ausgewählt

Hochgelobt, aber nicht abgehoben

Seite 56
Vermeer: Ein Sternerestaurant mal anders: gar nicht steif, mit unglaublichen Geschmackskombinationen, viel Vegetarischem, einem nachhaltigen Farm-to-Table-Konzept. Gutes Preis-Leistungs-Verhältnis. Karte 2, **C 1**

Seite 57
Bridges: Hochwertige und kreative Fisch- und Gemüseküche, zubereitet nach Slow-Food-Regeln und in seiner pursten Form. Interessante Weinkarte. Karte 2, **B 3**

Seite 81
Lastage: Teuer? Steif? Abgehoben? Nein danke, sagt Chefkoch Rogier van Dam und serviert in intimer Atmosphäre mit viel Liebe zubereitete pure, innovative Gerichte. Karte 2, **D 2**

Seite 82
212: Hier haben sich zwei stadtbekannte Chefköche innerhalb kürzester Zeit zwei Sterne erkocht – neben Qualität und Finesse der Gerichte überzeugt auch das Setting: Man sitzt rund um die offene Küche wie auf einer Theaterbühne. Karte 2, **C 5**

Ungewöhnlich und/oder szenig

Seite 84
De Kas: Leckerste saisonale Küche – serviert im Gewächshaus *(kas)* oder auf der Terrasse zum Park. Gemüse und Kräuter kommen vom eigenen Hof! **M 11**

Seite 151
Brasserie ROCKS/ Restaurant Warmoes: Für kleines Geld dort ausgezeichnet essen, wo die künftigen Küchenchefs ausgebildet werden! **E 7**

Seite 153
BAK: In dem alten Lagerhaus stehen vor allem Wildfleisch- und -fisch, (vergessene) Gemüse und Nachhaltigkeit im Vordergrund. Was einst als Pop-up-Location anfing, ist längst etabliert. Toller Blick auf die Houthavens. **F 3**

Seite 153
ferry: Raffinierte lateinamerikanische Küche

in cooler Location auf einer alten Fähre. F 1

Seite 184
Taiko: In der asiatisch inspirierten Küche warten wahre Geschmacksexplosionen. E 9

Seite 213
Spirit: Selbstbedienung mal anders – alles bio, alles vegan/vegetarisch mit großer Auswahl. L 7

Typisch niederländisch

Seite 54
D'Vijff Vlieghen: Hierher kommt man nicht nur der Neuen Niederländischen Küche wegen: Wer hier speist, wähnt sich im 17. Jh. Karte 2, A 4

Seite 55
de Silveren Spiegel: Modern interpretierte niederländische Küche unter dem Treppengiebel eines Grachtenhauses des 17. Jh. Karte 2, B 1

Seite 183
Hap-Hmm: Ausgesprochen liebevoll zubereitete niederländische Hausmannskost für kleines Geld. Schon mal Bierhühnchen probiert? E 8

Seite 185
101 Gowrie: Niederländische Küche neu interpretiert – von einem Australier mit deutsch-japanischen Wurzeln … Spannend! H 10

Vegan Soulfood

Seite 111
Flower Burger: Beliebte Burger an der Gracht. Die Buns sind quietschbunt, die Patties vegan. F 7

Seite 185
H/earth: Kleiner Store mit veganer/vegetarischer Küche, Kunst, Musik, Mode. G 10

Seite 189
Rasa: Kreative Kulturküche mit südostasiatischem Touch in einst besetztem Haus. C 9

Zero Waste

In diesen Restaurants ist man bemüht, Müll, wo möglich, zu vermeiden.

Seite 213
Entrepot: Kreative Küche in hipper Kantinenatmosphäre. Karte 2, F 4

Seite 208
Mediamatic ETEN: Direkt am Wasser im Gewächshaus essen. Karte 2, F 1

Seite 213
Gebr. Hartering: Freundliches Lokal mit Fusionküche und Sinn für Zutaten. Karte 2, E 3

Lieblinge

Seite 112
Tujuh Maret: Sie lieben scharfe indonesische Küche? Wir auch! H 8

Seite 150
Bar Parry: Weinbar mit Mittelmeertapas, Käse, Charcuterie und Mousse au Chocolat. E/F 7

Seite 183
Abyssinia: Besteck? Fehlanzeige! Statt mit der Gabel essen Sie die gut gewürzten Speisen mit säuerlichem Fladenbrot, *Injera* genannt. C 9

Flanieren

An Schaufenstern entlanglaufen — durch Märkte stöbern, das Besondere entdecken …

Schaufenstermeilen

Jordaan: E/F4–8
Hübsche blumengeschmückte Straßen zum Flanieren mit Trödelläden, ungewöhnlichen Boutiquen, Geschenke- und Second-Hand-Shops. S. 123

Spiegelkwartier: F/G 8/9
Über 100 Läden mit Trödel, Schmuck, Kunst und Antiquitäten. S. 164

De Pijp: F–J 10/11
Bunte Mischung aus kleinen Läden und Concept Stores, die oft auf Nachhaltigkeit achten, rund um den Albert Cuypmarkt. S. 172

Negen Straatjes: F7
Neun Straßen in heimeliger Grachtenatmosphäre: bunte Mischung aus kleinen, höherpreisigen Läden mit Mode, Lampen, Stoffen, Möbeln und Krimskrams. S. 100

Ein ehemaliges Straßenbahndepot voller Überraschungen: De Hallen

G

GERADE WAR'S NOCH DA

Die Amsterdamer sind ein kreatives Völkchen und deshalb sind sie den anderen immer ein Konzept voraus. Pop-up-Stores, also Läden, die aufploppen und dann wieder verschwinden, gehören inzwischen zur Amsterdamer Business-DNA: Leer stehende Räume werden zwischengenutzt, dann zieht man weiter – oder bleibt auch schon mal länger oder für immer.

De Hallen: D 7/8
Kunst, Design, Handwerk, Hotel, Pop-ups und die Foodhallen in einer ehemaligen Straßenbahn-Remise. S. 127

Flohmärkte

Noordermarkt F 5
Hier lohnt sich das Stöbern, vor allem bei den Klamotten zu Schnäppchenpreisen. S. 133

IJ-Hallen G 1
Einmal im Monat fast 800 Stände in oder vor den riesigen Hallen der NDSM-Werft, mit Eintritt! S. 235

Fundstücke

Seite 58
Toko Dun Yong: Ältester Asia-Laden der Stadt auf fünf Etagen am Nieuwmarkt! Leckere Ramen. Karte 2, **C2**

Seite 84
Stoffen en Fournituren: Die schrillste Auswahl an Stoffen, Federboas, Knöpfen, Litzen & Co. lässt die Herzen höherschlagen. Karte 2, C3

Seite 114
Puccini Bomboni: Chocolaterie mit handgemachten Pralinen. Teuer und gut! Karte 2, **A2**

Seite 188
O my bag: Wunderschöne Taschen. **G11**

Seite 235
Fromagerie Abraham Kef: Käse, Käse, Käse – auch aus eigener Produktion. **J4**

Märkte

Seite 155
Lapjesmarkt (Noordermarkt): Stoffe am laufenden Meter, Kurzwaren, Textilien im Jordaan. **F5**

Seite 172
Albert Cuypmarkt: Lebensmittel, Gewürze, Kleidung, Stoffe, Geschirr mit Multikulti-Atmo. **G10**

Seite 198
Dappermarkt: Volkstümlich in Oost. Lebensmittel, Stoffe, Snacks, Tand. **L9**

Biomärkte heißen hier **Boerenmarkt,** die wichtigsten sind die auf **Noordermarkt** (**F5;** Sa 10–17 Uhr) und **Nieuwmarkt** (Karte 2, **C3;** Mai–Okt. Sa 9–16 Uhr).

Von Kopf bis Fuß

Seite 57
United Nude: Schrilles, extravagantes Schuhwerk. Karte 2, **A2**

Seite 114
Eerlijk waar!: Jeans zum Leasen, schöne Taschen, alles fair & ökologisch. Karte 2, **A2**

Seite 115
Zipper: Der Second-Hand-Allrounder Amsterdams mit spannendem und reichhaltigem Angebot aus den 1950er- bis 1980er-Jahren. **F7**

Seite 116
Angel Basics: Eigenwillige Frauenmode zwischen Boheme und Rock'n'Roll. **H9**

Seite 155
Jutka & Riska: Vintage-Mode, eigene Stücke sowie junge Designer, auch Schuhe und Accessoires. **F4**

Seite 187
Cottoncake: Angesagter Concept Store mit ausgesuchten Marken, Wohnaccessoires, Kosmetika und einem schönen Café. **G10**

Seite 215
Sissy-Boy: Niederländische Modemarke, Deko & Kosmetik. **M/N6**

Diese Museen ...

Rund 70 Museen besitzt Amsterdam — aber welche lohnen wirklich? Hier die Auswahl unserer Lieblinge:

ARTIS-Micropia

Mutig, ein Museum über Lebewesen, die im Verborgenen existieren: Bakterien, Pilze, Viren. Sichtbar werden sie durch Mikroskope, moderne 3-D-Linsen oder hochaufgelöste Bilder. Der Kiss-o-Meter deckt auf, wie viele Mikroorganismen bei einem Kuss von Mund zu Mund fließen etc. S. 81, Karte 2, **F5**

Rijksmuseum

Warum kommt man her? Wegen der »Nachtwache«, die fast immer umlagert ist. Dabei lohnen auch die anderen Kunstwerke niederländischer Malerei aus ›goldenen Zeiten‹, vor grauer Wandfarbe und mit raffinierter Beleuchtung ins rechte Licht gesetzt. S. 180, **F9**

Joods Museum

Spektakuläre Hülle: Eine moderne Stahl- und Glaskonstruktion verbindet vier aschkenasische Synagogen des 17. und 18. Jh. miteinander. Für die gut aufbereiteten Inhalte – Juden in Amsterdam, Geschichte, Familienleben, Holocaust etc. – wurde das Museum mehrfach prämiert. Zu Recht! S. 78, Karte 2, **D4**

Foam Fotografiemuseum

Klassiker wie August Sander und Richard Avedon oder Newcomer der Fotobranche, brillante Modefotos versus grobkörnige Sozialstudien – alles da in diesem Museum. Untergebracht ist es in einem modern interpretierten Grachtenhaus des 19. Jh. S. 109, **G8**

Museum Ons' lieve Heer op Solder

Eine Geheimkirche mitten im Rotlichtviertel – vom 17. bis 19. Jh. durften Katholiken ihre Gotesdienste zwar geduldet, aber nicht öffentlich feiern. Die Schlupfkirche auf dem Dachboden ist die einzige original erhaltene in Amsterdam. S. 53, Karte 2, **C2**

Wereldmuseum

Gründerzeit-Architektur mit modernem, interaktivem Konzept; tolle Eingangshalle mit Emporen, auf denen eine Menge Wissenswertes und Kritisches zu den Lebenswelten dieser Erde zu finden ist – im Fall der Niederlande vieles zu den ehemaligen Kolonien Indonesien, Suriname und Niederländische Antillen, aber auch zu Lateinamerika, Asien und Afrika. Zeit mitbringen! S. 81, **K/L 9**

Van Gogh Museum

Superlativ: größte Van-Gogh-Sammlung der Welt in einem nüchternen, aber lichten Gebäude, das 2015 um einen transparenten Eingangsbereich erweitert wurde. Zu sehen ist von düsteren Frühwerken bis zu den leuchtenden Provence-Bildern die ganze Bandbreite, ergänzt durch Werke von Toulouse-Lautrec, Gauguin, Monet. S. 181, **E/F 9/10**

Het Scheepvaartmuseum

Amsterdam ohne Seefahrt? Nicht denkbar. Inmitten des alten Hafens steht das ehemalige Magazin der Admiralität und geizt weder mit Anschauungsobjekten – Globen, Gemälden, Schiffsmodellen etc. – zum ›Goldenen Zeitalter‹ oder dem Walfang noch mit spannenden Wechselausstellungen noch mit interaktiven Stationen für Kinder. S. 202, **K 7**

Stedelijk Museum

Amsterdams Antwort auf das MoMa in New York: Neben Klassikern moderner Kunst viele Kunstwerke der niederländischen Avantgarde-Gruppe Cobra und des russischen Konstruktivisten Malewitsch. S. 181, **E 9/10**

NEMO Science Museum

Wissenschaft macht Spaß – das dürfen nicht nur Kinder in dem riesigen grünen ›Schiff‹ von Renzo Piano mit lebendigen Ausstellungen, Workshops und Mitmachaktionen erfahren. Geschenkt gibt's den schönsten Gratis-Ausblick aufs historische Amsterdam vom Deck des NEMO. S. 202, Karte 2, **F 2**

MUSEUMSBESUCHE PLANEN

Öffnungszeiten und Ruhetag: Die meisten Museen sind zwischen 10/11 und 17/18 Uhr, im Winter oft kürzer geöffnet, der Montag ist oft Ruhetag. Am 27. April, dem Koningsdag (Königstag), sind viele Museen geschlossen.
Online-Tickets: Wer nicht Schlange stehen will, bucht seine Tickets online. Bei den großen Museen wie dem Van Gogh Museum ist das Online-Ticket ein Muss.
Rabatte: Mit der I amsterdam City Card gibt es bei vielen Museen Rabatte von 25 bis 100 %.

... lieben wir!

Nachtschw

Wie läutet man die Nacht am besten ein? Auf dem Dach! Hier ist es das Canvas op de 7e auf dem ehemaligen Volkskrant-Gebäude.

Der Nachtbürgermeister ist eine Erfindung Amsterdams. Seit 2012 fungiert er als Mittler zwischen Anwohnern, Nachtbetrieben und Politik. Ihm ist es zu verdanken, dass viele Clubs und Bars in Amsterdam rund um die Uhr öffnen dürfen – und die Zahl der Locations mit 24-Stunden-Lizenz nimmt stetig zu. Gute Zeiten für Nachtschwärmer! Vor allem Liebhaber der **elektronischen Musik** können zwischen vielen Clubs mit hochkarätigen Acts lokaler und internationaler Spielart wählen.

Einen bunten Mix aus Tages- und Nachtaktivitäten haben die **Broedplaats** (Brutplatz) genannten Kulturzentren im Angebot. Sie sind meist auf ehemaligen Industriearealen entstanden, auf denen Künstler und Kreative vorübergehend neue Wege beschreiten. Performances, Kino, Konzerte, Theater, Cafés, Clubs und Restaurants – alles ist möglich. Manche dieser Provisorien werden zu festen Institutionen wie die Westergasfabriek, seit 2018 kurz: **Westergas.** Ganz traditionell und super entspannt lässt sich eine Nacht in Amsterdam übrigens in einem der traditionellen **Bruine Cafés** oder **Proeflokalen** beginnen – bei ein paar holländischen Häppchen, den *borrels*, und einem Bier. Wer will, startet von hier aus zu Paradiso, Melkweg, Bimhuis und Co.

* Wohin am Abend? Bei jedem Viertel sind ausgewählte Adressen und Tipps gelistet.

ärmereien

Da ist nachts was los …

Rembrandtplein G8
Das Bier fließt in Strömen, aber neben der Populärkultur gibt's auch Experimentelles. S. 104

Leidseplein F8
Ebenfalls laut und bierselig, doch um die Ecke warten die Institutionen des Amsterdamer Kultur- und Nachtlebens: De Balie, Paradiso, Melkweg. S. 161

Noord G–L 1–5
Die Musik spielt im Shelter unter dem A'DAM Toren, im Tolhuistuin und auf der NDSM-Werft mit Pllek, Noorderlicht und vielen Festivals. S. 218

Westergas D/E 4
Aus der wiederbelebten Gasfabrik wurde eine Institution mit 24-Stunden-Konzession – Cafés, Restaurants, Theater, Musik, Tanz undundund. S. 147

Jordaan E/F 4–8
Hier geht es etwas betulicher zu, aber die Zahl der Bruine Cafés ist hoch und die Stimmung gut! S. 123

Cocktail & Co. – was trinken

Seite 59
In de Wildeman: Bier vom Fass und viele ausgefallene Biersorten im Proeflokaal. Karte 2, **B1**

Seite 60
Café 't Mandje: Erste Gay-Kneipe Amsterdams (1927)! Heute gemischt, sehr unterhaltsam. Karte 2, **C2**

Seite 86
Canvas op de 7e: Rooftopbar mit tollem Panoramablick. **J10**

Seite 131
Papeneiland: Authentisch an der Brouwersgracht mit *witbier, pilsje, genever …* **F5**

Seite 156
Vesper Bar: Cocktails relaxed – buntes Publikum. **F5**

Seite 190
GlouGlou: In der charmanten Weinbar in De Pijp gibt's nur Naturweine. G11

Seite 215
Hiding in Plain Sight: Cocktails in 1920er-Jahre-Optik in Ex-Bruin-Café. Karte 2, **E3**

Das Café 't Mandje am Zeedijk ist auch Musiklokal.

B

BUSSE FÜR NACHTSCHWÄRMER

Straßenbahn & Tram fahren nur bis 0.15 Uhr, von 0.30 bis 7.30 Uhr sind gut vernetzte Nachtbusse unterwegs. Und am allerbesten ist ein Fahrrad …

Electronic

Amsterdam ist *die* Stadt für Electronic-Enthusiasten: Mit dem Amsterdam Dance Event versammelt es die berühmtesten DJs der Welt und befasst sich auch theoretisch mit elektronischer Musik (www.amsterdam-dance-event.nl). Sogar ein eigenes Museum hat die Szene, die Our House Immersive Experience (www.our-house.com).

Seite 190
RADION: Rave-Club im ACTA, einem ehemaligen Zahnheilkundezentrum – auch *broedplaats* für Künstler und Kreative. **südwestl. A 11**

Seite 236
Shelter: Versteckt hinter dem A'DAM Toren mit revolutionärem Sound System und Berühmtheiten am Pult. **H 4**

Musik hören

Seite 116
Bitterzoet: Podium für junge Talente aller Sparten. Karte 2, **B 1**

Seite 117
Mulligans: Unverwüstlicher irischer Pub mit viel Livemusik, u. a. Celtic, Folk, Pop, und immer super Stimmung. Karte 2, **B 4/5**

Seite 156
De Twee Zwantjes: Musikkneipe im Jordaan, an drei Sonntagen im Monat Livemusik. Super Atmo! **F 6**

Seite 162
Paradiso: Konzerte, abgefahrene Partys und Abtanzen in ehemaliger Kirche. **F 9**

Seite 215
Bimhuis: Hochkarätige Jazzkonzerte im »besten Jazzclub der Welt«. Karte 2, **F 1**

Tanzen

Seite 60
Club Nyx: RnB, Garage, Hip-Hop, 80's classics, Techno, Dancehall oder eine Mischung aus allem – cooler Club, angenehme Atmosphäre. Karte 2, **A 5**

Seite 117
Escape: Gigantischer Dancefloor, Mucke aus den Charts, junges Publikum – sehr populär, Achtung: viel Andrang mit Schlange! Karte 2, **B 5**

Seite 216
Panama: Hipper Nachtclub in altem Lagerhaus mit Top-DJs, Shows, Livemusik. M 6

Seite 216
Odessa Amsterdam: Ecstatic Dance im Schiff, barfuß und ganz ohne Alkohol. Relaxte Atmosphäre. **M 6**

Seite 216
De Kompaszaal: Ambiente der 1950er gepaart mit regelmäßigen Tanzveranstaltungen: Tango, Lindy Hop, Salsa etc. **N 6**

Kultur aktuell

Seite 189
OT301: Livemusik, Tanz, Theater, Workshops, Märkte, veganes Essen am Overtoom 301 – alternativ. **C/D 9**

Seite 190
OCCII: Lauter Freiwillige arbeiten in der ehemals besetzten Location mit Konzerten unabhängiger Musik und Performances. Schon das Gebäude, ein Ex-Tram-Depot, lohnt sich. **B 10**

Seite 208
Mediamatic: Bewegt sich im Spannungsfeld zwischen Kunst, Natur und New Technology. Karte 2, **F 1**

Ein Fest für Freunde des opulenten Deko-Stils: Koninklijk Theater Tuschinski mit seiner pompösen Eingangshalle

Seite 225, 236
Tolhuistuin: Viel Livemusik, Festivals, Filme, dazu ein Café in Noord. **H4**

Kino

Seite 117
Koninklijk Theater Tuschinski: Blockbuster in Art-déco-Ambiente. Karte 2, **B5**

Seite 156
The Movies: Jugendstilkino in der Haarlemmerbuurt. **F4**

Seite 221
Eye Filmmuseum: 4 Kinosäle zeigen ambitionierte Filmkost. **H4**

Theater, Oper, Ballett, Konzert

Klassiker des Kulturlebens sind die **Nationale Oper & Ballet** (Karte 2, **C4**), das Schauspiel mit dem **Internationaal Theater Amsterdam** (**F8**), das auf Musicals und Konzerte spezialisierte **Koninklijk Theater Carré** (**H9**), das **Concertgebouw** (**E10**) mit super Akustik/Programm und das **Muziekgebouw aan't IJ** (Karte 2, **F1**) mit breitem Spektrum von Klassik über Weltmusik bis hin zu experimentellen Klängen.

AKTUELLE PROGRAMMINFOS

In den Tageszeitungen, den englischsprachigen Magazinen »Time Out« und »A-Mag« sowie im niederländischsprachigen »Uitkrant«, der gratis ausliegt. Online sind www.amsterdamliebe.de/unsere-amsterdamtipps, www.iamsterdam.com/en/whats-on (engl.) und vor allem www.yourlittleblackbook.me/en ein guter Fundus für Ausgehtipps. Am besten bei Your Little Black Book für den wöchentlichen Newsletter registrieren.

Wo du schläfst,

Und dafür bietet Amsterdam viele Optionen — ob ganz grün im Ökohotel wohnen, mal was Schräges ausprobieren oder im Grachtenhaus luxuriös residieren.

Eine günstige Unterkunft in Amsterdam zu finden, ist schwierig. Insbesondere, seit es einen Baustopp für Hotels gibt, immer mehr Airbnb-Unterkünfte schließen mussten bzw. nur noch 30 Tage im Jahr vermietet werden dürfen, steigen die Preise für ein Zimmer. Amsterdam liegt in Europa an erster Stelle in puncto Hoteltarife – noch vor Städten wie Venedig oder Paris. Erschwerend kommt hinzu, dass die Stadt unter verschärftem ›Overtourism‹ leidet, immer mehr Touristen die Stadt besuchen und die Hotelauslastung bei knapp 80 % liegt. Eine Patentlösung gibt es nicht, frühzeitig buchen ist angesagt, insbesondere wenn man in einem bestimmten Viertel wohnen möchte. Online zu schauen, lohnt sich. Immer mal wieder findet man kurzfristig Angebote, die ansonsten teure Hotels buchbar machen. Die Stadt versucht, Touristen eine Unterkunft außerhalb Amsterdams schmackhaft zu machen, etwa in Zaanstad oder Haarlem. Ob das allerdings noch viel mit dem Amsterdam-Feeling zu tun hat, ist die Frage.

Mit Grachtenhaus-Feeling

Wer auf Design und Luxus steht

The Dylan, F 7: Wer sich etwas Gutes tun möchte, ist hier richtig. In bester Lage beherbergt das Grachtenhaus aus dem 17. Jh. eines der attraktivsten Boutique-Hotels der Stadt. Kein Zimmer gleicht dem anderen, so wie auch jeder Gast ganz individuell behandelt wird. Die Zimmer und Suiten sind in vier verschiedenen schlichten Styles gehalten und stets mit edelsten Materialien eingerichtet. Schöner Innenhof. Das französische Restaurant Vinkeles hat zwei Michelin-Sterne.

Keizersgracht 384, T 530 20 10, dylanamsterdam.com, Tram 2, 4, 12, 13, 14, 17, DZ €€€

Für die Diven unter uns

The Pavilions Amsterdam The Toren, F 6: Auch dieses Hotel verbirgt sich hinter der Fassade eines Grachtenhauses aus dem 17. Jh. Es sorgt mit seinem überbordenden Dekor aber für ein eher theatralisches Setting, insbesondere in der äußerst üppig dekorierten Bar mit der beeindruckenden Deckenmalerei von Studenten der Uni Leiden, in der das ausgezeichnete Frühstück serviert wird. Ein Traum ist das Garten-Cottage mit Whirlpool. Der Service könnte besser nicht sein. Green-Key-zertifiziert.

Keizersgracht 164, T 622 60 33, www.pavilionshotels.com/destinations/amsterdam/thetoren, Tram 2, 12, 13, 17, €€€

Wie einst die Matrosen

Deutsches Seemannsheim Amsterdam – Guesthouse Keizersgracht, G 8: Ist für seine Lage, direkt an der Gracht und die Utrechtsestraat liegt um die Ecke, unschlagbar günstig und die Crew um Thomas unschlagbar sympathisch. Sechs hübsche Zimmer von klein bis groß mit Grachten- oder Gartenblick, heller, gemütlicher Frühstücks- und Aufenthaltsraum. Ein Guesthouse zum Wohlfühlen (s. auch S. 274)!

Keizersgracht 733, T 622 08 42, www.seemannsheim.amsterdam, Tram 4, €–€€

Sich wie zu Hause fühlen

Intim und gastfreundlich

Rosalia's Inn Upstairs, Karte 2, **C 3:** Das vierte denkmalgeschützte Grachtenhaus aus dem 17. Jh. – mit typisch steiler Treppe – besitzt sehr ruhige Zimmer zum Garten hin und größere mit Kanalblick nach vorne. Die liebevoll eingerichteten Räume (mit Regenwasserdusche und super Betten), der tolle Service von Rachel und Pepijn und das leckere Frühstück lassen das Hotel zu einem zweiten Zuhause werden. Mit Garten mitten in der Stadt! Unten lockt die sehr süße Cocktailbar.

Kloveniersburgwal 20, T 330 62 41, rosalias.amsterdam, Metro: Nieuwmarkt, DZ €€–€€€

Ein Zuhause am Wasser

Pension Homeland, K 6/7: Ihr ganzes Herzblut legten die Besitzer in dieses Projekt, das Hotel, Restaurant und Brauerei auf einem alten Marinegelände umfasst. Die unterschiedlich großen, eher nüchtern gehaltenen Zimmer besitzen neben der fantastischen Aussicht auf Wasser oder Park alle ein großes Wandgemälde zum Thema »Land in Sicht«. Das Restaurant lockt mit Terrasse am Wasser.

Kattenburgerstraat 5, T 723 25 50, pensionhomeland.com, Tram 26, Bus 22, 246, €€€

Ein kleines Juwel am Wasser

Bed & Breakfast Amsterdam, B 10: Die komfortable Canal Suite ist für vier Personen geeignet und besitzt eine großzügige Küche sowie einen eigenen Balkon mit Traumaussicht – eine kleine Oase direkt an der Gracht und gegenüber vom Vondelpark. Die liebenswerten Gastgeber Paul und Karen servieren ein super Frühstück (optional) und führen ihr Haus nachhaltig.

Sloterkade 65, T 679 27 53, bedandbreakfastamsterdam.net, Tram 1, 2, 17, €€€

TOURISTENABGABE 

Nicht wundern: In Amsterdam werden 12,5 % (!) der Kosten für die Unterkunft (exkl. Frühstück) als Touristenabgabe erhoben. So hofft man, dem Overtourism Herr zu werden.

bist du zu Hause

Lebensgefühl in Noord

B & B Boven IJ, L 3: Direkt am Noorderpark, »über dem IJ«, vermietet Marina, Tourguide bei Amsterdamliebe und damit hervorragende Tippgeberin, das günstige Studio (18 m^2) in einem charmanten Deichhaus, das super ans Zentrum angebunden ist. Vom hellen Wohn-/Schlafraum für max. zwei Personen führen große Flügeltüren auf eine sonnige Terrasse. Mit kleiner Pantry-Küche, eigenem Bad und zwei Leihfahrrädern ohne Aufpreis. Frühstück lieber selbst machen, es kostet extra.
Leeuwarderweg 50, T 647 11 68 64, www.bbbovenij.nl, Metro: Noorderpark, €

Grün & gut fürs Gewissen

Hip, healthy and grün

Conscious Hotel Vondelpark, B 10: Dieses streng nach umweltfreundlichen Kriterien eingerichtete schöne, moderne Designhotel liegt direkt am Park und macht nicht nur ein gutes Gewissen, sondern auch Spaß. Es ist ausgezeichnet ans Zentrum angebunden – wer mag, kann aber auch aufs Rad umsteigen, das man hier ausleihen kann. 100 % Bio-Frühstück. Mit Spa und eigener Garage. Filialen des Ökohotels gibt's um die Ecke am Amstelveenseweg, am Museumplein und im Westerpark – alle werden mit Wind- und/oder Sonnenenergie betrieben.
Overtoom 519, T 820 33 33, conscioushotels.com/de, Tram 1, 2, 12, 17, €€–€€€

Nachhaltigkeit im Palmenwald

Jakarta, K/L 5: Herzstück des nachhaltigen Hotels auf der Java-Insel im Osten der Stadt ist das Palmengarten-Atrium mitten im Gebäude. Der subtropische Garten sieht nicht nur gut aus, er sorgt auch für ein gutes Klima und hilft beim Energiesparen. Jedes Detail im Hotel scheint gut überlegt, und auch der Service ist ausgesprochen aufmerksam. Die Zimmer sind schlicht und mit viel Holz eingerichtet. Mit Spa, Pool und gutem indonesischem Restaurant.
Javakade 766, T 236 00 00, hoteljakarta.amsterdam, Tram 26, €€€

Schräg & ungewöhnlich

Ahoi!

SWEETS hotel: 28 Brücken- und Schleusenhäuser = 1 Hotel. In einer eigenen Suite direkt am oder auf dem Wasser schlafen, diese Idee gewann 2020 den Frame Award in der Kategorie ›Spatial Awards – Hospitality‹.
T 740 10 10, sweetshotel.amsterdam, €€–€€€

Wohnen wie Rapunzel im Turm

Hotel de Windketel, D 4: Die achteckige Unterkunft im ruhigen, autofreien Ökoviertel wird günstiger, je länger man bleibt. Zehn Nachbarn haben in einem alten Industriemonument das winzigste Hotel Amsterdams eröffnet und auf drei Etagen ein kleines Dutch-Design-Juwel (mit Küche) geschaffen. Garten, Terrasse.
Waterlooplein 8c, www.windketel.nl/en, Tram 2, 12, 13, 17, Bus 18, 21, 22, €€–€€€ (4 Pers.)

B

DAS PASSENDE BETT SELBST SUCHEN

Direktbuchungen beim Hotel können günstiger sein als über Buchungsportale wie booking.com oder hrs.de.

Auf dem Hausboot
www.bookahouseboat.com/de
amsterdamcanalboatrental.com/rent-houseboat-amsterdam
www.houseboatrentals.amsterdam

Apartments
www.bickersbed.nl
www.amsterdamapartments.de
www.airbnb.de

Noch mehr schöne B&Bs
www.cakeundermypillow.com
www.lievenachten.nl

Jugendherbergen/Hostels
www.stayokay.com/de, dann amsterdam-oost, amsterdam-stadsdoelen oder amsterdam-vondelpark
www.hostelle.com (nur Frauen)

Rock Style

BackStage Hotel, E8: Nicht nur Musiker werden in diesem Themenhotel glücklich. Obwohl rundherum das Nachtleben braust, ist es hier ruhig. Und gemütlich. Wer mag, kann Gitarre oder Piano spielen.

Leidsegracht 114, T 624 40 44, backstagehotel.com, Tram 2, 12, €–€€

Sterne am Modehimmel

Hotel The Exchange, Karte 2, B2: Je nach Portemonnaie kann man hier zwischen einem und fünf Sternen wählen. Jedes der 61 Zimmer ist individuell von Modedesignstudentinnen eingerichtet. Sehr gastfreundlich und mitten in der City.

Damrak 50, T 523 00 80, hoteltheexchange.com, 3 Gehmin. vom Bahnhof, €–€€€

Ex-Kirche in Noord

BUNK, K3: Von außen Backstein, von innen vollgepackt mit günstigen Pods und kompakten Räumen (1–5 Pers.), oft ohne Tageslicht, an den Außenwänden mit Fenstern, mal mit Terrasse – alles ist sehr cool, witzig designt und durchdacht. Im großzügigen Restaurant gibt's regelmäßig Jazzmusik. Gute Anbindung ans Zentrum.

Hagedoornplein 2, T 886 96 98 69, wearebunk.com/amsterdam, Metro: Noorderpark, Buiksloterweg-Fähre u. Bus 38, €–€€€

Wenn es einfach und etwas weiter weg sein darf

Alles andere als normal

Via Amsterdam, südl. O11: Das kunstlastige Hostel überrascht nicht nur mit seiner Wandbemalung, sondern auch mit einfachen, schön eingerichteten Zimmern (Dorms und 2- bis 8-Bett-Zimmer, eigenes Bad), super Service und gutem Frühstück. Dafür nimmt man auch 20 Min. Fahrt in Kauf. Mit Fahrradverleih, Heimkino, Bar und Restaurant.

Diemerhof 20, www.viahostels.com, Metro: Diemen Zuid, €–€€

Cooles Designkonzept

Qbic Amsterdam WTC, südl. D11: Die stylishen Zimmer besitzen ein spezielles Lichtkonzept und sehr bequeme Betten. Das ist nicht für jede(n) etwas, denn Bad und WC sind in einem offenen Plastik-Kubus (Qbis) mitten im Raum untergebracht. Ein sehr guter Service, ein leckeres Frühstück, Nachhaltigkeit und die gute Anbindung (15 Min. vom Zentrum) sind weitere Vorteile.

Mathijs Vermeulenpad 1, T 238 21 95, qbichotels.com/de, Metro: Isolatorweg, €–€€

Vor

Ort

Der Blick weit, das Lebensgefühl relaxed – und das nur ein paar Schritte vom Bahnhof entfernt auf dem Dach des Wissenschaftsmuseums NEMO.

Altes Zentrum

Hier fing alles an — hier hatte die Stadt ihren Ursprung. Wer aus dem Bahnhof eilt, ›fällt‹ direkt ins Oude Centrum. Auf Schritt und Tritt wandeln Sie auf dem breiten Damrak und den schmalen Gassen zwischen gestern, heute und morgen.

Seite 40

Grachtentour

Egal, wie altmodisch sich die Idee einer Grachtenrundfahrt auch anhören mag – it's a must! Auf der gut anderthalbstündigen Tour lernt man, wie die Stadt angelegt wurde – und das ist ganz schön spannend!

Seite 40

Beurs van Berlage

Die alte Börse ist heute so allerlei: Konzert- und Veranstaltungshalle, Café, Coworking Space und Museum. Auch Street-Art-Künstler Banksy war schon hier. Ihrem Erbauer, H. P. Berlage, hätte das gefallen!

2500 Räder parken in der schwimmenden Garage am Bahnhof.

Seite 42

Koninklijk Paleis ✪

Das Königshaus nutzt den Palast am Dam nur selten, etwa nach der Inthronisation von Willem-Alexander. Sonst dürfen die Bürger rein.

Seite 45

Platz der Bücher

Kunst und Bücher rund um den Spui-Platz, und zwar vom Feinsten. Und danach ein Bier!

Seite 46

SUP-Kultur …

Neue Sicht auf die Grachten: ganz entspannt vom Stand-up-Board aus.

Seite 49

Chinatown

Eine fremde Welt tut sich dem Besucher am Zeedijk auf: Das chinesische Viertel Amsterdams ist das größte in Europa. Die Auslagen schmückt nicht selten Federvieh, das später als ›Pekingente‹ auf dem Teller des Gastes landet.

Seite 51

Oude Kerk 

Die älteste Kirche Amsterdams liegt mitten im berühmt-berüchtigten Rotlichtviertel De Wallen. Sie ist das ›Wohnzimmer‹ der Stadt – hell beschienen von den roten Laternen. Noch!?

Seite 53

Museum Amstelkring 

… oder auch Museum Ons' lieve Heer op Solder – wunderbare Geheimkirche auf dem Dachboden.

Seite 61

Unterwegs mit der Rederij Lampedusa

Bootsführer und Erzähler sind Geflüchtete, die ihre eigene Geschichte mit der Amsterdams verknüpfen – eine Stadt, die über die Jahrhunderte auch durch Immigration geformt wurde. Eine Grachtenrundfahrt der besonderen Art!

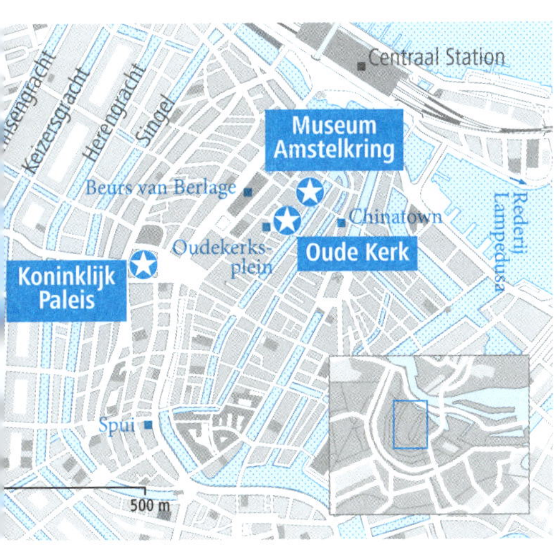

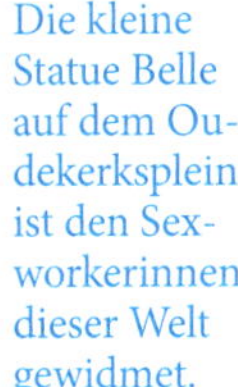

Die kleine Statue Belle auf dem Oudekerksplein ist den Sexworkerinnen dieser Welt gewidmet.

Amsterdam, die schöne Stadt, ist gebaut auf Pfählen. Wenn sie jemals umkippen würde, wer sollte das bezahlen? (alter Kinderreim)

Wo das Herz der Stadt schlägt

Wer aus dem Bahnhof in die Stadt purzelt, ist mittendrin im Amsterdamer Leben. Der Rhythmus der Stadt gleicht hier einem schnellen Stakkato, dem sich Hunderttausende Zugreisende bereitwillig anzupassen scheinen. Einzig die Touristen stören, fallen auf, blicken sich in aller Seelenruhe um, stehen im Weg. Bis sie sich selbst einfädeln in den steten Strom in Richtung Zentrum, auf dem breiten Damrak gen Palast, der dem Viertel den Namen gab: Paleiskwartier.

Dam- oder Palastkwartier sowie Rotlicht- und Chinesenviertel bilden das Zentrum der Stadt und zugleich den ältesten Teil Amsterdams, das Oude Centrum, begrenzt durch Singel und Oude Schans, Amstel und IJ. Dort, wo heute buntes Volk Damrak und Dam bevölkert, lag die Keimzelle der kleinen Siedlung Aemstelredamme. Einst gab es hier einen geschäftigen Binnenhafen und den ersten Marktplatz Amsterdams – viel los war also auch damals schon!

In diesem Bezirk liegen die meisten Sehenswürdigkeiten der Stadt, stehen mit Hauptbahnhof, ehemaliger Börse, Königspalast, Oude und Nieuwe Kerk einige der spektakulärsten Bauwerke der Metropole. Und vermutlich wohnt hier kaum noch ein Amsterdamer – denn leisten kann sich wohl niemand die Preise, außer ausländischen Investoren, allen voran Chinesen. Ruhe vor dem Trubel gibt's im Geflecht der engen Gassen östlich des Damrak, die noch immer mittelalterlich anmuten.

Die rot beleuchteten Fensterscheiben auf den Wallen in Amsterdams berühmt-berüchtigtem Rotlichtviertel waren und sind eine Attraktion für Reisende – und für Amsterdamer schlicht Alltag. In Schaufenster ganz anderer Art blickt man um die Ecke am Zeedijk, wo knusprige Pekingenten am Haken baumeln. Spätestens der buddhistische Tempel kurz vor dem Nieuwmarkt macht klar: Hier liegt Amsterdams Chinatown – und mit ihr eines der beliebtesten Ausgehviertel.

O

ORIENTIERUNG

Reisekarte: Karte 2, A–C 1–4
Das Viertel entdecken: Startpunkt ist der Bahnhof, an dem fast alle Metro- und Tramlinien (am Stationsplein vorne) sowie Bus- und Fährlinien (am IJ hinten) zusammenkommen. Das alte Zentrum lässt sich gut zu Fuß erkunden. Im Bahnhof (IJ-Seite) finden Sie die Touristeninformation.

Paleiskwartier

Bitte umdrehen, möchte man jedem Reisenden zurufen, der die **Centraal Station** ❶ verlässt. Die wenigsten tun es, doch wer sich umblickt, den beeindruckt der schlossähnliche Hauptbahnhof gewaltig. Auf einer Breite von 306 m (!) wendet er der Innenstadt seine mit Sandsteinreliefs verzierte Fassade zu, die Allegorien von Schifffahrt, Handel, Handwerk zeigt und längst vergangene glorreiche Tage heraufbeschwört. Das oft wenig beachtete ›Wunderwerk auf Stelzen‹ wurde auf drei künstlichen Inseln und knapp 9000 Pfählen errichtet – und drohte doch während des Baus zu versinken, was einigen Amsterdamern noch heute die Schamesröte ins Gesicht treibt. Ein Schweizer Experte musste zur Rettung hinzugezogen werden.

Alteingesessene Amsterdamer behaupten, der Bahnhof sei ein Missgeschick, sei es schon immer gewesen. Ein Missgeschick? Dieser Traum von einem Bahnhofsgebäude? Ja, denn er versperrt die Aussicht. Bevor er gebaut wurde, hatten die Amsterdamer jahrhundertelang freie Sicht auf das IJ, das geschichtsträchtige Wasser vor der Stadt, den früheren Zugang zum Meer, wo einst die stolzen Galeonen nach Übersee an- und ablegten. Damit war es 1889 vorbei, als P. J. H. Cuypers' Pläne von einem Hauptbahnhof im Stil des Historismus umgesetzt wurden.

Zaungast beim Rollkoffer-Ballett

Wen die Katakomben des Bahnhofs auf dem **Stationsplein** ausgespuckt haben, den empfängt Amsterdam so, wie man es sich vorstellt: Zig Sprachen schwirren durcheinander, Menschen aller Nationalitäten ziehen aneinander vorbei, Straßenkünstler zeigen ihr Können, eine

Königspalast ganz volksnah – auch wenn der König bei einem seiner eher seltenen Besuche hier weilt, ist nur ein kleiner Teil des Dams abgesperrt.

0
100
200 m
I Amsterdam Store
Centraal Station
Stationsplein
Open Haven Front
Prins Hendrikkade
Noord-Zuid Hollandsch Koffiehuis
GVB
Basilika Sint Nikolaas
Grachtenrundfahrt
Sexmuseum
Damrak
Multatuli Museum
Ronde Lutherse Kerk
Spuistraat
Hekelveld
Nieuwezijds Voorburgwal
Nieuwendijk
Nieuwezijds Kolk
Multatuli
Torensluis
Magna Plaza
Raadhuisstraat
Dam
De Bijenkorf
Beursplein
Effectenbeurs
Oude Kerksplein
Madame Tussaud's
Paleisstr.
Rokin
Walletjes
Torpedo Theater
Hash, Marihuana & Hemp Museum
Kleines Trippenhuis
De Waag
Nieuwmarkt
Amsterdams Marionetten Theater
De Brakke Grond
Frascati
Frascati 4
Amsterdam Dungeon
Spui (Rokin)
Begijnensloot
Zuiderkerk
Rembrandthuis
Universiteit
Allard Pierson Museum
Theaterschool
Arti et Amicitae
Universiteitstheater
Kalverpassage
Stadhuis
Stopera
Dutch National Opera & Ballet
Amstel
Muntplein
Munttoren
Koningsplein
Bloemenmarkt
De Kleine Komedie
Rembrandtplein
Waterlooplein
Blauwbrug
Reguliersbreestr.
Reguliersdwarsstr.
Vijzelstraat
KattenKabinet
Thorbeckeplein
Huis Willet-Holthuysen
Singel
Herengracht
Keizersgracht
Kloveniersburgwal
Groenburgwal
Oudezijds Voorburgwal
Oudezijds Achterburgwal
Sint Antoniesbreestr.
Jodenbreestr.
Waterlooplein markt

Altes Zentrum

Ansehen
1 Centraal Station
2 Beurspassage
3 Beurs van Berlage
4 Nationaal Monument
5 Koninklijk Paleis
6 Nieuwe Kerk
7 Rokin-fontein
8 Rasphuispoortje
9 Begijnhof
10 Oude Turfmarkt
11 Oudemanhuispoort
12 Oostindisch Huis
13 Trippenhuis
14 Tempel He Hwa
15 W139
16 Oude Kerk
17 Amsterdam Museum
18 Museum of Prostitution
19 Museum Amstelkring

Essen
1 Gebroeders Niemeijer
2 Tales & Spirits
3 Hans Egstorf Bakkerij
4 Lucius Visrestaurant
5 Het Stadspaleis
6 D' Vijff Vlieghen
7 The Seafood Bar
8 Gartine
9 de Silveren Spiegel
10 Vermeer
11 Kim's so Korean Food
12 De Prael Oudezijds
13 Quartier Putain
14 De Koffieschenkerij
15 Kapitein Zeppos
16 Bridges
17 A-Fusion
18 Latei
19 Nam Kee

Einkaufen
1 United Nude
2 X Bank
3 Posthumus
4 Athenaeum Boekhandel
5 American Book Center
6 Hajenius
7 Condomerie
8 jemi bloemenwinkel
9 Toko Dun Yong
10 WonderWood
11 Oudemanhuispoort Boekenmarkt
12 Tony's Chocolonely

Bewegen
1 Sherlocked
2 PIC
3 Mee in Mokum
4 Rederij Lampedusa

Ausgehen
1 Bitterzoet
2 In de Wildeman
3 De Drie Fleschjes
4 Café Hoppe
5 Café Luxembourg
6 Café Mooy
7 Club Nyx
8 Café De Duivel
9 De Jaren
10 Wynand Fockink
11 Café 't Mandje
12 In 't Aepjen
13 Het Elfde Gebod

Drehorgel ertönt, Trams tuten, Fahrradklingeln schellen, der Blick auf eine erste Gracht wird frei, die – dem Bahnhof zum Trotz – noch immer ›Open Haven Front‹ heißt.

Viele Besucher führt der erste Gang zum **Noord-Zuid Hollandsch Koffiehuis** gegenüber vom Bahnhof. Der auffällige denkmalgeschützte Holzpavillon (1911) ist dem einstigen Stationswartehäuschen am IJ nachempfunden und birgt zudem noch das Büro der Verkehrsbetriebe (GVB), wichtig für den Ticketkauf, und ein Café mit großer Terrasse am Wasser.

Wer es lebend über die **Prins Hendrikkade** schafft, hat den **Damrak** erreicht, der zusammen mit dem sich anschließenden **Rokin** die Hauptverkehrsader im Stadtzentrum bildet. Bevor dieses ›Hafenbecken am Dam‹, so die Übersetzung, fast komplett zugeschüttet wurde, befand sich hier ein geschäftiger Binnenhafen. Lediglich der nördliche Teil, der offen blieb und an dem die **Rundfahrtboote** ablegen, erinnert noch daran.

Auf dem roten Teppich zum Dam

Der Damrak war und ist wieder das Aushängeschild der Stadt – dazwischen lagen lange Jahre des Niedergangs. Den Stadtvätern gefiel die Einfallschneise in ihre Stadt gar nicht mehr. Warum? Hinter den teils noch historischen Fassaden waren Wechselstuben, Souvenirbuden, Sexmuseum, Spielotheken, Coffeeshops sowie billige Bars, Imbisse und Hotels untergebracht. Der Normalo-Amsterdamer hastete bestenfalls ohne nach links und rechts zu blicken den eigentlich schönen, großzügigen Boulevard entlang.

Im Rahmen des Projekts **De Rode Loper** (Der rote Teppich) ist hier eifrig gewerkelt worden. Zwar ist der Straßenbelag nun doch grau und nicht rot, dafür überzeugen Straßennutzung und -mobiliar mit eleganten Laternen, Blumenkübeln und Bänken. Etliche der schäbigen Betriebe, Neonreklamen und Werbetafeln sind verschwunden. Nicht nur Trams, Autos und Räder nutzen den Damrak, vor allem Fußgängern sind breite Gehwege eingeräumt worden – von Cafés und Restaurants bei warmem Wetter als Terrasse genutzt.

Wem hier zu viel los ist: Die wunderbare Patisserie **Gebroeders Niemeijer** 1 mit Art-déco-Café liegt grad ums Eck.

Ein Trip ganz ohne Drogen

Weg vom Bierbike-Image – ein wichtiger Schritt in diese Richtung ist mit der Neugestaltung der alten **Beurspassage** 2 gelungen. Seit 2017 verbindet sie Damrak und Nieuwendijk, eine von Amsterdams größten Fußgängerzonen. Nur 50 m ist die Passage lang, aber die haben es in sich! Die Arkaden sind der ›Oersoep‹, der Ursuppe in den Grachten, gewidmet. 1,15 Mio. von Hand verlegte Mosaiksteinchen in Smaragdtönen bilden an der Gewölbedecke die Unterwasserwelt der Amsterdamer Grachten ab: Fische, Ratten, Pinsel, ein Fahrrad, ein Anker – was schwimmt da nicht alles im Kanal. An ein Ministeck-Spiel der besonderen Art habe sie die Arbeit erinnert, erzählen die Künstler Coenen & Roskam. Sieben wuchtige Kronleuchter aus vergoldeten Fahrradteilen beleuchten die Szenerie. Bleiglaslampen im Art-déco-Stil und reich dekorierte Spiegel schmücken die gefliesten Wände; sie erzählen die Geschichte von der Evolution des Menschen aus dem Wasser. Das Herzstück des »Gesamtkunstwerks« bildet ein bronzener Fischkopf, schlappe 350 kg schwer. An dieser originellen Wasserzapfstelle können Sie sich die Ursuppe direkt abfüllen.

Damrak 70, Durchgang zum Nieuwendijk

Beurs van Berlage

Ein Gesamtkunstwerk, das diesen Titel unbedingt verdient, thront gegenüber: die ehemalige Börse am Damrak. Wobei dem verantwortlichen Architekten H. P. Berlage das Wörtchen ›thronen‹ kaum gefallen hätte. Linksliberal und der Meinung, das kapitalistische System sei in Kürze überholt, schuf der Vater der Amsterdamer Schule (s. S. 178) einen ›Palazzo Pubblico‹ nach florentinischem Vorbild, ein öffentliches Gebäude für jeden. Heute steht Berlages Börse tatsächlich allen offen und wird für Konzerte und Kongresse genutzt. Bekannt ist die **Beurs van Berlage** 3 vor allem für ihre hochkarätigen, ungewöhnlichen Ausstellungen, egal, ob hier Banksy, Mickey Mouse oder Michelangelo begeistern.

Konträre Ansichten

Die Börse überzeugt mit klaren Linien, schlichten Baumaterialien – Backstein, Eisen, Glas – und einer verhaltenen Ornamentik. Berlage markierte mit dem aus

Die Passanten, die die Beurspassage nutzen, laufen quer durch die ›Ursuppe‹ der Stadt – trockenen Fußes allerdings.

9 Mio. Backsteinen bestehenden Bauwerk (1898–1903) die radikale Abkehr von den historisierenden Stilen des 19. Jh., die z. B. Cuypers bei Centraal Station oder Rijksmuseum bevorzugte. Der Startschuss für die moderne Architektur in den Niederlanden war gefallen. Die in enger Zusammenarbeit mit Malern, Bildhauern und Dichtern entstandene Börse gilt als einer der Höhepunkte niederländischer Architektur. Berlages Auftraggeber jedoch konnten sich mit ihr so recht nicht anfreunden. Sie hatten die holländische Wirtschaftsmacht im Börsengebäude widergespiegelt sehen wollen. Dass die Börsianer – wie auch viele Amsterdamer – das Bauwerk ablehnten, ist so gesehen wenig verwunderlich …

Einbruch mit Ansage!

Eine Augenweide ist der Grote Zaal, die ehemalige Warenbörse, mit 22 m hohen Wänden, aufwendigen Bogenkonstruktionen und Glaskuppel. Einen fantastischen Blick über Amsterdam gewährt der an toskanische Vorbilder angelehnte Uhrturm. Turm und Säle sind nur im Rahmen von Events zugänglich. Wer wenigstens einen kurzen Blick auf Berlages Geniestreich werfen möchte, kann dies trotzdem tun: im **Bistro Berlage,** der ehemaligen Börsenvorhalle, oder in der hervorragenden **Seafood Bar** 7 unter Arkadenbogen. Oder bei einem Einbruch … Seit 2015 kann man in historischer Kulisse in den Katakomben der Börse oder im Tresorraum bei einem Live Escape Game nach dem Geheimnis Berlages suchen oder ein Objekt aus dem sichersten Raum der Stadt, dem Tresor, stehlen. **Sherlocked** 1 gibt Ihnen 60 Minuten …

Damrak 243, beursvanberlage.com, Konzertkarten T 530 41 41, während Ausstellungen tgl. 10–17 Uhr, Preise variieren

Am Dam

Wer sich am Abend des 4. Mai zufällig auf den **Dam** verirrt, den großzügigen Platz vor dem Königspalast, wo immer Party ist, wird die Atmosphäre wohl gespenstisch finden. Überall Absperrungen, ein großes Polizeiaufgebot, Trauben von Menschen, viele schwarzgekleidet, hochdekorierte Offiziere, Veteranen, weinende Menschen, dazwischen der König und Máxima vor dem **Nationaal Monument** ❹ – doch niemand jubelt. Punkt 20 Uhr dann absolute Stille. In den folgenden zwei Gedenkminuten, in denen das Leben im Land weitgehend stillsteht, ist der 22 m hohe Obelisk von J. J. P. Oud symbolischer Mittelpunkt der Nation, die der Opfer des Zweiten Weltkriegs gedenkt. Ergreifend sind auch die an die christliche Überlieferung anknüpfenden Skulpturen von John Rädecker, die das Nationaldenkmal (1956) umgeben. Der Obelisk ist der erklärte Treffpunkt Jugendlicher, die es lieben, hier abzuhängen.

Amsterdamer Altertümchen

Hinter dem Denkmal versehen livrierte Diener ihren Dienst. Sie gehören zum ›Kras‹, dem vornehmen **Grand Hotel Krasnapolsky** (www.anantara.com/de/grand-hotel-krasnapolsky-amsterdam). Es ist eines der ältesten Amsterdamer Hotels, und sein Wintergarten hatte 1882 als erstes Gebäude der Stadt elektrisches Licht.

Neben dem Nationaldenkmal weisen die meterhohen Schaufenster des Traditionshauses **De Bijenkorf** auf eine weitere Amsterdamer Institution hin. Der ›Bienenkorb‹, das erste Warenhaus der Niederlande (1911–14), steht unter Denkmalschutz (www.debijenkorf.nl).

›Wohnzimmer‹ der Amsterdamer

Im Mittelalter tummelte sich auf dem Dam an der Schnittstelle zwischen Damrak und Rokin, zwischen IJ und Amstel, ein ganz anderes Völkchen. Der Platz war 1270 über einer Schleusenanlage entstanden, die den Wasserstand regulieren und Schutz vor Überflutungen bieten sollte. Ihre Anlage zwang die Schiffer, ihre Waren in Amsterdam aus- und umzuladen, sodass sich der Handel in der noch jungen Ansiedlung verstärkte.

Der Dam war der erste Marktplatz Amsterdams, hier stand damals die Stadtwaage, und noch heute geht es hier so turbulent zu wie einst. Nun sind es allerdings Touristen, die den Platz bevölkern, außerdem Straßenkünstler, Pferdedroschken, Hotdog- und Eisverkäufer – und Tauben.

Makaber: Memorial 2015

Oft übersehen sind die in den Boden eingelassenen 32 Namenssteine am Dam (vor dem H&M auf der rechten Seite). Sie erinnern an die Menschen, die am 7. Mai 1945 erschossen wurden, als sie hier auf die alliierten Befreier warteten. Tausende waren auf dem Dam versammelt, als die Schüsse fielen. Eineinhalb Stunden dauerte die Schießerei zwischen niederländischen Widerständlern und deutschen Marinesoldaten. Erst 2015, 70 Jahre später, wurde der Opfer gedacht.

Koninklijk Paleis 

Ja, so wie Königs würde man auch gerne mal wohnen – ein Gedanke, der einem beim Betrachten des **Koninklijk Paleis** ❺ unweigerlich in den Kopf kommt. Nur dass die hier gar nicht wohnen, sondern in Den Haag. Das Königshaus (www.koninklijkhuis.nl) nutzt den Palast ausschließlich für repräsentative Zwecke – in der übrigen Zeit ist dieser frei zugänglich (tgl. 10–17 Uhr). Bürgernah, möchte man meinen. Ob das daran liegt, dass sein Baumeister, Jacob van Campen, das Gebäude 1648–65 als Rathaus errichtete, als Repräsentanz bürgerlicher Macht also?

B

BESCHEIDENHEIT? NOPE!

»Pass auf, sollte Atlas je seinen Sternenhimmel fallen lassen, dann ist die Stadt verloren!« Generationen von Amsterdamern haben ihre Kinder vor diesem Unheil gewarnt. Der Titan Atlas bekam einst die Strafe, für immer das Himmelsgewölbe auf seinen Schultern tragen zu müssen. Der »Atlas« im Palast misst von den Zehen bis zur Erdkugel 6 m. Interessant ist aber vor allem, dass die Amsterdamer sich damals als das Zentrum des Universums sahen.

»Die Perle in der Krone der Stadt«

Der reich verzierte klassizistische Prachtbau – er steht auf 13 659 Pfählen – sollte Wohlstand und Macht Amsterdams im Goldenen Jahrhundert widerspiegeln. Van Campen klotzte und fing gar nicht erst mit Kleckern an, als er das seinerzeit größte Rathaus Europas mit den beeindruckenden Maßen von 80 x 56 m im Grundriss entwarf. Prächtig sind auch die Innenräume, vorherrschender Baustoff ist hier Marmor. Am kostbarsten ausgestattet ist der fast 30 m hohe Burgerzaal, einer der schönsten Festsäle Europas, in dem auch die Staatsbankette stattfinden. Marmorne, in den Boden eingelassene Karten-Kunstwerke zeigen die westliche und östliche Erdhälfte und den nördlichen Sternenhimmel – damit kann man selbst Staatsoberhäupter beeindrucken!

Wahrscheinlich war es dieser Glanz, der Napoleons Bruder Louis Bonaparte 1808 dazu veranlasste, das Rathaus als Palast zu nutzen. Lodewijk Bonaparte, wie der ›König von Holland‹ sich nannte, blieb nur vier Jahre auf dem Thron – Napoleon fand, er setze sich zu sehr für die Niederländer ein. Von Ludwig dem Guten ist ein legendärer Spruch überliefert: »Iek ben Konijn van Olland«. Sagen wollte er: »Ich bin der König von Holland«, heraus kam: »Ich bin das Kaninchen von Holland.«

www.paleisamsterdam.nl/en, 12,50 € (inkl. Audiotour), Tickets & Kalender online, jährl. wechselnde Sommerausstellg. (tgl. 10–18 Uhr)

Nieuwe Kerk

Kurzer Schwenk auf die benachbarte **Nieuwe Kerk ❻**, die, seltsam genug, keinen Kirchturm hat. Woran der Palast die Schuld trägt! Die Ratsherren duldeten kein höheres Gebäude neben dem ihren.

Ik Willem niet!

Die außen gotisch und innen barock gehaltene Neue Kirche (1408 vollendet) wird wie die meisten Gotteshäuser in Amsterdam nicht mehr für Messen genutzt, vielmehr ist sie für ihre ausgezeichneten Orgelkonzerte und Ausstellungen (s. S. 52) berühmt. Bekannt ist sie auch als Krönungskirche, seit hier 1814 der erste König der Niederlande, Willem I., den Eid schwor. Zuletzt tat es ihm König Willem-Alexander 2013 nach – vor den Augen von Millionen Fernsehzuschauern und 800 000 Besuchern vor Ort, die teils auf dem Dam übernachteten, um einen guten Platz zu ergattern. Der König wurde übrigens nicht gekrönt, das ist in den Niederlanden unüblich. Er huldigte zuerst dem Volk und gelobte, seine Rechte und Pflichten wahrzunehmen, dann erst gelobte das Volk dem König die Treue.

2013 mochten die Niederländer ihr Königshaus mehrheitlich noch. Der König galt als bescheiden und pflichtbewusst, ganz wie seine Mutter. Glamour brachte Máxima rein. Zur Krönung liefen nur wenige Monarchiegegner auf. Ihr »Ik Willem niet!«, ein Wortspiel aus »Ich will ihn nicht« und »Ich will Wilhelm nicht«, blieb fast ungehört. Das wäre heute wohl anders: Die Königsfamilie hat sich während der Coronazeit nicht mit Ruhm bekleckert, und das Vertrauen in Willem-Alexander lag 2023 bei schlappen 46 %, während es zu Krönungszeiten noch 74 % waren.

www.nieuwekerk.nl/en, nur während der Ausstellungen und Orgelkonzerte zugänglich

Bar mit Blick

Wer früh kommt, kann im **Nieuwe Kafé** im Anbau der Kirche frühstücken (tgl. 8.30–19.30 Uhr). Bei gutem Wetter auf der Terrasse mit Blick auf Dam, Palast und ein prächtiges neogotisches Gebäude, das **Magna Plaza** (www.magnaplaza.nl). Hier, im ehemaligen Gebäude der Hauptpost, residiert seit 1992 ein zweites Einkaufszentrum am Dam. Doch nicht wegen der Läden sollte man reinschauen, sondern wegen der auf drei Ebenen von Arkaden gesäumten Galerien und der Lichtkuppel. (Tipp: Von der Toilette im Türmchen an der Hauptfassade links bietet sich ein wunderbarer Blick.)

Rokin und Nes

Im Rahmen der Rode-Loper-Aktion (s. S. 40) wurde auch der **Rokin** aufgehübscht und den Bedürfnissen der Fußgänger angepasst. Auf diesem Abschnitt der Amstel waren schon immer viele Menschen unterwegs, bis 1936 auf dem Boot. Dann wurde das Teilstück des Rokin bis zur **Munt,** der Münze, zu zwei Dritteln zugeschüttet. Im vorderen Bereich bei **Gassan Diamonds** (Rokin 1–5) dominiert die **Rokin-fontein** ❼ den neu angelegten Platz mit Bänken und den für Amsterdam typischen Ulmen. Der Brunnen als solcher ist nicht sofort erkennbar, doch bei genauerem Hinsehen ›stürzt‹ zwischen den beiden 4 m hohen bronzenen Hinterköpfen ein ›Wasserfall‹ herab. Nicht alle waren von dem mehr als 1 Mio. teuren Kunstwerk des Niederländers Mark Manders begeistert.

Der Spui-Platz war spätestens seit Mitte der 1960er-Jahre Zentrum von gewaltfreien Kundgebungen – und ist es heute noch.

Mini-Off-Broadway

Über den breiten Boulevard mit seinen Flagshipstores, Lokalen und Potshops ist schnell der schmale **Nes** erreicht, der schon im 19. Jh. Ausgehzentrum war. Heute finden sich an diesem Mini-Off-Broadway etliche Theater, u. a. **De Brakke Grond** (www.brakkegrond.nl) für flämische Kunst, **Frascati** und **Frascati 4** für junge Talente (www.theaterfrascati.nl) und das **Torpedo Theater** (torpedotheater.nl), das kleinste Theater der Stadt mit engagiertem Programm. Nette (Ess-)Lokale gibt es in der Nachbarschaft einige, die Wein- und Champagnerbar **bubbles & wines** (Nr. 37), das gemütliche **Van Kerkwijk** (Nr. 41), ganz elegant **The Lobby** (Nr. 49) oder das sympathische **Mappa** (Nr. 59), ein richtig guter Italiener. Zurück am Rokin ist mit **Arti et Amicitiae** (Nr. 112, www.arti.nl) eine der spannendsten Ausstellungshallen der Stadt erreicht.

Kalverstraat und Spui

Sein etwas angekratztes Alltagsgesicht zeigt Amsterdam auf der schmalen **Kalverstraat,** einer der ältesten Straßen der Stadt, auf der bis zum 17. Jh. ein Viehmarkt stattfand (*kalf* = Kalb). Die einst erste Einkaufsadresse der Stadt hat sich in eine der üblichen Fußgängerzonen mit den üblichen Läden und dem üblichen Angebot verwandelt, wie sie in jeder großen Stadt zu finden ist. Ausnahme: die **Kalverpassage** mit ihrer kühlen Eleganz und eigener Art Passage, in der auch der unvermeidliche Ai Weiwei vertreten ist (www.kalverpassage.nl). Schnell den gläsernen Lift nehmen und *up in the air* – der Panoramablick in 10 m Höhe aus dem **Café Blue** (tgl. geöffnet) wartet. Der schönere Weg, die Passage später zu verlassen, ist über das **Rasphuispoortje** 8 am Heiligeweg. Das Tor aus dem 17. Jh. gewährte einst den Zugang zu einer Besserungsanstalt für Jungen, woran die beiden mit Ketten gefesselten Männer über dem Portal erinnern. Wohl keiner der Insassen wird einen Blick für das schöne Bauwerk des bekannten Architekten Hendrick de Keyser übriggehabt haben …

Z

ZEITREISE INS GOLDENE JAHRHUNDERT

Im Schatten der Nieuwe Kerk, in der Gravenstraat, residiert seit 1650 das Proeflokaal **De Drie Fleschjes** 3. Gasse und Probierstube wirken wie die Filmkulisse zu einem Kostümfilm und lassen die Atmosphäre des 17. Jh. erahnen – die Zeit scheint auf diesen wenigen Metern stehen geblieben zu sein. Einst kamen die Journalisten der nahen Zeitungsredaktionen her, heute trifft man sich hier nach der Arbeit auf einen *borrel*, die holländische Variante des After-Work-Absackers. Spezialität des Hauses sind feine Kornbrände.

Amsterdams Liebling

Am Heiligeweg wurden sie weggesperrt, auf dem **Spui** widmete man den Amsterdamer Straßenjungs eine eigene Statue: **Het Lieverdje.** Der langgezogene Spui-Platz ist beliebt, rund um den ›Liebling‹ ist immer was los, freitags beim 2nd-Hand-**Büchermarkt** (10–18 Uhr, www.deboekenmarktophetspui.nl), sonntags beim **Kunstmarkt** (11–17.30 Uhr, artamsterdam-spui.com), tagtäglich spätestens zum Feierabendbier in einer der zahlreichen Cafés und Kneipen mit Straßenterrasse zum Platz. Traditionell buhlen hier vor allem **Hoppe** 4 und **Luxembourg** 5 um die Amsterdamer Werkschaffenden. Und wo einst die erste Pferdetram entlangzockelte, liegen heute zwei der besten Buchhandlungen der Stadt: **Athenaeum Boekhandel** 4 und **The American Book Center** 5.

TOUR
SUP-Kultur – Stand-up-Paddeln in Amsterdam!

Auf dem Board durch die Grachtenstadt

Infos

F–J 5–8

Kano & Sup Amsterdam: kanoensupamsterdam.nl/en (online anmelden)

Kosten: SUP Clinic (1,5 Std., tgl. möglich) ab 25 € inkl. Material, Neoprenanzug, Anleitung
Board leihen (nur Sa, So): 10 €/Std.

Amsterdam vom Wasser aus entdecken, das kann jeder. Grachtenrundfahrt, Motorboot, *waterfiets* … Aber sich **Amsterdam vom Brett aus** anschauen, das ist schon abenteuerlicher! Der Spaß beginnt bereits beim Namen, denn wenn die Holländer Stehpaddeln meinen, dann sprechen sie von *suppen. Suppen* indes hat rein gar nichts mit Suppe zu tun, sondern leitet sich von Stand-up-Paddling ab, kurz SUP, und daraus machen sie einfach ein Verb: *suppen* eben.

Trockenpaddeln

Doch vor dem Vergnügen auf dem Wasser stehen die Trockenübungen. Ohne kurzes Trockenpaddeln auf dem **Bootssteg** läuft gar nichts. Gut eingepackt in einen Neoprenanzug und mit einem Paddel in der Hand stellen wir uns erst einmal an Land auf das Board und lernen, wie man richtig steht, das Gleichgewicht hält, Paddeltechniken. Und last but not least: wie man Spaß auf dem Board hat!

Und los!

Dann vorsichtig aufs Brett hieven. Auch auf dem Wasser wird erst einmal gekniet und später erst gestanden. Noch etwas wackelig und wenig elegant – zugegeben. Jetzt ein paar schnelle Paddelschläge und schon gleitet das **Board** durchs Wasser. Und das macht Spaß, riesigen Spaß! Zuerst betrachten wir die Schaukelei auf dem Was-

Ins Wasser ist übrigens noch fast niemand gefallen. Die Boards sind sehr stabil und kippen nicht schnell um. Falls mal ein Boot vorbeifährt und ordentlich Wellen macht: einfach hinknien und weiterpaddeln!

ser noch mit gehörigem Respekt, doch nach wenigen Wellen wird klar: Die Balance ist gefunden und wir stehen sicher. Coach Rick hatte anfangs behauptet, ihm sei noch nie jemand ins Wasser gefallen. Eine Aussage, der wir mit Skepsis begegnet sind, die wir nun aber langsam bereit sind zu glauben.

Perspektivwechsel

Die trüb-braunen, mitunter erstaunlich schlammigen Wassermassen können uns auch nicht mehr schocken. Bald schon heben auch die Anfänger den Blick und sehen Amsterdam vom Wasser aus an sich vorbeigleiten: **Oudezijds Voorburg-** und **Achterburgwal,** die **Amstel,** die **Grachten,** die Hausboote … Wie war das noch, leiten die Hausbootbesitzer ihr Abwasser direkt in die Grachten? Kurz wird uns etwas unbehaglich. Wenn man jetzt reinfiele. Aber nein, das tun die Bewohner der Hausboote nicht. Vielmehr muss eine Abwasserpumpe an Bord installiert sein.

High nach Hause?

Dann erzählt uns Rick noch, dass in den **Kanälen** angeblich sehr viel Kokain im Wasser schwimmen würde. Klar, bei dem lockeren Umgang mit Drogen erstaunt uns das nicht. Also bloß nicht reinfallen! Oder jetzt erst recht …?

Begijnhof

So schön es auf dem Spui auch ist, bloß nicht hängen bleiben, denn **Amsterdam Museum** 17 (s. S. 52; ab 2027 wieder an Ort und Stelle) und **Begijnhof** 9 schließen beide früh. An der Nordseite des Spui, der bis zum 14. Jh. die südliche Stadtgrenze bildete, blickt man auf die rückwärtige Front des Beginenhofs. Dieser war ursprünglich auf drei Seiten von Wasser umgeben, was ihn besonders sicher machte. Aber, wer waren noch mal gleich die Beginen? Fromme Frauen, die sich der Armen- und Krankenpflege widmeten und in klosterähnlichen Wohn- und Arbeitsgemeinschaften zusammenlebten, ohne jedoch ein Gelübde abzulegen. Und sie konnten die Gemeinschaft jederzeit wieder verlassen – ganz schön emanzipiert eigentlich! Die letzte Begine verstarb 1971, doch ist das Hofje auch heute noch dem weiblichen Geschlecht vorbehalten.

Rummel? Nein, Ruhe!

Wer eintritt, wähnt sich auf einem mittelalterlichen Dorfplatz mit weiter Rasenfläche und Bänken. Und es ist? Ruhig! Vorsicht, das hat gehörig Suchtpotenzial. Die großzügige Wohn- und Gartenanlage, die die Beginen seit 1346 bewohnten, ist das älteste und größte *hofje* (s. S. 130) der Stadt. 47 Wohnhäuser gruppieren sich um Grasfläche und mittelalterliche Kirche. Blumen und mehr als 100 Jahre alte Bäume runden das Bild ab. Die Häuser stammen ›erst‹ aus dem 17. und 18. Jh. – das mittelalterliche Hofje brannte im 15. Jh. ab –, wenngleich 18 Gebäude noch ein gotisches Holzskelett aufweisen. Eines der Gebäude ist eine kleine Sensation: Das **Houten Huys** (Nr. 34) mit historischem Holzgiebel von ca. 1470 ist das wohl älteste Holzhaus der Niederlande.

Begijnhof 30, Eingang über den Spui oder über die Gedempte Begijnensloot, tgl. 9–17 Uhr, keine Gruppen!

De Wallen

Univiertel

Wegen der Universität ist die Altstadt verdammt jung. Die Studenten wissen es zu schätzen, dass der **Oude Turfmarkt** 10 verkehrsberuhigt wurde und man in den Pausen auf den Holzplanken am Wasser chillen kann. Früher, als die Stadt noch katholisch war, muss es hier sehr fromm zugegangen sein. Der Name der kleinen Gasse **Gebet zonder end** (Gebet ohne Ende) offenbart, dass sich in der Umgebung ein Kloster ans nächste reihte, in dem Mönche und Nonnen schier endlos beteten. Wer einkehren will, geht ins **Kapitein Zeppos** 15 oder, um die Ecke am Wasser, in eines der beliebtesten und ältesten Grand Cafés Amsterdams, ins **De Jaren** 9.

Sesam öffne dich!

Was ist hier los? Hinter der etwas deplatziert wirkenden **Oudemanhuispoort** 11 verschwinden auffällig viele Menschen. Die Altmännerpforte (1601) war einst der Eingang zu einem Altenheim für Männer, heute führt sie in einen Arkadengang der Uni, in dem auf dem **Oudemanhuispoort Boekenmarkt** 11 (Mo–Sa 11.30–18 Uhr) antiquarische Bücher und Zeichnungen verkauft werden. Heute ebenfalls ein Unigebäude ist auch der ehemalige Hauptsitz der Vereinigten Ostindischen Compagnie (s. S. 260), das **Oostindisch Huis** 12 mit dem großen Innenhof (Oude Hoogstraat 24). Es kündet von der ›glorreichen‹ und ethnozentrischen Vergangenheit des Königreichs der Niederlande.

Womit die Familie Trip ihr Geld verdiente, verraten die Schornsteine in Form von Kanonen am **Trippenhuis** 13 (Kloveniersburgwal 29). Der Kutscher der Trips wiederum hatte einen Traum: Als er deren ausladenden Palast sah, soll er sich ein eigenes Haus nicht breiter als das Eingangsportal gewünscht haben. Der Wunsch war den Dienstherren angeblich Befehl und so entstand das nur 2,50 m schmale **Mini-Trippenhuis** gegenüber.

Chinatown

Sie kamen und blieben: Die Chinesen, die sich rund um Zeedijk, Nieuwmarkt und Geldersekade niedergelassen haben, verschlug es Anfang des 20. Jh. als Seeleute nach Amsterdam. In den 1920er-Jahren zählten sie schon an die 10 000. Im Viertel sind sie mit Restaurants, Lebensmittelläden, Apotheken, chinesischer Medizin oder Akupunktur vertreten.

In der Ruhe liegt die Kraft

He Hua, Lotusblüte, heißt der buddhistische **Tempel** 14, der auf Initiative einiger wohlhabender Amsterdamer Chinesen errichtet wurde – er war der erste in Europa. Führungen sind während der Öffnungszeitgen und nur mit vorheriger Anmeldung möglich. Umgeben ist He Hua von vielen Restaurants und Imbissen mit surinamisch-asiatischer Küche wie dem weiß gekachelten **Nam Kee** 19.

Zeedijk 106–118, T 420 23 57, ibps.nl, Di–Sa 13–15.50 Uhr, Voranmeldung für eine Führung unter ibps.nl/guided-tours, 8 €

Rotlichtviertel

Seit die Prostitution in den Niederlanden im Jahr 2000 legalisiert wurde, ist die *rosse buurt* als ›Sehenswürdigkeit‹ umstritten. Auf der einen Seite zahlreiche respektlose und nicht selten berauschte Touristen, die sich durch die engen Gassen mit den roten Fenstern schieben, auf der anderen Seite der Anstieg von illegaler und Zwangsprostitution sowie organisierter Kriminalität haben zu strengen Regeln mit Strafen geführt, s. Kasten unten). Ob ihre Nichtbeachtung wirklich zu Konsequenzen führt, bezweifeln viele. Unvergessen die Social-Media-Kampagne von 2023, die junge britische Männer (!) davon abhalten sollte, nach Amsterdam zu reisen und die den gegenteiligen Effekt gehabt haben soll. Trotzdem gilt: Respekt- und maßvolles Verhalten ist immer eine gute Idee. Bürgermeisterin Femke Halsema will jedenfalls nach wie vor ihren Plan umsetzen, einen Teil der *kamers* in der Innenstadt zu schließen und in ein »architektonisch anspruchsvolles« Erotikzentrum an den Rand der Stadt zu verlagern (s. S. 267).

www.amsterdam.info/red-light-district

LIEBER NICHT …

Der Konsum von **Haschisch** oder **Alkohol** in den Straßen im und ums Rotlichtviertel kostet nach der ersten Verwarnung 100 €. Besser in einen Coffeeshop (Softdrogen; www.amsterdam.info/coffeeshops) oder ein Café (Alkohol) gehen. Auch Grölen und Wildpinkeln sind verboten (Kostenpunkt: 140 €).

Führungen durchs Rotlichtviertel sind nur mit max. vier Personen möglich. Es ist auch ansonsten keine gute Idee, in großen Gruppen durchs Rotlichtviertel zu gehen.

Smartphones sollten in der Tasche bleiben, denn Fotos von den Sexworker:innen zu machen, ist untersagt. Entsprechend rabiat werden sie, wenn Tourist:innen es dennoch tun.

Wer Sex mit **Zwangsprostituierten** kauft, muss mit einer Geldstrafe von über 20 000 € oder bis zu vier Jahren Gefängnis rechnen.

Lieblingsort

Ein Stück Glück im Second-Hand-Café

Einfach wunderbar hier, egal ob wir unten mit Blick aufs Gewusel am Zeedijk unseren Kaffee mit köstlicher ›Appeltaart‹ versüßen oder uns oben in den Sesseln der Galerie einen frischen Pfefferminztee genehmigen. Der Tand aus den 1960er- und 1970er-Jahren ist bei **Latei** 18 käuflich und gibt dem kleinen Raum etwas Nostalgisches. Ach ja, besonders schön ist es hier frühmorgens, wenn das Viertel noch schläft. Wer später kommt: Die Speisekarte ist übersichtlich, aber Hummus, Sandwiches, Appeltaart und Co. sind hausgemacht und mit lokalen Produkten zubereitet (Zeedijk 143, www.latei.net, wenige Gehmin. vom Bhf., Metro: Nieuwmarkt, Tram 4, 14, Mo–Fr 8–18, Sa 9–18, So 10–18 Uhr, €).

Zum Affen machen

Das äußere Korsett für die vielen – sehenswerten – Querstraßen des Rotlichtviertels, in denen sich vor allem abends die Menschen drängen, bilden **Zeedijk** und **Warmoesstraat.** Hier gibt es zahlreiche Restaurants und Läden, darunter auch die eine oder andere Bar der schwulen Lederszene und Sexshops.

Der Name sagt's schon: Der **Zeedijk** war mal ein echter Deich, zu erkennen ist das an seinem Höhenunterschied gegenüber den anderen Straßen. Traditionell das Revier der Seeleute, blühten hier in den 1980er-Jahren Drogenhandel und Taschendiebstahl, bis die Polizei hart durchgriff und die Geschäftsleute im Viertel sich zu wehren begannen. Heute hat sich die Lage entspannt: Die vielen Junkies sind abgewandert. Die Stadtverwaltung ringt darum, dass die Mischung der Geschäfte auf der Straße stimmt, gelingen will es nicht so richtig, viele ›Billigheimer‹ haben das Terrain erobert.

Zu Beginn des Zeedijk besitzt das Bruin Café **In 't Aepjen** 12 (Zum Äffchen) eine lange Tradition. Einst gehörte die Kneipe mit dem hölzernen Oberbau der Vereinigten Ostindischen Compagnie (VOC) und wer seine Zeche nicht bezahlen konnte, so heißt es, wurde auf ein VOC-Schiff verpflichtet, um seine Schuld abzuarbeiten. Auf waschechte Amsterdamer trifft man auch im **Elfde Gebod** 13 (Nr. 5) direkt daneben oder im **Café 't Mandje** 11 (Nr. 63), einige Schritte weiter Richtung Nieuwmarkt.

Blumen und Kondome

Auch die **Warmoesstraat** war ein Schutzwall und hieß früher Ouderdijk. Zu touristischen Hoch-Zeiten drängeln sich die Menschengruppen und es ist alles andere als gemütlich. Trotzdem gibt es einige wenige (alteingesessene) Läden, die eine etwas andere Farbe in die Straße bringen, etwa der ungewöhnliche Blumenladen **jemi bloemenwinkel** 8 und die unverwüstliche **Condomerie** 7. Und schon seit Ende der 1970er-Jahre wird das **W139** 15 von Künstlern und Freiwilligen als Ausstellungsort zeitgenössischer Kunst aller Genres unterhalten (Nr. 139, tgl. 12–18 Uhr, 3 €, Solidaritätsticket für wahlweise weitere 3 oder 6 € möglich).

Lass dir Zeit mit dem Heiraten

Sünde und Religion gingen in Amsterdam von Anfang an Hand in Hand: Die **Oude Kerk** 16 steht mitten im Rotlichtviertel. ›Wohnzimmer von Amsterdam‹ wird die älteste Kirche der Stadt auch genannt. Denn im 16. und 17. Jh. diente die Basilika als Markt. Heute ist sie ein renommierter Marktplatz der Künste, in dem wechselnde Ausstellungen zeitgenössischer Kunst gezeigt werden (s. Website). Nichtsdestotrotz werden jeden Sonntagmorgen und -abend Gottesdienst gefeiert.

Eine hölzerne Kapelle war im 13. Jh. der Ursprung der Oude Kerk, im 14. Jh. entstand das heutige gotische Gotteshaus, das dem hl. Nikolaus, dem Heiligen der Seeleute, geweiht wurde. Der Alteratie, der Vertreibung der Katholiken, fielen die Statuen und die prächtige Ausstattung bis auf die drei Glasfenster in der Liebfrauenkapelle und die Golddecke zum Opfer. Gemälde wurden übermalt und erst im 20. Jh. wiederentdeckt. Die große barocke **Vater-Müller-Orgel**, von Jan Westerman mit biblischen Holzstatuen verziert, kam 1724 in die Kirche und wird immer wieder für Konzerte genutzt (s. Website).

In der Nähe der kleinen Orgel findet sich eine schlichte Steinplatte, auf der Name und Sterbedatum von Rembrandts Frau Saskia verzeichnet sind. Kurios ist die **Roodeur** (Rote Tür): Sie führt zur früheren Sakristei, in der Ehen geschlossen wurden. Eine Inschrift warnt: »Tis haest getrout dat lange rout« (Heirat in Eil bereut man mit Weil). Das Glockenspiel des Turms (separat mit Führung begehbar), das der Glockengießer François Hemony

Martin Luther King hatte einen Traum. »Wovon träumst du?«, fragt die Ausstellung »We Have a Dream – Gandhi, King, Mandela« in der Nieuwe Kerk.

1658 fertigte, ertönt dienstags und samstags um 16 Uhr.

Oudekerksplein 23 (Eingang Südseite), www.oudekerk.nl, Mo–Sa 10–18, So 13–17.30 Uhr, 13,50 € inkl. Audiotour (auch in Deutsch)

Alle wollen gut leben

Umgeben ist die Kirche von den typischen roten Prostituiertenfenstern, auch wenn die Stadtverwaltung einiges dafür tut, um die Umgebung des Platzes attraktiver für alle zu machen. Das **Redlight Radio,** das es nicht mehr gibt, oder das Café **Quartier Putain** 13 **standen bzw.** stehen für diese Entwicklung. Wer mehr über die Geschichte des Rotlichtviertels wissen will, dem sei eine Führung mit dem **PIC** 2, dem Prostitutie Informatie Centrum, empfohlen. Hier arbeiten ehemalige oder noch praktizierende Sexworkerinnen und Sexworker (s. S. 264), von denen viele fest im Viertel verwurzelt sind.

Museen

Kunst-Kirche

6 **Nieuwe Kerk:** »Ausstellungen von Fotografie und Kunst, zu inspirierenden Menschen und Kulturen« – das hört sich vielleicht ein wenig konturlos an, doch ist es den Ausstellungsmachern in den letzten Jahren gelungen, Außerordentliches im Kirchenraum auf die Beine zu stellen. Oft auch in Interaktion mit dem ›Innenleben‹ der Kirche, etwa den mehr als 10 000 Grabsteinen im Boden oder den Engelskulpturen. Egal, ob zum Erzengel Michael, zu Buddha, Marilyn Monroe oder Mandela, Gandhi und Martin Luther King. Der Erfolg gibt ihr recht: Mit gut 250 000 Besuchern pro Jahr zählt die Nieuwe Kerk zu den bestbesuchten Ausstellungsorten des Landes. Besonders gepriesen wurde sie für die Ausstellungen zu den ehemaligen Kolonien Indonesien und Suriname sowie zur jährlich stattfindenden World Press Photo.

Dam, www.nieuwekerk.nl, Tram 2, 4, 11, 12, 13, 14, 17, 24, Metro: Rokin, bei Ausstellungen tgl. 10–17 Uhr, Eintritt variiert (um 20 €)

DNA einer Stadt

17 **Amsterdam Museum:** Die von einem beeindruckend ausgeführten Amsterdamer Stadtwappen bekrönte **Weeshuispoort** von 1581 liegt etwas zurückversetzt in der Kalverstraat. Der Tordurchgang zum ehemaligen Waisenhauskomplex des 16./17. Jh. führt zu einem wirklich sehenswerten stadthistorischen Museum … bzw. führte. Nachdem das geschichtsträchtige Gebäude mehr als 45 Jahre als Stadtmuseum auf dem Buckel hatte, war die nächste Anpassung fällig. Bis voraussichtlich 2027 dauern die Bauarbeiten an, währenddessen hat das Haus als ›Amsterdam Museum aan de Amstel‹ neue Heimstatt in

der ehemaligen Hermitage an der Amstel (s. S. 110) gefunden. Weitere Ausstellungen sind im Huis Willet-Holthuysen (s. S. 109) zu sehen.

Kalverstraat 92, Sint Luciënsteeg 27, www.amsterdammuseum.nl/en

Rollentausch

⑱ **Red Light Secrets – Museum of Prostitution:** Direkte Einblicke in die Arbeitsbedingungen von Prostituierten gewährt das kleine Museum zu Geschichte und Alltag des Rotlichtgewerbes in Amsterdam. Im Obergeschoss kann man sogar selbst ausprobieren, wie es ist, in einem rot beleuchteten Fenster zu sitzen.

Oudezijds Achterburgwal 60H, www.redlightsecrets.com, So–Do 11–22.30, Fr, Sa 11–23.30 Uhr, Mindestalter 16 J., 14,50 €

Wie geheim ist geheim? ✪

⑲ **Museum Ons' lieve Heer op Solder/Museum Amstelkring:** ›Unser lieber Herr‹ lebte im protestantischen Amsterdam um 1661 auf dem ›Dachboden‹ in einer sogenannten Geheimkirche. Vom damaligen Besitzer weiß man nicht viel, nur dass dieser Peter Hartmann ein katholischer Kaufmann aus dem westfälischen Coesfeld war, der ins protestantische und liberalere Amsterdam geflüchtet war.

Auch in den Niederlanden galt der Katholizismus als ›papistischer Götzendienst‹. Aber in Amsterdam hatte man pragmatische Lösungen für Glaubenssachen gefunden: Solange Hartmann seine Abgaben pünktlich bezahlte, legte man ihm beruflich keine Steine in den Weg. Seinen Glauben sollte er allerdings nicht hör- und sichtbar feiern. Das alte Grachtenhaus mit der Kirche im Obergeschoss, das eigentlich aus drei Teilen am Oudezijds Voorburgwal und am Heintje Hoeksteg besteht, wirkt daher von außen auch wie ein normales Wohnhaus.

Offensichtlich hatte der Kaufmann genug Geld, um eine Kirche nicht nur für sich allein einrichten zu lassen. Platzsparendes und leichtes Bauen war dabei im Dachgeschoss Pflicht. Dennoch ist der lang gezogene **Kirchenraum** mit den beiden Galerien, der 150 Menschen fassen kann, eine Überraschung. Durch geschickte architektonische Hilfsmittel wirkt er sehr großzügig: Die Aufbauten, die aus Marmor zu sein scheinen, sind aus Holz, die Kanzel lässt sich aus dem Altar herausziehen, die Altarbilder können je nach Fest in der Jahresliturgie ausgetauscht werden … Zu besichtigen sind auch die Wohn- und Repräsentationsräume, die Priesterkammer und das Kontor in den unteren Stockwerken.

AMSTERDAM LIEBE

Der Name ist Programm: die deutschen Guides lieben ihre neue Heimatstadt und bringen das sympathisch, humorvoll und wissensreich rüber. Theresa Huber gründete das Unternehmen 2015, und inzwischen ziehen knapp 20 Stadtführerinnen und der eine oder andere Stadtführer mit ihren Gruppen durch Amsterdam. Das Programm ist vielfältig: von der Museums- und Anne-Frank-Tour über die Rotlicht- und Amsterdam-Noord-Tour bis zur kulturellen Essenstour, um nur ein paar zu nennen. Unterwegs ist man in kleinen Gruppen zu Fuß, auf dem Boot oder mit dem fiets. Wir hatten die kulinarische Tour im Zentrum gebucht und waren skeptisch, ob es für uns noch Neues zu entdecken gibt. Gab es! Unser Guide Marina war so herzlich und hat so humorvoll und spannend erzählt, dass wir Amsterdam nun noch mehr lieben – und sicher noch die eine oder andere Tour mit www.amsterdamliebe.de mitmachen werden.

Im modernen Gebäude rechts von der Geheimkirche sind Eingang, Kasse, Museumscafé und -shop untergebracht. Mit der Geheimkirche selbst ist der Bau durch einen unterirdischen Gang verbunden.

Oudezijds Voorburgwal 38 (Eingang zum Neubau) und 40, T 624 66 04, www.opsolder.nl, 5 Min. zu Fuß vom Bahnhof, Mo–Sa 10–18, So 13–18 Uhr, 16,50 € inkl. Audioguide (deutsch), auch für Kinder

Essen

Backen mit Passion

1 Gebroeders Niemeijer: s. auch S. 40. Die französische Patisserie ist eine super Frühstücks- und Lunchadresse.

Nieuwendijk 35, www.gebroedersniemeijer.nl/en, wenige Gehmin. vom Bhf., Di–Fr 8.15–17, Sa 8.30–17, So 9–17 Uhr, €

Gelungenes Gesamtkonzept

2 Tales & Spirits: Erst einen fantastischen Cocktail in der überaus gemütlichen Bar trinken, dann zurück an die Bar für den nächsten Cocktail … Das Team ist kompetent und hat Spaß an dem, was es tut – kein Wunder, zählt Tales & Spirits doch zu den »World's 50 Best Bars«!

Lijnbaanssteeg 5–7, www.talesandspirits.com, Tram 2, 12, 13, 17, Di–Sa 17.30–1 Uhr, Cocktails ab 11 €, Snacks €

Ein Königreich für ›Stroopwafels‹

3 Hans Egstorf Bakkerij: Bäckertradition seit vier Generationen. Ausgezeichnet schmecken die stroopwafels aus dem schönen Ladenlokal, angeblich die besten der Stadt!

Spuistraat 274, www.hansegstorf.com/en, Tram 2, 12, 13, 17, tgl. 8–20 Uhr, €

Ein Faible für Fisch

4 Lucius Visrestaurant: Austern, Schalen- und Krustentiere sowie fangfrischer Fisch zählen zu den Spezialitäten des gemütlichen Traditionshauses (seit 1975), das bei Locals und Besuchern gleichermaßen beliebt ist. Ausgezeichnete *plateaus crustacés* und *plateaus fruits de mer* (68 € bzw. 75 €). Sehr gute Weine. Unbedingt reservieren!

Spuistraat 247, T 624 18 31, www.lucius.nl/en, Tram 2, 12, 13, 17, Do–Di 17–23 Uhr, €€

Essen & Espresso im Piratenflair

5 Het Stadspaleis: Wunderlich und abseits des Trubels liegt dieser Mini-Holzpalast ruhig mitten in der City auf einer Verkehrsinsel und nicht weit vom Königspalast. Die reizende Familie Kroon serviert drinnen und draußen ausgezeichneten Kaffee, super Smoothies und leckerste Bio-Burger und -Toasties. Espresso an der Bar 1 €!

Nieuwezijds Voorburgwal 277, www.stadspaleis.com, Tram 2, 4, 12, 14, tgl. 9–18 Uhr, Toasties, Burger, Sweets €

Für den besonderen Anlass

6 D'Vijff Vlieghen: Ob Rembrandt hier gespeist hat? Die Geschichte dieses von zahlreichen internationalen Stars besuchten ›kulinarischen Museums‹ reicht jedenfalls bis ins Jahr 1627. Die acht Räume des Spitzenrestaurants sind antik möbliert, im Rembrandtzimmer hängen sogar Original-Radierungen des Künstlers. Die Gerichte der Neuen Niederländischen Küche sind lecker und ausschließlich aus frischen Erzeugnissen heimischer Herkunft (meist in Bio-Qualität) hergestellt. Hierher kommt man vor allem der bezaubernden Atmosphäre wegen. Menüs 90–130 €

Spuistraat 294–302, T 530 40 60, vijffvlieghen.nl/en, Tram 2, 4, 12, 13, 14, 17, Di–So 17.30–22 Uhr, €€–€€€

Frischer Fisch vom Feinsten

7 The Seafood Bar: Unter historischen Arkadenbogen serviert das sehr freundliche und kompetente Team ausgezeichnete Muscheln, Austern, Ceviche, Fish & Chips, Lobstersuppe sowie diverse Fischplatten zum Teilen. Familie De Visscher legt viel Wert auf nachhaltigen und

Im Chinesischen Viertel rund um den Zeedijk wird nur mit ausgezeichneten Zutaten gekocht. Fisch wird etwa bei Vishandel Tel am Kloveniersburgwal 11–13 eingekauft.

Fair-Trade-Fischfang, außerdem verfolgt sie eine Zero-Waste-Politik. Die drei übrigen Filialen lohnen ebenfalls.
In der Börse, Damrak 213, www.theseafoodbar.com/home-en, wenige Gehmin. vom Bahnhof, tgl. 12–23 Uhr, €–€€€

Gutes aus dem Gemüsegarten

8 **Gartine:** Eine der wirklich guten Frühstücksadressen der Stadt. Wem es in der netten Atmosphäre – Interieur, Porzellan und Besteck erinnern an die gute alte Zeit – und bei dem freundlichen Wirtspaar gut gefällt, der kommt noch mal zum Lunch oder High Tea. Egal ob Joghurt-Mascarpone-Creme mit Müsli und frischem Obst, Eggs Benedict mit Spinat und Parmesan, Creme von geräucherter Makrele mit frischen Gartenkräutern, serviert mit Sauerteigbrot oder Lammfrikadelle mit Estragon – viele Zutaten stammen aus dem eigenen Gemüsegarten. Mit winziger Terrasse.
Taksteeg 7, gartine.nl/en, Tram 4, 14, 24, Mi–Fr 9.30–17, Sa, So 9.30–16 Uhr, €–€€

Genuss für den Gaumen

9 **de Silveren Spiegel:** Vom Geheimversteck zum Geheimtipp – unter den Treppengiebeln des 17. Jh. versteckte Wirtin Wies im Zweiten Weltkrieg eine jüdische Familie. Heute versprühen die vier Zimmer vom offenen Kamin mit passenden Kacheln bis zum romantischen Ambiente mit Kerzenschein, Silberbesteck und Porzellantellern altholländischen Charme. Konträr dazu serviert der junge Küchenchef Yves van der Hoff eine modern interpretierte niederländische Küche mit lauwarmem Aal grün, Wildente, Kohlrabi in Salzkruste … Ein Fest für Gaumen und Auge, befindet auch der Guide Michelin! Dazu werden ausgezeichnete französische Weine ausgeschenkt, darunter viele Naturweine. Mit Terrasse. Dresscode: Casual.

Kattengat 4–6, www.desilverenspiegel.com, Tram 2, 12, 13, 17, Di–Do 18–21 (auch à la carte), Fr, Sa 12.30–14, 18.30–21 Uhr, Menüs 110–160 €, €€€

Von Gegensätzen und Harmonien

10 **Vermeer:** Hochwertig essen mit ungewöhnlichen Geschmackskombinationen in ungezwungener Atmosphäre – so könnte man das mit einem Stern ausgezeichnete Konzept zusammenfassen. Das schöne Restaurant liegt im Hotel NH Collection Barbizon Palace, auf dessen Dach Gemüse und Kräuter geerntet werden. Die Küche ist saisonal geprägt und kommt ohne Schnickschnack aus, die Auswahl ist klein, aber fein, und die Lebensmittel stammen von Bauern aus der Region … oder eben vom Dach! Ausgezeichnete Weine.

Prins Hendrikkade 59–72, www.restaurantvermeer.nl/en, wenige Gehmin. vom Bahnhof, Mi–Sa 18–20.30 Uhr, nur Menüs (ab 85 €), à la carte €€€

Viel mehr als Kimchi

11 **Kim's so Korean Food:** Mitten im Rotlichtviertel, in einer Seitenstraße des Zeedijk, hat sich ›Kim's so‹ schnell einen Namen gemacht. Die Küche überzeugt: von Gimbap bis Bibimbap, von Korean Fried Chicken bis BBQ-Specials, von Ramen (Achtung: scharf!) bis Dumplings. Typisch koreanisch, auf Kim's Weise interpretiert.

Molensteeg 13H, www.kimsso.nl, Metro: Nieuwmarkt, Di–Do 13–21.30, Fr 13–22, Sa 12–22, So 12–21.30 Uhr, €–€€

Bier mit (sozialem) Anspruch

12 **De Prael Oudezijds:** Die kleine Brauerei De Prael gründete der ehemalige Psychiatriepfleger Arno Kooy 2001, um Menschen mit sicht- und unsichtbarer Beeinträchtigung eine echte Chance auf dem Arbeitsmarkt zu geben – ein Erfolg auf ganzer Linie. Das Bier wird mittlerweile in vielen Amsterdamer Lokalen ausgeschenkt, natürlich auch im eigenen **Proeflokaal,** wo es auf mehreren Ebenen mit Blick auf die Braukessel auch Deftiges inkl. Vegetarisch-Veganem zu essen gibt. Die Einrichtung ist bunt und absichtsvoll zusammengewürfelt, das Personal freundlich. Ein weiteres Proeflokaal gibt es in De Pijp (s. Website).

Der Kaffee im Quartier Putain macht in jedem Fall wach – anders als die hübsche Werbung erwarten lässt – und ist dazu noch ausgesprochen gut!

Oudezijds Armsteeg 26, deprael.nl, wenige Gehmin. vom Bhf., Mo 14–24, Di–So 12–24 Uhr, €€, Führungen durch die Brauerei Mi–So 13–18 Uhr, reservieren unter T 408 44 69, boekingen@depraelamsterdam.nl

Ganz normal im Rotlicht

13 **Quartier Putain:** Benannt ist das Café nach einem Lied des Liedermachers und Lyrikers Drs. P., der den Niederländern in den 1970er-Jahren ein Begriff war, und es werden sehr guter Kaffee, ein gutes Frühstück und kleine Gerichte serviert. Im Sommer sitzt man auf dem Kirchplatz der Oude Kerk – vielleicht auf einen Cocktail?

Oudekerksplein 4, quartierputain.nl, wenige Gehmin. vom Bhf., Mo–Do 8–18, Sa 9–24, So 9–18 Uhr, €

In der Kirchennische

14 **De Koffieschenkerij:** Wunderbare Idee, mitten im Trubel diese kleine Oase einzurichten, in der man draußen und drinnen in der ehemaligen Sakristei guten Kaffee, Säfte, hausgemachte Limonade, Kuchen, Suppen und Pies bekommt. Das Café ist Teil der Oude Kerk, aber auch separat und von außen begehbar!

Oudekerksplein 27, koffieschenkerij.com, wenige Gehmin. vom Bhf., tgl. 9–18 Uhr, €

Gebet ohne Ende

15 **Kapitein Zeppos:** Das Zeppos ist eine Institution – originelle mediterrane Küche in altholländischer, gemütlicher Atmosphäre. Bei schönem Wetter sitzt man wirklich zauberhaft draußen auf der schmalen Gasse, an der einst mehrere Klöster lagen. Auch Musikcafé.

Gebed Zonder End 5, www.zeppos.nl, Metro: Rokin, Tram 4, 14, So–Mi 12–24, Do 12–1, Fr, Sa 12–2 Uhr, So meist (Live-)Musik, Café Chantant s. Website, €–€€

Ausgezeichnet

16 **Bridges:** Im vom Guide Michelin ausgezeichneten eleganten Restaurant gibt es kreative und hochwertige Fisch- und Meeresfrüchtegerichte sowie ausgefallene Gemüseküche. Es wird saisonal und nach Slow-Food-Regeln gekocht. Auch vegetarische Menüs, interessante Weinkarte. Das **Garden Bistro Oriole** mit mediterraner Küche liegt gleich nebenan.

Oudezijds Voorburgwal 197 (im Hotel Sofitel Legend The Grand), T 555 35 60, reservieren, www.bridgesrestaurant.nl, Tram 4, 14, Mo 14.30–22, Do 18.30–22, Fr–So 13–14.30, 18.30–22 Uhr, verschiedene Menüs und à la carte €€€, Oriole: www.oriolebistro.nl, tgl. 12–24 Uhr, €€–€€€

Pan-Asien-Küche

17 **A-Fusion:** Superfrische Küche, die sich Anleihen aus China, Japan, Thailand und Korea nimmt. Ausgezeichnet mit dem Bib Gourmand des Guide Michelin.

Zeedijk 130, a-fusion.nl, Tram 4, 14, Metro: Nieuwmarkt, Mo–Do 16.30–23, Fr–So 12–23 Uhr, €–€€

Second-Hand-Café

18 **Latei:** s. S. 50.

China-Klassiker

19 **Nam Kee:** In diesem kantonesischen Restaurant im Badezimmerstil kann man echte Zeedijk-Atmo tanken, und die Austern sind einen Versuch wert.

Zeedijk 111–113, namkee.nl, Tram 4, 14, 24, Metro: Nieuwmarkt, So–Do 12–21.30, Fr, Sa 12–22 Uhr, €–€€

Einkaufen

Schuh als Objekt

1 **United Nude:** Ungewöhnliche Formen, Farben und Absätze im coolen Flagship Store – nicht immer tragbar, aber immer schrill und ungewöhnlich.

Molsteeg 10, www.unitednude.eu, Tram 2, 12, 13, 17, tgl. 10.30–18 Uhr

Made in … The Netherlands

2 **X BANK:** Die Niederlande sind groß in puncto Design, Mode und Kunst – das

beweisen sie hier wieder einmal. X Bank ist vieles: Boutique, Galerie und Event Space (mit Onlineshop). Auf 700 m² ist alles ständig im Fluss. Von A wie ArteGia bis Y wie YOOST sind hier 55 kreative Talente mit ihren Schöpfungen vertreten.

Spuistraat 172, xbank.amsterdam, Tram 2, 12, 13, 17, Mo–Sa 10–18, So 12–17 Uhr

Papier, Tinte, Federn

3 **Posthumus:** Schöne Papiere satt.

St. Luciënsteeg 23–25, posthumuswinkel.nl, Tram 2, 12, Di–Fr 10–17.30, Sa 11–17.30 Uhr

Traumhafte Welt der Bücher

4 **Athenaeum Boekhandel:** Buchhandlung mit separatem Zeitschriftenshop und schier uglaublicher Auswahl. Mehr als die Hälfte der Bücher ist fremdsprachig.

Spui 14–16, www.athenaeum.nl, Tram 2, 4, 12, 13, Mo–Sa 10–19, So 11–19 Uhr

English books wanted!

5 **The American Book Center:** Der Laden wird immer wieder in der Top Ten der schönsten Buchhandlungen der Welt gelistet – wundern Sie sich nicht, wenn plötzlich ein Baum im Weg steht! Auf fünf Etagen finden sich Bücher in englischer Sprache. Mit winzigem Café. Hier kommt niemand raus, ohne was gekauft zu haben.

Spui 12, abc.nl, Tram 2, 4, 12, 14, Mo–Mi 11–18, Do–Sa 10–19, So 11–18.30 Uhr

Zigarren! Seit 1915!

6 **Hajenius:** Einer der renommiertesten und schönsten Zigarrenläden Europas.

Rokin 96, www.hajenius.com/en, Tram 2, 12, Mo 12–18, Di–Sa 9.30–18, So 12–17 Uhr

Die Mutter aller Kondomläden

7 **Condomerie:** Einfach unverwüstlich.!

Warmoesstraat 141, condomerie.com, Tram 4, 14, Mo–Sa 11–18, So 13–17 Uhr

Blumen aus Amsterdam

8 **jemi bloemenwinkel:** Ungewöhnlicher Pflanzen- und Blumenschmuck für Modeschöpfer, Ladenbesitzer, Taschendesigner u. a. Es gibt aber auch viel Dekomaterial wie Muscheln oder exotische Pflanzenteile für den Hausgebrauch zu kaufen.

Warmoesstraat 83 a, www.jemi.nl, Tram 4, 14, Mo–Fr 8–17 Uhr

Chinesisches Kaufhaus

9 **Toko Dun Yong:** Im ältesten chinesischen Supermarkt der Stadt findet man Lebensmittel, Küchengeräte, Haushaltswaren, Möbel … und wähnt sich in Shanghai. Besonders *druk* ist es samstags, dann kommen Chinesen aus ganz Holland her.

Stormsteeg 9/Ecke Zeedijk, dunyongfoodservices.com/en, wenige Gehmin. vom Bhf., Mo–Fr 9–19, Sa 9–18, So 11–17 Uhr

Wunderbares aus Holz

10 **WonderWood:** Designstühle und -tische der 1940er-, 50er- und 60er-Jahre. Auch Kunstobjekte wie Skulpturen und Malerei auf Holz. Übrigens: Die Holzdecke ist mehr als 450 Jahre alt.

Rusland 3, www.wonderwood.nl, Tram 4, 12, 14, Mi–Sa 12–18 Uhr

Die Amsterdamer Bouquinisten

11 **Oudemanhuispoort Boekenmarkt:** s. S. 48.

Oudezijds Voorburgwal 227 (Arkadengang der Universität), Tram 4, 14, 24, Metro: Rokin, Mo–Sa 9–17 Uhr

Bewegen

Mit Spannung und Teamgeist

1 **Sherlocked:** s. S. 41.

in der Beurs van Berlage, Damrak 247, sherlocked.nl, wenige Gehmin. vom Bahnhof, 170–250 € für bis zu 6/7 Pers., Dauer 1,5 Std.

Wissen aus erster Hand

2 **PIC:** Um die Ecke von der Oude Kerk informieren ehemalige und praktizierende Sexworkerinnen und Sexworker in einem kleinen Café mit Shop, vollgestopft mit Info-

Material und Gadgets, über Geschichte und Formen der Prostitution. Da Gruppenführungen mit mehr als vier Personen im Rotlichtviertel mittlerweile verboten sind, gibt es einen Talk 'n' Walk mit vielen Infos zu unterschiedlichen Schwerpunkten wie rechtlicher Rahmen für Prostitution in Amsterdam, Vorteile und Kritikpunkte, die Anbahnung von Sexgeschäften zwischen Freiern und Sexworker:innen in den roten Fenstern oder, ganz konkret, Tipps zu Sexshops, Live-Sex-Theater, Peepshows, Stripclubs – alles aus ›erster Hand‹.

Enge Kerksteeg 3, www.pic-amsterdam.com, pic@pic-amsterdam.com, wenige Gehmin. vom Bhf., Tram 2,12,13,17, Mi–Sa 12–17 Uhr, Talk 'n' Walk (1,5 Std.) auf Englisch Mi–Sa 17 Uhr, Buchung online, 25 € pro Pers., weitere Anfragen per E-Mail

Die etwas andere Stadtführung

3 **Mee in Mokum:** Die Führer sind meist ältere Amsterdamer, die ihre Stadt kennen und lieben – alle haben eigene Routenvarianten (2,5–3 Std.).

Treffpunkt am Restaurant Luciëns, Luciënsteeg 15, Tram 2, 12, unbedingt reservieren, T 625 44 50, gildeamsterdam.nl/de/stadtfuehrungen, Di–Sa 13 Uhr, 15 €

Grachtentour mit Geflüchteten

4 **Rederij Lampedusa:** s. S. 61.

rederijlampedusa.nl/home_en, Startpunkt: Dijksgracht 6 (bei Mediamatic), nur wenige Gehmin. vom Bahnhof, Tram 26, auf Englisch (1,5 Std.), April–Okt. u. a. Sa 11 und 13 Uhr, 35 €

Ausgehen

Club – und ganz schön viel mehr

1 **Bitterzoet:** s. S. 116.

Bier aus der Apotheke

2 **In de Wildeman:** Diese Probierstube mit ihrem originellen Ambiente ist aus der Verschmelzung einer mittelalterlichen Kneipe mit einer Apotheke entstanden. Im ›Wil-

FÜR EINE BESSERE WELT

Fast jeder kennt sie, die kunterbunt verpackten Schokotafeln von Tony's Chocolonely. Die Macher dahinter wollen die Welt zu einem besseren Ort machen und kämpfen für faire Löhne in der Kakaoproduktion sowie gegen moderne Sklaverei und Kinderarbeit. Der Slogan »100 % frei von Sklaverei« musste allerdings durch »auf dem Weg zu 100 % sklavenfreier Schokolade« ersetzt werden, da Kinderarbeit in der Lieferkette nicht restlos auszuschließen ist. Und die Zusammenarbeit mit dem Kakaoriesen Barry Callebaut führte dazu, dass Tony's von der Liste slavefreechocolate.org gestrichen wurde. Dennoch: Das Unternehmen zahlt höhere Preise für Kakaobohnen, pflegt langfristige Beziehungen zu den Kakaobauern, hilft ihnen, die Qualität zu erhöhen und selbstbestimmt Entscheidungen zu treffen. In **Tony's Chocolonely Super Store** 12 kann man sich zumindest vom Geschmack der Schokolade überzeugen (in der Börse, Oudebrugsteeg 15, tonyschocolonely.com/nl/en, tgl. 11–19 Uhr).

den Mann‹ sind 18 Biere frisch vom Fass und 250 Flaschenbiere im Ausschank.

Kolksteeg 3, Dam, www.indewildeman.nl, Tram 2, 12, 13, Mo–Do 12–1, Fr, Sa 12–2 Uhr

Zeitreise ins Goldene Jahrhundert

3 **De Drie Fleschjes:** s. S. 45.

Alteingesessen und einzigartig

4 **Café Hoppe:** Eines der ältesten Bruine Cafés der Stadt (1670).

Spui 18–20, cafehoppe.com, Tram 2, 4, 12, 13, 14, 17, So–Do 9–1, Fr, Sa 9–2 Uhr

Sehen und gesehen werden!

5 **Café Luxembourg:** Klassiker der hiesigen Szene! Gelobt werden Service, Küche und Grand-Café-Atmosphäre.

Spui 24, www.cafeluxembourg.amsterdam, Tram 2, 4, 12, 14, 24, tgl. 10–22 Uhr, €–€€

Sehr ›gezellig‹

6 **Café Mooy:** Versteckte kleine Bar mit super Bierangebot und ebensolchem Service. Leckere bitterballen. Billardtisch, sonntags Fußball (Ajax-Spiele), manchmal freitags gut besuchtes ›Popquiz‹ (5 €).

Kolksteeg 12, www.facebook.com/CafeMooy, Tram 2, 13, 17, So–Do 11–1, Fr, Sa 11–3 Uhr

Hauptsache, man hat Spaß!

7 **Club Nyx:** Ohne viel Firlefanz eingerichtet, wird hier auf drei Ebenen getanzt bis früh morgens, zu RnB, Garage, Hip-Hop, 80's classics, Techno, Dancehall.

Reguliersdwarsstraat 42, clubnyx.nl, Tram 2, 4, 12, 14, Mi–Sa, Sa Gay Night

Old school Hip-Hop

8 **Café De Duivel:** Beliebteste Hip-Hop-Bar der Stadt.

Reguliersdwarsstraat 87, cafededuivel.amsterdam, Tram 2, 4, 12, 14, So–Do 20–3, Fr, Sa 20–4 Uhr

Am Wasser weilen

9 **De Jaren:** Die Lage macht's – großzügiges, klar und schnörkellos designtes Grand Café auf zwei Ebenen im Studentenviertel. Besticht mit überwältigenden Räumlichkeiten und den beiden von einem bunt gemischten Publikum gut besuchten Terrassen direkt an der Binnen-Amstel.

Nieuwe Doelenstraat 20–22, www.cafedejaren.nl, Tram 4, 12, So–Do 8.30–1, Fr, Sa bis 2 Uhr, Restaurant tgl. 17.30–22.30 Uhr

Vor dem Genever verneigen …

10 **Wynand Fockink:** 1679 gegründetes winziges Probierlokal, in dem Genever und Liköre in randvoll gefüllten Gläsern serviert werden – man beugt den Kopf, um ohne Kleckern zu trinken. Es sind mehr als 40 Liköre und Genever im Ausschank. Bei schönem Wetter kann man auch im Innenhof sitzen. Interessante Flaschensammlung: Auf den Etiketten sind alle Bürgermeister der Stadt seit 1591 verewigt.

Pijlsteeg 31, wynand-fockink.nl, Tram 4, 12, 13, 14, tgl. 14–21 Uhr

»Fun & respect since 1927«

11 **Café 't Mandje:** Toleranz und Feierlust werden hier großgeschrieben. Treue schwul-lesbische Fangemeinde ohne Berührungsängste zu Heteros.

Zeedijk 63, www.cafetmandje.amsterdam, wenige Gehmin. vom Bhf., Di–Do 16–1, Fr, Sa 15–3, So 15–1 Uhr

Dem Affen Zucker geben

12 **In 't Aepjen:** s. S. 51.

Zeedijk 1, wenige Gehmin. vom Bhf., So–Do 15–1, Fr, Sa 15–3 Uhr

Du sollst dich amüsieren!

13 **Het Elfde Gebod:** Kneipe mit sehr lebendiger Atmosphäre, im Ausschank sind 16 Biersorten vom Fass, auch von kleinen Amsterdamer Brauereien, und über 100 Flaschenbiere.

Zeedijk 5, wenige Gehmin. vom Bhf., Mo–Do 16–1, Fr 16–3, Sa 14–3, So 14–1 Uhr

Zugabe

»The refugees make a better Europe!«

Rederij Lampedusa

Wenn Yusuf lacht, geht einem das Herz auf. Sein größter Wunsch: nach Schweden reisen und die Mitternachtssonne sehen! Mit seinen neuen Papieren darf er dies nun tun, am Geld hapert's freilich noch.

Yusuf bittet uns an Bord der ›Hedir‹, was so viel wie »Gebrüll« oder »Donner« bedeutet und einer gewissen Ironie nicht entbehrt, denn das Boot wird elektrisch betrieben. Es gehört zur Flotte der Rederij Lampedusa (rederijlampedusa.nl), einem einmaligen Projekt in Amsterdam: Auf ehemaligen Flüchtlingsbooten, die von Lampedusa nach Amsterdam überführt wurden, erzählen Geflüchtete ihre Geschichte, so wie Yusuf aus Somalia, und verflechten diese mit der Amsterdams, das seit jeher Migranten aus aller Welt aufgenommen hat.

Das Boot schaukelt ein wenig, und gleich ist uns beklommen zumute. Lächerlich, wenn man bedenkt, dass Menschen in dieser Nussschale das Mittelmeer überquert haben. In Amsterdam ist es für maximal zwölf Personen zugelassen; als die italienische Küstenwache es am 29. August 2014 etwa 18 Meilen südwestlich der sizilianischen Stadt Portopalo aufgriff, waren 78 Passagiere an Bord.

Unser Kapitän, Yusuf Adam Suali, erzählt uns von seinem Schicksal als Geflüchteter in den Niederlanden und von seiner Flucht aus dem Süden des Bürgerkriegslandes Somalia. Der damals 26-Jährige wurde von Rebellen verfolgt – wodurch auch seine Familie in Gefahr geriet. Flucht war die einzige Option, die blieb, auch wenn Yusuf sein Land nie verlassen wollte.

> We are all migrants. We are all from Adam and Eve!

Obwohl er schon seit 15 Jahren in den Niederlanden lebt, hat er erst jetzt eine befristete Aufenthaltsgenehmigung bekommen – für immerhin fünf Jahre. Trotz vieler Widrigkeiten ist Yusuf froh, in den Niederlanden zu sein. Sein wunderbares Fazit: »We are all migrants. We are all from Adam and Eve.« ■

Ehemaliges Judenviertel und Plantage

Jüdisches Leben, großzügiges Grün — und viel Entspannung für Zentrumsflüchtlinge.

Seite 65

Nieuwmarkt

Man mag von ihm halten, was man will – touristisch, ja! –, aber Charme hat er und was los ist hier abends auch. Man muss halt nur gut gucken, wo man hingeht.

Seite 69

Jodenbreestraat und Sint Antoniesbreestraat

Wer's gerne mal etwas schräger hätte, geht auf der ›Bree‹, wie die Amsterdamer die beiden Straßen im ehemaligen Judenviertel nennen, einkaufen. Auch die Quersträßchen geben was her – und so kann Shoppen auch mal Spaß machen!

Der Wollemi Pine im Hortus (s. S. 77) ist ein lebendes Fossil.

Eintauchen

Seite 70

Stopera

Dafür musste ein ganzes Stadtviertel weichen. Immerhin ist etwas Nützliches (Stadhuis) und etwas Schönes (Opera) daraus entstanden.

Seite 71

Amstelufer

Genießen Sie den Blick auf den Fluss von einer Bank oder dem Restaurant Amstel 1!

Seite 72

Portugese Synagoge

Einzige Beleuchtung in dem Gebäude aus dem 17. Jh.: Kerzen! Mit Musik sehr feierlich …

Seite 75

Artisplein

Das ›Wohnzimmer‹ der Plantage ist dieser kleine Wohlfühlplatz, eingerahmt vom ARTIS-Micropia-Museum, dem Restaurant De Plantage und dem Zoo. Kinder lieben die Wasserspiele, Erwachsene die Möglichkeit zu chillen – ganz ohne Konsumzwang.

Seite 78

Rembrandthuis ✪

Hier hat er gelebt, der Meister, gearbeitet und seine Auftragsmaler angeleitet. Auch die »Nachtwache« entstand in diesem Haus.

Seite 81

ARTIS-Micropia ✪

Wollen Sie wissen, wie viele Keime Sie beim Küssen austauschen oder wie das kleine Bärtierchen aussieht? Antworten gibt's hier.

Seite 87

»De Schreeuw«

Der Anlass für das Denkmal »Der Schrei« im Oosterpark, sonst Jogger-, Spaziergänger- und Picknickidyll, war erschütternd: In seiner Nähe wurde der Regisseur Theo van Gogh brutal ermordet.

Unglaublich guter Jazz wird seit mehr als sechs Jahrzehnten im Cotton Club (s. S. 86) gespielt.

»De Dokwerker« neben der Synagoge (s. S. 72) erinnert an den Streik der Dockarbeiter, die 1941 vergebens gegen die Deportation ihrer jüdischen Mitbürger protestierten.

erleben

Raus aus der Enge

Achtung, Achtung – hier verlassen Sie die homogene Idylle des Grachtengürtels: Dem Bau der Metro fielen in den 1970er-Jahren gegen den massiven Widerstand der Amsterdamer ganze Straßenzüge und viele Gebäude des ehemaligen Judenviertels (Jodenbuurt) zum Opfer. Immerhin konnten die Bürger eine breite Schnellstraße verhindern, die eine Schneise quer durchs Viertel geschlagen hätte. Außerdem geht der Bau überwiegend geschmackvoller, recht farbenfroher Sozialwohnungsblocks auf ihr Konto – einer Entvölkerung des historischen Stadtteils konnte so ein Riegel vorgeschoben werden. Mit Rembrandthuis, Joods Museum, Portugese Synagoge und dem großartigen Opern- und Balletthaus liegen hier einige der kulturellen Highlights Amsterdams.

Mit Überqueren der Nieuwe Herengracht betreten Sie das großbürgerliche Plantageviertel. Nachdem den Amsterdamer Stadtvätern Ende des 17. Jh. das Geld für die Vollendung des Grachtengürtels ausgegangen war, wurde hinter Nieuwe Heren-, Nieuwe Keizers- und Nieuwe Prinsengracht eine Art Naherholungsgebiet und Vergnügungsviertel geschaffen. Erst im 19. Jh., als die Wohnungsnot wieder groß war, beschloss die Stadt, im Osten zu bauen – ungewohnt breite Straßen und sehr großzügige Wohnhäuser.

Viele wohlhabende jüdische Familien zogen in das mondäne Viertel rund um Botanischen Garten, Zoo und andere kleine Grünanlagen. Mit diesen ›alten‹ Attraktionen und neuen wie ARTIS-Micropia, Artisplein oder H'ART Museum ist die Plantagebuurt zum Anziehungspunkt für Einheimische und Touristen geworden. Der Oosterpark lädt zum Picknicken und das wunderbare Wereldmuseum zu einem kritischen Blick in die Kolonialgeschichte der Niederlande.

ORIENTIERUNG **O**

Reisekarte: H–K 7–9
Laufen oder (Fahrrad) fahren: Das Gebiet ist verkehrstechnisch hervorragend über die Metrostationen Nieuwmarkt und Waterlooplein angebunden und lässt sich von dort sehr gut zu Fuß erlaufen. Die etwas weiter entfernten Ziele wie Wereldmuseum/Oosterpark und darüber hinaus sind in Kombination mit den Trams 7, 14, 19 und 26 gut erreichbar. Wie immer tut dort auch ein Fahrrad seine Dienste!

Nieuwmarktbuurt

Hier treffen sie tagtäglich aufeinander: Nachbarschaft und Touristen. Hat man anfangs das Gefühl, ausschließlich Letztere prägten das Bild des belebten Viertels mit den vielen Cafés, Restaurants und Bars, stellt man auf den zweiten Blick fest, dass sich erstaunlich viele Etablissements hier seit Jahrzehnten halten und eine treue Stammkundschaft haben.

Auf dem **Nieuwmarkt** 1 sind der tägliche Wochen- und der samstägliche Biomarkt eine Konstante. Dennoch haben die Anwohner das Gefühl: »Der Nieuwmarkt gehört immer weniger uns Einwohnern als den Tagesausflüglern, Touristen, Randalierern und Freiern auf dem Weg ins Rotlichtviertel«. Die Menschen aus dem Viertel schätzen die Ecke rund um die Zuiderkerk (s. S. 69), dort, wo sich nicht so viele Stadtfremde hin verirren.

De Waag und Umgebung

Die **Waag** ❶, die alte Staadtwaage, dominiert den Platz. Einst war sie Teil der Stadtbefestigung: 1488 als Sint Antoniespoort errichtet, ist sie eines der beiden letzten erhaltenen Stadttore und zugleich der älteste Profanbau der Stadt. Schießscharten in den runden Türmen erinnern noch heute an den ursprünglich wehrhaften Charakter. Nach dem Schleifen der Stadtmauer wurde das Tor 1617/18 als öffentliche Waage umgewidmet.

Schön-schaurig …

Etwas Geschichte gefällig? In den Obergeschossen der Waage hielten früher

Alles spielt sich am Nieuwmarkt vor der Waag ab, die einst Stadttor, dann städtisches Waagehaus, dann Anatomisches Theater war und heute Café ist.

Amsterdams Marionetten Theater
LASTAGEBUURT
Oosterdok
Binnen-kant
Oude Waal
Waalseilands-gracht
Recht Boomssloot
Koningsstr.
Nieuw-markt
Achterburgwal
St. Antoniesbreestr.
Krom Boomssloot
Oudeschans
Rapen-burgwal
Nieuwe Uilenburgerstr.
Rapenburg-
Foeliestr.
Prins Hendrikkade
Nieuwe Foeliestr.
Kadijks-plein
Laagte Kadijk
Rapen-burgerpl.
Entrepotdok
Nieuwe Hoogstraat
Kloveniers burgwal
Zandwarsstraat
Raamgracht
Jodenhouttuinen
Valkenburgerstr.
Anne Frankstr.
Jodenbreestr.
Mozes en Aäronkerk
Rapenburgerstr.
Waterloo-pl.
Zwanenburgwal
Stadhuis
Mr. Visserplein
Herengracht
Parklaan
Plantage
Hippo Brug
H. Polaklaan
Planetarium
Muiderstr.
Nationale Opera & Ballet
Waterloo-plein
J. D. Meijer-plein
Universiteit
Nwe. Amstelstr.
Artis
Plantage Kerklaan
Amstel
Waterloopl.
Blauwbrug
Dr.D.M. Sluyspad
Hortus-plantsoen
Nieuwe
Huis Willet-Holthuysen
Amsterdam Museum
H'ART Museum
Plantage Westermanlaan
Nieuwe Keizersgracht
Nieuwe Kerkstr.
Weesperstraat
Keizersgracht
Prinsengracht
Krte. Lepelstr.
Roeterstr.
Lepelkruisstr.
Achtergracht
Utrechtsestr.
Kerkstr.
Magere Brug
Lepelstr.
Onbekendegracht
Theater Carré
Hogesluis
Sarphatistr.
Weesperplein
Spinozastr.
kade
Sajet-plein
Frederiks-plein
Oosteinde
Rhijnspoor-plein
Maurits-
Wibautstraat
Café De Ysbreeker

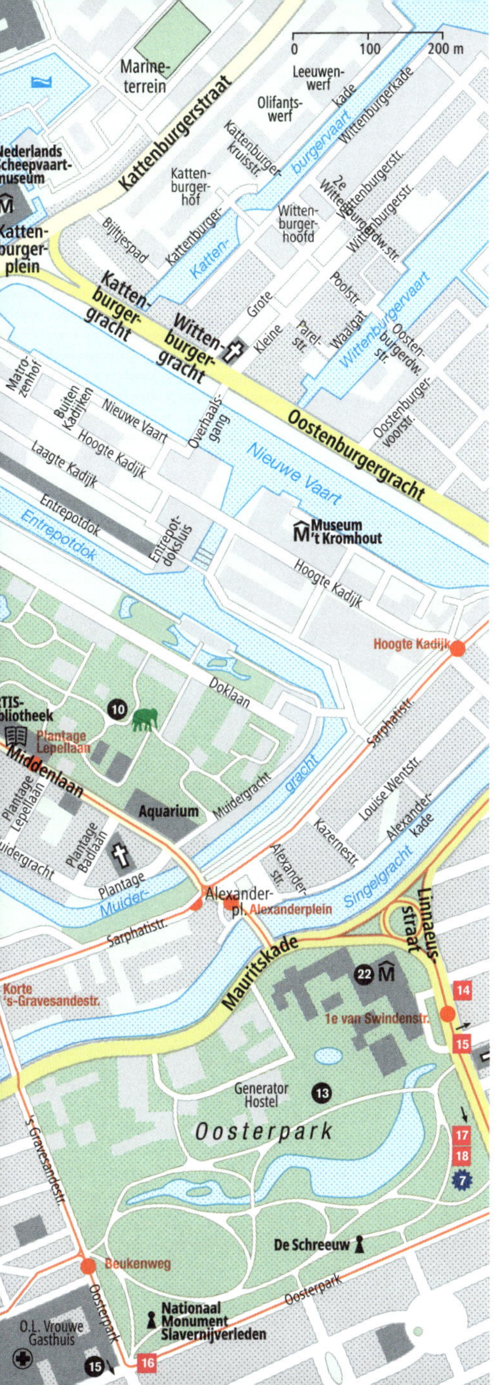

Judenviertel & Plantage

Ansehen

1. De Waag
2. Huis de Pinto
3. Zuiderkerk
4. Montelbaanstoren
5. De Boomsspijker
6. Stopera
7. Portugese Synagoge
8. Wertheimpark
9. Hortus Botanicus
10. ARTIS (Zoo)
11. Artisplein
12. Hollandse Schouwburg
13. Oosterpark
14. Mahatma Gandhi Plantsoen
15. Frankendael Park
16. Rembrandthuis
17. Joods Museum
18. Nationaal Holocaust Museum
19. Verzetsmuseum
20. ARTIS-Micropia
21. ARTIS-Groote Museum
22. Wereldmuseum

Essen

1. Restaurant Lastage
2. Hemelse Modder
3. Café Stevens
4. Café Bern
5. Raan Phad Thai
6. Café Tisfris
7. Café de Sluyswacht
8. 212

Fortsetzung S. 68

Judenviertel & Plantage Fortsetzung von Seite 67

etliche Zünfte ihre Versammlungen ab. Jede Zunft hatte einen eigenen Eingang; ihre Signets sind noch heute über den Türen zu sehen. Über dem Portal der Chirurgen (zur Bloedstraat hin) lesen Sie »Theatrum Anatomicum«. In diesem Versammlungs- und Seziersaal, in dem man an den Leichnamen von gehäng-

WALK WITH REMBRANDT

R

Unter diesem Titel führt eine Route entlang der wichtigsten Stationen von Rembrandts Leben. Die zweistündige Tour berührt sowohl Stätten größten Triumphs – die Oude Kerk, wo er seine Saskia heiratete, und das heutige Museum Het Rembrandthuis, wo die »Nachtwache« entstand – als auch größter Niederlagen wie die Zuiderkerk, wo er drei seiner vier Kinder beerdigen musste, und die Westerkerk, in der er völlig mittellos in einem Armengrab beigesetzt wurde (wandelenmetrembrandt.nl; QR-Code scannen).

ten Häftlingen oder unter obskuren Umständen ums Leben Gekommenen übte, entstand Rembrandts beeindruckende »Anatomische Vorlesung des Dr. Nicolaas Tulp« (1632).

Doch weg von den trüben Gedanken und zurück ins Hier und Jetzt. Heute wirkt die Waage ganz friedlich: 1996 bezog das Restaurant-Café **In De Waag** (www.indewaag.nl, Mo–Fr 11–22, sonst 9–22 Uhr, €€€) Quartier in den seit dem 17. Jh. nahezu unverändert gebliebenen Innenräumen, die abends von mehr als 300 Kerzen erleuchtet werden. Bei schönem Wetter knubbelt es sich auf der Straßenterrasse, denn der Blick von hier in die Runde ist traumhaft.

Jüdische Nachbarschaft

Im Zweiten Weltkrieg zogen die deutschen Besatzer Stacheldraht um den Marktplatz mit der Waage: Er grenzte ans Judenviertel, das seine Bewohner nicht verlassen durften. Im Februar 1941 sperrten die Nazis die alte *jodenbuurt* hermetisch ab: Sie errichteten ein Getto, wie es die Amsterdamer Juden bis dato nicht gekannt hatten. Die **Sint Antoniesbreestraat** liegt mitten im ehemaligen Judenviertel, in dem die meisten der gut 100 000 Amsterdamer Juden gewohnt haben – bis die Nazis kamen. Von den insgesamt 140 000 niederländischen Juden wurden 107 000 deportiert; nur 5200 von ihnen überlebten den Holocaust.

Früher waren an der heute gut besuchten, bunten Einkaufsstraße einige Künstler ansässig. Das strahlend weiße **Huis de Pinto** ❷ in der Sint Antoniesbreestraat 69 ist eines der wenigen alten Häuser der Straße; die anderen fielen den drastischen Abrissarbeiten nach dem Krieg zum Opfen. Es verdankt seinen Namen dem reichen jüdischen Bankier Isaac De Pinto, der hier im 17. Jh. lebte. Das komplett restaurierte Gebäude mit prachtvollem Lesesaal und opulenten Deckenmalereien ist heute Kulturzentrum und daher während der Öffnungszeiten frei zugänglich (www.huisdepinto.nl, Mo–Fr 10.30–17.30, Sa 13–17 Uhr). Es lohnt sich!

Und jetzt: shoppen!

Die Sint Antoniesbree- und die **Jodenbreestraat** – von den Amsterdamern der Einfachheit halber »Bree« geannt – sowie ihre Stichstraßen **Nieuwe und Oude Hoogstraat** sind ein guter Tipp für diejenigen, die auf Shoppen abseits des Mainstream stehen. So gibt es bei **RecordFriend Elpees** 2 (Sint Antoniesbreestraat 64) gut 30 000 schwarze Vinylscheiben First und Second Hand, mit dem **Pantheon Boekhandel** 3 (Sint Antoniesbreestraat 132–134) einen der schönsten Buchläden der Stadt, nebenan bei **Henxs** (Sint Antoniesbreestraat 138) alles, was das Sprayerherz begehrt, und bei **Stoffen en Fournituren** 4 (Nieuwe Hoogstraat 31–35) die schrillste Auswahl an Stoffen, Federboas, Knöpfen und Kurzwaren, die schon viele Modestudenten und -designer glücklich gemacht hat – und, und, und.

debree.amsterdam, www.damstraatjes.nl

Glückliche Jahre

Auch in der Jodenbreestraat, in der einst vermögendere Juden gewohnt hatten, fielen zahlreiche Häuser der Abrissbirne zum Opfer. Eines aber blieb stehen: die Nr. 4, das **Rembrandthuis** ⓰ (s. S. 78), in dem der Meister mit seiner Familie von 1639 bis 1658 die wohl glücklichste Zeit seines Lebens verbrachte, bevor er bankrott ging und verkaufen musste. Hier war seine Werkstatt untergebracht, gingen seine Gesellen ihrer Arbeit nach, verdiente er schon haufenweise Geld allein mit dem Verkauf der von ihm signierten, aber von seinen Mitarbeitern fertiggestellten Bilder. Schließlich schuf Rembrandt hier auch sein bedeutendstes Werk, die »Nachtwache«.

Zuiderkerk und Oude Schans

Sie fragen sich, warum das Portal, durch das man die **Zuiderkerk** ❸ erreicht, mit Totenköpfen verziert ist? Ganz einfach: Das Tor, das sich heute zu einer sanft gewellten Piazza öffnet, gewährte früher Zugang zum Friedhof. Auf dem neben den drei Kindern von Rembrandt u. a. dessen Schüler Ferdinand Bol und der Kirchenbaumeister Hendrick de Keyser, ›Stararchitekt‹ des frühen 17. Jh., ruhen. Ruhig ist es hier unter den Linden – kein Wunder, dass die Einwohner den **Zuiderkerkhof** schätzen und gerne im Gespräch auf einer der Bänke im Schatten hocken. Sicher werden sie das eine oder andere Mal denken: Wie gut, dass dieses Stückchen Erde nicht dem Bau der Metro zum Opfer fiel, wie so vieles in der Ecke.

Landmarke

Die Kirche, eine dreischiffige Basilika im holländischen Renaissancestil, ist das erste für Protestanten erbaute Gotteshaus der Niederlande (1603–11) und nur im

Rahmen privater Events zugänglich – wie viele Bauwerke der Stadt. Der 70 m hohe **Zuiderkerkstoren** ragt weit über der Umgebung auf – kein Wunder, diente er doch auch als Ausguck. Sein Glockenspiel gilt als das älteste der Stadt und stammt vom berühmtesten Glockengießer des 17. Jh., François Hemony.

Zuiderkerkhof 72, zuiderkerkamsterdam.nl, Glockenkonzerte Di 14.30–15, Sa 19–19.30 Uhr, Turmbesteigung Do–Di April, Okt. 12–17, Mai, Juni, Sept. 12–18, Juli, Aug. 11.30–18.30 Uhr

Am Wasser tafeln

Die Sint Antoniesbreestraat mündet auf die **Sint Antoniesluis,** von der Sie einen prachtvollen Blick auf die Wasser der **Oude Schans,** eine frühere Verteidigungsschanze für das Lastageviertel, den wehrhaften Montelbaanstoren und das Wissenschaftsmuseum NEMO haben. Im Sommer stellen sowohl **Café Tisfris** 6 als auch **Café de Sluyswacht** 7 an der Ecke zum schönen Zwanenburgwal Tische auf die Brücke – dann gibt's zum *koffie verkeerd* die Aussicht gratis. Jedes Café hat eingeschworene Fans unter Amsterdamern wie Studenten (das Univiertel ist nah) – entscheiden Sie selbst!

Lastageviertel

Achtung: Zeitreise! **Recht Boomssloot** und **Krom Boomssloot** heißen die beiden schönen Grachten zwischen Nieuwmarkt und **Montelbaanstoren** ❹, einem mittelalterlichen Wachturm. Sie gehörten zur Lastage, dem ersten Werftenviertel Amsterdams für den Bau von Kriegsschiffen, das im 17. Jh. mit zahllosen Packhäusern begehrter Lagerplatz war. Später entstand hier ein Gewerbe- und Wohngebiet mit hohem jüdischen Anteil. In den heute blumengeschmückten Straßen standen die kleineren Häuser jüdischer Textilkaufleute.

Eigentlich sollte die Lastage in den 1970ern Schnellstraße und U-Bahn weichen, doch konnte dies verhindert werden, sodass heute nur wenige Schritte abseits vom Nieuwmarkt eine Oase der Ruhe liegt, mit einigen guten Restaurants wie dem gleichnamigen **Lastage** 1 oder dem Klassiker **Hemelse Modder** 2. An die Widerstandsjahre erinnert noch das damals gegründete Nachbarschaftszentrum **De Boomsspijker** ❺ in der Recht Boomssloot 52; es ist in einem schönen Gebäude der Amsterdamer Schule untergebracht. Über eine kleine Brücke ist die Krom Boomssloot erreicht, die den Namen ihrem krummen Verlauf verdankt. Zwei schöne Packhäuser (Nr. 18–20, 1636) haben sich hier erhalten, die sog. **Schottenburg.** Im Norden ist das Viertel begrenzt von **Oude Waal** und **Kromme Waal,** wo einst die Schiffe zum Überwintern und zur Reparatur im IJ lagen.

Am Waterlooplein

Der **Waterlooplein** ist keine städtebauliche Schönheit – umso trauriger, als die Stadtväter seinem Bau einen Großteil des alten Judenviertels opferten. Den Platz an der Amstel beherrscht … Tja, was eigentlich? Ein monumentales Gebäude, zu dem den Amsterdamern einige Gemeinheiten einfielen. Von einem Raumschiff, das sich verflogen hat, witzelten die einen, während andere die einzelnen weißen, aus dem Rundbau herausragenden Gebäudeteile wenig schmeichelhaft an ein Gebiss erinnerten. Tatsächlich sind in der **Stopera** ❻, das lange das wohl umstrittenste Bauwerk Amsterdams war, aber weder Außerirdische noch Zahnärzte zu finden. Seit 1986 sind hier vielmehr Stadhuis, also das Rathaus, sowie Oper und Ballethaus untergebracht (das Wort setzt sich aus den Begriffen **Stadhuis** und **Opera** zusammen).

Erhielt seinen Namen Lastage nach dem Viertel: das Restaurant von Rogier van Dam.

Best of!

Die Nationale Opera und das Ballett indes genießen einen ausgezeichneten Ruf. Neben zwei festen Ensembles mit Weltruf, **Het Nationale Ballet** und **De Nederlandse Opera,** stehen Gastspiele berühmter Künstler aus dem In- und Ausland wie dem berühmten **Nederlands Dans Theater** auf dem Programm. Das anspruchsvolle Repertoire des Hauses reicht von Klassik bis Avantgarde.

Waterlooplein 22, www.operaballet.nl, Führungen (1,25 Std.) Sept.–Juni So, Di 10.30–11.45 u. Do 14–15.15 Uhr (s. Website), 15 €

Das (Markt-)Geschrei ist laut

Wochentags ist das Bild des Stopera-Komplexes vom **Waterloopleinmarkt** 8 geprägt, dem ältesten Flohmarkt der Niederlande. 144 Stände bieten ein großes Warenangebot und viel Marktflair. Der Flohmarkt ist seit 140 Jahren eine Institution – seit 2022 in neuem Gewand: Die Zahl der Marktstände wurde halbiert, der Verkauf von Neuware und Souvenirs verboten, die Bepflanzung erneuert, das Speisenangebot umgestellt. Ziele der Gemeinde: den Verkauf von Ramsch beschränken und das Angebot wieder attraktiver machen sowie den Platz anziehender gestalten. Über die Veränderungen gab es bei den Marktbeschickern viel Unmut.

An der Amstel

Noch genießen alle den bezaubernden Blick vom Waterlooplein auf die Amstel – die Marktbeschicker von ihren Ständen, die Touristen von der Terrasse des **Restaurants Amstel1 (amstel-1.nl),** die Anwohner von einer der Bänke, die hier am Ufer

J

JOODS CULTUREEL KWARTIER

Die Orte jüdischer Identität und Kultur im Judenviertel und in der Plantagebuurt haben sich zum Jüdischen Kulturquartier (jck.nl) zusammengeschlossen. Dazu gehören das Joods Museum mit dem Kindermuseum, die Portugiesische Synagoge mit der Bibliothek Ets Haim, die Hollandsche Schouwburg und das im März 2024 eröffnete Nationaal Holocaust Museum. Ein Onlineticket für alle Einrichtungen kostet 30 €, das Duoticket für Portugese Synagoge und Joods Museum 20 € und für das Nationaal Holocaust Museum ebenfalls 20 €. Der Zugang zur Hollandse Schouwburg ist gratis. Tickets an der Kasse sind 2 € teurer.

stehen. Von diesem sonnigen Standort aus blickt man auf den Wasserlauf und die elegante **Blauwbrug,** die der Pariser Pont Neuf nachempfunden und schon lange nicht mehr blau ist, blickt auf vorbeifahrende Boote und kreischende Möwen.

Alles am Fluss …

Wer jetzt übrigens Lust ›auf mehr Amstel‹ bekommt: Es ist wunderschön, den Fluss entlangzuspazieren oder mit dem Fahrrad entlangzufahren, z. B. bis Ouderkerk aan de Amstel (ca. 40 Min.–1 Std., Radweg an beiden Uferseiten, das östliche Ufer ist das ruhigere), oder in ihm zu schwimmen …

Portugese Synagoge

Vorbei an der streng neoklassizistischen **Mozes en Aäronkerk** (mozesenaaronkerk.nl), die wie ein Fremdkörper in der Umgebung wirkt, oder wahlweise am **Joods Museum** ⓱ (s. S. 78) und über den verkehrsreichen, gesichtslosen Mr. Visserplein ist schnell die **Portugese Synagoge** ❼ erreicht, die den Platz dominiert. Wenn Sie im Winter kommen, werden Sie vielleicht von 25 gut in *winterjasjes* verpackten Olivenbäumen vor dem Tempel empfangen. Holzbänke stehen zwischen den ulkig anzusehenden Baumkugeln. Des Rätsels Lösung: Die Bäume vertragen die holländische Kälte nicht! Im Sommer laden die Bänke sicher zum Bleiben ein, bei Minusgraden eher nicht. Doch egal, wie kalt es auch ist, werfen Sie einen Blick auf die meterhohen Ausstellungsexponate auf dem Vorplatz: ein bunter Mix aus historischen Bildern und moderner Fotografie, der mit Charakterköpfen und Geschichten aus der Plantagebuurt (s. S. 74) bekannt macht. Schließlich lebte in diesem Viertel nicht nur Rembrandt viele Jahre!

Ein Dorf in der Stadt

Die monumentale Esnoga oder auch Snoge, die 1670–75 für die sephardische Gemeinde errichtet worden war, überstand aus unbekannten Gründen den Zweiten Weltkrieg. Heute erinnert der Synagogenkomplex ein wenig an ein Dorf: Denn das hohe, symmetrisch gebaute und dem Jerusalemer Salomontempel nachempfundene Bauwerk ist von niedrigen Dienstgebäuden umschlossen, etwa der Wintersynagoge, dem Rabbinat und einer der berühmtesten jüdischen Bibliotheken der Welt, **Ets Haim** (Livraria Montezinos; nur nach Vereinbarung zu besuchen).

Diese Gebäude sind teilweise zugänglich, außerdem Mikwe, Küche und die Prunkräume bzw. Schatzkammern, die einen Blick auf das große kulturelle Erbe der Gemeinde ermöglichen: verschiedene Thorarollen, die älteste aus dem 14. Jh., Silber, Antiquitäten, Textilien etc. Unter der Synagoge ist die Pfahl- und Gewölbekonstruktion des Tempels zu sehen – wohl einmalig.

TOUR
Von Blau nach Grün nach Blau

Radtour entlang der Amstel durch viel Grün bis zum Nieuwe Meer

Infos

Start: H 8 (Blauwbrug), von dort der Amstel entlang nach Süden

Länge: ohne Abstecher ca. 22 km hin und zurück (2 Std.)

Fähre: Am Nieuwe Meer bringt einen die Fähre im Südwesten, zum gegenüberliegenden Ufer mit Café und Badestrand (T 6 24 52 94 86, Mitte April–Mitte Okt. Sá 12–18, So 11–19 Uhr, 0,50 €, Rad frei).

Tipp: Vor einem Besuch unbedingt das Programm von Nieuw en Meer checken, einem der ältesten und spannendsten ›Brutplätze‹ Amsterdams! Infos unter www.nieuwenmeer.nl.

Startpunkt **Blauwbrug** (s. S. 72)! Diese aber rechts liegen lassen –, dann immer geradeaus an der Amstel entlang. Nach dem netten **Café De Ysbreker** (www.deysbreeker.nl) über die Nieuwe Amstelbrug radeln und auf der anderen Seite weiter gen Süden. Dort, wo der Fluss einen Rechtsknick macht, radeln wir durch den **Martin Luther Kingpark.** Hier findet im August De Parade statt, ein beliebtes Theaterfestival (deparade.nl). Jetzt windet sich die vordem sehr gradlinig verlaufende Amstel ein wenig und fließt vorbei an kleineren Grünflächen. Das **Gemaal Stadwijck,** eine Pumpenanlage im Stil der Amsterdamer Schule, erinnert daran, dass die Polderlandschaft Buitenveldert 2 m unter NN liegt.

Noch eine Rechtskurve, dann die Autobahn A10 unterqueren und der **Amstelpark** liegt vor einem, und wir sagen der Amstel ade! Vorsicht: Nicht hier schon hängenbleiben, denn der Park ist ein verborgenes Juwel mit Café, Irrgarten, Rosarium, Galerie etc. (www.amstelpark.info). Denn weiter führt der Weg quer durchs Grün und durch den Stadtteil **Buitenveldert** bis zum **Amsterdamse Bos,** den riesigen Haus- und Hofwald der Amsterdamer (www.amsterdamsebos.nl) mit seinem coolen Angebot. Doch wir ziehen weiter und dann ist das **Nieuwe Meer** erreicht: mit Möglichkeiten zum Picknicken, Segeln, Surfen, Stand-up-Paddeln, Schwimmen (De Overlanden), Fahrradfähre fahren, Seele baumeln lassen. Und ein Café am See gibt es auch: **Paviljoen Aquarius** (auf Facebook). Schöööön …

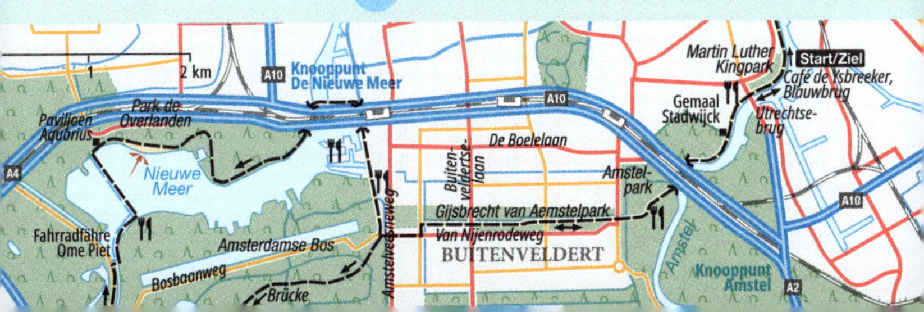

Frauen haben unten nichts zu suchen, sie beten in der Portugese Synagoge getrennt von den Männern auf dem Balkon.

Hoher Romantikfaktor

Jetzt wird's finster … Die Inneneinrichtung der Synagoge datiert noch aus dem 17. Jh. und der stets mit Sand ausgestreute Innenraum mit hölzernem Tonnengewölbe, hohen Säulen, dunklen Holzbänken und ebensolchem hl. Schrein wirkt düster. Dies ändert sich, wenn bei Veranstaltungen die fast 1000 Kerzen in den Kerzenlüstern brennen – seit Jahrhunderten die einzige Beleuchtung. Sollten Sie in der Stadt sein, wenn eines der Konzerte stattfindet – gehen Sie hin. Die Kerzen verleihen dem Ganzen noch mehr Atmosphäre!

Mr. Visserplein 3, jck.nl/locatie/portugese-synagoge, März, April, Sept., Okt. So–Do 10–17, Fr 10–16, Mai–Aug. 10–17, Feb., Nov. So–Do 10–17, Fr 10–14, Jan., Dez. So–Do 10–16, Fr 10–14 Uhr, Öffnungszeiten an Feiertagen s. Website, Tickets s. Joods Cultureel Kwartier S. 72; div. Musikveranstaltungen bei Kerzenlicht (s. Website); Besuch der Bibliothek Ets Haim nur nach Vereinbarung

Plantagebuurt

Der Name ist Programm: In diesem Stadtteil geht's grün und weitläufig zu. Außerdem gibt es hier viele Gedenkorte, die daran erinnern, welches Schicksal die jüdische Bevölkerung Amsterdams während des Zweiten Weltkriegs erlitt.

Picknicken an der Gracht

Eine Menge Verkehr ist auf der Nieuwe Herengracht: Die vom IJ kommenden Boote passieren auf dem Weg zur Amstel auch den **Wertheimpark** ❽, der wiederum neben dem **Hortus Botanicus** ❾ (s. Tour S. 76) liegt. Es gibt also was zu gucken, wenn man sich am leicht abfallenden Ufer dieser schönen Gracht mit Amsterdamer Familien zum Picknicken niederlässt.

Benannt ist der Ende des 19. Jh. angelegte Park nach dem jüdischen Bankier Abraham Carel Wertheim (1832–97). Das **Auschwitz-Denkmal** mit der zersprungenen Glasplatte erinnert daran, dass von 140 000 niederländischen Juden nur 5200 die Konzentrationslager des Nazi-Regimes überlebten.

Hoher Anspruch

›Natura Artis Magistra‹ – ›Die Natur ist die Lehrmeisterin der Kunst‹, so hieß die Gesellschaft, welcher der Gründer des Zoos, Dr. G. F. Westerman, vorstand. Ein schöner Leitspruch – und deshalb heißt der Tiergarten in Amsterdam **ARTIS** ❿ – ja, richtig, das Wort »Zoo« kommt im Namen nicht mehr vor. Besonders Kinder werden die bereits 1838 gegründete Anlage lieben, denn es gibt einen Streichelzoo und Spielplätze, Planetarium und Aquarium. In den vergangenen Jahren ist der Zoo grundegend umgestaltet worden, um den Tieren, vor allem den Großkatzen und Elefanten, mehr Platz zu geben. Durchs Elefantengehege führt ein Pfad für die Besucher. Das Jaguargehege wurde komplett umgemodelt, um den Tieren mehr Anreize zu bieten. Dennoch bleiben die Grenzen eines Stadtzoos immer eng, die Ticketpreise sind happig – das sollte vor einem Besuch klar sein. Das Flair der Anlage aus dem 19. Jh. lohnt sich allerdings sehr wohl.

Haupteingang Plantage Kerklaan 40, www.artis.nl, Winter tgl. 9–17, Sommer tgl. 9–18 Uhr, 26,50 €, Kinder 3–12 Jahre 32,50 €, Kombiticket mit Micropia 32,50 €, Tickets auch online

Was für ein Plätzchen

Mit seinem Blick auf die nachgebildete Polderlandschaft und die Wasserspiele ist der **Artisplein** ⓫ ein kleines Stadtjuwel zum Ausruhen und Entspannen nach langen Stadt- und Zootouren. Wer einkehren möchte, kann dies sowohl drinnen als auch outdoor im Restaurant **De Plantage** 12 (s. S. 83) tun. Die frei verfügbaren Sitzplätze sind im Sommer auch eine Einladung zum relaxten Picknick. Weiden, ein Wassergraben und eine riesige Voliere mit typischen Wasservögeln wie dem Löffelreiher sorgen für Atmosphäre. Der Zoo und das Museum **ARTIS-Micropia** ⓴ grenzen direkt an.

Plantage Kerklaan/Ecke Plantage Middenlaan, 7–23.30 Uhr

Warum?

Zu ihren besten Zeiten war die **Hollandse Schouwburg** ⓬ (Holländisches Theater) eine bedeutende Spielstätte für holländische Künstler und Musiker. 1941 erklärten es die deutschen Besatzer zur »Joodse Schouwburg«, in der nur jüdische Künstler auftreten durften und jüdisches Publikum zugelassen war. Seit 1942 fungierte es als Sammellager. Von hier aus wurden 80 000 holländische Juden in den Tod geschickt. Seit 1962 ist die Hollandse Schouwburg **Mahnmal.** Nach aufwendigen Umbauarbeiten – zusammen mit der ehemaligen Lehrerausbildungsstätte gegenüber, die nun das **Nationaal Holocaust Museum** ⓲ (s. S. 78) ist – wurde die Gedenkstätte im März 2024 wiedereröffnet. Ein zehnminütiges Video zeigt ihre wechselvolle Geschichte, an den Außenwänden des ehemaligen Theatersaals, heute Gedenkort, hängen »Glastropfen« mit den Porträts von Menschen, die von hier deportiert wurden oder die überlebt haben. Audio- und Bildmaterial beleuchtet ihre Geschichten.

Plantage Middenlaan 24, www.hollandscheschouwburg.nl, tgl. 10–17 Uhr, gratis

Sonnen- und Schattenseiten

Wer die Eindrücke aus dem **Wereldmuseum** ㉒ (s. S. 81) an der frischen Luft verarbeiten möchte, tut dies im angrenzenden **Oosterpark** ⓭, ursprünglich im englischen Landschaftsstil angelegt und vor einigen Jahren offener und natürlicher gestaltet. Der Park war bei seiner Eröffnung 1891 der erste öffentliche Park

TOUR
Kolonialmacht auf Pflanzensuche

Spaziergang im Hortus Botanicus

Nachdem die Pest gewütet hatte, beschloss der Amsterdamer Magistrat 1638, einen Heilkräutergarten anzulegen. Er wurde die Basis für einen der ältesten Botanischen Gärten der Welt, den **Hortus Botanicus** ❾.

Übrigens: Es lohnt sich, vor dem Besuch auf die Website zu gucken. Unter ›What's on‹ und ›Activities‹ finden sich aktuelle Veranstaltungen wie Konzerte und Öffnungszeiten außer der Reihe oder Tipps zu Pflanzen, die gerade Saison haben.

Die Wunderkräfte der Natur

Rosmarin gegen niedrigen Blutdruck, Tabak gegen Übelkeit, Basilikum bei Schlafstörungen, die Lampionpflanze gegen Rheuma … Als Johannes Snippendaal, erster Direktor des Hortus Botanicus, studierter Philosoph und Botaniker aus Leidenschaft, die Pflanzen im Hortus 1646 katalogisieren ließ, da zählte er schon 300 verschiedene Arten, hauptsächlich Gewächse zu Heilzwecken, für die sich vor allem Ärzte und Apotheker interessierten. Links vom Eingang kann man eine Nachbildung dieses **Snippendaalschen Heilkräutergartens** in den wohlgeordneten Beeten des 17. Jh. bewundern.

Kaffee hin und zurück

Einige Monate nach der ersten Katalogisierung hatte sich der Pflanzenbestand durch emsigen Tauschhandel mit Gärtnern in und um Amsterdam bereits mehr als verdoppelt, viele Nutz- und Zierpflanzen waren hinzugekommen. Zudem brachten die Schiffe der Vereinigten Ostindischen Kompanie (VOC) mit exotischen Pflanzen aus den holländischen Kolonien im 17. und 18. Jh. Vielfalt in die heimische Flora. Pfeffer, Zimtbaum, Tee, Papaya, Mango oder die heute 300 Jahre alte Riesencycadee aus der südafrikanischen Kapregion fanden ihren Weg in den Garten, der erst 1682 an seinen heutigen Standort im Plantageviertel zog. Als sicher gilt,

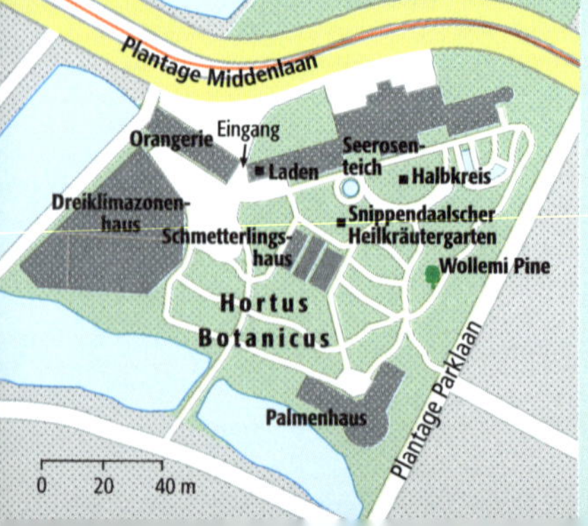

Infos

Cityplan S. 67, ❾
Karte 2, D/E 5

Dauer: eine bis mehrere Stunden

Adresse und Öffnungszeiten: Plantage Middenlaan 2a, www.dehortus.nl, tgl. 10–17, Mai–Aug. Do, So bis 21 Uhr, Dreiklimahaus bis Juni 2025 geschl., geführte Hortus-Touren s. Website, dort auch kostenlose App mit vier verschiedenen Führungen (engl.)

Hinkommen: Tram 14, Metro: Waterlooplein, Ausgang Hortusplantsoen

dass eine 1706 in Äthiopien gestohlene Kaffeepflanze über die Umwege Batavia (Jakarta) und Hortus Botanicus in Südamerika die heute größte Kaffeekultur der Welt begründete.

Nahrung für Dinosaurier

Auf kleiner Fläche (1,2 ha) versammelt der Hortus gut 4000 Pflanzenarten aus allen Kontinenten, darunter seltene Schätze wie die erst 1994 in Australien (wieder-)entdeckte **Wollemi Pine,** die im hinteren Teil des Gartens durch Eisengitter geschützt wird. Der kiefernartige immergrüne Baum galt seit 65 Mio. Jahren als ausgestorben und wird als lebende Fossilie bezeichnet, denn in solchen wurde sein Abdruck häufig gefunden. Den Schutz und die Vermehrung solcher Raritäten hat sich der Hortus Botanicus auf die Fahnen geschrieben. Wie den der Cycadeen, die schon vor Millionen von Jahren von Dinosauriern verspeist wurden, auf den ersten Blick wie Palmen aussehen, aber keine sind. Nichtsdestotrotz stehen sie zusammen mit echten Palmen, dem Zimtbaum und dem epiphytischen Philodendron, einer Aufsitzerpflanze, im viktorianisch anmutenden **Palmenhaus** (1912).

Nostalgie und Moderne

Schön sind nicht nur die alten Bäume, sondern auch das **Schmetterlingshaus,** der **Seerosenteich** mit der Riesenseerose *Victoria amazonica,* die nur nachts blüht und eine Attraktion für die Amsterdamer ist, und der **Halbkreis,** der die Pflanzen anhand ihres genetischen Materials systematisiert. Jetzt tut es gut, eine Auszeit in der **Orangerie** (1875) zu nehmen. Auch sie atmet nostalgisches Flair und man kann bei Kaffee und Kuchen oder einem (Bio-)Lunch drinnen oder draußen sitzen, umgeben von alten Pflanzen und Bäumen. Von hier sind es nur wenige Schritte zum gläsernen **Dreiklimazonenhaus** (1993), in dem man durch subtropische und tropische Gefilde, über Brücken und an Bächlein entlang, sowie durch die Wüste schlendern kann. Letztere hält weitere Raritäten bereit: die zweiblättrige **Welwitschia mirabilis,** die 2000 Jahre alt werden kann, oder die **Köcherbäume** *(Aloe dichotoma Masson),* die sich durch eine besonders harte Rinde und dickfleischigePfeilblätter vor dem Austrocknen schützen (bis Juni 2025 wg. Renovierung geschl.).

Amsterdams. 2004 erlangte er traurige Berühmtheit, als in der Nähe der Filmemacher Theo van Gogh ermordet wurde und sein Mörder sich im Park versteckte. Ein Denkmal mit dem Namen »De Schreeuw« (»Der Schrei«) erinnert an Van Gogh (s. S. 87).

Eine ausladende Skulpturengruppe des aus Suriname stammenden Bildhauers Erwin Jules de Vries, das **Nationaal Monument Slavernijverleden,** erinnert außerdem an die Abschaffung der Sklaverei in Suriname und dem karibischen Teil des Königreichs. Jedes Jahr am 1. Juli wird dies im Park feierlich begangen (s. S. 296). Dann ist das Denkmal mit Kränzen geschmückt und viele Surinamer und Antillaner in bunt gemusterten Kostümen fotografieren sich gegenseitig davor.

Museen

Rembrandts Radierungen

⑯ **Rembrandthuis:** Beim Betrachten von des Meisters ehemaligem Wohnhaus meint man, Rembrandt sei nur mal eben kurz rausgegangen, so ausgezeichnet ist die Rekonstruktion der Originaleinrichtung gelungen. Man würde sich nicht wundern, käme gleich Saskia, seine geliebte Frau, oder einer seiner zig Schüler um die Ecke. Neben wechselnden Aspekten aus dem Werk Rembrandts zeigt das Museum, das seit 1911 besteht, fast das gesamte grafische Werk des Künstlers, in erster Linie Radierungen. Von 290 bekannten Radierungen sind hier 260 ausgestellt, sodass sich ein nahezu kompletter Überblick über Rembrandts Wirken in dieser Kunstgattung ergibt. Zu den bedeutendsten zählen »Die Flucht nach Ägypten«, »Die Ruinen des Alten Rathauses von Amsterdam« und »Selbstbildnis mit buschigem Haar«. Aber auch einige seiner 39 Zeichnungen und vier Original-Druckplatten sind zu sehen. Zudem zieren Werke seines letzten Lehrers, Pieter Lastman, einiger Schüler und Zeitgenossen die Wände. Auch Wechselausstellungen anderer Zeichner vom Goldenen Jahrhundert bis in die Gegenwart.

Jodenbreestraat 4, www.rembrandthuis.nl, Metro: Waterlooplein, tgl. 10–18 Uhr, 19,50 € (inkl. Audioguide)

Jüdisches Leben

⑰ **Joods Museum:** Das mehrfach ausgezeichnete Jüdische Museum ist allein schon in architektonischer Hinsicht den Besuch wert. Eine moderne Stahl- und Glaskonstruktion verbindet vier aschkenasische Synagogen des 17. und 18. Jh. miteinander. Obwohl im engeren Sinne nicht als stadthistorische Ausstellung angelegt, erfährt man viel über die Juden in Amsterdam, über ihr ›Mokum Aleph‹. Weitere Themen der Ausstellung sind Religion und Geschichte des jüdischen Volkes, der Zweite Weltkrieg und der Holocaust, Israel und der Zionismus sowie die Vermischung der Kulturen in Holland. Wechselausstellungen auch zu internationalen jüdischen Themen sowie Foto- und Kunstausstellungen mit Begleitprogramm ergänzen das reiche Angebot.

Im **Kindermuseum** des Jüdischen Museums geht es um eine jüdische Familie: Familie Hollander – Vater, Mutter und drei Kinder. In einem mit viel Liebe und Detailfreude eingerichteten Haus im Haus kommt man dem Alltag der fünf spielerisch auf die Spur.

Für eine Pause empfiehlt sich das helle, moderne **Museumscafé** mit koscherer Küche, in dem zahlreiche jüdische Klassiker auf der Karte stehen: gefilte Fish, Latkes, kleine frittierte Kartoffelpuffer, Matzen …

Nieuwe Amstelstraat 1, jck.nl/locatie/joods-museum, Metro: Waterlooplein, tgl. 10–17 Uhr, 20 € (Kombitickets s. Joods Cultureel Kwartier S. 72)

Viel Zeit einplanen

⑱ **Nationaal Holocaust Museum:** Dieses Museum war überfällig, denn die Niederlande besaßen bis zu seiner Eröff-

Lieblingsort

Einfach mal abhängen …

Wenn unser Gehirn nach dem Besuch der Museen mit viel Tiefgang und Schwerem so richtig vollgestopft ist, ist der **Mahatma Gandhi Plantsoen** ⓮ genau der richtige Ort, um runterzukommen. Dieses Plätzchen an der Hippo-Brücke gegenüber vom Entrepotdok gehört der Stadt. Und wie Gallien bei Asterix und Obelix ist es umzingelt, und zwar vom ARTIS-Gelände. Die Stadt gestattete einem ehemaligen Anwohner, aus der kleinen Brachfläche einen Nachbarschaftsgarten zu machen. Mittlerweile gibt es ihn schon seit über 20 Jahren und im Sinne Mahatma Gandhis arbeitet man hier an der »Verbesserung der Natur«. Das Wurmhotel am Rand, gefüttert mit Gemüseabfällen und Kaffeesatz, liefert den nötigen Kompost für die Beete. Ein kleiner Skulpturengarten mit Werken des afrikanischen Bildhauers Papa Adama sorgt für die künstlerischen Momente. Und wir? Lassen uns auf einer der Bänke nieder und packen unser Picknick aus …

L

LANDPARTIE

Es muss ein kompliziertes Unterfangen gewesen sein, mit der Kutsche aus der lauten, dreckigen Stadt aufs Land zu fahren, damals, Ende des 17. Jh. Heute sind das **Huize Frankendael** und der 3 ha große historische **Frankendael Park** ⓯ mit Tram oder Fahrrad schnell erreicht. Im Park findet man ganz nach Geschmack verschiedene Gestaltungsformen: Barock- und Landschaftsgärten wechseln sich mit Freiflächen und Sumpf ab. Auf der Wiese hinter dem ungewöhnlich guten **Restaurant De Kas** 18 (s. S. 84, reservieren!) steht ein schlichter Holzkiosk für Kaffee und Kleinigkeiten. Das **Café Merkelbach** im alten Kutscherhaus des Huize Frankendael serviert Kaffee und Kuchen, Lunch mit saisonalen Produkten (12–16 Uhr) und Borrel (ab 16 Uhr). Das Landhaus selbst ist momentan leider nur jeden letzten Sonntag im Monat nach Voranmeldung zu besichtigen (Huize Frankendael, Middenweg 72, T 423 39 30, huizefrankendael.nl, Tram 19, Haltestelle Hoogeweg; Restaurant: T 665 08 80, restaurantmerkelbach.nl, Tram 19, tgl. 9–18 Uhr, Juni–Sept. nur So–Do, €).

nung im März 2024 kein Museum, das erzählte, wie die Juden in den Niederlanden diskriminiert, verfolgt und – auch unter Mithilfe der niederländischen Bevölkerung – in den Tod geschickt wurden. Jetzt geschieht es auf mehreren Stockwerken in einer allumfassenden, detailreichen Weise. Wo anfangen, wo aufhören? So viele Fotos, Texte und Objekte, so viele Geschichten dahinter. Eindrücklich die ›Verbrechenstapete‹, die an den Wänden mehrerer Ausstellungssäle klebt und von oben bis unten mit Gesetzen und Verordnungen bedeckt ist, die die deutschen Besatzer ab Mai 1940 erlassen hatten, um Juden zu diskriminieren. Eindrücklich auch die »Vergissmeinnicht« getauften 19 Erinnerungs›glocken‹, unter denen eine zierliche Halskette oder andere persönliche Gegenstände liegen. Ergänzt durch ein Porträtfoto, Video, Audio oder einen Text ersteht das Menschenleben eines Holocaust-Opfers, direkt und herzzerreißend. Vielleicht ist das der Weg aus der überbordenden Fülle: sich auf bestimmte Erzählstränge zu beschränken. Das Ausstellungsgebäude selbst liegt gegenüber der **Hollandse Schouwburg** (s. S. 75) und ist ein ehemaliges Ausbildungszentrum für Lehrer. Während des Kriegs wurden von hier durch das beherzte Handeln des pädagogischen Personals 600 jüdische Kinder vor dem Zugriff der Besatzer gerettet und in relativ sichere Verstecke gebracht. Auch davon ist im Erdgeschoss des Museums die Rede, wenn auch vergleichsweise knapp.

Plantage Middenlaan 27, jck.nl/locatie/nationaal-holocaustmuseum, Tram 14, tgl. 10–17 Uhr, 20 € (Kombitickets s. Joods Cultureel Kwartier S. 72)

Ganz nah dran

⓳ **Verzetsmuseum:** Wie lebten das jüdische Mädchen Eva, das Nazimädchen Nelly, der Mitläuferjunge Henk und der aus einem Widerstandshaushalt stammende Jan in Zeiten der Besatzung durch die Deutschen während des Zweiten Weltkriegs? Das Widerstandsmuseum im denkmalgeschützten Plancius-Bau zeigt das Leben dieser vier Personen, die es wirklich gab, in vier verschiedenen interaktiven ›Häusern‹. Das Ganze nennt sich Junior-Museum, ist aber für jedes Alter interessant, weil die Zeit plastisch und erlebbar wird. Überraschung: In einem Extraraum erzählen die gealterten Protagonisten im Video, wie sich ihr Leben nach dem Krieg entwickelt hat. Auch die vielen Fotos, Dias, Tondokumente und Filmausschnitte im übrigen Museum sind gut gewählt und immer dicht an den Menschen dran. Die Audiotour auf Deutsch sorgt fürs gute Verständnis. Draußen am Hausgiebel erinnert der Davidstern an die jüdische Vergangenheit des 1876 erbauten Gebäudes. Das Restaurant **Plancius** zum Einkehren nach dem Museumsbesuch ist direkt nebenan.

Plantage Kerklaan 61, www.verzetsmuseum.org, Tram 14, Di–Fr 10–17, Mo–Fr 10–17, Sa, So 11–17 Uhr, 16 € (inkl. Audiotour); Restaurant: planciusgroot.nl tgl. 10–22 Uhr, €€

Das Leben, das auf uns wohnt

⑳ ARTIS-Micropia: Bakterien, Pilze, Viren – ganze 1,5 kg dieser Mikroorganismen bewohnen durchschnittlich unseren Körper. Der Bodyscanner im Mikrobenmuseum Micropia errechnet dann auch gleich ihre genaue Zahl – so unvorstellbar hoch, dass sie weit jenseits der Trilliarden liegt. Der Kiss-o-Meter deckt auf, wie viele Mikroorganismen bei einem Kuss fließen. Mikroskope, moderne 3-D-Linsen oder hoch aufgelöste Bilder machen die sonst unsichtbaren Stars sicht- und erlebbar. In einem Labor schaut man dabei zu, wie die Museumsmitarbeiter Kulturen anlegen. Gefährliche Exemplare wie HIV- oder Ebola-Viren gibt es dagegen nur im Film oder als riesige Modelle. Bühne für die unterschätzten Lebensformen ist das 140 Jahre alte Reichsmonument De Ledenlokalen, das aufwendig restauriert wurde und zum Zoo gehört.

Plantage Kerklaan 36–38, www.micropia.nl, Tram 14, tgl. 10–17 Uhr, 0–12 J. gratis, ab 13 J. 17,50 €, Kombitickets mit ARTIS (Zoo) und ARTIS-Groote Museum

Alles hängt mit allem zusammen!

㉑ ARTIS-Groote Museum: Das ist die Botschaft dieses Museums am ARTIS-Zoo. Untergebracht ist es im ersten Gebäude des Zoos (1855), in dem sich die Mitglieder der Gesellschaft Natura Artis Magistra regelmäßig versammelten. In den Sälen in neuem altem Glanz gehen die Besucher auf eine interaktive Reise mit Filmen, Audios, Kunstwerken und Installationen und erfahren, was der menschliche Körper mit der unterschätzten Pflanzen- und Tierwelt zu tun hat. Aufregend und bunt!

Plantage Middenlaan 41, Eingang Artisplein, www.grootemuseum.nl/en, Fr–Mi 10–17, Do 10–22 Uhr, 0–12 J. gratis, ab 13 J. 17,50 €, Kombitickets mit ARTIS (Zoo) und ARTIS-Micropia

Kolonialgeschichte

㉒ Wereldmuseum: Das ehemalige Tropenmuseum heißt jetzt ›Weltmuseum‹, zu gestrig war offenbar der alte Name. Seine eigene koloniale Vergangenheit macht das Museum immer wieder zum Thema, so etwa in einer Dauerausstellung zu 150 Jahren kolonialer Geschichte des Gebäudes und seiner Sammlung, die eben zu großen Teilen aus genau dieser Zeit stammt. Die Empfangshalle des Nationalmonuments (1926) im Gründerzeitstil ist übrigens eine Wucht, prachtvoll, weit und licht. Sie lenkt den Spot auf das, was das Museum zu bieten hat: drei Dauerausstellungen, zahlreiche Wechselausstellungen zu Themen wie Welthandel, Konsum, Migration, Klimawandel und Urbanisierung. Der Ideenreichtum ist dabei groß, die Präsentation überzeugend, und für Kinder ist im Wereldmuseum Junior auch viel geboten. Ganz klar: Dieses Museum ist einer unserer Lieblinge!

Linnaeusstraat 2, Zugang auch vom Oosterpark, https://amsterdam.wereldmuseum.nl, Tram 19, Di–So 10–17 Uhr, in den Schulferien auch Mo, Erw. 17,50 €, Kinder 6–18 Jahre 9 €

Essen

Mit Guide-Michelin-Empfehlung

1 Restaurant Lastage: Innerhalb kürzester Zeit war Chefkoch Rogier van Dam für seine französisch inspirierte Küche mit ausgezeichneten Zutaten, den

Saucen und der Charcuterie bekannt. Kleines, intimes Lokal im Lastage-Viertel mit freundlichem Service. Gute Weine.

Geldersekade 29, www.restaurantlastage.nl, Metro: Nieuwmarkt, Küche tgl. 18.30–22 Uhr, 4–8 Gänge 70–125 €, €€€

Wie zu Rembrandts Zeiten

1 In De Waag: Hier lohnen neben der klassischen Küche vor allem Location und Lage! In der Waage wurde die mittelalterliche Architektur so weit wie möglich freigelegt und restauriert. Man wähnt sich im Festsaal einer Burg, vor allem am Abend, wenn das ganze Gewölbe in Kerzenschein getaucht ist. Mit großer, schöner Terrasse mitten auf dem Nieuwmarkt.

Nieuwmarkt 4, www.indewaag.nl, Metro: Nieuwmarkt, Mo–Fr 11–22, Sa, So 9–22 Uhr, €€–€€€

Dauerbrenner

2 Hemelse Modder: Seit 40 Jahren wird hier in gemütlichem Ambiente mit besten Zutaten pur und ehrlich nach französischen und niederländischen Rezepten gekocht, neben Fisch und Fleisch auch ausgezeichnete vegetarische Gerichte. Tipp: die Desserts (Hemelse Modder …).

Oude Waal 11, www.hemelsemodder.nl, Metro: Nieuwmarkt, tgl. 18–22 Uhr, 3–5 Gänge 50–67,50 €, €€–€€€

Ein Eetcafé, wie es sein soll

3 Café Stevens: Sehr angenehmes Eetcafé mit Straßenterrasse zum Nieuwmarkt. Kleine Karte mit leckeren Bistrogerichten (u. a. Suppen, Burger, vegetarisches Curry), gute lokale Biere und eine ausgesprochen freundliche Bedienung.

Geldersekade 123, T 620 69 70, www.cafestevens.nl/en.html, Metro: Nieuwmarkt, So–Do 9–1, Fr, Sa 9–3 Uhr, €

Bestes Käsefondue ever!

4 Café Bern: Im Kult-Café herrscht immer drangvolle Enge, denn es ist seit mehr als 40 Jahren berühmt für sein ausgezeichnetes Käsefondue und sein Entrecôte, außerdem für das Pfeffersteak, den jemenitischen Salat und die Suppen.

Nieuwmarkt 9, www.cafebern.com, Metro: Nieuwmarkt, tgl. 16–1 Uhr, €€, reservieren!

Der älteste Thai in Amsterdam

5 Raan Phad Thai: Der thailändische Klassiker in Amsterdam in der hübschen Raamgracht. Ausgezeichnet sind u. a. Fischfrikadellen, rotes Curry und Pad Thai. Superfreundliche Bedienung.

Raamgracht 9, raanphadthai.nl/en, Metro: Nieuwmarkt, Di–Sa 16.30–22 Uhr, €–€€

Frisch! – der Name ist Programm

6 Café Tisfris: In diesem Café stimmt alles, von der hippen, freundlichen Einrichtung über das gemischte Publikum bis zur guten Küche zu kleinem Preis – was mitunter zu längeren Wartezeiten führt. Leckere *broodjes,* Eintöpfe, Salate, Pasta, Kuchen und Smoothies. Feines Frühstück.

Sint Antoniebreestraat 142, www.tisfris.nl, Metro: Waterlooplein, tgl. 9–19 Uhr, tolle Aussicht, s. auch S. 70, €–€€

Gemütlich an der Schleuse

7 Café de Sluyswacht: Das Café, das im windschiefen, winzigen denkmalgeschützten Schleusenwärterhaus von 1695 direkt auf der Schleuse untergebracht ist, punktet mit seiner grandiosen Terrasse zur Oude Schans. Lokale Biere.

Jodenbreestraat 1, Metro: Waterlooplein, Mo–Mi 12–24, Do 12–1, Fr, Sa 12–2, So 13–20 Uhr, Nüsse, Bitterballen, Käse €

Wie auf einer Theaterbühne

8 212: Innerhalb kürzester Zeit haben sich hier zwei stadtbekannte Chefköche, Richard van Oostenbrugge und Thomas Groot, zwei Sterne erkocht. Mit Präzision sicher, aber auch mit einer großen Portion Kreativität. Das Setting im Grachtenhaus ist ungewöhnlich für ein Sternerestaurant: Die Gäste (bis auf sechs) sitzen ohne eigenen Tisch rund um die offene Küche und schauen den Köchen zu, die ihre Gerichte auch selbst servieren (s. auch S. 18). Ausgezeichnete Weine.

Amstel 212, www.212.amsterdam, Metro: Waterlooplein, Fr, Sa 12–13.30, Di–Sa 18.30–21 Uhr, Hauptgerichte 70–100 €, Menü 230 €, €€€

Gute Zutaten, gesundes Essen

9 **Soup en zo:** Das engagierte Team serviert täglich mindestens fünf wohlschmeckende Suppen, alle vegetarisch bzw. vegan oder mit Bio-Fleisch zubereitet, ein paar Salate und Quiche.

Jodenbreestraat 94, soupenzo.nl, Metro: Waterlooplein, Mo–Fr 11–20, Sa11–19, So 12–19 Uhr, €

Super surinamische Snacks

10 **De Hapjeshoek:** Sehr beliebtes Lokal mit guter und günstiger surinamischer Küche in großen Portionen. Wer es nicht so scharf mag, sollte es deutlich sagen! Gute Rotis, Nasis, Broodjes (Tipp: Broodje Chili-Huhn). Auch Take-away. Seit Kurzem Filiale in der Station Weesperplein.

In Metrostation Waterlooplein 6, Mo–Fr 9.30–21, Sa, So 11–21 Uhr, €

Koschere Kleinigkeiten

17 **Museumcafé JCK:** s. S. 78.

jck.nl/nl/page/museumcafe, €

Leckere Burger

11 **Burgermeester:** Gute Burger zu fairen Preisen – Lamm, Rind, vegetarisch, vegan. Die Toppings wählt man extra. Und wer sich nicht entscheiden kann, dem empfiehlt sich das Mini Trio: drei Mini-Burger nach Wahl.

Plantage Kerklaan 37, T 882 87 43 77, www.burgermeester.eu, Tram 14, tgl. 12–22 Uhr, €

Oho am Zoo

12 **De Plantage:** Mit seiner mediterran-orientalisch angehauchten Küche in einem modern interpretierten Gebäude aus dem 19. Jh. ist das großzügige Restaurant-Café ein Klassiker. Schöne Terrasse zum Artisplein für Kaffee und köstlichen Kuchen!

Plantage Kerklaan 36, caferestaurantdeplantage.nl, Tram 14, Di–Fr 9–1, Sa, So 10–1 Uhr, €–€€

Japaner beim Zoo

13 **Tempura:** Abseits vom Trubel schmecken Sushi Tempura und Wafu oder Saikoro Beef, und es gibt auch Menüs für zwei Personen. Gutes Preis-Leistungs-Verhältnis, freundlicher Service.

Plantage Kerklaan 26hs, T 428 71 32, www.restauranttempura.nl, Tram 14, Di–So 16.30–23 Uhr, €–€€

Laut und fröhlich

14 **De Biertuin:** Der relaxte Biergarten um die Ecke vom Wereldmuseum ist mit den roh gezimmerten Wandplanken auch innen nicht zu verachten. Verschiedene Amsterdamer Craftbiere vom Fass sowie belgische und internationale Sorten. Dazu natürlich die biergartenübliche Kost mit Burgern & Co., auch in vegetarischer Variante. Weitere Biertuinen gibt's in der Prinsengracht 494 und der Jan Evertsenstraat 135 (Mercatorplein).

Linnaeusstraat 29, www.debiertuin.nl/locations/amsterdam-east, Tram 19, Mo–Do 15–1, Fr, Sa 12–3, So 12–1 Uhr, €–€€

Dschungel-Feeling

15 **Bar Botanique:** Passend zum Plantage-Viertel grünt es in diesem Café üppig. Neben Frühstück, Lunch, Apéro und Dinner sind die Cocktails zu empfehlen.

Eerste Van Swindenstraat 581, www.barbotanique.nl, Tram 1, 3, 7, 14, 19, Mo–Mi 8.30–24, Do 8.30–1, Fr 8.30–2, Sa 9–2, So 9–24 Uhr, €–€€

Urban

16 **Bar Bukowski:** Cooles Café mit einer schönen Bar am Oosterpark. Toll zum Frühstücken, Lunchen und nachmittags auf einen leckeren hausgemachten Kuchen. Abends gibt's Snacks und Longdrinks. Fein

sind die Plätze auf der Galerie oben und die Terrassenplätze auf der Straße.

Oosterpark 10, www.barbukowski.nl/en, Tram 1, 3, Mo–Do 8–1, Fr 8–3, Sa 9–3, So 9–1 Uhr, €

Sixties

17 **Caffe Milo:** Schöne Café-Restaurant-Cocktailbar nahe beim Oosterpark mit Tapas, Burgern, Fleischlastigem wie Vegetarischem. Drinnen Sixties-Look, draußen eine große Terrasse. Livemusik und DJs gibt's regelmäßig.

Linnaeusstraat 71H, www.caffemilo.com, So–Do 9–1, Fr, Sa 9–3 Uhr, €–€€

Im Glashaus

18 **De Kas:** Das 8 m hohe Gewächshaus (= *kas*) von 1926 war in keinem guten Zustand, als Gert Jan Hageman 2001 beschloss, darin ein Restaurant einzurichten. Sein Konzept war einfach und damals noch revolutionär: Gekocht wird ausschließlich mit frischen Produkten, die im Gewächshaus und im Garten neben dem Restaurant sowie im Beemster (20 km von Amsterdam) geerntet werden, Gemüse und Blüten spielen die Hauptrolle, Fleisch und Fisch sind die Beilagen. Der Andrang auf die originellen, aber nicht überkandidelten Menüs ist nach wie vor groß. Zum ›normalen‹ Michelin-Stern gab es noch einen grünen Stern für nachhaltiges Engagement. Bei schönem Wetter wird auf der Terrasse mit Blick auf den Gemüse- und Kräutergarten serviert. Unbedingt reservieren!

Kamerlingh Onneslaan 3, Frankendael Park, T 462 45 62, www.restaurantdekas.nl, Tram 19: Hogeweg, Mo–Sa 12–16, 18–24 Uhr, €€–€€€

Showcooking: Der Blick in die Küche ist möglich und erwünscht.

Einkaufen

Markttreiben

1 **Nieuwmarkt:** amsterdamnieuwmarkt.nl/markt, Wochenmarkt Mo–Fr 10–17, Bio-Markt Sa 10–17 Uhr.

Metro: Nieuwmarkt

Das Leben ist eine Scheibe

2 **RecordFriend Elpees:** Mehr als 30 000 First- (Nr. 46) und Second-Hand-Platten (Nr. 64) für Fans der schwarzen Scheibe. Das Angebot reicht von Klassik zu psychedelischer Musik, von Hip-Hop zu Reggae. Audiophile Ausgaben.

Sint Antoniesbreestraat 64, www.recordfriend.com, Metro: Nieuwmarkt, Di–Sa 11–18, So, Mo 12–18 Uhr

Bücherwürmer und Leseratten

3 **Pantheon Boekhandel:** In dieser Buchhandlung steht noch die Liebe fürs Buch im Mittelpunkt. Viel Amsterdam-Literatur. Kompetente, freundliche Beratung.

Sint Antoniesbreestraat 132–134, libris.nl/boekholtboekhandels/pantheon, Mo 11–18, Di–Fr 9–18, Sa 10–18, So 12–17 Uhr

Im Kurzwarenparadies

4 **Stoffen en Fournituren:** Glitzerpailletten, Nilpferdknöpfe, ellenlange Reißver-

schlüsse, schrille Litzen, Quasten, Stoffe im Retrostil oder Federboas.

Nieuwe Hoogstraat 31–35, www.aboeken.nl, Metro: Nieuwmarkt, Mo 12–18, Di–Fr 10–18, Sa 10–17 Uhr

Wunderschöne Stoffe

5 **Capsicum Natuurstoffen:** Selbst entworfene Textilien und Wohnaccessoires in einem Traum von Ladenlokal. Fast alle Stoffe sind in Indien handgewebt – in kleinen Webereien, mit denen die Besitzerinnen seit mehr als 40 Jahren zusammenarbeiten!

Oude Hoogstraat 1, www.capsicum.nl, Metro: Nieuwmarkt, Mo–Fr 10–18, Sa 10–17 Uhr

Design mit Witz

6 **Droog:** Die Droog-Gründer Gijs Bakker und Renny Ramakers waren in den 1990ern die Pioniere des Dutch Design, sie wollten sich vom gängigen Industriedesign absetzen und Neues, Kreatives und Überraschendes mit Witz schaffen. Das ist ihnen gelungen. Ihren Showroom mitten in der Stadt zu besuchen, ist ein Erlebnis für sich. Mit **Hotel,** Café und Garten.

Staalstraat 7B, www.droog.com, Metro: Nieuwmarkt, Tram 4, 14, Mo–Sa 11–17 Uhr

Bekanntester Trödelmarkt

8 **Waterloopleinmarkt:** s. S. 71.

Waterlooplein, waterlooplein.amsterdam, Metro: Waterlooplein, Mo–Sa 9.30–18 Uhr

Legendär!

9 **Lambiek:** Ältester Comicshop der Welt und Galerie – absolut besuchenswert. Workshops, Ausstellungen etc.

Koningsstraat 27, www.lambiek.net, Metro: Nieuwmarkt, Mo–Fr 11–18, Sa 11–17 Uhr

Das beste Brot Amsterdams

10 **Hartogs Volkoren:** Gebacken wird hier seit 1896 und die langen Schlangen sprechen für sich. Die Auswahl ist nicht groß, man beschränkt sich aufs Wesentliche. Besonders gut: das Vollkornbrot in Kastenform. Tipp: die belegten Brötchen. Spannend: das Butterbrot mit Spekulatius!

Wibautstraat 77, volkorenbrood.nl, Tram 3, Mo–Fr 7–19, Sa 7–17 Uhr, €

DEM HANDWERK EINEN RAUM GEBEN!

Hinter dem **Amsterdam House of Arts & Crafts** 7 steckt die bekannte Schuhdesignerin Esther van Schagen, die Handwerk und handwerklichen Erzeugnissen wieder einen Raum geben möchte. Verschiedene Handwerker und Künstler haben hier ihre Ateliers – es wird viel kreatives Potenzial freigesetzt. In Galerie, Ateliers oder Garten kommt man schnell ins Gespräch; es finden auch Führungen statt (Oudeschans 21, www.amsterdamhouseofartsandcrafts.com, Metro: Nieuwmarkt oder Waterlooplein, div. **Workshops,** z. B. »Sneakers machen«, Fotografieren, Acrylmalerei etc.).

Bewegen

Mit Liebe gemacht!

1 **Amsterdamliebe:** Hinter dem hübschen Namen steckt ein freundliches, kompetentes Stadtführerinnen-Team von über 20 deutschen Muttersprachlerinnen, die ihre Liebe zur Stadt zum Beruf gemacht haben. Touren kreuz und quer durch Amsterdam, z. B. Rembrandt- oder Anne-Frank-Tour (s. auch S. 53).

www.amsterdamliebe.de, zwei- und mehrstündige Touren ab 24 €, online reservieren

Jüdische Vergangenheit

Spaziergang durch das Plantageviertel 1940–1945: Start- und Endpunkt dieses kostenlosen Audio-Walks entlang wichtiger Stationen des jüdischen

Amsterdams und des Widerstands ist das **Verzetsmuseum** ⓳.

www.verzetsmuseum.org/de/agenda/freier-spaziergang-durch-das-plantageviertel-amsterdam

Ausgehen

Eine Jazzlegende

❶ **Cotton Club:** Mehr als 70 Jahre hat das überaus beliebte Jazzcafé auf dem Buckel und präsentiert nach wie vor mit viel Elan Größen des holländischen Jazz. Und immer wieder tritt auch Hans Dulfer auf!

Nieuwmarkt 5, auf Facebook, Metro: Nieuwmarkt, So–Do 14–1, Fr, Sa 14–3 Uhr, preisgünstiger Eintritt

Mit Terrasse auf dem Nieuwmarkt

❷ **'t Loosje:** Ein idealer Treffpunkt für den Start ins Nachtleben ist diese Kneipe mit historischer Einrichtung (viel Holz, schöne alte Kacheln), die ein gemischtes Publikum anzieht. Leckere Biere vom Fass, tolle Terrasse. Super Lunchadresse (3–9 €), kleine, aber gute Frühstückskarte.

Nieuwmarkt 32, www.loosje.nl, Metro: Nieuwmarkt, So–Do 8.30–1, Fr, Sa 8.30–3 Uhr, €

Im Volkshotel

❸ **Canvas op de 7e:** Im siebten Stock der ehemaligen Zentrale der Zeitung »Volkskrant« gibt es ein Multi-Talent: Hier kann man mit spektakulärer Aussicht frühstücken, lunchen, den Abend einläuten oder tanzen (s. Website; Lunch, Borrel, Dinner €–€€). Untergebracht ist das Ganze in einem Hotel, im Untergeschoss ist der Nachtclub **Doka** ein zusätzliches Bonbon (www.volkshotel.nl/de/doka).

Wibautstraat 150, Tram 3, www.volkshotel.nl/de/canvas, So–Do 12–1, Fr, Sa 12–3 Uhr

Kino, Kunst, Café

❹ **Kriterion:** Ein Studentenkollektiv hält dieses Projekt aus Kino mit anspruchsvollem Programm und Café am Laufen. Filme sind immer im Original mit niederländischen/englischen Untertiteln zu sehen. Außerdem finden regelmäßig Ausstellungen junger Künstler statt.

Roetersstraat 170, www.kriterion.nl, Tram 1, 7, 19, Metro: Weesperplein, Café/Kino: So–Do 12–1, Fr, Sa 12–3 Uhr

Bürgerschaftlich und international

❺ **Plein Theater:** Das Kultur- und Bürgerzentrum versteht sich als Scharnier zwischen dem Zentrum und dem Osten der Stadt und als Weltkulturbühne. Zu erleben sind (Kinder- und Jugend-)Theater, Performances, Konzerte, Tanz und vieles mehr. Das Eetlokaal im Untergeschoss mit großer Sonnenterrasse ist So–Do mindestens 1 Std. vor und nach den Vorstellungen und Fr, Sa ab 17 Uhr geöffnet.

Sajetplein 39, Programm auf plein-theater.nl, Tram 1, 7, 19, Metro: Weesperplein

Archetypus des Bruin Café

❻ **Eik en Linde:** Urtypisches Braunes Café neben der Hollandse Schouwburg, das nicht nur in der Nachbarschaft, sondern bei einem bunt gemischten Publikum beliebt ist – nicht zuletzt, weil man hier (tagsüber!) noch Billard spielen kann. Die Wände sind mit Zeichnungen und Fotos aus der bewegten Vergangenheit gepflastert.

Plantage Middenlaan 22, www.eikenlinde.nl, Tram 14, Mo 11–24, Di–Do 11–1, Fr 11–2, Sa 14–2 Uhr, Lunch und Borrel €

Große Bühne

❼ **Q-Factory:** Musik-Talentschmiede mit Proberäumen, Auftrittsmöglichkeiten und Tanzveranstaltungen. Vielfältiges Progamm mit Künstlern verschiedener Musikrichtungen, Popquiz, Rockfestival etc. (s. Website), außerdem nettes Café mit Terrasse (€). Das kleine angeschlossene **Hotel** bietet Zimmer im Retro-Stil mit viel Holz und Stahl (www.q-factory-hotel.nl, €€).

Atlantisplein 1, Tram 19, T 760 67 80, q-factory-amsterdam.nl, Café So–Fr 8–24, Sa, So 8–22 Uhr

Zugabe
»De Schreeuw«

Der Mord an Theo van Gogh

Am Dienstag, den 2. November 2004 um 8.30 Uhr war der Filmregisseur Theo van Gogh auf seinem Fahrrad auf der Linnaeusstraat unterwegs, die am Oosterpark vorbeiführt. Auf Höhe des Stadtteilrathauses von Oost/Watergraafsmeer feuerte Mohammed Bouyeri, ein 26 Jahre junger Islamist marokkanischer Herkunft, plötzlich Schüsse auf ihn ab. Van Gogh fiel vom Fahrrad, konnte sich auf die gegenüberliegende Seite schleppen, doch Bouyeri schoss weiter auf ihn. Van Gogh flehte um Gnade. Aber Bouyeri tötete ihn aus kurzer Distanz mit fünf Schüssen, schnitt ihm die Kehle durch und rammte mit einem Messer eine an Ayaan Hirsi Ali gerichtete Todesdrohung in den Leichnam. Sie, ehemalige Abgeordente des niederländischen Parlaments und als junge Frau vor ihren Eltern aus Somalia geflüchtet, hatte das Drehbuch für den Film »Submission« geschrieben, das Freigeist Theo van Gogh verfilmt hatte. Der Kurzfilm prangerte die Unterdrückung der Frau durch den Islam an und Bouyeri sah es als seine religiöse Pflicht an, van Gogh als »Feind des Islam« zu töten. Nach dem grausamen Mord standen die Niederländer unter Schock, sahen ihn als einen Angriff auf die Meinungsfreiheit. Vergeltungsmaßnahmen und in Brand gesetzte Moscheen folgten auf das Attentat. Dann aber musste man sich der unbequemen Frage stellen, warum so viele junge marokkanischstämmige Migranten auf der Strecke bleiben, kein oder kaum Niederländisch sprechen, schlecht ausgebildet, arbeitslos und abgehängt sind. In diesem Milieu fallen radikale Ansichten auf besonders fruchtbaren Boden. Allerdings ist man damals wie heute immer weniger bereit, sich nüchtern mit solchen Herausforderungen auseinanderzusetzen: Stattdessen rennen Propagandisten wie Geert Wilders, die »den Islam« im Allgemeinen für jegliche Probleme wie z. B. die Wohnungsnot in den großen Städten verantwortlich machen, offene Türen ein. Ein Denkmal wie »De Schreeuw« (»Der Schrei«), das an den Mord von Theo van Gogh erinnert, ist ein Appell, dass Radikalismus nie zu etwas Gutem führt. Diese Erkenntnis ist 20 Jahre nach dem Attentat aktueller denn je. ■

Der Mord als Angriff auf die Meinungsfreiheit.

Die 2007 enthüllte Skulptur »De Schreeuw« (»Der Schrei«) am Rand des Oosterparks erinnert an den um Gnade flehenden Regisseur Theo van Gogh.

Grachtengürtel

Es war innovativ — dass die Amsterdamer im 17. Jh. planvoll daran gingen, ihre aus den Nähten platzende Stadt zu erweitern. Ergebnis ist ein Gesamtkunstwerk aus drei Haupt- und vielen Quergrachten, das seinesgleichen sucht.

Seite 93

Blauwburgwal

Parkten nicht die Autos an der kürzesten Innenstadtgracht Amsterdams – die keine 100 m lang ist –, könnte man denken, man befände sich im 17. Jh. Eine super Kulisse für einen Historienschinken!

Seite 95

Brouwersgracht

Einst brauten hier die Brauer ihr Bier und lagerten in der heute idyllischen Gracht in riesigen Packhäusern kostbare Waren aus den Kolonien, Tee und Pfeffer etwa. Pfeffer war damals ein ausgesprochen wertvolles Gut und ein ›Pfeffersack‹ ein gemachter Mann.

An den Grachten lässt sich gut eine kleine Giebelkunde betreiben.

Eintauchen

Seite 96, 107

Anne Frank Huis ✪

Wo heute Hunderte Menschen geduldig auf Einlass warten, wartete im Hinterhaus im Zweiten Weltkrieg ein junges Mädchen darauf, endlich wieder normal leben zu können.

Seite 100

Negen Straatjes

In den hübschen Straßen macht das Shoppen selbst Einkaufsmuffeln Spaß!

Seite 102

Gouden Bocht 

Hier kulminierten Prunk und Pracht des 17. Jh. auf wenigen Metern.

Seite 106

Magere Brug

Die Brücke ist eines der Wahrzeichen Amsterdams – und ein Postkartenmotiv ohnegleichen!

Seite 108

Huis Marseille| Museum voor Fotografie

Amsterdam goes photography – und dieses in einem schönen Grachtenhaus beheimatete Museum ist eines der zwei Museen-Hotspots in puncto Fotografie.

Seite 108

Museum Van Loon

Sind Sie neugierig auf das Leben hinter der Fassade eines Grachtenhauses? Das Museum van Loon in der Keizersgracht, in dem einst ein Mitbegründer der Ostindischen Kompanie lebte, macht es möglich.

Seite 118

Amsterdam Light Festival

Die Grachten leuchten – und das im Dezember, wenn das wenige Tageslicht die Menschen eher traurig macht. Die Lichtskulpturen heitern Sie auf. Garantiert!

»O mooie Westertoren« textete der weltberühmt gewordene Volksmusiker Willy Alberti 1964, »Oh, du schöner Westerturm«.

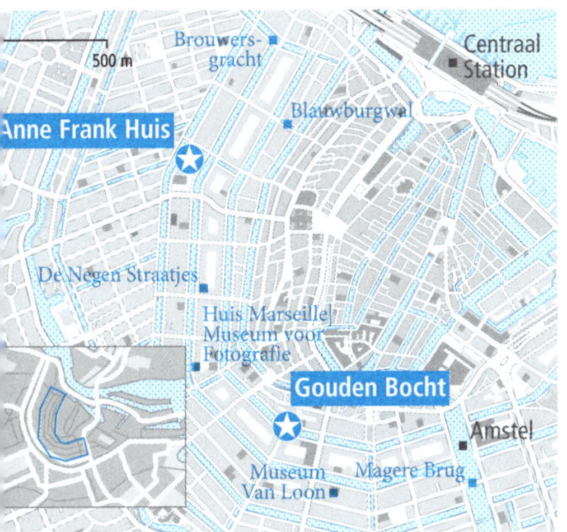

Pro Jahr zieht die Polizei ca. 15 Leichen aus den Grachten, meist männliche. Steht der Hosenschlitz offen und weist die Leiche keine weiteren Verletzungen auf, handelt es sich meist um Männer, die einen über den Durst getrunken haben und in die Gracht pinkeln wollten.

Magischer Halbkreis

›Venedig des Nordens‹ – schon mal gehört? Ein viel bemühter Beiname, und doch passt er hier! Wer die belebten Kanäle, die prachtvollen Grachtenhäuser, die alten Bogenbrücken, das Sammelsurium an Hausbooten an sich vorbeiziehen lässt, versteht, warum der vornehme Amsterdamer Grachtengürtel aus dem 17. Jh. im Jahr 2010 zum UNESCO-Welterbe ernannt wurde. Nach dem Pariser Eiffelturm ist er die wohl bedeutendste touristische Attraktion in Europa. Nicht alle waren daher über den Ritterschlag zum Kulturerbe glücklich, insbesondere die Anwohner fürchteten, dass noch mehr Besucher kämen, um dieses »Gesamtkunstwerk« zu bewundern. Und sie haben recht behalten: Knapp die Hälfte der Besucher kommt einer Umfrage zufolge wegen der Kulturgeschichte, der Altstadt und eben der Grachten nach Amsterdam.

Beim Blick auf den Stadtplan erinnert der *grachtengordel* an ein Spinnennetz, dessen ›Fäden‹ die Kanäle, Brücken und Sträßchen sind. Die drei Hauptgrachten, Heren-, Keizers- und Prinsengracht, legen sich wie ein Halbmond um das alte Zentrum, das bis Ende des 16. Jh. im Westen der Singel, ein mittelalterlicher Festungsgraben, begrenzte. Um Wohnraum für die im ›Goldenen Jahrhundert‹ rasant wachsende Bevölkerung zu schaffen, planten die Stadtväter dieses Prestigeprojekt zwischen IJ und Amstel als Teil eines Stadtentwicklungsprogramms.

Besonders romantisch ist ein Besuch des *grachtengordel* am Abend, wenn Brücken und Kanäle beleuchtet sind. Wie eine Ehrengalerie präsentiert sich dann die Grachtenarchitektur des 17. Jh. – auf insgesamt gut 30 km. An einem Tag wird man diesen Spaziergang kaum schaffen!

Übrigens: Bunte Volksfestatmosphäre herrscht, wenn die Grachten zugefroren sind und sich jeder Amsterdamer auf dem Eis zu befinden scheint – machen Sie mit, allzu häufig wird das vermutlich nicht mehr vorkommen …

O

ORIENTIERUNG

Reisekarte: F–H 5–9
Zu Fuß oder mit dem Fahrrad: Man kann den Grachtengürtel gut erwandern, er ist allerdings ganz schön lang. Deshalb besser auf zwei Tage verteilen, ansonsten sollte man vorab seine Favoriten auswählen und sich auf diese beschränken oder ein Fahrrad mieten.

Nördlicher Grachtengürtel

»Amsterdam kann nun einmal nichts dafür, daß die berühmten Grachten da sind und daß sie so atemberaubend schön sein können, wenn die junge Sonne frühe Abendschatten über die Hausgiebel aus dem 17. Jahrhundert wirft, oder wenn der Winternebel vage Glocken von Licht von einem Laternenpfahl zum anderen aufstrahlen läßt, ein Licht, das zitternd sich im schwarzen Wasser wiederspiegelt.« Wie recht Joop van den Broek hatte, als er diesen klugen und überaus zutreffenden Satz bereits 1959 niederschrieb (»Hier ist Amsterdam«)! Die Grachten bezirzen einen mit ihrer Schönheit, immer wieder, egal, zu welcher Tages- oder Jahreszeit.

Sie entstanden ab 1612 in einem immensen Kraftakt: drei große Ringgrachten auf einmal, jede Gracht mindestens 2 m tief und 25 m breit. Man stelle sich vor: ohne Kräne, ohne Bohrer, ohne Presslufthammer – allein mit Menschenkraft in nur zwölf Jahren. Gleich ein ganzes Heer von Arbeitern fand hier Beschäftigung. Die Herengracht, die bereits Ende des 16. Jh. ausgehoben worden war, wurde erheblich verbreitert und verlängert, Keizers- und Prinsengracht wurden ausgehoben, alle drei bebaut.

Leben im Halbmond

Heren- und Keizersgracht sollten die vornehmeren Wohngrachten werden, während die Prinsengracht volkstümlicher blieb: Hier standen viele Lagerhäuser, hier lebten Handwerker, fanden Märkte statt. Tatsächlich wurde sie zur Grenze zwischen dem Grachtengürtel und dem gleichzeitig entstandenen Arbeiterviertel, dem Jordaan (s. S. 123). Ein Wall und eine Befestigungsanlage sicherten das Ganze nach außen ab. Allerdings entstand in diesem Bauabschnitt nur der nördliche Teil des heutigen Grachtengürtels, die obere Hälfte des Halbmonds. Die Brouwersgracht im Norden und die Leidsegracht im Süden

Links die Hausboote der Amsterdamer, die es einst aufs Wasser trieb, weil es keine Wohnungen gab, rechts Touristen in modernen Rundfahrtbooten.

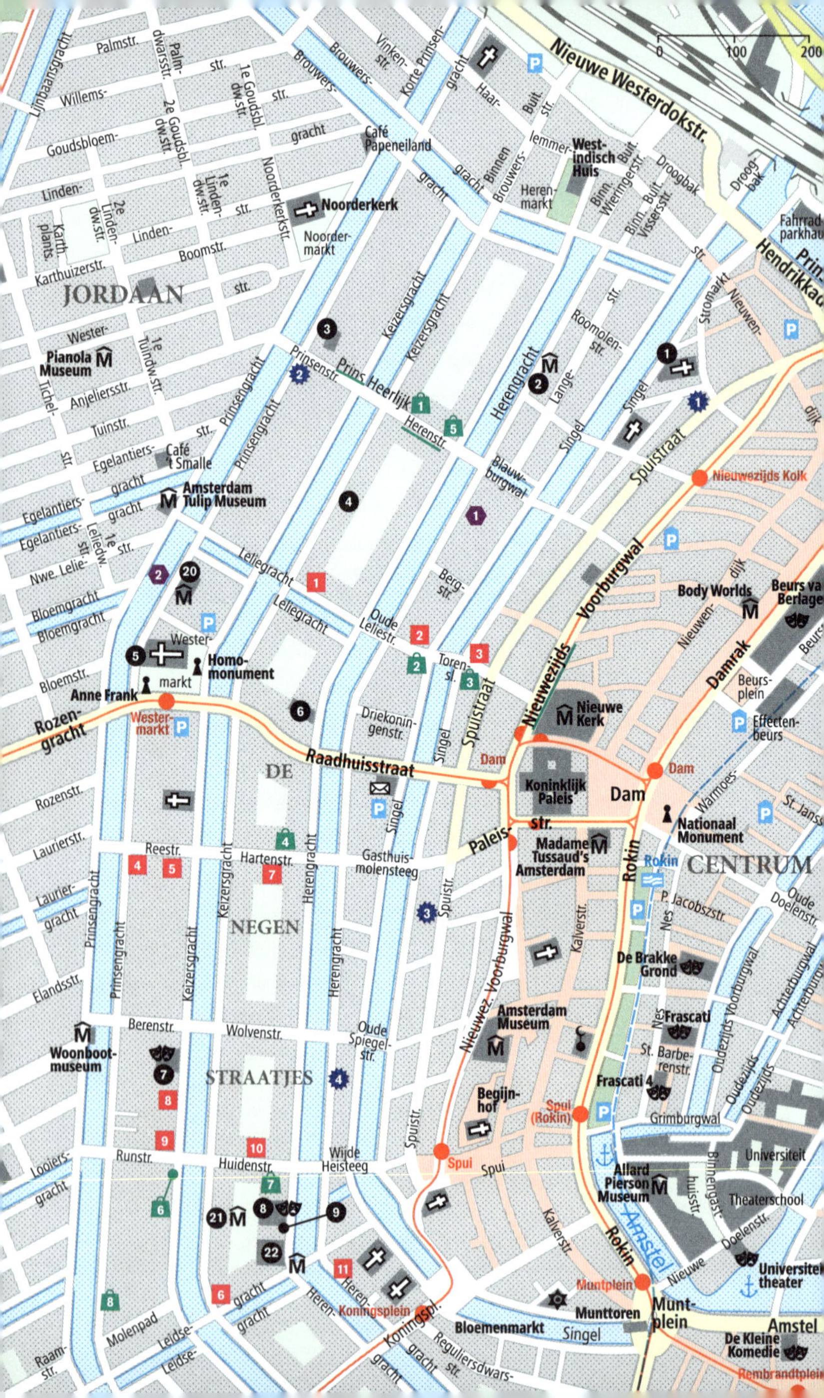

0
100
200
Nieuwe Westerdokstr.
Lijnbaansgracht
Palmstr.
Palm-dwarsstr.
Willems-
Goudsbloem-
Linden-
Karth. plants.
Karthuizerstr.
JORDAAN
Wester-
Pianola Museum
Anjeliersstr.
Tuinstr.
Egelantiers-
Egelantiersgracht
Café 't Smalle
Amsterdam Tulip Museum
Nwe. Lelie-
Bloemgracht
Bloemstr.
Anne Frank
Rozengracht
Wester-markt
Homo-monument
Noorderkerk
Noordermarkt
Noorderkerkstr.
Brouwers-
Vinken-str.
Korte Prinsen-gracht
Café Papeneiland
Haar-lemmer-
West-indisch Huis
Heren-markt
Binnen Brouwers-str.
Droogbak
Fahrrad-parkhaus
Prins Hendrikkade
Prinsenstr.
Prins Heerlijk
Herenstr.
Keizersgracht
Herengracht
Prinsengracht
Roomolen-str.
Lange-
Singel
Stromarkt
Nieuwen-
Spuistraat
Nieuwezijds Kolk
Blauw-burgwal
Leliegracht
Berg-str.
Oude Leliestr.
Toren-sl.
Driekoningenstr.
Nieuwezijds Voorburgwal
Body Worlds
Beurs van Berlage
Damrak
Beurs-plein
Effecten-beurs
Nieuwe Kerk
Raadhuisstraat
DE
NEGEN
STRAATJES
Dam
Koninklijk Paleis
Paleis-str.
Madame Tussaud's Amsterdam
Nationaal Monument
Warmoes-
St. Jans
CENTRUM
Rozenstr.
Laurierstr.
Lauriergracht
Elandsstr.
Reestr.
Hartenstr.
Gasthuis-molensteeg
Rokin
P. Jacobszstr.
Oude Doelenstr.
Nes
Kalverstr.
De Brakke Grond
Frascati
Oudezijds Voorburgwal
Achterburgwal
Woonboot-museum
Berenstr.
Wolvenstr.
Oude Spiegel-str.
Amsterdam Museum
St. Barbe-renstr.
Frascati 4
Begijn-hof
Spui (Rokin)
Grimburgwal
Universiteit
Looiersgracht
Runstr.
Huidenstr.
Wijde Heisteeg
Spui
Allard Pierson Museum
Amstel
Binnengast-huisstr.
Theaterschool
Doelenstr.
Universiteitstheater
Nieuwe
Muntplein
Munttoren
Munt-plein
Bloemenmarkt
Koningsplein
Heren-gracht
Reguliersdwars-str.
Leidse-gracht
Molenpad
Raam-str.
De Kleine Komedie
Rembrandtplein

Nördlicher Grachtengürtel

Ansehen
1 Ronde Lutherse Kerk
2 Multatuli Museum
3 Zon's Hofje
4 Huis met de Hoofden
5 Westerkerk
6 Huis Bartolotti
7 Felix Meritis
8 Huis Vasari/Cromhout-huizen/Vrije Academie
9 Nederlands Instituut voor Oorlogsdocumentatie
10 – 19 siehe Karte S. 103
20 Anne Frank Huis
21 Huis Marseille|Museum voor Fotografie
22 Het Grachtenhuis
23 – 28 siehe Karte S. 103

Essen
1 Brasserie de Luwte
2 Caffè il Momento
3 Café van Zuylen
4 Koffiehuis de Hoek
5 Nooch
6 Flower Burger
7 Kagetsu
8 Vinkeles
9 De Doffer
10 Pompadour
11 Restaurant Johannes
12 – 20 siehe Karte S. 103

Einkaufen
1 Le Bordel Patisserie| Cannoli e Tiramisù
2 Puccini Bomboni
3 Eerlijk waar!
4 King Louie Flagship Store
5 Property of …
6 De Kaaskamer van Amsterdam
7 Zipper
8 The Frozen Fountain
9 – 15 siehe Karte S. 103

Bewegen
1 Sauna Deco
2 Canal Bike

Ausgehen
1 Bitterzoet
2 De Twee Prinsen
3 Vrankrijk
4 Proeflokaal A. van Wees
5 – 12 siehe Karte S. 103

---

begrenzten das Neubaugebiet vorerst. Die Arbeiten am südlichen Grachtengürtel (s. S. 99) begannen erst 1662.

Kerker, Kuppel & käufliche Liebe
Errichtet als äußerste westliche Schleusengracht und Festungskanal verlor das schon Mitte des 15. Jh. entstandene **Singel** gut 100 Jahre später seine strategische Funktion. 1586 wurde es zur Stadtgracht erklärt, verbreitert und dicht an dicht mit Häusern bebaut. Nach Passieren der **Haarlemmersluis** im Norden der Gracht legten hier die großen Handelsschiffe aus Bergen, London, Rouen oder Lissabon an. Dies war mit ein Grund, warum hier eine zweite *rosse buurt*, ein Rotlichtviertel, entstand, in dem heute noch in über 50 Kammern die roten Laternen brennen.

Am Singel 11 fällt die **Ronde Lutherse Kerk** 1 (1668–71, wiederaufgebaut 1823) mit ihrer für holländische Kirchen untypischen runden Kuppel auf. Das Haus am **Singel 7** soll mit 1 m übrigens das schmalste Gebäude Amsterdams sein – da müssen Sie gleich zweimal hinschauen. Die nächste Brücke, die **Torensluis** (s. Foto S. 94), ist ungewöhnlich breit. Kein Wunder, trug sie doch einst einen Turm *(toren)*. Wo sich bei gutem Wetter die Spaziergänger gemütlich auf den Caféhausstühlen niederlassen, froren früher Menschen – allerdings unter der Brücke, in den feuchten Kerkern im Brückenkopf.

Eine kleine Giebelkunde
Ein kleines Juwel und die kürzeste Gracht des Zentrums ist der **Blauwburgwal.** Beim Anblick dieser Idylle fällt es

Lieblingsort

Ach, haben sie dich auch auf die Straße gesetzt?

Eine Anekdote rankt sich um das **Multatuli-Standbild** auf der Torensluis, das den berühmten Schriftsteller zeigt, der unter diesem Pseudonym in mehr als 30 Sprachen übersetzt wurde und zu Lebzeiten (1820–87) wegen seiner kritischen Haltung zur niederländischen Kolonialpolitik ausgesprochen unbeliebt war. Als Königin Beatrix 1987 die 3,70 m hohe Statue enthüllte, hing an einem besetzten Haus hinter Multatuli ein Transparent: »Ach, haben sie dich auch auf die Straße gesetzt?« Man darf sich durchaus länger damit befassen, sich das Gesicht von Beatrix und den übrigen Würdenträgern vorzustellen ... Was wir gerne auf den Caféhausstühlen des freundlichen **Cafés van Zuylen** 3 tun! Die Häuser hier sind übrigens heute nicht mehr besetzt – sie kosten vielmehr Millionen Euro, könnte man eines kaufen. Wer mehr über den Dichter Eduard Douwes Dekker erfahren möchte, wird im nahe gelegenen Korsjespoortsteeg fündig. In seinem Geburtshaus (Nr. 20, s. auch den Giebelstein) ist ein kleines **Multatuli Museum** 2 eingerichtet. Früher irritierten die Damen in den rotbeleuchteten Fenstern gegenüber vom Museum wohl so manchen Kunstbeflissenen, doch auch sie wurden zwischenzeitlich auf die Straße befördert, die Immobilien verkauft (www.multatuli-museum.nl, Fr–So 12–17 Uhr, 7 €).

schwer, sich vorzustellen, dass hier im Mai 1940 durch deutsche Bomben 44 Menschen starben.

Der freundliche Name **Melkmeisjesbrug** (Milchmädchenbrücke) bringt einen schnell auf andere Gedanken. Die schmale, allein Fußgängern vorbehaltene Brücke führt über die Brouwersgracht. Ihr gegenüber liegt eine Häuserzeile mit schönen Fassadensteinen und Giebeln (Nr. 46–56) – eine ›kleine Giebelkunde‹: vom Treppengiebel über Rahmen- und Glockengiebel zum Halsgiebel.

Wohl bekomm's!

Diese nördlichste Quergracht zum Singel, die **Brouwersgracht,** entpuppt sich bereits auf den ersten Blick als eine ausgesprochen hübsche Gracht mit vielen Hausbooten. Was dem Betrachter heute besonders idyllisch scheint, war früher die Gracht der Gewerbetreibenden, die im feinen Grachtengürtel nichts zu suchen hatten. In riesigen Lagerhäusern warteten hier u. a. Salpeter, Schießpulver, Walfett, Gewürze und Korn auf Weiterverarbeitung bzw. Weitertransport. Heute liegen hinter vielen der sorgfältig restaurierten Fassaden mit den schweren hölzernen Fensterläden schicke Apartments. Ihren Namen erhielt die Gracht übrigens von den vielen Brauereien, die es hier einst gab – im 17. Jh. waren es mehr als 70. Bier übrigens wurde schon kleinen Kindern zu trinken gegeben, es war hygienischer als das Wasser in den Grachten …

Arche Noah ist nicht mehr …

Eine Amsterdamer Institution wartet an der Ecke Brouwers- und Prinsengracht: das **Papeneiland** (s. S. 131). Seit gut 300 Jahren hat sich am Interieur dieses beliebten Bruine Cafés nichts verändert. Traumhaft ist die Terrasse mit Blick auf die beiden Grachten. Auf der **Prinsengracht** bezeugen unzählige Hausboote, dass sie neben Amstel und Brouwersgracht der Wasserweg mit den meisten *woonbooten* ist. Am Beginn der Prinsengracht, vor der Noorderkerk (s. S. 133), gibt es gut besuchte Märkte, und überhaupt geht es in dieser Gracht sehr viel quirliger zu als in Heren- und Keizersgracht, die ruhiger und herrschaftlicher wirken.

Ein ungewöhnliches Beispiel für die Integration alter in neuere Bausubstanz sticht an der **Prinsengracht 151** ins Auge. Ein paar Häuser weiter versteckt sich hinter der langen Zahlenreihe 159–171 das **Zon's Hofje** ❸ (Mo–Fr 8–18 Uhr), ein gemütlicher Innenhof mit vielen Bänken und Tischen. Wo einst Waisen und alte Frauen wohnten, leben heute 30 junge Leute. Ein langer Gang führt hinein: Früher stand hier eine Geheimkirche, die keine Fassade zur Gracht haben durfte. Die Kirche der Mennoniten mit dem schönen Namen ›De Arke Noach‹ wurde 1755 abgerissen. Nur der Giebelstein ist noch da.

Sechs Götter sollt ihr sein!

Bunt zeigen sich die beiden Querstraßen **Prinsen-** und **Herenstraat,** spöttisch »Prinsheerlijk Discrict« genannt, mit vielen Lädchen, netten Kneipen, Bruine Cafés und Restaurants sowie einer bis heute regen Nachbarschaft. Das Haus in der **Prinsenstraat 12** lohnt den Blick hinauf: Hier ist der letzte in Amsterdam noch erhaltene Louis-XVI-Halsgiebel (um 1775) zu sehen. Und in der **Herenstraat 7** streckt ein Männerkopf auf dem Giebelstein dem Betrachter frech die Zunge heraus. Allerdings nicht in böser Absicht: Die Tablette auf seiner Zunge war das ›Erkennungszeichen‹ der Apotheker.

Sechs Götterköpfe schmücken das **Huis met de Hoofden** ❹ (Haus mit den Köpfen) in der Keizersgracht 123, von links nach rechts: Apollo, Ceres, Mars, Athene, Bacchus und Diana. Für dieses Meisterwerk dekorativer Baukunst mit üppig verziertem Renaissancegiebel zeichnet Amsterdams Stararchitekt des 17. Jh., Hendrick de Keyser (1621/22), verantwortlich, Sohn Pieter vollendete es.

Die Westerkerk liegt mitten im Geschehen der Pride Amsterdam, die in der Canal Parade im Grachtengürtel ihren Höhepunkt findet.

Es ist eines von drei noch existierenden Grachtenhäusern des frühen 17. Jh. mit Seitenhaus – Vorläufer des späteren Doppelhauses (die anderen sind De Dolphijn, Singel 140, und Huis Bartolotti, S. 97).

Die Leliegracht – Liliengracht, fast alle Quergrachten rund um den Jordaan tragen die Namen von Blumen – ist ein besonders schöner Kanal, der früher zudem wichtig für den Wasseraustausch innerhalb der Grachten war. Nette Restaurants wie das **De Luwte** 1 mit schöner Terrasse am Wasser und Lädchen liegen hier.

Eigentlich nur ein normaler Teenie

In der Prinsengracht steht fast immer eine Menschenschlange. Die Anstehenden warten auf Einlass ins **Anne Frank Huis** ⓴. Die meisten von ihnen werden wohl das »Tagebuch der Anne Frank« gelesen haben, das auf Niederländisch »Het Achterhuis« heißt. In besagtem Hinterhaus in der Prinsengracht 263 war Anne mit Vater, Mutter und Schwester vor den deutschen Besatzern untergetaucht. Ein paar Häuser weiter, vor der Westerkerk, erinnert eine **Statue** (1977) an das tapfere Mädchen, das »einmal Journalistin und später eine berühmte Schriftstellerin« werden wollte und das nicht einmal 16 Jahre alt werden durfte. Mari Andriessen schuf eine kleine, schmale, zarte Figur.

Im falschen Viertel

Sie ist das Wahrzeichen des Jordaan – und das, obwohl die **Westerkerk** ❺ gar nicht im Jordaan, sondern im Grachtengürtel liegt. Die 1620–31 erbaute Kirche war bei Abschluss der Bauarbeiten die größte protestantische Kirche der Welt. Ihr Schöpfer, der bekannte Stadtbaumeister Hendrick de Keyser, war übrigens katholisch. Nach seinem Tod 1621 vollendete Sohn Pieter das Werk.

Das Innere der im holländischen Renaissancestil gehaltenen Basilika zeigt sich calvinistisch-schlicht – bis auf die prachtvolle Orgel (1682), deren Flügel der gefragte Freskenmaler Gerard Lairesse ausschmückte. Das hohe Mittelschiff und die großen Bogenfenster machen den Innenraum hell und großzügig. Hier liegt einer der bekanntesten Söhne der Stadt begraben: Rembrandt. Die genaue Lage der Grabstelle ist jedoch unbekannt; nur ein Gedenkstein erinnert an den 1669 hier in einem Armengrab beigesetzten Maler.

www.westerkerk.nl, Mo–Fr 11–15, Gottesdienst So 10.30, Glockenspiel Di 12–13 Uhr, Gratis-Lunch-Orgelkonzerte voraussichtlich April–Okt. Fr 13–13.30 Uhr, div. andere Konzerte, monatliche Kantaten

O mooie Westertoren!

Ebenso viel besungen wie die Westerkerk ist auch ihr Turm, mit 85 m der höchste Amsterdams, der die Kaiserkrone Maximilians I. trägt. Stolz erhebt sich der **Westertoren** über Grachtenidylle und Jordaan, und eine Turmbesteigung ist auch beim x-ten Mal ein Erlebnis. Gar königlich ist von hier oben, direkt unter Maximilians Krone, bei klarer Sicht der Ausblick.

www.westertorenamsterdam.nl, halbstdl.Führungen wegen Umbau unter Vorbehalt – Mo–Sa April–Sept. 9–20.30, Okt. 9–18 Uhr, 9 €

MAPPING HIDING PLACES

M

Außer Anne Frank und ihrer Familie mussten Tausende anderer Juden während des Zweiten Weltkriegs in Amsterdam untertauchen und lebten oft jahrelang versteckt. Das internationale Forschungsprojekt der Vrije Universiteit Amsterdam möchte Wissen und Einblicke in die Geschichte und das Erbe der Verstecke, die von Juden, Roma und Sinti während des Holocaust in Europa genutzt wurden, vermitteln und so die Erinnerung an diese Plätze lebendig halten (Infos mappinghidingplaces.org).

Verlangen nach Freundschaft

Am **Homomonument,** das hinter der Kirche zur Keizersgracht hin liegt, würden viele sicherlich einfach vorbei- bzw. darüberlaufen – lägen nicht fast immer frische Blumen dort. Das von Karin Daan 1987 realisierte Denkmal, drei rosafarbene Granitdreiecke, erinnert an die im Zweiten Weltkrieg verfolgten Homosexuellen – sie mussten als Erkennungsmerkmal ein rosa Dreieck tragen – und ist Mahnmal gegen jegliche Diskriminierung. Der Text auf dem Monument, »Solch ein endloses Verlangen nach Freundschaft«, geht auf den homosexuellen jüdischen Dichter Jacob Israël de Haan (1881–1924) zurück.

Symbol von Macht und Reichtum

Warum das nun linker Hand folgende Stück der Herengracht auch die ›**Kleine Goldene Biegung**‹ (Kleine Gouden Bocht) genannt wird, wird sich Ihnen schnell erschließen: Hier stehen noch einige der wundervollsten *grachtenpanden*. Einer der beiden Höhepunkte dieser Grachtenhausreihe ist das **Huis Bartolotti**  (Nr. 170–172, www.museumhuizen.nl/nl/huisbartolotti, meist Mi–So 12–17 Uhr, 9,50 €). Willem van den Heuvel, angeblich der drittreichste Amsterdamer seiner Zeit, der sich nach seinem italienischen Erbonkel Bartolotti nannte, gab es 1617 wohl bei Stadtarchitekt Hendrick de Keyser in Auftrag. Der Renaissance-Treppengiebel ist über und über verziert. Witzig: Das Haus, das der Biegung der Gracht, der *kleinen bocht*, folgen musste, hat daher zwei Knicke. Das prächtige Rokoko-Interieur, u. a. üppige Wand- und Deckenmalereien von Jacob de Wit und Isaac de Moucheron, lohnt den Besuch sehr!

Das benachbart liegende **Witte Huis** (Nr. 168, 1638) mit dem ältesten Halsgiebel der Stadt ist ein Werk von Philip Vingboons. In den prächtigen Innenräumen im Louis-XVI-Stil finden mehrmals im Jahr Veranstaltungen statt.

Die Befestigung des Grachtenufers musste übrigens jeder Käufer einer Parzelle selbst bezahlen. Die Häuser durften eine gewisse Höhe, max. zehn bzw. 30 Fuß, nicht überschreiten, jedoch bis zu 190 Fuß tief sein. Bäume, meist Ulmen, und Amsterdammertjes (s. S. 7), Begrenzungspfähle, begleiten hier den Weg.

Alt trifft auf Neu

An der **Raadhuisstraat** hat einen das geschäftige Treiben wieder: Die Westerkerk lässt ihr Glockenspiel ertönen, Trams bimmeln, Autos hupen, Menschen hasten hin und her. Über die belebte Straße geht es auf die andere Seite der Keizersgracht, zu den **Negen Straatjes** (s. S. 100), einer Fundgrube für anspruchsvolle Einkaufslustige. Speziellen Charme versprüht hier das **Koffiehuis De Hoek** 4 an der Ecke Prinsengracht/Reestraat: Ab dem frühen Morgen gibt's hier guten Kaffee, deftige Eiergerichte, leckeren Apfelkuchen u. a.

Glockengiebel folgt auf Halsgiebel folgt auf … Dieser Halsgiebel ist mit einem Delfin geschmückt – recht putzig!

Zwischen den alten Grachtenhäusern findet sich auch immer wieder modernere Architektur, so die fünf Bürogebäude mit den Hausnummern **271–303** an der Keizersgracht, die 1955–80 entstanden. Bei Nummer **285** erinnert ein Giebelstein – De Zoutberg, ›der Salzberg‹, von 1975 – an das einstige Grachtenhaus von 1620. Ein Blickfang ist das Bürohaus gegenüber (1955, Nr. **298–300**): Hier wurde mit viel Glas gearbeitet, insbesondere der Abschluss nach oben ist den Blick wert.

Ein Tempel der Erleuchtung

Eines der imposantesten Gebäude an der Keizersgracht ist das **Felix Meritis** 7. Dem mächtigen neoklassizistischen Gebäude mit der Tempelfront mussten 1787 mehrere Grachtenhäuser auf Keizers- und Prinsengracht weichen. Die fortschrittliche Gesellschaft Felix Meritis (›Glücklich durch Verdienste‹), die sich der Entwicklung der Wissenschaften, des Handels und der Künste verschrieben hatte, gab diesen ›Tempel der Erleuchtung‹ in Auftrag. Lange war er Mittelpunkt des kulturellen Lebens in Amsterdam. Neben einem Observatorium gab es Säle für Lesungen, Theateraufführungen, wissenschaftliche Experimente, Konzerte. Der ovale Konzertsaal besitzt eine so gute Akustik, dass er 1812 zum Vorbild für den Kleinen Saal des Concertgebouw (s. S. 166) wurde. Das Treppenhaus gilt als eines der schönsten des ausgehenden 18. Jh.

Nach gelungenem Umbau ist es heute wieder ein Zentrum der Kultur – mit Ausstellungen, Konzerten, Filmen, Diskussionen, Festivals und den Felix Fridays mit wechselndem Programm von Tanz über Film bis zu DJs und leckeren Drinks.

Keizersgracht 324, felixmeritis.nl, felixmeritis.nl/felixfridays

B

BILDHAFT

Der Blick nach oben zu den Giebeln in den Grachten lohnt sich. Um das Haus unverwechselbar zu machen, finden sich dort entweder Anspielungen auf die Bewohner, mythologische und Heiligenfiguren oder auch reine Fantasiegebilde: Die zwei Bären am Halsgiebel der **Herengracht 570** könnten darauf verweisen, dass der ursprüngliche Besitzer mit Bärenfellen aus Russland handelte. Den Giebel der **Nr. 568** flankieren zwei mythologisch angehauchte Figuren – einen Mix aus Ente und Hund –, darüber eine Krone mit zwei Hunden. An **Nr. 581** zieht sich ein steinerner Drachentöter St. Georg, auf einem Elefantenkopf stehend, die Hauswand hinauf – der Elefant war das Symbol der Konditoren.

Ein Blick ins 17. Jahrhundert

Die **Leidsegracht** scheidet den nördlichen vom südlichen Grachtengürtel. Sie wurde im Rahmen der Grachtengürtelerweiterung 1664 ausgehoben. Hinter den Fassaden sehr schöner Grachtenhäuser warten bei **Huis Marseille|Museum voor Fotografie ㉑, Het Grachtenhuis ㉒** und Huis Vasari ❽ einige Überraschungen. Letzteres, untergebracht in zwei der vier berühmten Cromhouthuizen mit den vier Halsgiebeln, entwarf Philip Vingboons, einer der ›Stararchitekten‹ des 17. Jh. Das monumentale klassizistische Gebäude birgt zahlreiche architektonische und kunsthistorische Höhepunkte – u. a. die einmalige elliptische Wendeltreppe, eine der am besten erhaltenen niederländischen Küchen des 17. Jh. und wunderschöne Deckengemälde von Jacob de Wit (1718/50). In der edlen Location logiert die Vrije Academie und bietet Workshops, Lesungen, Führungen, Ausstellungen etc. rund um Kunst und Kultur an. Und dann warten da noch der ungewöhnliche Museumsshop und die bezaubernde (Espresso-) Bar Vasari; Letztere mit einem echten Grachtenhausgarten und vielen Plätzen in der Sonne!

Herengracht 366, www.vrijeacademie.nl/huis-vasari, Bar Di–Fr 9.30–16.30, Sa ab 11 Uhr, €

Sprung ins 20. Jahrhundert

Ein weiteres Kleinod ist das **Nederlands Instituut voor Oorlogsdocumentatie (NIOD) ❾.** Hinter der über und über verzierten Fassade ist das Niederländische Institut für Kriegsdokumentation im 20. Jh. (Schwerpunkt Zweiter Weltkrieg) untergebracht. 1890 gab ein Tabakhändler das auffällige Wohnhaus in Auftrag. Besonders sticht der für Amsterdam ungewöhnlich überbordend verzierte Giebel heraus, den sich Architekt A. Salm bei einem französischen Loireschloss ›lieh‹.

Herengracht 380, www.niod.nl, Besichtigung während der Öffnungszeiten des Instituts möglich, Di–Fr 9–17.30 Uhr

Südlicher Grachtengürtel

Der Ausbau des Grachtengürtels war zu Beginn des 17. Jh. auf Höhe der späteren Leidsegracht gestrandet. Erst 1662 folgte der südliche Abschnitt der ›halben Zwiebel‹ zwischen Leidsegracht und Amstel. Ende des 17. Jh. ging der Stadt dann endgültig das Geld aus, der Niedergang Amsterdams begann: Auf der östlichen Seite der Amstel, die ursprünglich Teil des ehrgeizigen Bebauungsplans gewesen war, reichte es nicht mehr für prachtvolle Grachtenhäuser. Stattdessen erwarben Wohltätigkeitsvereine den Grund und Boden und bauten Versorgungseinrichtungen für alte Männer und

TOUR
Alle Neune!

Negen Straatjes – Shoppingtour im alten Handwerksviertel

Infos

Infos zu den Läden: de9straatjes.nl/en

Planung: Ein Besuch empfiehlt sich Di–So nachmittags; nicht alle Geschäfte haben montags geöffnet.

9 Straßen: Sie heißen vor allem nach Berufen, die mit dem Bearbeiten von *huiden* (Häuten) zu tun hatten, Häute von *beren* (Bären), *harten* (Hirschen), *reeën* (Rehen), *runderen* (Rindern) oder *wolven* (Wölfen).

Die ›**Neun Sträßchen**‹, wie man sie seit Ende der 1990er-Jahre erfolgreich werbewirksam vermarktet, sind kleine Querstraßen – 3 x 3 – zwischen den Prunkgrachten Prinsengracht, Keizersgracht und Herengracht sowie der Singel. Wo im 17. Jh. vor allem Häute bearbeitet wurden, finden sich heute in historischer Kulisse gut 250 ungewöhnliche Lädchen, Cafés und Restaurants. Sie heißen Reestraat, Hartenstraat und Gasthuismolensteeg, Oude Spiegelstraat, Wolvenstraat und Berenstraat, Runstraat, Huidenstraat und Wijde Heisteeg.

Erst ein Spiegelei, dann Spiegel-Schau

Los geht's beim legendären **Koffiehuis De Hoek 4**, wo man sich vorab mit einem deftigen Frühstück stärken kann. Zum Shoppingvergnügen gibt's dann gratis den Blick auf und in die historischen Handwerkerhäuschen. Zum Hintergrund: In den 1960er-Jahren zogen viele kleine Betriebe und Handwerker aus dem Grachtengürtel weg und die leer stehenden Häuser wurden in moderne, oftmals luxuriöse Appartements umgebaut. Wer hierher zog, hat Geld und gibt es gerne wieder aus. Da ist es nicht verwunderlich, dass sich hier zahlreiche spannende Läden, Cafés und Restaurants angesiedelt haben. Zwar besitzen viele Städte eine ähnlich bunte Palette an spezialisierten Läden, doch so eng und so konzentriert beieinander – da wird man anderswo lange suchen müssen. Ob es gut ist, dass auch große Marken wie Karl Lagerfeld den Wert des Viertels erkannt haben, ist fraglich.

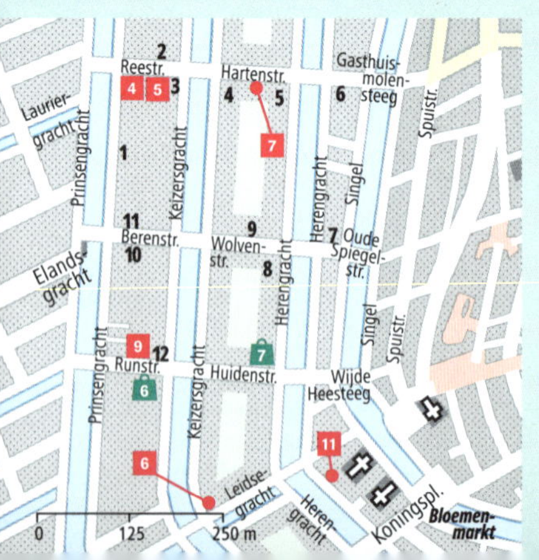

Alles ganz schräg hier …

Ein verlockendes Angebot wartet: Vintage-Industrielampen in traumhafter Location bei **360 volt (1)** (Prinsengracht 397), eine Wahnsinnsauswahl an Kerzen bei **Kramer Pontifex (2)** (Reestr. 20), der

Wer kann da schon Nein sagen! Bei The Darling gibt es nicht nur Schönes zum Anziehen und für daheim, sondern in der oberen Etage auch Kaffee und Kuchen!

auch Puppendoktor ist, tolle Vintagemode bei **Bij Ons Vintage (3)** (Reestr. 13), abgefahrene Taschen bei **Hester van Eeghen (4)** (Hartenstr. 37), Designer-Vintage-Mode bei **Fashian (5)** (Hartcnstr. 1), mexikanischer Schmuck und ein eigenes Label bei **meCHICas (6)** (Gasthuismolensteeg 11).

Wer seinen Blick losreißen kann, sieht noch viel mehr. Die schmalen Häuschen neigen sich einander vorsichtig zu, so, als wollten sie sich grüßen. Woher die Schieflage der Häuser tatsächlich rührt, machen die *hijsbalken* unterm Giebel klar. Mit Hilfe dieses Zugbalkens beförderte man alles Mögliche durch die Fenster ins Innere des Hauses, denn die Treppen waren dafür zu schmal. Um zu verhindern, dass die Fassade beim Lastenaufzug über den Zugbalken beschädigt wurde, baute man *vluchtgebel*, sich nach vorn über die Straße neigende Giebel.

Gutes unterm Giebel

Weiter geht's zu noch mehr Shopping-Raritäten, als da wären: **Margareth M (7)** (Oude Spiegelstr. 4H) mit hochwertigen Leder-Accessoires, die fair in Indonesien produziert werden, **Laura Dols (8)** (Wolvenstr. 7) mit hippen Vintage-Klamotten aus den 50ern und Theaterkostümen, **Rapha Racing (9)** (Wolvenstr. 10) mit Café und Radclub, wo es weit mehr als stylishe Fahrradaccessoires gibt, oder **Rain Couture (10)** (Berenstr. 17) mit cooler Regenkleidung.

Wer den Kopf jetzt noch einmal für ein Weilchen in den Nacken legen mag, wird Nutznießer einer Lektion zum Thema Giebelkunde. Vorherrschend sind in diesen Straßen Treppen-, Schnabel-, Hals- und Leistengiebel. Ach ja, parallel dazu kommt man noch zu einer kleinen, feinen Einführung in Dessous bei **marlies|dekkers (11)** (Berenstr. 18) mit ihrer äußerst fantasievollen Kollektion. Gut gelaunt geht es weiter, etliche Spezialgeschäfte warten noch, so der vielleicht beste Käseladen der Stadt, **De Kaaskamer van Amsterdam** 6 (Runstr. 7), **The Darling Amsterdam (12)** (Runstr. 4, s. Foto oben) oder **Zipper** 7 (Huidenstr. 7) mit trendy Vintage-Klamotten.

Hunger? Für den kulinarischen Abschluss empfehlen sich im schönen Grachtenhaus **Restaurant Johannes** 11 mit französischer Küche zum Abheben oder **Café De Doffer** 9 mit Snacks, Deftigem und Bier bis in die Nacht! Wer asiatische Küche bevorzugt: **Nooch** 5 und **Kagetsu** 7 lohnen den Besuch. Bunt wird's bei Flower Burger 6, wo die veganen Burger zwischen knallig bunten Buns locken.

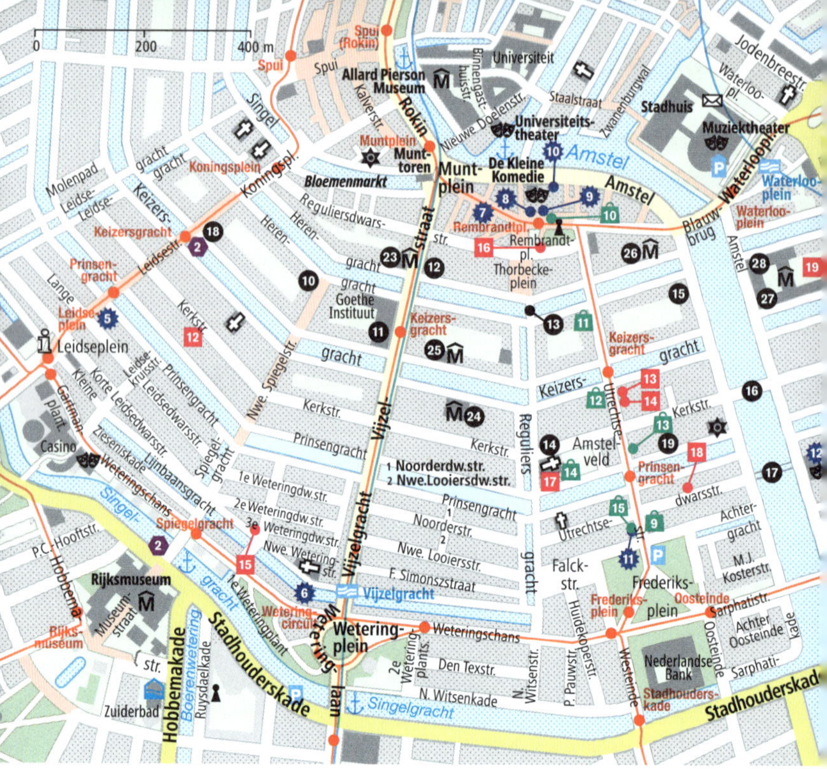

Frauen. Der Amstelhof, heute das **H'ART Museum** 27, war eines dieser Heime. Der Rest, die Plantage (s. S. 74), wurde zu einer Art frühem Freizeitpark mit Theatern und Biergärten sowie Grünflächen zum Flanieren.

Blaublütige als Namensgeber

Der südliche Grachtengürtel behielt die Struktur bei, die im nördlichen Grachtengürtel angelegt worden war: Die Herengracht war den bedeutendsten Menschen Amsterdams vorbehalten, den reichen Kaufleuten, Reedern und *heren regerders,* den Regenten im Stadtrat, nach denen diese Gracht auch heißt. Die Keizersgracht war etwas weniger exklusiv – hier residierten viele wohlhabende Kaufleute. Ihren Namen hat sie von Maximilian von Habsburg, dem späteren Kaiser des Heiligen Römischen Reiches deutscher Nation. Nach seiner Heilung in Amsterdam erlaubte er den Amsterdamern 1489, seine kaiserliche Krone im Wappen zu führen, noch bevor er die Kaiserwürde überhaupt innehatte. Die Prinsengracht ist die volkstümlichste unter den dreien, denn hier mischten sich unter die Kaufleute auch Handwerker. Namensgeber dieser Gracht ist Wilhelm von Nassau, Prinz von Oranien und Held des Nationalaufstandes gegen die Spanier.

Zum Wohnen heute zu teuer ✪

Macht, Würde, Eleganz – in der **Gouden Bocht** 10, der ›Goldenen Biegung‹, an der Herengracht erlebt man exemplarisch, welche Wirkung sich die Stadtväter vom Ausbau des

Südlicher Grachtengürtel

Ansehen

1 – 9 siehe Karte S. 93
10 Gouden Bocht
11 De Bazel (Stadsarchief)
12 Herengracht 527
13 15-Brücken-Blick
14 Amstelkerk
15 Huis met de Bloedvlekken
16 Magere Brug
17 Hogesluis
18 Metz & Co.
19 Prinsengracht 1087–1091
20 – 22 siehe Karte S. 93
23 Kattenkabinet
24 Museum Van Loon
25 Foam_Fotografiemuseum
26 Huis Willet-Holthuysen
27 H'ART Museum/Outsider Art Museum
28 Amsterdam Museum aan de Amstel

Essen

1 – 11 siehe Karte S. 93
12 Bocca Coffee
13 The Lebanese Sajeria
14 Tujuh Maret
15 Back to Black
16 Café Schiller
17 Brasserie Nel
18 Utrechtsedwarstafel
19 Dignita Hoftuin

Einkaufen

1 – 8 siehe Karte S. 93
9 moooi
10 Kunstmarkt am Rembrandtplein
11 Naturel
12 Concerto Recordstore
13 Patisserie Kuyt
14 Amstelveld Bloemen- en Plantenmarkt
15 Angel Basics

Bewegen

1 siehe Karte S. 93
2 Canal Bike

Ausgehen

1 – 4 siehe Karte S. 93
5 De Uitkijk
6 Café Brecht
7 Koninklijk Theater Tuschinski
8 Escape
9 Café De Kroon
10 Mulligans
11 Café Slijterij Oosterling
12 Koninklijk Theater Carré

---

grachtengordel erhofften. Entsprechend teuer war dieser Abschnitt – 4800 bis 7600 Gulden wurden für eine Grundstücksparzelle fällig. Gerne verkaufte die Stadt auch zwei nebeneinander liegende Grundstücke an denselben Bauherrn, denn: große Grundstücke gleich monumentale Häuser. Die **Herengracht** war dem Wohnen und Repräsentieren vorbehalten. Wohnungen gibt es heute nicht mehr so viele – der Unterhalt vieler Häuser ist so teuer, dass sie inzwischen Banken, Versicherungen oder anderen Institutionen gehören. Was einige Museen und andere Einrichtungen tun, um die ›Goldene‹ auch in eine ›Grüne Bucht‹ zu verwandeln, lässt sich auf Instagram unter dem Stichwort »groenebocht« betrachten.

Bei den Franzosen geklaut

Die Architekten der Gouden-Bocht-Häuser nahmen gern Anleihen bei ihren französischen Kollegen – die Sandsteinfassaden werden von zentralen, über die charakteristischen Treppenaufgänge erreichbaren Eingängen beherrscht; die klassischen Giebelformen wichen mehr und mehr den flachen, mit Figuren oder Balustraden geschmückten Leistengiebeln. Ein herausragendes Beispiel ist die **Nr. 475** mit der stuckverzierten Eingangshalle (nicht zu besichtigen). Auf der anderen Seite ließ sich der Kaufmann Joseph Deutz auf den beiden teuersten Grundstücken der Herengracht ein Doppelhaus, **Nr. 450**, vom Grachtengordel-Architekten schlechthin, Philip Vingboons, errichten. Die Fassade der **Nr. 495** auf der anderen

Seite wurde im 18. Jh. umgestaltet. Der Bürgermeister und Kunstsammler Jan Six II, dessen Vater Rembrandt mit seinem Porträt unsterblich gemacht hat, ließ dieses Haus 1739 von Jean Coulon umbauen und einen Balkon einfügen – ein ungewöhnliches Element in der Grachtenarchitektur.

Zur Abwechslung Art déco

Dieses riesige rosa-gelbe Art-déco-Gebäude, nach seinem berühmten Architekten **De Bazel** ⓫ genannt, ist ein ganz eigenes Kaliber. Hier residierte einst die Nederlandsche Handels Maatschappij, die Niederländische Handelsgesellschaft, die im 19. Jh. gegründet worden war, um die schwächelnde Wirtschaft im Land anzukurbeln. Im Jahr 2007 zog das Stadsarchief, das ›Gedächtnis der Stadt‹, in die hohen Hallen. Besonders interessant ist die Schatzkammer, einerseits wegen ihres furiosen Art-déco-Stils, andererseits wegen der Dauerausstellung zur Geschichte Amsterdams mit Fotos, Zeichnungen, Karten und anderen Dokumenten. Die Wechselausstellungen aus dem Fundus des Archivs geben oft spannende Einblicke in die Vergangenheit Amsterdams, und einkehren kann man ins **Café De Bazel** (caferestaurantdebazel.nl).

Vijzelstraat 32/Ecke Herengracht, www.amsterdam.nl/stadsarchief/, Di–Fr 10–17, Sa, So 12–17 Uhr, Zugang meist gratis, Wechselausstellungen zu Amsterdam 10 €, geführte Tour durchs Gebäude jeden So um 14 Uhr, reservieren unter T 251 15 11, 7,50 €

B

BRÜCKENWUNDER

Auf der kleinen Brücke über die Herengracht, die Thorbecke-Statue im Rücken, kommen Sie in den Genuss des **15-Brücken-Blicks** ⓭: Geradeaus und rechter Hand sind es jeweils sechs Brücken, linker Hand, zur Amstel hin, zwei – und auf einer steht man. Abends, wenn die Brücken beleuchtet sind, ist's am schönsten.

Ein Zar inkognito

Was machte Zar Peter I. in Amsterdam? Er interessierte sich vor allem für die Arbeit an modernen Schiffen, bei der die Holländer die Nase vorn hatten, und verdingte sich selbst als Zimmermann, um seine erworbenen Kenntnisse mit nach Russland nehmen zu können. Im Haus **Herengracht 527** ⓬ stieg er ab, als er zum zweiten Mal in Amsterdam weilte; mit seinen ionischen Säulen ist das Gebäude ein frühes Beispiel des Louis-XVI-Stils. Auf der anderen Seite geht der Blick zu den auffälligen Halsgiebeln der **Nr. 504–510,** die rechts und links von Tritonen, also Meeresgöttern, flankiert werden. Die Doppelbüsten von zwei schwarzen Menschen über dem Eingang der **Nr. 514** stehen für die Handelsbeziehungen des Besitzers nach Übersee.

Hier ist was los!

An der Kreuzung Reguliersgracht/Herengracht blickt der Stein gewordene liberale Staatsmann J. R. Thorbecke (1798–1872) am südlichen Ende des **Thorbeckeplein** aufs Wasser. Über Tag wirkt der Platz etwas verschlafen. Abends erwacht der Thorbeckeplein mit seinen vielen bunten Lichtern zum Leben und bildet zusammen mit dem **Rembrandtplein,** der sich direkt anschließt, eine Vergnügungsmeile der etwas lauteren Art. Der Rembrandtplein war Pferdeabstellplatz und Buttermarkt, bis 1875 die Rembrandtstatue aufgestellt wurde. 2023 ist eine große Bronzeskulptur von Joseph Klibansky hinzugekommen, die mit Anspielung auf Rodin »The Thinker« heißt und eine Art Astronaut in Denkerpose darstellt.

Kneipen und Cafés am Platz laden zur Einkehr, darunter das **Café Schiller** 16 im gleichnamigen Hotel – eines der wenigen

Bis 1994 wurde die Magere Brug noch von Hand geöffnet und geschlossen – mit viel Körpereinsatz auf beiden Seiten.

Jugendstil-/Art-déco-Beispiele in Amsterdam und früher beliebter Künstlertreff. Wer die Übersicht behalten will, setzt sich auf die überdachte Terrasse des **Café De Kroon** 9.

Kontrastprogramm

Die heimelige **Reguliersgracht** ist mit ihren hübschen Giebelsteinen und ungewöhnlichen Häuserfronten aus dem 19. Jh. das Kontrastprogramm zur etwas angeberischen Herengracht. Eigentlich ist es ein Wunder, dass es diese Gracht überhaupt gibt. Um die Kosten für die teuren Bogenbrücken zu sparen, war sie nämlich als Straße geplant – bis einer der Bürgermeister einschritt. Er handelte nicht ganz uneigennützig, denn er wollte, dass an seinem Privathaus in der Herengracht auch an der Längsseite Wasser floss.

Der große Platz Amstelveld, der an die Prinsengracht grenzt, ist wie geschaffen für einen **Blumenmarkt** 14 (montags). Einen ›Marktschreier‹ gibt es auch: Die Statue wurde zu Ehren des Markthändlers Professor Kokadorus (1867–1934) aufgestellt, der sein Publikum mit losen Reden unterhielt.

Das Provisorium hält

Das kubische Gebäude aus Holz am Rand des Platzes ist ein ewig währendes Provisorium, die **Amstelkerk** 14. 1668 wurde sie als protestantische Kirche errichtet und sollte bald schon einem größeren Modell aus Stein weichen. Aber wegen finanzieller Probleme und Streitigkeiten innerhalb der Gemeinde wurde nichts daraus. Gottesdienste werden in dem kuriosen Gebäude heute nicht mehr gehalten. Dafür gibt es an den Wochenenden häufig Konzerte (meist mit, gelegentlich ohne Eintritt), außerdem Ausstellungen lokaler Künstler:innen.

stadsherstel.nl/culturele-activiteiten/cultuuragenda/amstelkerk

Volle Konzentration – für die Schönheit der Grachten, hier die Prinsengracht, haben Radfahrer meist keinen Blick.

Bummeln und essen

Von hier sind Sie ganz schnell auf der **Utrechtsestraat,** die sich vom Rembrandtplein bis zum Frederiksplein zieht, eine originelle und dennoch volkstümliche Einkaufs- und Restaurantmeile. Liebhaber von ausgefallener Mode aller Preisklassen und buntem Design-Schnickschnack sowie Weltküche werden hier etwas mehr Zeit verbringen wollen.

Stadt-Anekdoten

Wer auf der Herengracht geblieben ist, kommt, vorbei am **Huis Willet-Holthuysen** ㉖ (s. S. 109) bald an deren Ende: Sie mündet in die Amstel. Links geht der Blick zur **Blauwbrug** (Blaue Brücke), die angeblich so heißt, weil ihr hölzernes Vorgängermodell in königlichem Blau gestrichen war (s. S. 72).

Ein wenig gruseln darf man sich beim Haus mit der Nr. 216, dem **Huis met de Bloedvlekken** ⑮ (Haus mit den Blutflecken). Es heißt, Bürgermeister Coenraad van Beuningen habe dort Ende des 17. Jh. seltsame Zeichen hinterlassen – geschrieben mit seinem eigenen Blut –, die im Laufe der Jahrhunderte immer deutlicher geworden und nicht mehr abzuwaschen seien. Der Blick geht von hier über die Amstel zum **H'ART Museum** ㉗, einem großen nüchternen Backsteingebäude vom Ende des 17. Jh., das früher als Altersheim (Amstelhof) diente und aufwendig zum Museum umgebaut wurde.

Die berühmteste Brücke Amsterdams – die **Magere Brug** ⑯, eine Zugbrücke aus Holz – sieht sehr alt aus. Das jetzige Modell entstand aber erst 1969, während das Original, schmaler als die heutige Zugbrücke, schon um 1670 gebaut wurde. Für ihren Namen gibt es mehrere Erklärungen. Die eine bezieht sich auf ihre Gestalt: *Mager* heißt übersetzt ›schmal, dürr‹. Andererseits hieß auch der Architekt, der die Bauarbeiten leitete, Mager. Die hübscheste Geschichte aber ist diese: Auf beiden Seiten der Brücke wohnten zwei Schwestern mit Namen Mager, die nun endlich zueinander kommen konnten.

Sauberes Wasser

Bevor es nach rechts in die Prinsengracht hineingeht, fällt weiter südlich eine Amstel-Schleuse, die **Hogesluis** ⓱, ins Auge. Im 17. Jh. wurde das Wasser der Grachten immer schmutziger. Schuld waren Bevölkerungswachstum, die Zunahme von Gewerbe und Industrie im Stadtzentrum sowie die fehlende Kanalisation. Für die Anwohner war der Gestank so unerträglich, dass man Abhilfe schaffen wollte. Mit Schleusen und unter Ausnutzung der Gezeitenbewegungen aus dem IJ wurde deshalb regelmäßig frisches Wasser durch die Grachten geschleust, was zwar Besserung, aber nicht den Durchbruch brachte. Seit 1872 wird der Wasseraustausch durch ein Pumpwerk sichergestellt.

Auf der Ostseite der Hogesluis fällt ein mächtiges Gebäude auf: das **Theater Carré** 12 mit dem Narren- und Clownfries. Oscar Carré ließ es sich 1887 als Zirkus errichten, heute treten hier nationale und internationale Künstler auf.

Optische Täuschung

Die mittlere Gracht des im 17. Jh. angelegten *grachtengordel* ist die **Keizersgracht.** Die Häuser an diesem Kanal wirken kleiner – eine optische Täuschung. Diese Gracht ist nämlich 6 m breiter als die anderen beiden, was die Größenverhältnisse etwas verschiebt.

Hier fällt der Blick ab Nr. 676 auf die früher sehr teuren Sandsteinfassaden. Die für Amsterdamer Verhältnisse geradezu barocke **Nr. 670** erstrahlt in Weiß mit steinernen barbusigen Damen und Putten als Schmuck. Links daneben steht das **Museum Van Loon** ㉔ (Nr. 672–674), ein Grachtenhaus aus dem 17. Jh.

Das Traditionskaufhaus **Metz & Co.** ⓲ für exklusive Möbel und Einrichtung an der Ecke Leidsestraat 32–34 ist schon lange geschlossen. Doch beim Blick nach oben ist der Glaspavillon zu sehen, den der Architekt und Möbeldesigner Gerrit Rietveld 1933 im Stil der Nieuwe Zakelijkheid (Neue Sachlichkeit) entwarf, um u. a. auch seine eigenen Möbel wie den berühmten Zig-Zag-Stuhl in Szene zu setzen. Das Unternehmen Metz arbeitete lange mit Rietveld zusammen und produzierte den Zig-Zag-Stuhl sogar selbst in Serie – Geschichte …

Emanzipation an der Gracht

Die **Prinsengracht** wirkt kleinteiliger, aber auch lebendiger als die beiden anderen Grachten. Wohnboote ankern auf beiden Seiten, und in die Giebelreihe hat sich sogar der einfache Schnabelgiebel eines Lagerhauses (Nr. 1075) gemogelt.

Weiter vorn, zur Amstel hin, lebte und arbeitete die erfolgreiche niederländische Porträtmalerin Thérèse Schwartze (1851–1918) in drei aufeinanderfolgenden **Grachtenhäusern** ⓳ (Nr. 1087–1091). Die drei Häuser waren Treffpunkt der Amsterdam Joffers – Frauen, die, angespornt vom Erfolg Thérèse Schwartzes, versuchten, ihre Brötchen mit Kunst zu verdienen, was für das weibliche Geschlecht Anfang des 20. Jh. ein einigermaßen ungewöhnliches Unterfangen war.

Museen

Die Geschichte von Anne ✪

⓴ **Anne Frank Huis:** Im Hinterhaus der Prinsengracht Nr. 263 versteckte sich Anne Frank mit ihrer Familie sowie vier jüdischen Freunden der Franks vor den deutschen Besatzern. Nach zwei Jahren wurden sie am 4. August 1944 verraten, entdeckt und deportiert. Von den acht untergetauchten Juden überlebte nur Annes Vater Otto.

In Hinter-, Vorder- und Nachbarhaus (Nr. 265) sind heute das Museum und die Stiftung Anne Frank untergebracht. Das Hinterhaus wurde so belassen, wie es nach der Festnahme aussah. Das Vorderhaus wurde 1998 nach alten Fotos und Bauzeichnungen rekonstruiert. Ein Rundgang führt vorbei an Erinnerungsstücken, Fotos, Dokumenten, Briefen, die herausgeschmuggelt werden konnten, Büchern und natürlich den Originaltagebüchern der Anne Frank. Ein handgeschriebener Einkaufszettel von den Untergetauchten für die Helfer, Aufzeichnungen zum Lateinfernkurs, den Annes Schwester Margot belegt hatte, oder die Bleistiftstriche an den Wänden, die zeigen, wie groß die Kinder im Versteck geworden waren, sorgen für einen dicken Kloß im Hals. Im modernen Bibliotheks- und Dokumentationszentrum gibt es eine umfangreiche Sammlung von Büchern, Zeitungsausschnitten und Videos.

Eingang Westermarkt 20, www.annefrank.org/de, Tram 13, 17, tgl. 9–22 Uhr, an Jom Kippur geschl., Tickets **nur** online, 16 €

Fotos schön in Szene gesetzt

21 Huis Marseille|Museum voor Fotografie: Hier ist eine der interessantesten Kultureinrichtungen der Stadt untergebracht, das Museum voor Fotografie. Das Grachtenhaus – Huis Marseille, wie Giebelstein und goldene Lettern verraten – entstand 1665 im Stil des holländischen Klassizismus und besitzt einen der schönsten Halsgiebel dieser Zeit. Die Stiftung zeigt Fotografie des 20. Jh. mit Schwerpunkt auf zeitgenössischer Kunst. Die Innenräume sind weitestgehend in ihren Originalzustand zurückgeführt worden. Der Hausflur mit Marmorfußboden, Vertäfelung und Stuckornamenten ist charakteristisch für ein Amsterdamer Kaufmannshaus im Stil Ludwigs XVI.

Keizersgracht 401, www.huismarseille.nl/en, Tram 2, 12, Fr–Mi 10–18, Do 10–21 Uhr, 12,50 €

Wunder der Grachten

22 Het Grachtenhuis: In dem wunderschönen, von Philip Vingboons entworfenen Doppelgrachtenhaus an der vornehmen Herengracht, zeigt eine multimediale Ausstellung anhand von Modellen, Animationen und Wandprojektionen wie der Grachtengürtel Amsterdams entstand und welchen Sinn er hatte. Mit traumhaftem Grachtengarten.

Herengracht 386, https://grachten.museum/en, Tram 2, 12, Mo 12–17, Di–So 10–17 Uhr, Audio Guide u. a. in Deutsch, 16,50 €, Audiotour inkl., Familientickets

Kunst zur Katze

23 Kattenkabinet: Kulturgeschichte der Katze – neben den tierischen Kunstwerken kann man hier beim Gang durch die Innenräume sehen, wie prachtvoll die Grachtenbewohner früher lebten. Im Shop gibt's natürlich Katzen-Devotionalien!

Herengracht 497, www.kattenkabinet.nl, Tram 2, 4, 12, Di–So 12–17 Uhr, 10 €

Engagiert

24 Museum Van Loon: Die Van Loons, eine alteingesessene Amsterdamer Familie und Mitbegründer der Ostindischen Handelskompanie (s. S. 260), erwarben das Doppelhaus aus dem 17. Jh. erst 1884. Der 2006 verstorbene Nachkomme, Maurits van Loon, öffnete das Grachtenhaus 1973 dem Publikum. Wie so oft sind die Spuren des 17. Jh. nach diversen Besitzerwechseln so gründlich getilgt, dass man heute ausschließlich die Wohnverhältnisse des 18. und 19. Jh. auf sich wirken lassen kann. Sehenswert sind das ungewöhnlich monumentale Treppenhaus mit der Messingbalustrade, das Esszimmer mit dem festlich gedeckten Tisch und der Garten mit dem Kutschenhaus, das heute als Privathaus genutzt wird. Im Haus sind immer wieder Wechselausstellungen zu historisch-politischen Themen oder in Kooperation mit anderen Institutionen zu sehen. Auf der Website des Museums sind

›Einbauküche‹ einer Patrizierfamilie – im Museum Van Loon lässt sich erahnen, welchen Aufwand man früher betrieb, wenn Gäste kamen.

auch die Tickets für die Open Tuinen Dagen (s. S. 110) zu haben.

Keizersgracht 672, www.museumvanloon.nl, Tram 4, tgl. 10–17 Uhr, 15 €

Alt und neu

❷❺ **Foam_Fotografiemuseum:** Berühmte Fotografen wie Richard Avedon oder August Sander und vielversprechende Newcomer der Fotobranche bekommen in dem modern umgebauten und renovierten Grachtenhaus aus dem 19. Jh. eine angemessene Bühne. Thematisch reicht die Bandbreite vom glamourösen Modefoto bis zum grobkörnigen Werk mit sozialkritischen Untertönen. Hübsch ist das Café im Souterrain mit Leseraum.

Keizersgracht 609–613, www.foam.org, Tram 4, Sa–Mi 10–18, Do, Fr 10–21, 16 €

Großbürgertum in Amsterdam

❷❻ **Huis Willet-Holthuysen:** Wie lebten die Bewohner eines Hauses an der Herengracht im 18. und 19. Jh.? Um Besuchern einen Eindruck davon zu geben, vermachte die kinderlose Witwe Louisa Holthuysen ihr großzügig angelegtes Doppelgrachtenhaus im Jahr 1895 der Stadt Amsterdam, samt Einrichtung und Kunstsammlung ihres verstorbenen Mannes Abraham Willet. Sie stellte jedoch eine Bedingung: Es musste der Öffentlichkeit als Museum zugänglich sein. So ist es geschehen. Heutige Besucher betreten es durch den Dienstboteneingang unter dem repräsentativen doppelten Treppenaufgang. Nach hinten durch gelangt man in die Küche, die nicht mehr original, aber dem Zustand im 18. Jh. getreulich nachempfunden ist. Der strenge und etwas sterile barocke Garten, der sich heute tiefer in die Häuserschlucht gräbt als früher, ist ebenfalls ein junges Werk aus dem Jahr 1973, mit Hilfe von Plänen wurde er an den früheren Zustand angeglichen. Die Treppe hinauf findet man sich in der Beletage mit den Wohn- und Repräsentationsräumen wieder: Den Ballsaal mit den großen Spiegeln, den Teppichen, Gobelins und Kandelabern aus Frankreich hatten die Willets 1865 besonders kostbar umgestalten lassen. Hier richtete Abraham Willet, eine angesehene Persönlichkeit des Amsterdamer Kulturlebens, Konzerte, Literaturabende, Kunstausstellungen oder prachtvolle Kostümbälle aus. Der achteckige Gartensalon erinnert an ein Tee- oder Gartenhaus des 18. Jh. Das Haus ist mittlerweile Teil des **Amsterdam Museum aan de Amstel ㉘**, etwa jedes halbe Jahr gibt es eine neue Wechselausstellung mit zeitgenössischer Kunst, die in Beziehung zum Haus steht.

Herengracht 605, www.amsterdammuseum.nl/locaties/huis-willet-holthuysen/3632, Tram 4, 14, tgl. 10–17 Uhr, 12,50 €, Audiotour auf Deutsch und Englisch inkl.

Drei Ausstellungen, ein Gebäude

㉗ H'ART Museum: Das große nüchterne Backsteingebäude vom Ende des 17. Jh. war früher ein Altersheim (Amstelhof) und wurde aufwendig zum Museum Hermitage umgebaut. Nach dem Einmarsch russischer Truppen in die Ukraine kündigte man die Zusammenarbeit mit dem Mutterhaus, der St. Petersburger Eremitage, auf. Mit dem neuen H'ART Museum, einem Kunstmuseum, das berühmte Kunstwerke und Geschichten aus aller Welt zusammenbringt, hofft man, an die Erfolgsgeschichte der Hermitage anzuknüpfen. Dazu arbeitet es eng mit dem British Museum in London, dem Pariser Centre Pompidou und dem Smithsonian American Art Museum in Washington zusammen und zeigt Ausstellungen von Rembrandt und Kandinsky über David Levinthal bis zu Constantin Brancusi. Man darf gespannt sein! Im netten, ruhigen Museumscafé (mit schöner Terrasse) gibt es leckere, günstige Gerichte. Der historische Gebäudekomplex beherbergt zwei weitere Museen, das Museum van de Geest/Outsider Art Gallery (s. S. 111) und das Amsterdam Museum aan de Amstel (s. u.).

Amstel 51, hartmuseum.nl/en, Metro: Waterlooplein, tgl. 10–17 Uhr, 22,50 €, Kombiticket für alle drei Museen 32,50 € (nur online)

OPEN TUINEN DAGEN

An den ›Offenen Gartentagen‹ dürfen Besucher hinter die Kulissen strenger Grachtenhäuser gucken. Zahlreiche Häuser am Grachtengürtel öffnen ihre Pforten für drei Tage, darunter Museen, Institutionen und viele Privathäuser. Vor den Augen der Betrachter liegen dann die Schmuckgärten, die man hinter dem vielen Stein gar nicht vermuten würde. Und über die Lebensweise der Grachtenbewohner früher und heute lernt man auch so einiges (2. oder 3. Wochenende im Juni, Fr–So 10–17 Uhr, Ticketvorverkauf über www.opentuinendagen.nl, www.museumvanloon.nl, 20 €).

Stadtmuseum goes Amstel

㉘ Amsterdam Museum aan de Amstel: Das 1975 mitten in der City im ehemaligen Waisenhauskomplex des 16./17. Jh. untergebrachte, ungewöhnliche Stadtmuseum erfüllte die Anforderungen an heutige Baunormen etc. nicht mehr. Daher musste es umziehen: in eine nicht minder spannende historische Location, die ehemalige Hermitage (s. o.). Eine weitere (feste) Heimat hat es im Huis Willet-Holthuysen (s. S. 109) gefunden. An der Amstel ist es indes nur vorübergehend: In der City wird renoviert, 2027 soll es in die alten Räumlicheiten zurückgehen. Zu sehen ist neben thematisch vielfältigen Wechselausstellungen – von der Historie der Tulpe über berühmte Amsterdamer:innen bis zur Geschichte von Amsterdam und New York – »Panorama Amsterdam«, wo Vergangenheit, Gegenwart und Zukunft einen spannenden Dialog miteinander führen. Viel Spaß macht die Expo »Collecting

M

MUSEUM VAN DE GEEST/ OUTSIDER ART GALLERY

Das spannende ›Museum im Museum‹, nämlich das Museum of the Mind im **H'ART Museum** ㉗, zeigt Arbeiten von Künstlern, die ein wenig anders an die ›hehre‹ Kunst herangehen und einen unakademischen Zugang zu ihr haben. Ihre authentischen, oft unkonventionellen und gegen den Strich gebürsteten Werke sind einen zweiten Blick wert (museumvandegeest.nl, 17,50 €, Kombiticket 32,50 €).

the City«, die bestimmten Vierteln, Aspekten oder Menschen der Stadt gewidmet ist.

Amstel 51, www.amsterdammuseum.nl, Metro: Waterlooplein, tgl. 10–17 Uhr, 18 €, mit Audiotour, Kombiticket für alle drei Museen 32,50 € (nur online über hartmuseum.nl/en)

Essen

Wenn die Abendsonne scheint …

1 **Brasserie de Luwte:** Romantisch an einer der Quergrachten des Jordaan liegt diese gemütliche, so gar nicht klassische Brasserie mit offenem Kamin, die bei einem bunt gemischten Publikum beliebt ist. Hier mit Blick auf eine der schönsten Grachten der Stadt zu sitzen, ist ein Traum. Im Sommer ist man auf der schmalen Straßenterrasse direkt am Wasser noch näher dran. Die kleine Karte ist mediterran geprägt und überzeugt, egal, ob Fisch, Fleisch oder Vegetarisches. Relaxter, persönlicher Service!

Leliegracht 26hs, brasseriedeluwte.nl, Tram 13, 17, tgl. 12–23 Uhr, €€–€€€

Für Kaffeeliebhaber

2 **Caffè il Momento:** Angesagtes italienisch angehauchtes Café mit super Kaffee (Wasser gratis) und leckerem Kuchen – hmmm, der Kirschcrumble. Freundlicher, relaxter Service. Wem's zu voll ist oder wer keinen Platz bekommt: Auf der Torensluis stehen ein paar Bänke neben Multatuli (s. S. 94) direkt an der Gracht.

Singel 180, www.caffeilmomento.nl, Tram 2, 12, 13, 17, Mo–Fr 8–18, Sa, So 9–17 Uhr, €

Tolle Terrasse

3 **Café van Zuylen:** Eine Traditionsadresse ist dieses nette, unkomplizierte Bruin Café direkt am Singel. Wegen der netten Atmosphäre, der leckeren Bistroküche und der Top-Terrasse (s. S. 94).

Torensteeg 8, www.cafevanzuylen.com, Tram 13, 17, So–Do 10–1, Fr, Sa 10–3 Uhr, €–€€

Einfach nur urig!

4 **Koffiehuis De Hoek:** Ein ›Wohnzimmer‹, in dem sich die ganze Welt trifft – die Gäste des nahegelegenen Pulitzer-Hotels ebenso wie Anwohner, Bauarbeiter, Touristen und lokale Berühmtheiten. Im netten, einfachen Café gibt's u. a. Spiegeleier, Strammen Max, Pfannkuchen, Clubsandwiches, *appeltaart (!), broodjes. Mit schöner Terrasse an der Prinsengracht.*

Prinsengracht 341, koffiehuisdehoek.nl, Tram 13, 17, Mo–Fr 9–16, Sa, So 9–16.30 Uhr, €

Asia-Mix in modernem Ambiente

5 **Nooch:** Beste frische Zutaten zeichnen die japanischen, vietnamesischen, indonesischen, chinesischen oder Thai-Gerichte aus, z. B. Beef Teriyaki, Pho, Dim Sum, indonesisches Huhn süß-sauer, Pekingente, Thai-Salat, Pad Thai oder diverse Suppen.

Reestraat 11, www.nooch.nl, Tram 13, 17, Do–So 13–16, Di–So 17–23 Uhr, €–€€

Beliebte bunte Burger

6 **Flower Burger:** Die Buns, in denen die leckeren veganen Burger stecken, sind poppig bunt: von gelb (Kurkuma) über schwarz (Pflanzenkohle) bis violett (Kirsche). Dazu gibt's Kartoffelspalten, Edamame oder Patatas Bravas. Ein Fest

(nicht nur) fürs Auge! Initiiert hat das Ganze ein italienischer Jungunternehmer, der Farbe in den Alltag bringen wollte.

Leidsgracht 32, www.flowerburger.co.uk/stores/flower-burger-amsterdam-2, Tram 2, 4, 7, 13, 19, Mo–Mi 12–21, Do–So 12–22 Uhr, €

Perfekt ausbalancierte Aromen

7 Kagetsu: In den Negen Straatjes gelegenes japanisches Mini-Eethuis mit Sushibar, vernünftigen Preisen und gastfreundlicher Atmosphäre. Tipp: Misosuppe vorab, Tempura-Eis danach – und die Sushi dazwischen. Kleine Außenterrasse.

Hartenstraat 17, www.kagetsu.nl, Tram 13, 17, tgl. 12–23 Uhr, €–€€

Einfach perfekt!

8 Vinkeles: Top-Küche im stilvollen Ambiente eines Grachtenhauses aus dem 17. Jh. im Hotel The Dylan. Die beiden Michelin-Sterne halten, was sie versprechen: eine ausgezeichnete französische Küche im (gelungenen) Spagat zwischen klassisch und neu interpretiert. Chefkoch Van der Zalm ist ein Meister des Saucierens. Die Atmosphäre ist intim, die Weinkarte hervorragend und der Service unschlagbar gut. Mit schönem Innenhof.

Keizersgracht 384, www.vinkeles.com, Tram 2, 12, 13, 17, Di–Sa 19–21.30 Uhr, 5- und 6-Gänge-Menüs 145–195 €, €€€

Gut, günstig, ›gezellig‹

9 De Doffer: Super essen (neben Doffer-Saté vegetarische Nudelgerichte, Lammcurry, Seebarsch und Burger) und Bier trinken bis spätnachts – seit den 1970ern im beliebten Bruin Café.

Runstraat 12–14, cafededoffer.nl, Tram 2, 12, 13, 17, So–Do 1–1, Fr, Sa 11–3 Uhr, €

Süßes handwerklich eins a

10 Pompadour: Das gemütlich-plüschige Kaffee- und Teehaus – Ludwig XVI. lässt grüßen – ist ein dem Süßen geweihter Tempel, in dem erlesene Patisseriewaren die Theke zieren: Kuchen, Torten, Pralinen, Trüffel, aber auch zart-buttrige Croissants. Relaxte Atmosphäre. Man kann sich zudem mit Geschenken für daheim eindecken.

Huidenstraat 12, pompadour.amsterdam, Tram 2, 12, 13, 17, Di–Fr 10–18, Sa 9–18, So 12–18 Uhr

No-nonsense, lokal und wild

11 Restaurant Johannes: Für die saisonalen Menüs, in deren Mittelpunkt Fisch, Meeresfrüchte und Bioprodukte stehen, werden nur die besten lokalen Zutaten verwendet – dafür sorgt ein junges ›wildes‹ Team, das bereits Erfahrungen in Sterneküchen wie Ciel Bleu oder Vinkeles gemacht hat. Neben den Menüs kann man auch à la carte wählen. Wunderschön angerichtet! Mit gemütlicher Terrasse.

Herengracht 413, restaurantjohannes.nl, Tram 2, 12, Mi–So ab 18 Uhr, 4- bis 7-Gänge-Menü 60–85 €, à la carte (nur bis 21.30 Uhr) €€€

Kaffee trinken und Gutes tun

12 Bocca Coffee: Der Kaffee in dieser hippen Location in alter Fabrik schmeckt lecker und stammt aus fairem Anbau; kaufen kann man ihn auch. Die Besitzer sind an sozialen Projekten beteiligt und geben ihr Wissen in Workshops weiter.

Kerkstraat 96, www.bocca.nl, Mo–Fr 8–18, Sa, So 9–18 Uhr, Workshops online buchen, €

Libanesisch auf die Hand

13 The Lebanese Sajeria: Auf den frisch gebackenen Teigfladen kommen allerlei orientalisch gewürzte Köstlichkeiten – von Fleisch bis vegan – mit Hummus, Auberginenmus und anderen Toppings, eingerollt wie ein Wrap, nur viel besser. Auch Suppen und gute selbst gemachte Limonaden.

Utrechtsestraat 69, thesajeria.com, Tram 4, tgl. 11.30–20.30 Uhr, €

Authentisch indonesisch

14 Tujuh Maret: Wer eine echte indonesische Reistafel probieren möchte, sollte dies hier tun. Die Küche stammt vom nördlichen Teil der indonesischen Insel

Alle Küchen dieser Welt sind in Amsterdam daheim.

Sulawesi (original recht scharf, es sind auch mildere Varianten zu haben).
Utrechtsestraat 73, tujuhmaret.nl, tgl. 12–22 Uhr, Tram 4, €

Nachhaltiger Kaffee in der Tasse

15 **Back to Black:** Perfekt für einen sehr guten Kaffee und eine Kleinigkeit dazu – wechselndes Angebot von Quiches und Kuchen. Mit Shop.
Weteringstraat 48, backtoblackcoffee.nl, Tram 1, 7, 19, Mo–Fr 8–18, Sa, So 9–18 Uhr, €

Klassiker

16 **Café Schiller:** Eine echte Alternative am Rembrandtplein ist dieser Jugendstil-Klassiker, in dem zwischen den Weltkriegen die Berühmtheiten ein- und ausgingen. Die Küche ist französisch-mediterran.
Rembrandtplein 26, www.cafeschiller.nl, Tram 4, 14, Mo–Do 16–1, Fr 16–2, Sa 14–2, So 14–1 Uhr, €€

Schöne Sommerterrasse

17 **Brasserie Nel:** Das Nel liegt auf einem großen baumbestandenen Platz an der Amstelkerk und der Prinsengracht und ist draußen am allerschönsten! Mediterrane Küche.
Amstelveld 12, www.brasserienel.nl, Tram 4, So–Do 10–1, Fr, Sa 10–3 Uhr, €–€€

Wein + Essen = Einheit

18 **Utrechtsedwarstafel:** In sehr gemütlicher Umgebung warten Sommelier Hans und Chefköchin Esther auf ihre Gäste. Das Tagesangebot an frischen Produkten (meist bio und saisonal) inspiriert Esther zu den 5-Gänge-Überraschungsmenüs, die Hans mit seinen Weinarrangements begleitet. Bei letzteren hat man die Wahl zwischen »guten« oder »noch besseren« Weinen. Reservieren!
Utrechtsedwarsstraat 107–109, T 620 44 75 59, www.utrechtsedwarstafel.com, Tram 4, tgl. ab 18.30 Uhr, €€€ (5 Gänge mit Tafelwasser 105 €, 5 Gänge mit Wein ab 150 €)

Friedlich

19 **Dignita Hoftuin:** Dies ist eine kleine Oase, wenn die Füße wehtun und die Lust auf Stadt am Tiefpunkt ist. Direkt hinter dem H'ART Museum im Hoftuin, ›Hofgarten‹, sitzt man entweder im Grünen oder im ›Glashaus‹ und genießt Frühstück, Lunch oder Brunch (bis 17 Uhr) mit vielen essbaren Pflanzen sowie lokalen und saisonalen (Bio-)Produkten. Kinder sind willkommen und haben eine Extra-Spielecke. Die Gewinne aus dem Café fließen in die Stiftung Dignita, die sich um Betroffene von Menschenhandel, Prostitution und häuslicher Gewalt kümmert und ihnen berufliche Perspektiven und Weiterbildung bietet (wearenotforsale.nl). Weitere Lokale, die mit der Stiftung verbunden sind, gibt es im Vondelpark und im Westerpark (siehe eatwelldogood.nl und S. 184, 153).
Nieuwe Herengracht 18a, eatwelldogood.nl/dignita-hoftuin, Metro: Waterlooplein, Tram 14, tgl. 9–18 Uhr, €

Köpfe rollen ... bei Frozen Fountain!

Einkaufen

Gute Einkaufsadressen abseits des Mainstream sind Prinsen- und Herenstraat (s. S. 95), die Negen Straatjes (s. S. 100), Utrechtse- (s. S. 106) und Kerkstraat.

Mit Liebe für Süßes

1 **Le Bordel Patisserie|Cannoli e Tiramisù:** Ein Paradies für Liebhaber italienischer ›Dolci‹, allen voran Cannoli und Tiramisú. Für daheim, zum Mitbringen oder – wer's nicht aushält – direkt zum Verzehr im süßen Café mit ein paar Plätzen. Die heiße Schokolade ist ein Gedicht!

Herenstraat 24A, lebordelpatisserie.my.canva.site, Tram 2, 12, 13, 17, tgl. 12–19 Uhr, €

Süße Versuchung

2 **Puccini Bomboni:** Die Auslage dieser bei den Amsterdamern äußerst beliebten Chocolaterie ist ein Traum, und mit nach Hause nehmen kann man die Leckereien auch. Die Schokolade ist nachhaltig produziert, einfach köstlich und preislich nicht ohne! Geschmacklich ist alles drin: von Amaretto bis Anis, von Pfeffer bis Portwein, von Tee bis Thymian.

Singel 184, www.puccinibomboni.com, Tram 13, 17, Mo, So 11–19, Di–Sa 9–19 Uhr, 4 Pralinen ab ca. 10 €

Jeans zum Leasen

3 **Eerlijk waar!:** Mit gutem Gewissen soll man in diesem Laden einkaufen können – weil Kleidung, Taschen, Mützen u. a. fair und nachhaltig produziert sind. Auffälligste Marke im Concept Store ist Mud Jeans: Kunden können ihre Jeans für ein Jahr leasen und sie zum Re- oder Upcyceln zurückgeben, eine neue leasen usw.

Toorensteeg 5, www.eerlijkwaar.eu, Tram 13, 17, Mo–Sa 11–17.30, So 12–17 Uhr

Nix für graue Mäuse

4 **King Louie Flagship Store:** Eine echte holländische Pflanze diese Damenmarke, mit vielen (bunten) Retro-Mustern und schlicht-raffinierten Schnitten zu akzeptablen Preisen. Nachhaltigkeit ist auch hier ein wichtiges Thema! Samstags (9–16 Uhr, an der Kirche) und montags (9–13 Uhr, parallel zur Prinsengracht) gibt's die Vorjahreskollektion zu sehr günstigen Preisen auf dem Noordermarkt (s. S. 133).

Hartenstraat 10, www.kinglouie.nl, Tram 13, 17, Mo–Sa 10–18, So 12–18 Uhr

Buy less, buy better!

5 **Property of ...:** Der wunderschöne Laden erinnert an eine Bar aus den 1920ern, aber es geht hier um alles rund ums Reisen, vor allem um Taschen, Rucksäcke etc. Für (und von) Menschen, die Wert auf eine faire und nachhaltige Produktion, auf zeitloses Design und langlebige Qualität legen. Filiale: Utrechtsestraat 18a.

Herenstraat 2, de.thepropertyof.com, Tram 2, 12, 13, 17, Mo–Sa 11–18.30, So 12–18 Uhr

Bester Käse der Stadt

6 **De Kaaskamer van Amsterdam:** Mehr als 350 Käse aus dem In- und Ausland, deren Produzenten sorgfältig ausgesucht und gelegentlich bio sind. Gute Beratung, die Leute hier sind vom Fach! Leckerste *belegde broodjes* und Salate (€).

Runstraat 7, www.kaaskamer.nl, Tram 13, 17, Mo 12–18, Di–Fr 9–18, Sa 9–17, So 12–17 Uhr

Einer der besten Vintage-Läden

7 **Zipper:** Super-Spannendes aus zweiter Hand im Familienbetrieb – und das seit mehr als 40 Jahren. Riesiges Angebot aus den 1950er- bis zu den 1980er-Jahren. Filiale: Haarlemmerstraat 8.

Huidenstraat 7, www.zippervintageclothing.com, Tram 2, 12, Mo–Mi 11–18, Do–Sa 11–19, So 12–18 Uhr

Zum Wohnen fast zu schön

8 **The Frozen Fountain:** In dieser großzügigen Galerie erhalten auch ungewöhnliche niederländische und internationale Talente, insbesondere Möbeldesignstudenten, eine Chance. Auch Wohnaccessoires wie hauchzarten Stoffen, ausgefallenem Porzellan, ungewöhnlichen Lampen wird hier viel Aufmerksamkeit gewidmet.

Prinsengracht 645, www.frozenfountain.com, Tram 2, 12, Di–Sa 10–18 Uhr

Showroom der besonderen Art

9 **Moooi:** Design mit Twist und Augenzwinkern, so hat Marcel Wanders 2001 im Jordaan angefangen. Mittlerweile umgezogen, findet man auf mehreren Stockwerken alles, was eine Wohnung schöner macht. Für Reisende wichtig: Neben Möbeln, Teppichen, Lampen und anderen großen Stücken gibt es auch kleinere Design-Objekte, die besser ins Gepäck passen. Abgesehen von den Wanders-Kreationen sind hier auch solche vieler anderer bekannter Designer:innen vertreten.

Utrechtsestraat 145–147, www.moooi.com, Tram 1, 4, 7, 19, Di–Sa 10–18, So 12–18 Uhr

Moderne Kunst open air

10 **Kunstmarkt am Rembrandtplein:** Kunst aus allen Sparten und zu erschwinglichen Preisen mit direktem Kontakt zu den Künstler:innen.

www.rembrandtartmarket.nl, Tram 4, 14, Mitte März–Okt. So 10.30–18 Uhr

Die Kundin ist Königin

11 **Naturel:** Sorgfältig ausgesuchte Modemarken (Sessun, Monique van Heist, No Mans Land, Rue Blanche u. a.), viele aus den Niederlanden/Belgien, für Frauen von schlank bis rundlich, von schlicht und gedeckt bis farbenfroh. Gute Beratung, viele Stammkundinnen. Auch Schuhe, Schmuck und Taschen.

Utrechtsestraat 20, www.naturelwinkel.nl, Tram 4, Di–Sa 12–18, So 13–17 Uhr

Musik, Musik, Musik

12 **Concerto Recordstore:** Musikshop mit breitem Angebot in allen Sparten von Pop, Rock über Jazz, Weltmusik und Dancefloor bis Klassik. Das Personal kann viele Fragen beantworten und man darf in die Platten reinhören. Umfangreiche DVD-Abteilung. Café.

Utrechtsestraat 52–60, www.platomania.eu, Tram 4, Di–Fr 10–18, So, Mo 12–18 Uhr

Vom Feinsten

13 **Patisserie Kuyt:** Köstliche Törtchen und Torten – geschmacklich und visuell eine Offenbarung. Auch Plätzchen und Schokolade. Die Spezialität des Hauses sind die Apfelschnitten.

Utrechtsestraat 109–111, www.patisseriekuyt.nl, Tram 4, Mo 8–13, Di–Fr 8–17.30, Sa 8–17 Uhr

Duurzam en mooi

14 **Amstelveld Bloemen- en Plantenmarkt:** Schön fürs Auge, dieser Markt, bei dem es viel um Nachhaltigkeit geht. Bio-Stände mit Käse, Brot, Honig etc. gehören dazu, s. auch S. 105.

Tram 4, Mo 9–18 Uhr

Auffallen!

15 **Angel Basics:** Ausgefallene Mode von bekannten und unbekannteren Designer:innen wie Diega, Samantha Sung, WEEKEND Max Mara u. a. Bunt, eigenwillig und nicht ganz billig.

Utrechtsestraat 132, www.angelbasics.com, Tram 4, Mo 13–18, Di–Sa 10–18, So 13–17 Uhr

Bewegen

Saunieren im Jugendstilflair

1 **Sauna Deco:** Ein Begriff in der City seit mehr als 30 Jahren! Die schöne Art-déco-Einrichtung in der Sauna stammt aus einem Pariser Kaufhaus von 1920. Neben der einzigartigen Atmosphäre gibt es Finnische und Infrarot-Sauna sowie ein Türkisches Bad. Massagen n. V.

Herengracht 115, T 623 82 15, www.saunadeco.nl, Tram 2, 12, 13, 17, Mo, Mi–Sa 11–22, Di 16–22, So 13–19 Uhr, Sauna 28,50 €, Massagen ab 40 €

Tretboot in Seenot

2 **Canal Bike:** In Amsterdam ist Radfahren sogar auf den Kanälen möglich. Das *waterfiets,* ›Wasserfahrrad‹, ist zwar schlicht ein Tretboot – Spaß macht's trotzdem!

Liegeplätze: Anne Frank Huis, Leidseplein, Rijksmuseum, Keizersgracht 512 (ca. März–Okt.), www.stromma.com/en-nl/amsterdam, 1 Std. 29,50–34,50 € bis zu 4 Pers., Kaution

Ausgehen

Tanzlokal, Club, Podium

1 **Bitterzoet:** Hier geht abends die Post ab, entweder legen DJs auf – von Rock, Punk und Ska bis Hip-Hop, Funk und Soul – oder es gibt Livemusik von jungen, oft noch unbekannten Bands und Musikern.

Spuistraat 2, www.bitterzoet.com, Tram 2, 12, 13, 17, Tickets 10–30 €

Gemütlich, gastfreundlich, gut

2 **De Twee Prinsen:** Gut besuchtes Bruin Café im Jordaan. Die hohen Fenster, der schöne Mosaikboden und die Kirchenbank tun ein Übriges, damit man sich wohlfühlt. Schöne Terrasse mit Grachtenblick. Super Snacks, gute Weine.

Prinsenstraat 27, www.instagram.com/tweeprinsen, Tram 13, 17, Mo–Mi 15–24, Do 15–1, Fr, Sa 13–1, So 13–24 Uhr, €

Schön schräg

3 **Vrankrijk:** Dieser Club bewegt sich irgendwo zwischen Hausbesetzer- und Hipsterszene. Div. Events und Workshops; auch Filmvorführungen, Ausstellungen.

Spuistraat 216, vrankrijk.org, Tram 2, 12, 13, 17, Mi Queer Voku mit Amsterdam Drag Queers (22–1 Uhr), vorher Vegan Food (ab 19 Uhr, Spende bzw. 5 €), Fr Punk Night (ab 21 Uhr), Sa (meist) Konzerte/Party Punk, Queer etc., 1. Sa im Monat Hip-Hop ab 21 Uhr

Eines der schönsten Proeflokale

4 **Proeflokaal A. van Wees:** Van Wees, Amsterdams letzte unabhängige Brennerei, betreibt diese typische Probierstube mit einer großen Auswahl an Likören. Untypisch für ein *proeflokaal* sind indes die langen Öffnungszeiten, die aber regen Zuspruch finden, und die recht umfangreiche Speisekarte. Mit schöner Grachtenterrasse.

Herengracht 319, proeflokaalvanwees.nl, Tram 2, 12, So–Do 11–1, Fr, Sa 11–3 Uhr, €(–€€)

Filmkunst

5 **De Uitkijk:** Das Arthouse-Kino mit langer Tradition ist für Freunde nichtkommerzieller Kunstfilme ein Muss. Gut zu wissen: Die Filme werden im Original mit niederl./engl. Untertiteln gezeigt.

Prinsengracht 452, www.uitkijk.nl, Tram 1, 7, 19

Berliner Bohème

6 **Café Brecht:** In Wohnzimmeratmosphäre Fußball (mit Beteiligung Deutschlands) oder die Tour de France gucken. Es gibt deutsches Bier und je nach Saison

EIN CINEAST AUS POLEN

Der dicke Teppich mit dem polnischen Adler im **Koninklijk Theater Tuschinski** 7 ist ein Hinweis auf die Herkunft des Gründers Abraham Icek Tuschinski. Er war polnischer Jude, wollte nach Amerika auswandern und blieb in Rotterdam hängen. Er baute dort eine florierende Kinokette auf und gab in Amsterdam das Theater Tuschinski (1921) in Auftrag. Er wurde 1941 deportiert und in Auschwitz ermordet.

Federweißen, Rhabarber- oder Oktoberfest-Spezialitäten. Jeden 2. So tagt The Offline Club (@theoffline_club) mit dem Digital Detox Hangout, bei dem man, ganz 1990er-Jahre, sein Smartphone abgibt und störungsfrei liest, schreibt …

Weteringschans 157, www.cafebrecht.nl, Tram 4, 7, 16, 24, Di–Do 16–1, Fr, Sa 13–2, So 13–1 Uhr, Detox Hangout mit Anmeldung

Filmpalast ohnegleichen

7 **Koninklijk Theater Tuschinski:** Die zwei grünen Türme des Art-déco-Kinos ragen wie Wegweiser in die Höhe, das Haus selbst verweist mit seinen glasierten Ziegeln, den Keramikskulpturen und schmiedeeisernen Lampen die umliegenden Gebäude auf ihren Platz. Drinnen laufen die großen internationalen Streifen (im Original mit niederl./engl. Untertiteln).

Reguliersbreestraat 26–34, www.pathe.nl, Tram 4, 14

Tanztempel

8 **Escape:** Überwiegend junges Publikum drängt sich zu vornehmlich kommerzieller Musik auf dem gigantischen Dancefloor oder in den kleineren Sälen. Sehr aufwendige Licht- & Lasershow. Die unterschiedlichen Clubnächte sind angesagt – das Escape fasst über 2000 Personen. Tickets besorgt man sich am besten online.

Rembrandtplein 11, www.escape.nl, Tram 4, 14, So–Do 23–4, Fr, Sa 23–5 Uhr

Übersicht und Party

9 **Café De Kroon:** Das Beste sind die Aussicht auf den Rembrandtplein und die Latin Nights mittwochs und sonntags (21–24 Uhr, freier Eintritt).

Rembrandtplein 17, 1. Etage, www.dekroon.nl, Tram 4, 14, So, Mi, Do 17–1, Fr, Sa 17–4 Uhr, Hauptgerichte €€

Irish Music Bar

10 **Mulligans:** Guinness-Liebhaber, Whiskey-Kenner und Fans keltischer Klänge sind hier richtig. Sonntags gibt's traditionelle Irish Sessions (ab 19 Uhr), mittwochs Folk, Celtic, Pop u. a. (ab 20 Uhr), am Wochenende ebenfalls Gigs mit internationalen Gästen (20–24 Uhr, s. Website). Gute Stimmung.

Amstel 100, www.mulligans.nl, Tram 4, 14, Mo–Do 14–1, Fr, Sa 12–2, Sa 14–3, So 12–1 Uhr

Nachbarschaftscafé

11 **Café Slijterij Oosterling:** Schon seit 1740 besteht dieses schöne Café mit angeschlossenem Spirituosenladen – nach der vierten Generation haben die Brüder Oosterling das Café 2023 allerdings in die Obhut der Familie Verbunt gelegt. Große alte Fässer, der Granitfußboden und die Holztheke tragen viel zur Gemütlichkeit bei. Richtig heimelig wird's im Winter, wenn ein Feuer im Kaminofen brennt, im Sommer lockt die Terrasse. Gut frühstücken und lunchen kann man hier auch!

Utrechtsestraat 140, cafeoosterling.nl, Tram 1, 7, 19, Mo 9–21, Di 9–23, Mi–Sa 9–24, So 9–20 Uhr, €

Pop, Theater, Ballett, Musicals

12 **Koninklijk Theater Carré:** s. S. 107

Amstel 115–125, T 524 94 52, carre.nl, Tram 1, 7, 19, Metro: Weesperplein

Zugabe
Licht, bitte!

Amsterdam Light Festival

Amsterdam im Winter? Muss man nicht, kann man aber. Nein, man hat die Stadt nicht für sich allein, sie ist aber wesentlich leerer als sonst. Die Schlangen vor den Museen sind kurz, und wenn man ganz viel Glück hat, frieren die Grachten zu und alle gehen aufs Eis. Und dann gibt es da noch das Amsterdam Light Festival, bei dem holländische und internationale Künstler entlang der Grachten Lichtskulpturen entwerfen und aufstellen, jedes Jahr unter einem anderen Motto! Mit dem Boot kann man dann auf einer knapp 8 km langen Route sehr gemütlich die Grachten entlangschippern und das alles auf sich wirken lassen. Oder, auch sehr schön, man legt die Strecke mit App zu Fuß oder auf dem Rad zurück. Manche Menschen sind so begeistert, dass sie jedes Jahr – ja, im Winter – wiederkommen (amsterdamlightfestival.com/en, Ende Nov.–3. Januarwochenende, Grachtenfahrten z. B. mit dem Anbieter Stromma, der seine gesamte Bootsflotte bis 2025 elekrifiziert haben will, www.stromma.com/en-nl/amsterdam). ■

Jordaan, Haarlemmerbuurt und Westerpark

Einst ein stinkender Morast — zeigt sich der viel besungene Jordaan heute sehr malerisch. Im Hafenviertel nebenan boomt's.

Seite 126

Galerientour im Jordaan

Im Gewirr der Gassen des alten Volksviertels lebten immer schon viele Künstler … und heute viele Gutverdiener. Kein Wunder, dass es im Jordaan unzählige Galerien gibt! Hier sind arrivierte Künstler neben vielversprechenden Newcomern vertreten.

Seite 127, 150

Woonbootmuseum

Klar: Das einzige Hausbootmuseum der Welt ist in Amsterdam! Auf 80 schwankenden Quadratmetern lässt es sich richtig gut leben.

Ein Blütenmeer schmückt den Jordaan – eine Augenweide!

Eintauchen

Seite 127

De Hallen

In West hat sich in einem Industriedenkmal ein Dorf im Dorf etabliert: mit Hotel, Kino, Bibliothek, Foodhallen, Concept Stores und Local Foods Market.

Seite 130

Hofjes-Tour

Ruhe in der Hektik der Amsterdamer City genießt, wer durch die schönen Innenhöfe zieht.

Seite 135

Haarlemmerbuurt

Im ehemaligen Schifffahrtsviertel gibt es ganz viel normalen Alltag!

Seite 138

Westelijke Eilanden

Kein Lärm belästigt das Ohr, das Auge darf genießen. Die drei Inseln betören mit idyllischen Grachten, Hausbooten, Zugbrücken, alten Lagerhäusern und hübschen Kapitänswohnungen.

Seite 142

Doklanden

An Amsterdams Wasser-Skyline tut sich seit Jahren so einiges, nicht alles ist schön, aber alles ist ganz schön spannend!

Seite 145

Het Schip

Der Vorzeigebau der Amsterdamer Schule in der Spaarndammerbuurt ist untrennbar mit dem sozialen Wohnungsbau verbunden: ein architektonisches Juwel mit Zinnen, Erkern und Türmchen, die ein wenig an Gaudí erinnern.

Seite 152

Het HEM

Alte Industrie-Areale geben in Amsterdam häufig den Rahmen für interessante Kulturprojekte ab, auch Het Hem ist da keine Ausnahme. Wo einst Munition hergestellt wurde, ist eine Kulturfabrik mit coolem Konzept entstanden.

Auf jedes noch so kleine Detail legten die Architekten der Amsterdamer Schule Wert.

»Der Jordaan stellt sich quer zum Rest der Welt, wer nicht hier lebt, verirrt sich.« (Cees Nooteboom, in Amsterdam lebender Schriftsteller)

erleben

Alltag im Westen

H

Hier, im Jordaan, steht sie, die Wiege des ›echten‹ Amsterdamers. Wer sich ›Jordanees‹ schimpfen kann, erntet noch immer ein anerkennendes Nicken oder ein Hochziehen der Augenbraue. Denn der Jordaan gilt als das bekannteste Volksviertel der Stadt, ach was, des gesamten Landes.

Doch: Volksviertel war einmal, Gentrifizierung lässt auch hier grüßen. Denn mit seinem Gewirr aus schmalen, blumengeschmückten Gassen, seiner intimen, gemütlichen Atmosphäre und seinen vielen Kneipen und Lädchen ist der Jordaan längst ein In-Viertel. Hier leben doppelverdienende Yuppie-Pärchen, alleinstehende gut situierte Rechtsanwälte, PR- und Marketingleute sowie Expats, die die Preise in die Höhe treiben, aber auch Studenten, Künstler und Familien. Letztere wohnen meist schon länger hier, da sie sich sonst die explodierenden Häuserpreise und Mieten nicht mehr leisten könnten.

Nach einem Stück quirligen Amsterdams in der Haarlemmerbuurt mit ihrer von 08/15 weit entfernten Einkaufs- und Ausgehmeile und dem sich anschließenden Kultur- und Nightlife-Mekka Westergas, umfängt Sie auf den Westlichen Inseln plötzlich eine himmlische Ruhe.

Über drei Jahrhunderte war maritime Geschäftigkeit das Charakteristikum der Westelijke Eilanden, bis sich die Schifffahrt im 20. Jh. stark veränderte. Nach langem Hin und Her – Leerstand, Hausbesetzung, städtebauliches Chaos – ist hier schlussendlich eine kleine, recht romantische Enklave entstanden, Zugbrücken und Grachtenhausidyll inklusive. Im Kontrast dazu stehen die neuen Viertel in den Houthavens ganz im Westen des alten Hafens, die in Rekordzeit aus dem Boden gestampft werden. Sie machen unmissverständlich klar: Die Stadt wächst weiter!

ORIENTIERUNG **O**

Reisekarte: E/F 4–8 (Jordaan), A–G 1–5
Das Viertel entdecken: Startpunkt ist das Johnny Jordaanplein, nächstgelegene Tramhalte: Westermarkt (Linien 2, 12, 13, 17). Diesen Spaziergang sollten Sie nicht für einen Montag einplanen, dann sind viele der Läden und die Galerien zu. Allerdings verpassen Sie an den anderen Tagen den netten Lapjesmarkt in der Westerstraat, den Stoff- und Tuchmarkt am Montagmorgen.

Jordaan

Druk hier, of niet? Ganz schön voll hier, oder? Knapp 20 000 Einwohner leben heute im Jordaan und, ja, auch ein paar Touristen sind unterwegs. Und schon kommt es einem eng vor. Um das mal zu relativieren: Um 1900 wohnten hier etwa 80 000 Menschen! Im Lauf der Industrialisierung waren immer mehr Menschen in den Jordaan geströmt, und jedes noch so kleine Fitzelchen freie Fläche wurde bebaut. Die Ärmsten der Armen lebten in feuchten, dunklen Kellern, das Viertel verkam immer mehr. »Es kreuchte und fleuchte nur so von Ungeziefer, sodass die Bewohner – hauptsächlich sogenannte ›Morgensterne‹, Menschen, die im Morgengrauen den Müll durchsuchten, und Habenichtse – im Sommer draußen in Wägelchen und Schubkarren schliefen«, berichtet eine zeitgenössische Quelle. Die Wägelchen, die man hier heute sieht, sind ›Bakfietsen‹, stabile Familien- und Lastenräder, sowie Deluxe-Kinderwagen und -buggys, dazu kommen noch Hightech-Räder und Scooter. Sie ziehen ihre Bahnen in den Gassen zwischen Antiquitäten- und Second-Hand-Shops, angesagten Cafés und Restaurants, Delis und friedvollen Innenhöfen. An stinkende Grachten erinnert in dem reich mit Blumen geschmückten Jordaan nichts mehr.

Am Johnny Jordaanplein

Jung und Alt treffen sich auf dem **Johnny Jordaanplein** ❶. Die ›Alten‹ stehen fein säuberlich aufgereiht und blicken scheinbar wohlwollend auf die jungen Leute, die sich im Halbrund der gegenüberliegenden Bank lümmeln. Bei den

Blumen an der Wand, Blumen überall im Jordaan! Der Name des Viertels soll sich vom französischen Wort für Garten, ›jardin‹, ableiten.

Jordaan

Ansehen

1 Johnny Jordaanplein
2 Elandsgracht
3 Caetsbaanbrug
4 Rozengracht
5 Bloemgracht
6 Kees de Jongenbrug
7 Sint Andrieshofje
8 De Vier Jaargetijden
9 Lindengracht
10 Noorderkerkstraat 14
11 Noorderkerk
12 Bosschehofje
13 Brouwersgracht
14 – 28, 30 Karte S. 136
29 Woonbootmuseum

Essen

1 Bar Parry
2 Balthazar's Keuken
3 Foodhallen
4 Brasserie ROCKS & Restaurant Warmoes
5 Waterkant
6 siehe Karte S. 136
7 Raïnaraï
8 Japanese Pancake World
9 Shahjahan
10 Kinnaree
11 Café Parlotte
12 Winkel 43
13 Trattoria Koevoet
14 Duende
15 – 24 siehe Karte S. 136

Einkaufen

1 Antiekcentrum Amsterdam
2 HAAS Amsterdam
3 Ten Katemarkt
4 Denim City
5 The Maker Store
6 We are Vintage Store
7 A Space Oddity
8 Leelijk
9 POLSPOTTEN
10 Noordermarkt-Märkte
11 Moychay Tea
12 siehe Karte S. 136

Bewegen

1 Marnixbad
2 – 3 siehe Karte S. 136

Ausgehen

1 Café De Eland
2 De FilmHallen
3 Boom Chicago
4 De Nieuwe Anita
5 Café Chris
6 De Twee Zwaantjes
7 't Smalle
8 P96
9 De Tuin
10 Nol
11 Café Tabac
12 – 16 siehe Karte S. 136

älteren Herrschaften handelt es sich um die Büsten der ganz Großen des Amsterdamer Volksliedguts, allen voran Johnny Jordaan (1924–89). Ohne diese Jordanezer Originale wäre das Viertel nicht das, was es heute ist. Der Name des kleinen Platzes am Kopf der Elandsgracht ist übrigens ein charmantes Beispiel für die Sturheit und Wird-schon-klappen-Mentalität der Amsterdamer. Nach der Enthüllung des **Denkmals von Johnny Jordaan** 1991 wollten Anwohner den Platz nach ihm benennen, die Straßennamenkommission lehnte ab. Der städtischen Beigeordneten Guusje ter Hoorst war dies einerlei, der Platz bekam seinen Namen und trägt ihn bis heute … inoffiziell!

Auf dem Stuhl des Königs

Schon mal königlich gesessen? Kein Problem, das **Café De Eland** 1 an der Ecke zum Johnny-Jordaan-Platz macht's möglich. Im September 2017 besuchten König Willem-Alexander und der damalige Bürgermeister Van der Laan (s. S. 157) das traditionelle Braune Café, eines der beliebtesten der Stadt, tranken Wein, ließen sich *Amsterdamse ossenworst* und *oude kaas* schmecken. Das Bild des Königs, der dem todkranken Bürgermeister liebevoll über die Schwelle half, verbreitete sich in Windeseile im Internet. Heute erinnern Fotos im Café an den Besuch. Anders als die beiden sollte man, wenn das Wetter mitspielt, *biertje en broodje* besser

JORDAAN
Nassaukade
Singelgracht
Prinsengracht
Keizersgracht
Herengracht
Singel
Raadhuisstraat
Rozengracht
Bloemgracht
Egelantiersgracht
Lijnbaansgracht
Brouwersgracht
Kattensloot
Kostverlorenvaart
Elandsgracht
Looiersgracht
Haarlemmer Houttuinen
Westerkerk
Westermarkt
Anne Frank Huis
Amsterdam Tulip Museum
Pianola Museum
Electric Ladyland
Theo Thijssen Museum
Claes Claesz Hofje
Karthuizerhof
Suykerhofje
Zons Hofje
Café Papeneiland
Noordermarkt
De Drie Hendricken
Huis Bartolotti
Venetiaehofje
Hof van Parijs
Felix Meritis
Huis Marseille
Hoofdbureau van Politie
Frederik Hendrikplantsoen
DE NEGEN STRAATJES
De Wittenkade
Nieuwe Willemsstr.
Marnixplein
Rozengracht
Marnixstr./Rozengracht
Elandsgracht
Spui
0
100
200 m

TOUR
Viel Kunst auf wenig Raum

Ein Mini-Wegweiser durch das Kunstlabyrinth des Jordaan

Infos

E/F5–8

Im Internet: www.ronmandos.nl, althuishofland.com, www.facebook.com/MenImpossible, galeriebart.nl, akinci.nl, www.annetgelink.com, www.rozenstraat.com, www.fonswelters.nl

Tipp: Am Rand des Jordaan hat sich die **GO Gallery** einen Namen in puncto Street Art und moderner Pop Art gemacht (Marnixstraat 127, www.gogallery.nl).

Amsterdam besitzt eine rege Kunstlandschaft, und der Jordaan empfiehlt sich für ein Gallery Hopping. Auf wenigen 100 m präsentieren sich unterschiedlichste Locations – ein wahres Wunderland für Kunstinteressierte!

Nicht kleckern, sondern klotzen – die **Galerie Ron Mandos** (Prinsengracht 282) ist eine der größten in der Stadt und zeigt, wo's langgeht in puncto innovativer zeitgenössischer Kunst. Zu den Künstlern gehören u. a. Isaac Julien, Jacco Olivier und Levi van Veluw. Niedrigschwellig präsentiert die **Galerie Bart** (Elandsgracht 16) neben etablierten Künstlern junge Talente, die in den Niederlanden ihren Abschluss gemacht haben. Ein paar Ecken weiter zeigt **Althuis Hofland Fine Arts** (Hazenstraat 11) Werke junger Maler – gerne auch abseits des Mainstreams. Kurz abschalten? Vier Häuser weiter serviert **Men Impossible** leckerste Ramen! Einen Namen mit niederländischer und internationaler Malerei und Fotografie sowie Multimediawerken hat sich die spannende **Torch Gallery** gemacht (Lauriergracht 94).

Annet Gelink (Laurierstraat 187–189) ist bekannt dafür, internationale zeitgenössische Künstler zu fördern, so etwa Rita Ackermann, Yael Bartana oder Roger Hiorns. In ihrem Project-Space **The Bakery** gibt sie darüber hinaus jungen Talenten eine Chance, was bereits für viele ein Sprungbrett bedeutete. Auch sehr cool ist **Rozenstraat: a rose is a rose is a rose** (Rozenstraat 59), ein Präsentationsraum für zeitgenössische bildende Kunst, mit Schwerpunkt auf Performance und Videokunst. Hinter einer grünen Metalltür, die an einen Bunker denken lässt, verbirgt sich die großzügige Galerie von **Fons Welters** (Bloemstraat 140). Der bekannte Galerist zeigt vor allem Skulpturen und Installationen.

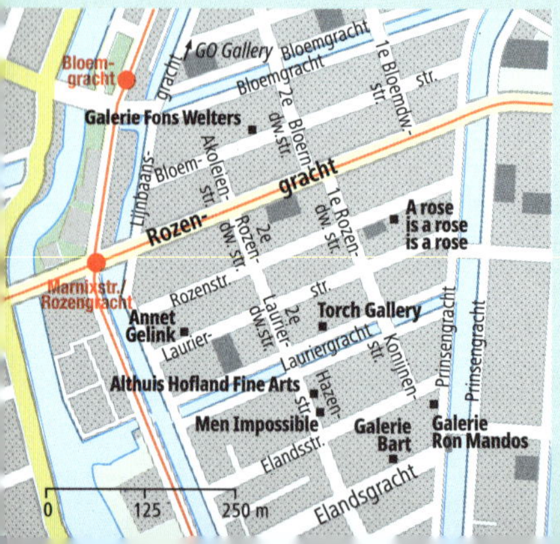

noch auf der Straßenterrasse mit Blick auf Hausbootmuseum und Platz genießen.

Wohnen auf dem Wasser

Klar, dass das einzige **Woonbootmuseum** 29 (s. S. 150) der Welt in Amsterdam liegt! Wer wissen möchte, wie es sich auf 80 schwankenden Quadratmetern leben lässt, ist auf der ›Hendrika Maria‹ richtig. **Hausboote** tragen viel zum Charme Amsterdams bei. Rund 2800 Boote liegen in den Grachten, mehr als 5000 Menschen wohnen auf dem Wasser. Was einst als billiger Wohnraum gedacht war, ist längst ein Lebensgefühl. Und billig ist es auch nicht mehr. Ein Hausboot kostet zwischen 300 000 und 1 Mio. €. Dazu kommen Liegegeld, Kosten für Gas, Wasser, Strom und die teuren Instandhaltungskosten. Falls Sie jetzt Ihr Geld zählen: Sie haben eh kaum eine Chance, noch ein *woonboot* zu bekommen, denn neue Liegeplätze werden nicht mehr vergeben und die Kaufpreise steigen weiter.

Wirrwarr der feineren Art

Café De Eland liegt an der Ecke zur wenig attraktiven **Elandsgracht** 2, die 1891 zugeschüttet wurde – ein Schicksal, das vielen Jordaan-Grachten widerfuhr, heute kaum vorstellbar. Der Name der Gracht (*eland*, Elch) erinnert daran, dass sich im südlichen Jordaan die Gerber und Händler von Tierhäuten eingerichtet hatten. Am anderen Ende der Straße wartet eine Rarität, das **Antikecentrum Amsterdam** 1. Dieser Indoor-Markt ist die älteste Einrichtung seiner Art in den Niederlanden: 55 Händler bieten auf 1750 m² Fläche mehr als 10 000 Objekte an! Trödel, Antiquitäten, Vintage, Kunst und Kuriositäten aller Stilrichtungen stehen und liegen hier einträchtig nebeneinander. Und auch wenn Sie gar nichts kaufen wollen, schauen Sie rein – es macht Spaß!

Rund um die Rozengracht

Überhaupt ist der Jordaan berühmt für seine Galerien (s. S. 126) und Ateliers – kein Wunder, wohnten hier doch einst Künstler wie Rembrandt und sein Lehrling Govert Finck, der bekannte Maler und Fotograf George Hendrik Breitner

G

GEGENSÄTZLICHKEITEN

Multikultiflair schnuppern kann man um die Ecke vom Jordaan auf dem wenig touristischen **Ten Katemarkt** 3, einem alltäglichen Wochenmarkt mit allem, was man braucht, in sehr guter Qualität (Ten Katestraat, Mo–Sa 9–18 Uhr). Der Hummus ist der Hammer, der Käsestand auch, Obst und Gemüse sind schmackhaft. Direkt gegenüber hat sich mit **De Hallen** ein Komplex in einem denkmalgeschützten Straßenbahndepot installiert, der das Kleine-Leute-Viertel ordentlich aufgemischt hat. Neben einem Hotel sind hier die schicken **Foodhallen** 3, die **FilmHallen** 2 und mehrere Läden eingezogen. Spannende Konzepte verfolgen **Denim City** 4 unter dem Motto: »re-use, repair & recycle« – Modestudenten reparieren alte Jeans und schaffen neue, verrückte Stücke – und **The Maker Store** 5. Hier finden junge Amsterdamer Designer und (Kunst-)Handwerker ein Podium für ihre Entwürfe – vom Alpakaplaid über Genever und festes Shampoo bis zu Kerzen. Einmal im Monat findet **The Maker Market** mit ausschließlich heimischen Produkten statt. Die hohe Qualität garantieren The Maker (Hannie Dankbaarpassage 3, dehallen-amsterdam.nl, www.themakerstore.nl, Tram 7, 17).

(1857–1932), Sänger, Literaten, Journalisten … Wer von der **Caetsbaanbrug** ❸ über der Lauriergracht den Blick nach links und rechts in die Gracht schweifen lässt, versteht warum.

Idyll mit Abstrichen

Nach dem Wirrwarr schmaler Gassen mit ungewöhnlichen Läden und Galerien, kleinen Cafés und Delis setzt sich die **Rozengracht** ❹ nun vehement in Szene. Die breite, viel befahrene Verkehrsschneise durchschneidet das Viertel in südlichen und nördlichen Jordaan, der Verkehr brummt, die Tram kreischt. Und doch hat sich die ehedem attraktive Gracht, die 1889 zugeschüttet wurde, in den letzten Jahren wieder etwas berappelt. In das Sammelsurium aus Häusern unterschiedlichen Stils haben sich der Comedy Club **Boom Chicago** ❸, einige Lädchen und Café-Restaurants eingenistet. Als da wären: Velvet Music (Nr. 40), ein cooler Plattenladen mit neuen und 2nd-Hand-Scheiben, **Coppenhagen Kralen** (Nr. 54) mit Perlen, Perlen und nochmal Perlen, **Urban Cacao** (Nr. 200), ein Geheimtipp für alle Schokoladenliebhaber, oder auch Studio Henk (Nr. 204) mit nachhaltig produzierten Möbeln. Bei den Restaurant- und Café-Adressen seien nur ein paar herausgepickt: **Kessens** (Nr. 24) mit super Frühstück, **Broodje Mokum** (Nr. 26) mit leckeren *belegde broodjes*, **Cannibale Royale** (Nr. 114) für anspruchsvolle Fleischliebhaber, **Pesca** (Nr. 133), das vor allem junge Meeresfrüchte-Liebhaber anzieht, und **Moeders** (Nr. 251) mit Gerichten aus Omas Traditionsküche.

Bloemgracht und Egelantiersgracht

Bloemstraat, Egelantiersgracht, Anjeliersstraat, Palmstraat … Im nördlichen Jordaan tragen fast alle Straßen und Grachten Pflanzennamen: Blumenstraße, Heckenrosengracht, Nelkenstraße, Palmstraße oder wie auch immer sie heißen. Diese blumigen Namen liefern eine Erklärung für den Ursprung des Wortes ›Jordaan‹: Es handle sich um eine Verballhornung des französischen Begriffs *jardin,* Garten. Im 17. Jh. wohnten hier viele französische Hugenotten, die wegen ihres Glaubens aus der Heimat hatten fliehen müssen – obwohl der damals verkommene Stadtteil nur wenig Ähnlichkeit mit einem Garten gehabt haben dürfte. Doch heute blüht, sprießt und gedeiht Grünes und Buntes, wo immer sich ein freier Zentimeter findet.

Alltag mit Katze

Auch im Norden des Jordaan setzt sich das Gewirr aus Gassen fort, allerdings steigt die Zahl der Ladenlokale, Cafés und Restaurants noch an. Am Tag und auch am Abend herrscht hier Trubel, doch auf eine freundliche, unaufgeregte Art – anders als am Dam etwa. Und selten bis in die tiefe Nacht hinein. Überall sitzt man auf Treppenstufen und Bänken zusammen, ruft sich von Weitem etwas zu, hockt auf Caféterrassen, ist gut gelaunt. Ein Stück Alltag eben. Worauf auch die zunehmende Dichte an prächtigen Tüllgardinen, buntbemalten Porzellanfigürchen oder anderem Nippes schließen lässt. Hier wohnt der echte ›Jordanees‹ mit seiner *poes,* seiner Katze. Die darf eigentlich auch in keiner Kneipe im Viertel fehlen. Achten Sie mal drauf!

Und was, wenn die Stadt umfällt?

Schmale, blumengeschmückte Sträßchen führen weiter in die nördliche Spitze des Jordaan, queren die Bloem- und die Egelantiersgracht, die beiden letzten ›richtigen‹ Grachten hier oben. Die **Bloemgracht** ❺ ist die vornehmste Adresse des Viertels. Lediglich 1 % der dortigen Häuser besitzt übrigens noch eine Fassade aus dem 17. Jh. Zu diesen

Lieblingsort

Vor der Theke sind alle gleich

Wenn ich im **'t Smalle** 7 sitze, mein *witbier* und ein *belegd broodje* vor mir, spätestens dann bin ich in Amsterdam angekommen. Es ist eines dieser herrlichen Bruine Cafés, die Treffpunkt sind für alle und jeden aus der Nachbarschaft. Hier lässt es sich sitzen, quatschen, entspannen, essen, trinken, Dart spielen. Kurz: Hier darf man sein. In Amsterdam, gerade im Jordaan, kann man sich trefflich darüber streiten, welches der Traditionslokale nun das älteste ist – das **Café Chris** 5 (s. S. 155) aus dem Jahr 1624 ist ganz weit vorne. Da kann das Smalle nicht mithalten, das begann seine Karriere ›erst‹ 1786 als Proeflokaal der Genever-Brennerei Hoppe. Die Einrichtung des Smalle macht mich froh: das über Jahrhunderte vom Tabakrauch braun gefärbte Interieur – daher der Name Bruin Café –, die knarzenden Dielen, die bleiverglasten Fenster, die Wendeltreppe, die einfachen Sitzmöbel, die hölzerne Theke. Man muss früh kommen oder spät, um einen Platz zu finden. Über mangelnde Beliebtheit kann das Café nicht klagen. Probieren Sie mal die *borrelgarnituur,* die seit jeher zum Genver oder Bier gehört: alter und junger Gouda, Leber- und Ochsenwurst sowie *bitterballen,* frittierte Rind- oder Kalbsragoutbällchen, die viel besser schmecken, als sie aussehen. Und ja, zu (fast) jedem Bruin Café gehört die *poes,* die Katze: Denn die kroegtijgers, Kneipentiger, halten die Mäuse fern!

TOUR
Die Welt bleibt außen vor

Hofjes im Jordaan

Infos

E/F5/6

Besuch: www.jordaanweb.nl; ein Besuch ist eingeschränkt möglich, die Hofjes schließen abends, einige auch am Wochenende

Hofjes-Konzerte: Mai–Aug. zweiwöchentl. sonntags, Facebook: Hofjesconcerten

Sozialer Wohnungsbau, Armen- und Altenfürsorge haben in den Niederlanden frühe Vorbilder: die Hofjes. In den Genuss des kostenlosen Wohnens in Häusern, die sich um einen Innenhof *(hofje)* gruppierten, kamen Witwen, alleinstehende Frauen oder arme alte Menschen, weil die reichen Stifter sich so, böse gesagt, die Unsterblichkeit erkaufen wollten.

Schön leise!
»Bitte respektieren Sie Ruhe und Privatsphäre der Bewohner!« Dieses Schild werden Sie vermutlich in jedem der noch zugänglichen Innenhöfe Amsterdams finden. Eigentlich selbstverständlich, sollte man meinen. Ist aber nicht so. Genervt schlossen daher einige Anwohner ihr Hofje komplett. Nicht so das besonders gut in einer mit Efeu berankten Mauer versteckte **Claes Claesz Hofje** (Egelantiersdwarsstr. 3 gegenüber Haus Nr. 4). Um gleich vier Innenhöfe und einen Löwenbrunnen gruppieren sich die Häuser hier. Ab 1615/1616 diente die Einrichtung als Armenhospiz für alte Menschen; im 20. Jh. bewahrte eine Stiftung den inzwischen verwahrlosten Hof vor dem Abriss. 60 Wohneinheiten entstanden, von der Studentenbude bis zur Fünf-Zimmer-Wohnung. Glücklich, wer in diesem Mini-Universum leben darf!

Wer sich noch nicht trennen kann, ist in Carinas Tacobar **Mr. Haz** gut aufgehoben, die einen Blick ins Hofje gewährt und leckere, ungewöhnliche Tacos im L.A.-Street-Style serviert (Egelantiersstr. 24, mrhaz-tacobar.nl/en).

Anständig hat sie zu sein …
Offensiver tritt der **Karthuizerhof** auf: Hinter einer gut 70 m breiten Hausfront liegt eine der schönsten und größten Einrichtungen der Stadt (Karthuizersstr.

89–171). Der vierflügelige Gebäudekomplex von 1650 war einst ledigen Müttern mit ihren Kindern vorbehalten. Lautes Kindergeschrei war aber wohl verpönt, denn die beiden Innenhöfe wurden einst als Bleichanger für die weiße Leinwäsche genutzt und nicht für den Müßiggang, dem wir uns jetzt auf einer der Bänke im Hofe uneingeschränkt widmen.

Eigentlich eine Selbstverständlichkeit: Um Ruhe wird in den Hofjes gebeten – schließlich leben hier auch heute noch Menschen!

Wer früher nicht untadelig lebte, hatte hier nichts zu suchen, auch die Bindung an eine Konfession war ausschlaggebend. Das ist heute anders. Die ursprüngliche Funktion der Höfe ist weitgehend verloren gegangen, und dass keine Miete zu zahlen ist, kommt kaum noch vor. Dennoch liegen die Preise in einer solchen Anlage, wenn sie von einer Wohnungsbaugesellschaft wie hier vermietet wird, unter städtischem Niveau.

Katze obligatorisch!
Auch das **Suyckerhofje** (Lindengracht 149–163) trägt noch heute den Namen des edlen Spenders, des evangelisch reformierten Kaufmanns P. J. Suyckerhof. Meist waren es reiche protestantische Kaufleute ohne Nachkommen, die solch ein Hofje stifteten, um als Wohltäter unsterblich zu werden – calvinistisches Gedankengut lässt grüßen! Für 19 Wohnungen ließ der edle Kaufmann das Geld springen, betagte Töchter und Witwen durften hier ab 1670 ihre letzten Jahre verbringen. Wie es damals aussah? Wissen wir nicht. Heute ist der mit Lavendel, Stockrosen und allerlei mehr bewachsene Hof ein blumengeschmücktes Idyll. Wer jetzt durch den langen Gang zurück in den Alltag geht, den beschleicht mit Sicherheit der Gedanke: Die Welt bleibt außen vor!

Wie ein Genrebild von Jan Steen
Anders im **Papeneiland** (Prinsengracht 2), auch wenn es das Bruin Café bereits seit 1642 gibt. Tatsächlich wurde hier nichts verändert, nur die Toilette zog von oben nach unten. Geblieben sind die schöne Theke, die alten bemalten Tapeten, die Delfter Kacheln, der Ofen mitten im Raum – das garantiert gemütliches Miteinander.

Kopfstoß gefällig? Nicht nur wenn Ajax spielt – Thekenthema Nummer eins im Papeneiland –, kann es schnell mal zum *kopstoot* kommen. Was längst nicht so brutal ist, wie es sich anhört: Auf die Theke kommt ein Genever, und traditionell hebt man nicht das Glas zum Mund, sondern neigt den Kopf zur Theke.

Der Jordaan zählt so viele Cafés wie kein anderes Viertel der Stadt, hier das auch bei Anwohnern sehr beliebte Café Sonneveld (cafesonneveld.nl).

zählen **De Drie Hendricken** (Nr. 87–92), drei Treppengiebelhäuser mit Sandsteinelementen, Bleiglasfenstern, niedrigen Holztüren und Giebelsteinen (s. S. 133), die 1946/47 rekonstruiert wurden. Viele der alten Häuser mussten abgerissen werden, Risse, Einsturzgefahr … Hin und wieder sieht man von gewaltigen Holzpfeilern gestützte Häuser, sie scheinen unter der Last der Jahrhunderte zu ächzen. Der Kinderreim »Amsterdam, die grote stad, is gebouwd op palen, als die stad eens ommeviel, wie zal dat betalen?« bekommt hier plötzlich eine ganz neue Bedeutung.

Männerbesuch? Ja bitte!

Eine der schönsten Aussichten auf die **Westerkerk** (s. S. 96) gibt's von der **Kees de Jongenbrug** ❻ an der Ecke Prinsengracht. Doch Vorsicht: Die Radfahrer scheinen auf der Brücke noch mal richtig Gas zu geben. Ähnlich trubelig geht es auch auf der Straßenterrasse des beliebten **Café 't Smalle** 7 (s. S. 129) zu. Die Aussicht auf den viel besungenen Westertoren gibt's hier gratis, und auch der Besuch im **Sint Andrieshofje** ❼ ist umsonst. Völlig unscheinbar der Eingang in der Egelantiersgracht 105 – doch dann tut sich ein Idyll auf: Durch den blauweiß gekachelten Gang gelangt man in das zweitälteste noch bestehende Hofje (s. S. 130) Amsterdams. Wie ruhig es hier ist! Die Ruhe und die üppige Bepflanzung durften seit 1617 bedürftige katholische Witwen genießen. Heute spielt die Konfession keine Rolle mehr, und Miete müssen die 21 Bewohnerinnen auch zahlen. Verboten bleibt es aber, draußen Wäsche aufzuhängen – und wer einen Mann übernachten lassen möchte, muss die Erlaubnis dazu einholen. Ob Letzteres befolgt wird, sei dahingestellt.

Lindengracht und Noordermarkt

Zwischen Bloemgracht und Lindengracht liegen die meisten Lädchen und Café-Restaurants des Jordaan. Antiquariate, Trödel- und Möbelläden, ungewöhnliche Boutiquen und Second-Hand-Shops haben das Viertel zu einem Tipp für Individualisten gemacht. Noch Energie für etwas Architektur? In der Karthuizersstraat 11–19 reihen sich vier schöne Beispiele für Halsgiebel aneinander: **De Vier Jaargetijden** ❽ (Vier Jahreszeiten) heißen die Häuser – *lente, herfst, somer, winter.* Und gleich um die Ecke liegt der **Karthuizerhof** (s. S. 130).

Ein Stück Alltag

Während die *winkeltjes* (Läden) in der Nachbarschaft eher verstreut liegen, konzentrieren sie sich an der **Lindengracht** ❾. Wir ahnen es schon: Auch hier ist die Gracht längst keine Gracht mehr, das Wasser musste Parkplätzen weichen. Ganz alltäglich geht es hier zu, montags und samstags ist Markt, auch sonst ist stets was los. Noch immer sind hier kleine Handwerksbetriebe untergebracht, wenngleich ihre Zahl deutlich gesunken ist. Die Inschriften an den Häusern **Lindengracht 206–220** verraten, wer hier einst lebte: der *steenhouwer* (Steinmetz), der *smid* (Schmied), der *schilder* (Anstreicher). Diese gegen Ende des 19. Jh. für Handwerkerfamilien gebauten Zwei-Zimmer-Wohnungen ersetzten elende Bruchbuden, in denen unmenschliche Zustände geherrscht hatten. Wer im gegenüberliegenden **Suyckerhofje** (s. S. 131) lebte, hatte es freilich auch damals schon vergleichsweise gut.

Umgekehrte Welt

Die Welt steht Kopf im Jordaan, scheint einer der kuriosesten Giebelsteine der Stadt am Haus **Lindengracht 55–57** besagen zu wollen: Der Straßenname ist von vorne nach hinten zu lesen, die Jahreszahl, 1972, steht auf dem Kopf, und er zeigt Fische in der Krone eines Baumes. Was da los ist? Der *gevelsteen* erinnert an die Jahrhunderte, als sich die Häuser der Straße noch im Wasser der Gracht spiegelten.

Giebelsteine ersetzten früher die Hausnummern, die erst mit Napoleon zu Beginn des 19. Jh. Einzug hielten. Im 15. Jh. entstanden die ersten Schmucksteine, noch recht schlichte Exemplare, die Aufschluss über Beruf und Lebensform der Hausbewohner gaben. Später wurden sie immer fantasievoller. Also, Kopf hoch und Ausschau halten. Im Haus **Noorderkerkstraat 14** ❿ etwa verheißt der schön restaurierte Giebelstein »Het Geloop Hopp en liefden«, Glaube, Hoffnung, Liebe. Herzerwärmend!

Der Amsterdamer an und für sich

Wer den **Noordermarkt** am Samstag besucht, wird den tieferen Sinn des Wörtchens *gezellig* schnell verstehen. Man trifft sich zum Markt – aber nur einzukaufen, wäre dem umtriebigen Amsterdamer viel zu dröge. So *kletst* er zwischen den Marktständen über dies und das, nimmt eine *appeltaart* (meist im Café **Winkel 43** 12, wo es den besten Apfelkuchen der Stadt geben soll), unterhält sich anschließend noch eine Runde, bevor er sich auf sein vollbeladenes Rad schwingt. Töpfe wurden hier im 17. Jh. verkauft, heute ist das Angebot um einiges üppiger. Insbesondere samstags, wenn nicht nur einer der tollsten **Biomärkte,** sondern in der Lindengracht auch ein großer **Wochenmarkt** stattfindet. So friedlich wie heute ging es auf dem **Noordermarkt** 10 nicht immer zu, mehrmals war er Schauplatz blutiger Aufstände. An eine dieser Revolten erinnert ein **Denkmal** auf dem Platz.

Besonders schön ist es, den Besuch des Marktes mit einem Konzert in der **Noorderkerk** ⓫ (unregelmäßig; ca.

T

TREIBEN LASSEN ...

... könnte die Handlungsanweisung für Shopping im Jordaan sein. Bei jedem Gang durch das Viertel ist ein neuer Laden da, ein anderer verschwunden. Ein paar ›Dinosaurier‹ halten sich schon lange, dazu zählen **Mechanisch Speelgoed** (Westerstr. 67, mechanisch-speelgoed.nl), ein wunderbar fröhlich bunter altmodischer Spielzeugladen, **De Weldaad** (Noordermarkt 35–36, www.weldaad.com), wo man sich in einer Ex-Garage auf 200 m^2 durch restaurierte Möbel und Regale voller Wohnaccessoires schlängelt, oder auch **MOO!ZO** (Nwe. Leliestraat 32, www.mooizo-jordaan.nl) mit feiner Vintage- und Second-Hand-Mode. Kleine Boutiquen gibt es viele, **LENA** (Westerstr. 174h, www.lena-library.com) aber ist noch einzigartig in der Stadt: eine ›Fashion Library‹. Alle Kleidungsstücke können ausgeliehen werden, für eine Woche, einen Monat oder auch nur einen Tag – ganz wie in einer Bibliothek. Sie haben für den Städtetrip nicht das Richtige eingepackt? Dann sind Sie hier richtig und tun noch Gutes für die Umwelt. Süß wird's in **Het Oud Hollandsche Snoepwinkeltje** (2e Egelantiersdwarsstr. 2, www.snoepwinkeltje.com), wo man sich angesichts bunt gefüllter Bonbonnerieren wieder wie ein Kind fühlt. In eine ganz besondere Welt begibt man sich auch bei Distortion Records (Westerstr. 244, www.distortion.nl). Einfach den Besitzer fragen, der weiß, wo welche Platte steht. Eine gute Auswahl an Jazz- und klassischen Musik-Vinyls hat Flesch Records (Noorderkerkstr. 16H), ein gemütlicher und schöner Ort.

Sept. –Mai) abzuschließen. Diese Kirche ist übrigens etwas ganz Besonderes. Das von Hendrick de Keyser, dem führenden Baumeister des Goldenen Jahrhunderts, erbaute Gotteshaus, war weltweit eine der ersten Kirchen, die eigens für den protestantischen Gottesdient erbaut wurde – einfach, geräumig, die Kanzel in der Mitte, damit sich die Kirchgänger ganz auf das Wort Gottes konzentrierten.

Zur Brouwersgracht

Schnuppern Sie mal. Was riechen Sie? Egal, was es ist, nach Bier riecht es nicht – außer Sie stünden vor einem der vielen Lokale und Bruine Cafés an der Brouwersgracht. Einst lagen hier zahlreiche Brauereien, und das roch man auch!

In die Spitze getrieben

Doch stopp, noch sind wir auf dem Weg zur nördlichsten Jordaan-Gracht und schauen vorher noch bei zwei Hofjes (s. S. 130) vorbei. Fast in der Spitze des Viertels liegen zwei der hübschesten und intimsten Innenhöfe. Treffend schreibt Max van Rooy in seinem Buch »Die Sprache des Backsteins«: »Gerade im Jordaan gerät der Besucher oft unversehens in eine dieser pittoresken Enklaven voller liebevoll gepflegter Pflanzen und Blumen. Dann beschleicht ihn ein freudiges Gefühl und zugleich ein wenig Verlegenheit, er hat den Eindruck, sich auf einem Privatgrundstück zu befinden.« Tatsächlich fühlt man sich ein wenig wie ein Eindringling, gerade in diesen beiden Hofjes in der Palmgracht. Während der Eingang zum **Bosschehofje** ⓬ in Nr. 20–26 eher unspektakulär ist, lädt die in kräftigem Rot gehaltene Nachbartür ins **Raepenhofje** (Nr. 28–38) ein. Die 1648 für protestantische Witwen gegründete Einrichtung teilt sich (ungewöhnlicherweise) einen Mini-Innenhof mit dem Bosschehofje. Ein friedvolles Gefühl überkommt den Betrachter zwischen viel Grün und bunt bepflanzten Blumenkästen.

Früher roch die Welt anders

Nach Bier riecht es in der **Brouwersgracht** ⓭ nicht mehr, und auch nicht nach Pfeffer, Muskat oder Kampfer. Einst lagerten teure Gewürze, Tuche und vieles mehr in den alten Packhäusern mit den gewaltigen Fensterläden, heute dienen diese, hervorragend renoviert, als Luxusbehausungen. Zwei Zugbrücken aus dem 19. Jh. verbreiten ein wenig Flair vergangener Zeiten. Die malerischen Brücken sind beliebte Fotomotive, ebenso wie die Hausboote mit viel Grün und Blumen vor der Tür. Eine Institution des Viertels wartet am östlichen Ende der Gracht, das Bruin Café **Papeneiland** (s. S. 131; www.papeneiland.nl). Hier brummt es wie im Bienenstock – und zumindest die originale Einrichtung schickt den Gast auf Zeitreise ins 17. Jh.

Nicht selten führt ein Familienausflug die Amsterdamer zu Stubbe's Haring.

Haarlemmerbuurt

Stubbe's 15 Heringbude auf der Brücke Haarlemmersluis ist ein erster Hinweis auf das Schifffahrtsviertel und sehr gut besucht dazu. Diese Amsterdamer Institution verkauft einen der wohl besten Heringe Amsterdams: im Brötchen, mit Gurke und Zwiebeln. Nicht ganz günstig und im Stehen zu genießen. Kopf in den Nacken – und weg damit.

Die Schiffsschraube auf der gegenüberliegenden Straßenseite und die über den Straßennamen angebrachten Schilder mit dem Wörtchen ›Scheepvaartbuurt‹ unterstreichen das maritime Flair noch. Die **Haarlemmersluis** selbst, eine alte Schleusenanlage von 1602, spielte früher eine wichtige Rolle beim Regulieren des Wasserstandes in der Stadt und als Abwasserkanal. Heute sieht sie nur noch gut aus.

Haarlemmerstraat und Haarlemmerdijk

Seit jeher ging es in diesem Viertel quirlig zu, wurde auf den beiden Straßen **Haarlemmerstraat** und **Haarlemmerdijk** 12 eingekauft und eingekehrt. Heute freilich liegen nicht mehr Taue, Segeltuch und Seemannspullover in der Auslage, sondern Leckereien und Delikatessen, Blumen, Antikes und Kuriositäten, modische Kleider und Kinderpullis. Und statt Schiffsbauern und kleinen Händlern tummeln sich hier Juppies und Jordanezen, Foodies und Alternative, Touristen und der Herr im grauen Einreiher. Wer Lust auf Ungewöhnliches hat, findet an diesem ›Volksboulevard‹ sicher die idealen Shoppingadressen (s. S. 155). Die Atmosphäre im Viertel ist noch nachbar-

Haarlemmerbuurt & Westerpark

Ansehen

1 – 13 siehe Karte S. 124
14 West-Indisch Huis
15 Tussen de Bogen
16 Sloterdijkerbrug
17 De witte Pelecaen
18 Drieharingenbrug
19 Zandhoek
20 Kinderboerderij
21 Westerdok
22 IJdock
23 Silodam
24 Pontsteigergebouw
25 Het Schip mit Museum
26 Zaanhof
27 Westergas
28 Het HEM
29 siehe Karte S. 124
30 Street Art Museum

Essen

1 – 5 siehe Karte S. 124
6 Dumplings – Jiaozi
7 – 14 siehe Karte S. 124
15 Stubbe's Haring
16 Tannay
17 BAK
18 Dignita Westerpark
19 REM
20 ferry
21 Restaurant Freud
22 Restaurant Amsterdam

Einkaufen

1 – 11 siehe Karte S. 124
12 Haarlemmerstraat

Bewegen

1 siehe Karte S. 124
2 Boerderij Westerpark
3 Mokumboot

Ausgehen

1 – 11 siehe Karte S. 124

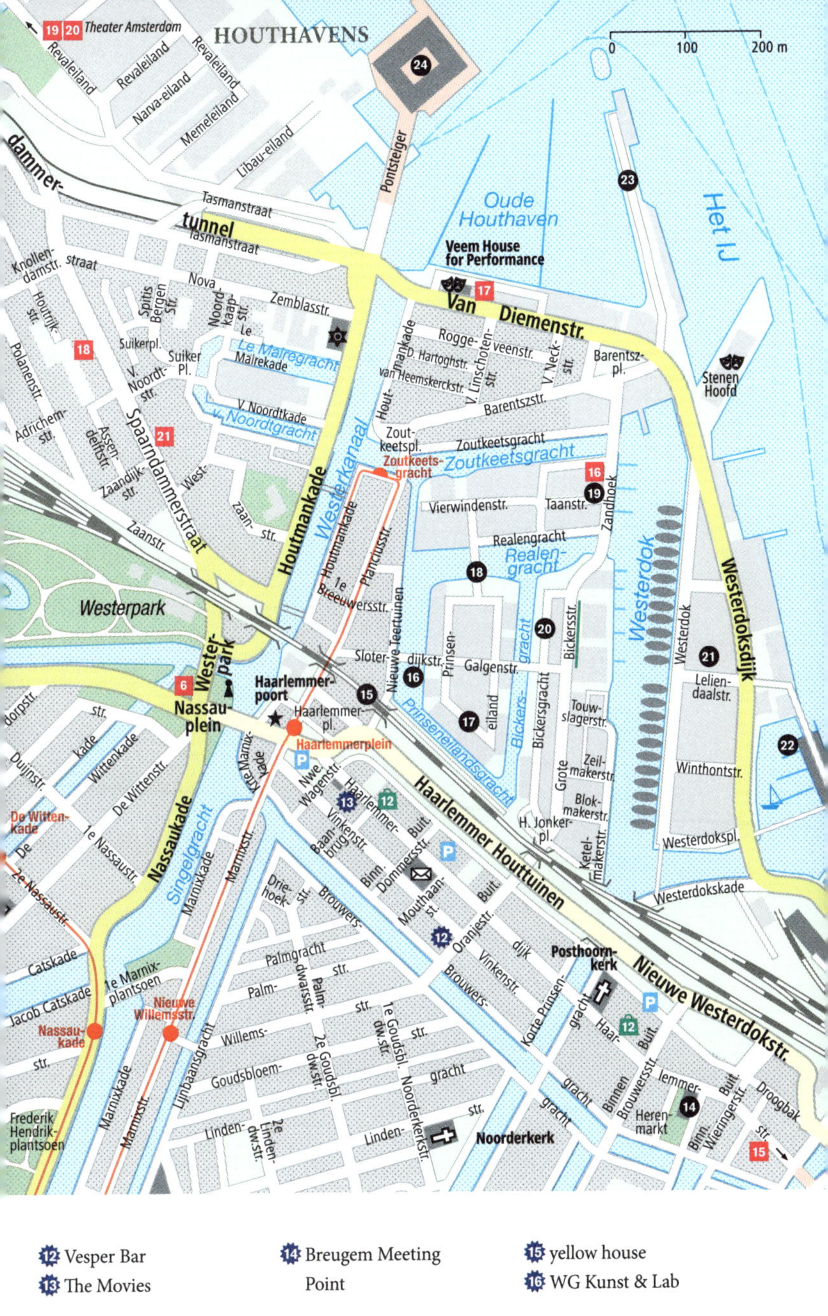

12 Vesper Bar
13 The Movies
14 Breugem Meeting Point
15 yellow house
16 WG Kunst & Lab

schaftlich-gemütlich, alltäglich eben. Und die Chance, hier einen breitschultrigen Mann mit Pranken zu finden, die über und über mit Ankern tätowiert sind, wie es Simon Carmiggelt in seinen launigen »Kneipengeschichten« schreibt, sind trotz allem so schlecht nicht (»Auf ein Gläschen«, Unionsverlag).

Das Geburtshaus von New York

Der ›Volksboulevard‹ gleicht einem ›Fietsboulevard‹, und wer die Straße queren möchte, sollte vorsichtig sein: Die Zweiräder heizen in solch einem Tempo vorbei, dass man nicht mit ihnen zusammenstoßen möchte! Gar nicht in diese Szenerie passt das **West-Indisch Huis** 14 am Herenmarkt. Von 1623 bis 1647 war dieses ehemalige Schlachthaus die Schaltzentrale der bedeutenden West-Indischen Compagnie (WIC), die sich Handel, Piraterie und Sklavenhandel verschrieben hatte. Das bedeutende Zeugnis holländischer Kolonialgeschichte trägt im Volksmund den Beinamen ›Das Geburtshaus von New York‹, da hier 1625 der Beschluss gefasst wurde, den Algonquin-Indianern für Waren im Wert von lächerlichen 60 Gulden die Insel Manhattan abzukaufen. Der lauschige Innenhof und der vordere Teil des Gebäudes mit einer Statue des ersten Gouverneurs von Nieuw Amsterdam, dem späteren New York, Peter Stuyvesant, ist während der Öffnungszeiten des gemütlichen Café Nieuw Amsterdam mit schöner Straßenterrasse (cafenieuwamsterdam.nl/en) zugänglich. Früher, als der Herenmarkt noch ›Varkensmarkt‹ hieß, handelte man hier mit Schweinen, *varkens*. Später wurde sein Name zu ›Hoerenmarkt‹ (Hurenmarkt) verballhornt.

E

›ECHT LEKKER ETEN!‹

Im Ekoplaza Food**marqt** in der **Haarlemmerstraat** 12 macht Einkaufen einfach Spaß! Der Öko-Supermarkt hat sich der Nachhaltigkeit verschrieben. Der Traum der Gründer war 2006: ein Geschäft mit nachhaltigen, fair gehandelten und lokalen Lebensmitteln als Gegengewicht zum bestehenden Nahrungsmittelsystem zu etablieren. Das Konzept schlug ein, aus einem Laden wurden schnell mehrere, heute gibt es acht in Amsterdam (Haarlemmerstraat 165, marqt.nl, Mo–Sa 8–22, So 10.30–20 Uhr).

»Old masters by new masters«

Etwas weiter, neben **Ekoplaza Foodmarqt** 12 (s. links), hängt ein Frans Hals an der Wand – in diesem Fall ein Mural des bekannten Street-Art-Duos Telmo Miel. Kurz vor dem Haarlemmerplein ist mit dem Art-déco-Filmtheater **The Movies** 13 eine Institution im Viertel erreicht. Neben dem traumhaften Interieur überzeugt das älteste Kino der Stadt mit Arthousefilmen, Dokumentationen und den besseren Hollywoodproduktionen. Hinter dem Haarlemmerplein trumpft die monumentale neoklassizistische Haarlemmerpoort (1840) auf, eines der letzten beiden erhaltenen Stadttore. Doch wir biegen vorher nach rechts ab – ein Idyll der Ruhe wartet nach diesem trubeligen Stück Alltags-Amsterdam!

Westelijke Eilanden

Die nun zu querende Bahnunterführung heißt **Tussen de Bogen** 15, ›Zwischen den Bogen‹. Unter den Arkaden der Eisenbahnbrücke haben sich Büros, Ateliers und Läden angesiedelt. Auffallend sind die vergoldeten ›Skulptürchen‹ über den Türen: Hier gibt es alles, von der Madonna bis zum Telefon.

Ein Blickfang ist die malerische Hebebrücke mit dem hübschen Namen ›Drieharingenbrug‹. Einst wohnten hier Heringsfischer.

Der lange Weg zur Luxusbude

Lust auf ein Mini-Paradies? Hinter der Unterführung öffnet sich eine andere Welt. Idyllische Grachten, hübsche, weiß gestrichene Zugbrücken, renovierte Speicherhäuser. Kein Verkehrslärm belästigt das Ohr, das Auge darf genießen. Die drei künstlichen Inseln **Bickers-, Prinsen-** und **Realeneiland** – mit Erde aufgefüllte Sandbänke – wurden im Rahmen der ersten Stadterweiterung zwischen 1613 und 1615 angelegt. In den Lagerhäusern abseits des vornehmen Grachtengürtels siedelten sich Teersiedereien, Seilereien, Werften, Schmieden, Holzlager und Fischräuchereien an – ähnlich wie in der Brouwersgracht oder im Jordaan. Ein erstes Industrieviertel entstand. Über drei Jahrhunderte blieb maritime Geschäftigkeit das Charakteristikum der Westelijke Eilanden, bis sich die Schifffahrt im 20. Jh. stark veränderte. Die kleinen Betriebe mussten schießen, der neue Hafen verlagerte sich nach Westen. Die leer stehenden und vernachlässigten Häuser dienten nun Hafenarbeitern und Arbeitslosen als Wohnung. Heute sind die Lagerhäuser und Werkstätten fast alle komplett umgebaut, sind hier Künstlerateliers und luxussanierte Wohnungen entstanden.

Wohnt hier ein Prinz?

Lediglich der Straßenname des idyllischen Nieuwe Teertuinen (Neue Teerfelder) verrät, dass sich hier einst die Teersiedereien befanden. Teer und Pech, mit denen man die Ritzen der Holzboote abdichtete, lagerten in Fässern an den unbebauten Kais. Es fällt schwer, sich heute vorzustellen, dass hier giftige Teerdämpfe durch die Luft waberten. Gesund war das nicht.

Die idyllische **Sloterdijkerbrug** 16 schlägt ihren Spagat über die **Prinseneilandsgracht** zum Prinseneiland. Die

Lieblingsort

Mandelas Gemüsegarten

Wenn man auf das haushohe **Mural** auf **Prinseneiland** (📍 F 4) zuschlendert, denkt man erstmal gar nichts Böses, nur: wie hübsch! Tomaten, Mangold, Möhrchen, ein paar Blumen … Erst auf den zweiten Blick fällt oben im Bild das vergitterte Fenster auf. Wie seltsam! Dann die Beschriftung im unteren Drittel: »Nelson Mandela's Moestuin te Pollsmoor« heißt es da, »Nelson Mandelas Gemüsegarten in Pollsmoor«. Das Mural ist eine Ehrbezeugung für den Freiheitskämpfer und späteren Präsidenten Südafrikas, der für seine Überzeugungen 27 Jahre in politischer Haft saß, unter anderem sechs Jahr in Pollsmoor, wo er einen Gemüsegarten anlegen durfte. Dazu Mandela in seiner Biografie: »(Der Garten) war meine Art, der eintönigen Betonwelt um mich herum zu entkommen.« Wie schön, bis heute macht der *moestuin* so Menschen glücklich!

doppelte Zugbrücke aus dem 19. Jh. ist altholländischen Vorbildern nachempfunden und eine der wenigen noch existierenden in Amsterdam. Man meint, in einer Romankulisse zu stehen. Einer schaurigen. Denn von der Brücke blickt man in die **Galgenstraat,** die früher freien Blick auf die gegenüberliegende IJ-Seite und auf die dort am Galgen Aufgeknüpften gab …

Die ›**Prinzeninsel**‹ – sie erhielt ihren Namen nach dem einst vornehmsten Gebäude hier, ›De drie Prinsen‹ – ist die charakteristischste des Mini-Archipels; hier hat sich viel vom Flair der alten Hafenstadt erhalten. Wo heute die teuersten und schicksten Wohnungen, einige Kleinwerften und zahlreiche **Künstlerateliers** zu finden sind, standen früher die meisten Speicherhäuser. Interessierten Besuchern stehen an verschiedenen Terminen die Türen der Künstlerateliers offen (oawe.nl).

Giebelkunde

Haben Sie Lust auf etwas Giebelkunde und Giebelsteinelesen? Dann sind sie auf den Inseln gerade richtig. Auf der Prinzeninsel reicht die Palette von gewöhnlichen Speicherhäusern mit Spitzgiebel – Nr. 65–73 (Mars, Broek in Waterland, Goudenkop, Korenbeurs, Schelvis) und Nr. 77–85 (Vrede, Frieden) – bis zu doppelten Lagerhäusern mit Trapezgiebel. Zu ihnen gehören etwa Justina und Catharina (Nr. 61–63) und De grote Windhond (Nr. 151). Das Schöne: Giebelsteine illustrieren die Namen. Ein schönes Exemplar findet sich an Haus Nr. 269–283, **De witte Pelecaen** 17 (Der weiße Pelikan) von 1664.

Heringe, frische Heringe!

Die sehr schmale Hebebrücke **Drieharingenbrug** 18 ist allein Fußgängern und Radfahrern vorbehalten. Sie überquert die Realengracht und führt nach Realeneiland. Woher der hübsche Name kommt? Der Giebelstein am Haus Vierwindendwarsstraat 3 zeigt drei Heringe, einst wohnten hier Heringsfischer. Von dem kleinen Viadukt haben Sie einen schönen Blick auf Boote und zu *woonbooten* umfunktionierte Lastkähne. Die Grachten rund um die Westlichen Inseln sind pickepackevoll mit Schiffen: große und kleine, alte und neue, hübsche und hässliche Schiffe. Einige *tjalken* gibt es auch noch, einmastige Küstensegler, die an Amsterdams Geschichte als ruhmreiche Seefahrernation erinnern. Und auch Schwäne, Teichhühner und Enten haben an den Kais ›festgemacht‹ oder dümpeln träge auf dem Wasser.

Sechs Scheffel Sand, bitte!

Auch der **Zandhoek** 19, die ›Sandecke‹, erinnert an frühere Zeiten, als hier noch der Sandmarkt stattfand. Auf dem Kai wurde übrigens nicht mit Bausand gehandelt, vielmehr wurden die auslaufenden Schiffe mit dem notwendigen Ballast, eben Sand, beladen. Die 13 ausgezeichnet renovierten *kapiteinswoningen* aus dem 17. Jh. machen den Zandhoek zur schönsten Straße der Westlichen Inseln. Sie künden noch heute vom Wohlstand der sie einst bewohnenden Kapitäne. Dazu eine hübsche Geschichte: Die eleganten Grachtenhäuser mit den schönen Giebelfassaden sollten eigentlich abgerissen werden. Der Schriftsteller Jan Mens widmete ihnen 1940 sein Buch »De Gouden Reaal«, dessen Erfolg letztlich ihren Abriss verhinderte. Einige Häuser besitzen noch Giebelsteine, so Nr. 12 ein Schiff, Nr. 10 einen Anker, Nr. 6 einen Schimmel, Nr. 4 die Arche Noah und Nr. 3 einen Löwen. Im Giebelstein des Hauses Nr. 14 an der Ecke zur **Zoutkeetsgracht** ist ein Real (Gouden Reaal) zu erkennen, eine Münze, wie sie zu Lebzeiten von Laurens Jacobszoon Reaal (1588–1648) in Spanien in Umlauf war. Dieser wohlhabende Kaufmann erwarb zahlreiche Grundstücke auf Realeneiland, dem er auch den Namen gab.

In dem hübschen Eckhaus ist heute ein Restaurant untergebracht, das **Tannay** 16. Die lauschige, von der Sonne verwöhnte Straßenterrasse lädt zum Blick aufs Wasser ein. Wer nicht einkehren möchte, kann es sich am Zandhoek auch auf einer der Bänke bequem machen.

Der Blick nach rechts in die Westerdok-Gracht fällt auf die knallroten Klappläden des Hauses Nr. 22–38. **De Lepelaar** (Der Löffler) ist eines der wunderschön renovierten Lagerhäuser an diesem Kai. Früher waren die Läden der Speicher übrigens geschlossen, erst seitdem diese als Wohnhäuser genutzt werden, sind sie immer geöffnet.

Gemecker und Gegrunze

Die dritte Insel im Bunde, Bickersleiland, ist die wohl alltäglichste der drei Inseln. Vorbei an Schule, Spielplatz, Halfpipe geht es zur **Bickersgracht.** Die Gebäude an der Gracht sind ein Mix aus Alt und Neu. Die zahlreichen, recht gut eingepassten Neubauten gehen auf das Konto der 1970 gegen den Komplettabriss der alten Bausubstanz gegründeten Bürgerinitiative, deren Protestbewegung erreichte, dass wenigstens dieser Teil der Insel als Wohngebiet erhalten blieb.

An der Bickersgracht spielt sich das Leben wie früher meist an und auf dem Wasser ab. Den nostalgischen Charme der Straße machen kleine Backsteinhäuser, Kopfsteinpflaster, zugewucherte Grachtengärten und Blumen aus. Nachbarn bleiben auf der Straße stehen und plaudern miteinander. Es fällt schwer sich vorzustellen, dass diese Ecke in den 1960er-Jahren als eine der schlechtesten Wohngegenden der Stadt galt. Zu den Gesprächsfetzen, die man im Vorbeigehen mitbekommt, gesellen sich bald tierische Laute: Gemecker und Gegrunze, das kurze Zeit später von Knabbern und Schmatzen abgelöst wird. In der **Kinderboerderij De Dierencapel** ⓴ ist Fütterzeit für Hängebauchschweine, Ziegen, Schafe, Hasen, Hühner und Enten (Bickersgracht 207, www.dedierencapel.nl, Di–So 9–17 Uhr, Spende erwünscht).

W

WOHNEN AUF DEM WASSER

Bed & Boat: Ayla und Jake lassen Sie an Ihrem Hausboot-Glück teilhaben, ganz exklusiv am **Westerdok** ㉑. Auf der ›Hope‹ gehören Ihnen dann eine Luxus-Koje für zwei, Bad und Küche. Ahoi! (Nr. 61, amsterdambedandboat.com, Bus 48, Nacht 197 €, 2 Nächte Mindestaufenthalt.)

Leben am Wasser

Dort, wo die Bickersgracht ein wenig an Flair verliert, geht es links über die Bickerswerf ans Wasser des Westerdok mit den im Jachthafen fest vertäuten Booten. Auf Holzplanken spielt sich hier im Sommer das Leben ab. Da packen zwei Freundinnen ihr Abendbrot aus, ein paar Leute schleppen Grill und Grillgut heran, die Nachbarskinder springen jauchzend in die Gracht, bis sie zum Essen ins Haus gerufen werden. In die Gracht? Ja, seitdem die Stadt darum bemüht ist, die Wasserqualität in den Grachten zu verbessern, sieht man die Amsterdamer immer häufiger in den Kanälen plantschen.

Doklanden

Von den hölzernen Planken am Jachthafen fällt der Blick auf das gegenüberliegende **Westerdokseiland,** wo sich das **Westerdok** ㉑ wie ein Riegel ins Gesichtsfeld schiebt. In mehreren Gebäudekomplexen entstanden hier knapp 900 Wohnungen für 2000 Menschen und Bürogebäude für 5000 Werktätige. Die Baupläne für diesen »Klotz« waren den Bewohnern der Westlichen Inseln ein Dorn im Auge. Sie fürchteten, die neue Bebauung könne zu hoch und zu dicht werden. Doch das Wes-

›Essen auf Stelzen‹: REM Eiland. Und den Überblick gibt's gratis!

terdok zeigt eine aufgelockerte Front, die Gebäude sind unterschiedlich hoch, viel Glas kam zum Einsatz. Außerdem entstanden 60 Hausbootplätze, damit sich das Flair des alten Hafengebiets erhält.

Achtung: Eisschollen im Hafen!

Kaum war dieses Bauprojekt verdaut, schossen sich Kritiker auf ein neues Gebäude ein: das **IJdock** ㉒, das sich auf einer nur zwei Fußballfelder großen Halbinsel (180 x 60 m) an der äußeren Kante des Westerdoksdijk zum IJ hin ins Auge schiebt. 3000 Menschen wohnen und arbeiten hier. Vom »Manhattan Amsterdams«, den »Western Docklands« oder auch von »einer Ansammlung von Eisschollen« war die Rede – Amsterdamer sind ja nie um Spitznamen oder Vergleiche verlegen. Die Eisschollen spielen auf die Form des Gebäudes an: Vier scharfe ›Schnitte‹ teilen es in fünf ungleich große Stücke auf. Diese Sichtachsen geben den Blick sowohl von den dahinterliegenden Westlichen Inseln als auch dem Jordaan auf das IJ frei. Es funktioniert! Quer über das Westerdokseiland hinweg, durch die Winthontstraat, reicht der Blick bis zum A'DAM Toren in Noord (s. S. 224) hinüber. Die zentrale Achse (»Grand Canyon«), die den Komplex längs durchschneidet, erlaubt den ›Durchblick‹ vom Hauptbahnhof aus, ein weiterer Schnitt ist die Verlängerung der Keizersgracht zum IJ hin. Der geniale Masterplan geht auf die Architekten Dick van Gameren und Bjarne Mastenbroek (SeArch) zurück.

Die Wasserschutzpolizei logiert hier, zwei der ›Tortenstücke‹ sind dem Justizpalast vorbehalten, auch ein Apartmentkomplex und das Hotel Room Mate Aitana (room-matehotels.com/de/aitana) haben Einzug gehalten. Gastronomie mit spektakulären Terrassen, Ladenzeile und Jachthafen mit 60 Liegeplätzen komplettieren das Ganze. Ob es schön ist? Dazu hat wohl jeder seine eigene Meinung.

Hangout am Wasser

Der **Stenen Hoofd,** ein mehr als 100 Jahre alter Pier, ist so beliebt wie bedroht. Was die einen als einen der letzten ›Rohdiamanten‹ der Stadt fasziniert, sehen die anderen als Investitionsobjekt. Noch haben Anwohner und Besucher die Nase vorn, konnte etwa das Projekt einer Fahrradbrücke rüber nach Noord vereitelt werden.

Fester Bestandteil des Nachbarschaftslebens auf der rauen Halbinsel ist seit mehr als 20 Jahren das Open-Air-Kino-Festival **Pluk De Nacht** (www.plukdenacht.nl), das im August unzählige Menschen anlockt. Immer wieder ploppen Pop-up-Restaurants mit (aufgeschüttetem) Sandstrand und Liegestühlen auf – fertig ist der Sommernachtstraum! Wegen des rauen Wassers und der hohen Kaimauer sollte man sich mit dem (allerdings grandiosen) Blick aufs Wasser zufriedengeben!

Container-Wohnwelt

Weiter oben grüßt ein weiteres Wahrzeichen der Amsterdamer Wasser-Skyline, **Silodam** ㉓. Der Neubaukomplex mit gut 150 Wohnungen und 600 m² Bürofläche ist in Form und Farbe Containerschiffen nachempfunden. Im Vergleich zu einer der neuesten ›Errungenschaften‹ der Stadt, dem Pontsteigergebouw (s. S. 144) um die Ecke, nahmen die Amsterdamer die bunte Legosteinwelt des Silodams recht freundlich an. Vielleicht weil hier nach dem bewährten Konzept verfahren wurde, Sozialwohnungen und normale Mietwohnungen anzubieten.

Houthavens

Wer schon einmal hier ist, sollte einen Blick auf die Bautätigkeiten im **Houthaven** werfen: In dem alten Holzhafen von 1876 sollen bis 2025 »sieben grüne Wohninseln« mit 1700 Wohnungen entstehen, davon ein Fünftel sozialer Wohnungsbau – ein engagiertes Projekt! Das Besondere an diesem ›Wohnen auf dem Wasser‹: Das neue Stadtviertel soll als erstes der Stadt bis zu 100 % klimaneutral sein! Auch an Hausboote ist gedacht: Bis zu 70 dürfen an den autofreien Wohninseln andocken.

Viele Häuser sind schon bewohnt. Hierher ziehen vor allem (junge) Familien, Kreative und Leute, die ihre Rente richtig anzulegen wussten. Infrastruktur ist auch schon da: ein Kindergarten, ein Ballspielfeld, ein Park mit Spielplatz, Schulen, etliche Restaurants, ein Hotel, ein Programmkino … Ansonsten wird gebaut, gebaut und nochmals gebaut (s. S. 146).

»A little too big, amigo?«

Ein Projekt ganz anderer Art ist das **Pontsteigergebouw** ㉔. Was lässt sich Positives über die 90 m hohe Wohnanlage sagen, die ebenfalls im Rahmen der Gebietserschließung Houthaven entstand? Sie liegt in bester Lage am IJ, und ihre Bewohner haben eine Traumaussicht auf Wasser, Stadt und Himmel. Pech hat, wer hinter dem ikonischen Gebäudekomplex wohnt, denn dem nimmt er die Sicht aufs IJ. Auf diese Landmarke hätten viele Anwohner gerne verzichtet. Das höchste Gebäude der Stadt mit den teuersten Apartments des Landes ist wenig beliebt, in der Presse etwa hieß es, Amsterdam werde nun eine Enklave für reiche Idioten, und auch der wenig schöne Spitzname »Scheißhaus« geisterte durch die Medien. Wirklich schön ist's nur wenige 100 m weiter westlich, dort liegt mit dem großzügigen Badesteg Het Eikenhout einer der schönsten Stadtstrände Amsterdams.

Wer eine ähnliche Traumaussicht aufs Wasser und eine ungewöhnliche Location genießen möchte, dem seien **ferry** 20, eine alte Fähre, und **REM** 19, ein ehemaliger Piratensender, empfohlen.

Spaarndammerbuurt

Die Anwohner der Spaarndammerbuurt im Süden der Houthavens sind derzeit ziemlich besorgt. Sie befürchten, dass ihr ruhiges Viertel von den neuen Nachbarn ›überrannt‹ werden könnte.

Die Latte-Macchiato-Front kommt

In den letzten 15, 20 Jahren sind hier Kneipen, Cafés und Restaurants wie Pilze aus dem Boden geschossen. Waren es 2005 in der ›Hauptstraße‹ des einstigen Volksviertes, der **Spaarndammerstraat,** noch zwei Cafés und das alte Volkskoffiehuis, das vor allem ältere Leute aus der Nachbarschaft auf einen günstigen Kaffee und einen Schwatz besuchten, sind es heute mehr als 20 Lokale – von der Pizzeria über das

L

LEBENSWERTE STADT

Mit dem Houthaven-Projekt beweist Amsterdam wieder einmal, dass es nicht zu Unrecht weltweit führend in puncto nachhaltige und intelligente Stadtentwicklung ist. Kennzeichen dieser Vorreiterrolle sind ein innovatives Wassermanagement, ein intelligentes Stadtdesign, eine Vielzahl an Projekten für erneuerbare Energien und einzigartige Gemeinschaftsinitiativen.

vegane Restaurant bis zum trendy Eetcafé. Das Volkskoffiehuis übrigens musste 2018 schließen, und auch der geliebte Frauen-Hammam ist geschlossen.

Viele aus der alten Nachbarschaft werden sich den Besuch in den neuen Etablissements nicht leisten können; die neuen Nachbarn aus den Houthavens indes kommen gerne und oft her. Andererseits beleben die Yuppies auch den Handel, die Blumenfrau verdient mehr, endlich gibt es einen Bäcker. Dass neue Initiativen nicht immer schlecht sein müssen, zeigen Projekte wie das Nachbarschaftshaus **VOLTA** mit spannendem Programm (volta-amsterdam.nl, Houtmankade 336), das **Restaurant Freud** 21, wo Menschen mit psychischem Handicap oder einem Suchtproblem arbeiten, oder Dignita Westerpark 18, ein tolles Brunchlokal, das Menschen bei der Wiedereingliederung in den Arbeitsmarkt hilft.

Sollte der hohe Anteil von Sozialwohnungen im Viertel bestehen bleiben, könnte dies der Gentrifikation zumindest noch eine Weile einen Riegel vorschieben.

Paläste für die Arbeiter

Als Tagesbesucher merkt man von den Veränderungen im Viertel wenig. Die meisten Touristen kommen in die ruhige Spaarndammerbuurt, um das Highlight der Amsterdamer Schule (s. S. 178) schlechthin zu besuchen, **Het Schip** 25. Unter sozialdemokratischer Ägide erhielt hier der wohl bedeutendste Vertreter dieser Architekturrichtung, Michel de Klerk, Anfang des 20. Jh. den Auftrag, im Spaarndammer Viertel Bahn- und Hafenarbeiterwohnungen im großen Stil zu schaffen.

Het Schip ist heute wie damals ein Fest fürs Auge! Der innovative soziale Wohnungsbau mit seinen verspielten Details markiert den Durchbruch der Amsterdamer Schule. Fenster putzen allerdings möchte man hier nicht … In bis zu 81 Vierecke unterteilte der Architekt die Fenster des expressionistischen Wohnblocks, der wegen seiner Form ›das Schiff‹ genannt wird. Nicht ganz so verspielt, aber dennoch unbedingt einen Besuch wert, gerade weil es hier noch so ruhig und idyllisch zugeht, ist der **Zaanhof** 26 von 1916 (Herman Walenkamp). Hier mag man sich gar nicht mehr trennen …

Dieser Teil von Het Schip ist liebevoll mit die ›Zigarre‹ betitelt.

Der auf einem dreieckigen Grundriss rund um den **Spaarndammerplantsoen** 1913–21 entstandene backsteinerne Gebäudekomplex des ›Schiffs‹ ist durch schwellende Formen – viele fühlen sich an Gaudí erinnert –, reich untergliederte Fassaden und Fenster, vorspringende Erker und Türmchen gekennzeichnet. Neben Wohnungen fanden sich in der dreieckigen, in der Mitte spitz zulaufenden Anlage mit kleinem Türmchen auch Postamt, Vereinslokal, Schule und **Museum** (s. S. 147).

Westerpark

Keinen Kilometer liegt der Westerpark vom Grachtengürtel entfernt, und doch taucht man hier in eine ganz andere, eine alltäglichere Welt ein. Übrigens heißen sowohl der bei Familien überaus angesagte Stadtteil als auch die beliebte Grünfläche Westerpark. Trubelig geht es hier zwar auch zu, aber gemütlicher. Großfamilien sind unterwegs, Kinder heizen auf Rad, Skateboard oder Roller durch die Gegend, Hundebesitzer führen ihre Lieblinge aus, Väter und Mütter schleppen Einkaufsnetze durch die Gegend.

Der Central Park Amsterdams

Einen ersten Schub bekam der Bezirk 2003, als auf dem Gelände der ehemaligen Gaswerke ein Kulturzentrum besonderer Art eröffnete. Und mit dem Bau der **Haven-Stad,** zu der auch die Houthavens (s. S. 144) gehören, wird sich der Bezirk noch einmal neu aufstellen müssen. Amsterdam wächst, pro Jahr ziehen ca. 10 000 Menschen zu, der Wohnungsmangel ist enorm. Ein Neubaugebiet von der Größe Haarlems mit bis zu 70 000 Wohnungen entsteht gerade einen Steinwurf

Eines der beliebtesten Festivals Amsterdams ist »De Rollende Keukens« im Westerpark – da bleibt keiner hungrig!

entfernt. Das bleibt nicht ohne Folgen für den Westerpark. Es gibt schon Überlegungen, aus dem Grün eine Art Central Park zu machen. Kurzfristig stehen auf der Agenda: neue Parkeingänge, mehr Grün, weniger Parkplätze im Norden, mehr kleine, innovative und nachbarschaftsorientierte Veranstaltungen. Angedacht ist auch, den Gasometer zu einer großen Kulturbühne auszubauen.

Industriedenkmal macht in Kultur

Die Attraktion im Viertel und weit darüber hinaus ist das 14 ha große »Kunst- und Kulturdorf« **Westergas** 27, das in der ehemaligen Westergasfabriek residiert. In den 17 als Industriedenkmal geschützten Gebäuden sind Kino, Theater, Clubs, Studios, Büros, Ausstellungsräume, Shops, eine Brauerei, Cafés, Restaurants und ein Hotel mit Bar Kantoor untergebracht. Ihr Besitzer, Duncan Suttenheim, hätte gerne noch ein Bruin Café auf dem Gelände: »Das gehört doch zu einem Dorf dazu!« Denn Duncan und seine Frau Lisca sehen Westergas als ein Dorf, in dessen Alltag die Nachbarschaft eingebunden werden soll, wie etwa beim wöchentlichen Kindernachmittag. Und Klimaneutralität haben sie sich auch auf die Fahnen geschrieben. Erste Erfolge sind bereits zu verbuchen.

Zu laut, zu lange, zu viel Dreck

Im 2500 m² großen Gasometer trifft sich die Welt, egal, ob beim Holland Festival, dem Awakenings-Tanzfestival oder der Fotoausstellung »Unseen«. Großen Erfolg haben auch die neu inszenierten »Gashouder Concerten«. Das Gebäude kann man mieten, genau wie Transformatorhaus oder Maschinengebäude, wo Modeschauen, Ausstellungen oder der monatliche **Sunday Market** (www.sundaymarket.nl) stattfinden. Und auch der Park ist begehrt: Hier belagern bis zu 10 000 Menschen Veranstaltungen wie das Streetfood-Event »Rollende Keukens« oder das »Milkshake«-Musikfestival. Insgesamt kommt allein der Park pro Jahr auf mehr als 100 Veranstaltungen, was zu Unmut bei den Anwohnern führte. Die Stadtverwaltung ruderte zurück: »Die Leute sollen hier im Sommer wieder ganz normal auf dem Rasen liegen können.« Die Events sollen kleiner und familiärer werden. Ob sich das so leicht umsetzen lässt, wird man sehen.

Schöne Aussichten

Den **Westerpark,** in dem Wasser eine zentrale Rolle spielt, nutzen vor allem Anwohner, aber auch Touristen: den Wassergarten und den Wasserlilienteich, den Riet- und den Zypressenteich und die große Wasserfläche im Norden, von der sich ein Ausflug ins nördliche Poldergebiet (s. S. 148) mit Besuch des **Streichelbauernhofs** 2 anbietet. Es wird gepicknickt, gespielt – auch Tennis- und Ballspielplätze gibt es –, gebadet, gefaulenzt, geradelt, lustgewandelt, geskatet und auf der **Haarlemmervaart mit dem Bötchen** 3 gefahren (s. S. 155).

Museen

Im Palast der Arbeiter

25 **Museum Het Schip:** s. auch S. 145. Untergebracht in der ehemaligen Grundschule des ausgesprochen fantasievoll gestalteten Wohnbaukomplexes von Michel de Klerk, einem der Vorzeigeprojekte der Amsterdamer Schule (s. S. 178), ist dieses Museum ausgesprochen sehenswert. In der festen Ausstellung geht es um die Ideale dieser Architekturrichtung, die um 1916 ihren Höhepunkt hatte. Außerdem ist wunderschöne dekorative Kunst der Amsterdamse School zu sehen, darunter ein komplettes Schlafzimmer. Die Wechselausstellungen sind in der Regel auch spannend. Wer Zeit hat, sollte unbedingt eine Führung mitmachen! Zu sehen ist das ehemalige, original eingerichtete Postamt (mit Telefonzelle), eine Modellwohnung, die die

TOUR
Ab in die Wildnis!

Der ›Brettenpad‹ vom Westerpark bis nach Halfweg

Infos

Start: E 4

Strecke: ein Weg 11 km, vom Westerpark bis nach Halfweg, reine Fahrzeit gut 30 Min.; zurück entweder über denselben Weg oder mit der Bahn ab Halfweg-Zwanenburg

Tipp: Etwas Abkühlung nach der Fahrt willkommen? Dann verlängern Sie doch die Tour einfach bis zum Sloterplas und gehen im **Sloterparkbad** ins Wasser … (über Osdorperweg, S 106, S 207, 6 km).

Schauen Sie doch mal nach unten! Grüne Pünktchen mit einem weißen Klecks darin zieren die Wege im Westerpark fröhlich wie Konfetti. Was das zu bedeuten hat? Sie kennzeichnen eine der schönsten Fahrrad- und Wanderstrecken im Westen der Stadt, den ›Brettenpad‹, der in die Wildnis führt. Versprochen!

Gentrifiziertes Gemüse?

Start ist am östlichen Eingang zum **Westerpark** an der Houtmankade. Wir queren den Park und lassen die Gebäude der Westergas (s. S. 147) links liegen – nur für den Augenblick! Leicht erhöht führt der Weg nun nach Westen. Ab hier immer den Punkten hinterher, es kann nichts schiefgehen! Der alte Bahndamm nach Sloterdijk führt an den Kleingartenanlagen **Nut en Genoegen** (1926) und **Sloterdijkermeer** (1946/47) vorbei, Biotope der besonderen Art. Etliche der Schrebergärten sind seit Generationen in ein und derselben Familie. Die Entwicklung der Gemüsegärten des Normalo-Amsterdamers zu ökologischen Biogärten spiegelt die Yuppisierung in der Stadt schön wider. Sie dürfen gerne in die Gärten schauen (ab 1. März), aber bitte auf den Wegen bleiben!

Punkt für Punkt

Beim Blick auf **Sloterdijk** mit seinem großen Bahnhof, Metrostation und Flixbus-Haltestelle, Industriearealen und Bürokolossen, wird man ganz klein. Kaum zu glauben, dass es im 15. Jh. als Hafen- und Fischerdörfchen

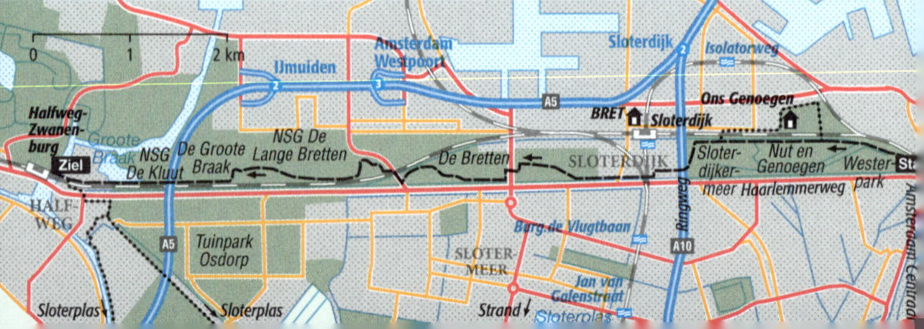

Und sei es nur auf einen Kaffee – ein Besuch bei Ons Genoegen lohnt. 15 Minuten strampeln, und man ist raus aus dem Zentrum und im Grünen!

entstanden ist. Für einen Stopp empfiehlt sich **BRET** (Orlyplein 76, www.bret.bar), das in seinem knallroten Outfit gar nicht zu übersehen ist. Lust auf Burger und Craftbeer? Nur nicht zu viel trinken, es geht noch weiter. Dem Arlandaweg folgen bis zum Ende. Dort links, und die Punkte, die vorher für kurze Zeit verschwunden waren, sind wieder da. Ein Stück dem alten IJdijk folgen, dann ist fix der **Brettenpark,** ein weiterer *volkstuinen* (Kleingartenanlage), erreicht. Auch er ist von Frühjahr bis Herbst allgemein zugänglich.

Wo's wild wird

Unverhofft landen wir in der Wildnis! **De Lange Bretten** wird auch die letzte ›Stadtwildnis‹ Amsterdams genannt – zu Recht. Das 130 ha große Naturschutzgebiet liegt nördlich der Wasserstraße Haarlemmertrekvaart, die 1632 entstand. Hier macht die Natur noch, was sie will, und hat so ein Idyll geschaffen, das von Kaninchen, Fröschen, Füchsen und Fledermäusen bevölkert ist, ebenso wie von zig Vögeln, darunter Nachtigall, Falke, Eisvogel oder auch ein Geselle mit dem ach so hübschen Namen Trällerer. Im Frühjahr und Sommer liegt der Duft von Wildrosen und Holunderblüten in der Luft.

Endspurt!

Vorbei am nächsten Kleingartenkomplex, De Groote Braak, und am Naturschutzgebiet De Kluut, scheint der Pfad nun übers Wasser zu führen: durch De **Groote Braak,** einen alten Deichdurchbruch. Im Dörfchen **Halfweg** wartet der Zug zurück nach Amsterdam.

Sie radeln doch lieber zurück? Dann belohnen Sie sich selbst mit einem Besuch bei **Ons Genoegen,** einem Bauernhof nahe dem Westerpark in einem alten Poldergebiet (über Overbrakerpad). Mi, Do und Fr gibt es hier ein leckeres Dinner (www.buurtboerderij.nl, 18–20 Uhr, Di–So auch Lunch, unbedingt reservieren, €).

ärmlichen Wohnverhältnisse in damaliger Zeit wiederspiegelt, und die ganz im Stil der Amsterdamer Schule eingerichtete Museumswohnung. Wer nur wenig Zeit hat, dem sei ein Besuch der frei zugänglichen unteren Etage empfohlen, einen kleinen Eindruck bekommt man schon, insbesondere beim Besuch von **Café** und Innenhof. Im lauschigen Hof ist Straßenmobiliar ausgestellt: Urinale, Briefkästen, Mülleimer sind fast zu schön, um benutzt zu werden.

Ostzaanstraat 45, hetschip.nl/other/de, Bus 18, 21, 22, 48, Di–So 11–17 Uhr, Führung auf Engl. um 15 Uhr, 15 € (inkl. Führung)

Vom Glück auf dem Wasser

㉙ **Woonbootmuseum:** Das einzige Hausbootmuseum der Welt liegt natürlich in Amsterdam. Besucher sind meist erstaunt darüber, wie viel Platz auf der ›Hendrika Maria‹, einem umgebauten alten Frachtschiff, ist: gut 80 m^2!

gegenüber Prinsengracht 296, houseboatmuseum.nl, Tram 2, 3, 4, 12, 13, 14, 17, Jan.–Okt. tgl. 10–17 Uhr, Nov., Dez. nur Do–So, 6 €

(Sozial-)Projekt Street Art

㉚ **Street Art Museum Amsterdam:** Mehr als 300 Kunstwerke zählt das Open-Air-Museum inzwischen – und ist doch viel mehr als ›nur‹ ein Museum: s. S. 257.

Slauerhoffstraat 9 H, www.streetartmuseumamsterdam.com, Tram 7, Bus 21, 2-stdg. Tour als FREE GPS-guided App machbar (Download über Webseite) oder als Privatführung

Essen

Im **Jordaan** gibt es an jeder Ecke ein Restaurant, ein Café, einen Imbiss. Eine Auswahl: **Lucky House** (chin. Imbiss mit ein paar Tischen; super Dumplings; Willemstr. 22); **Madre** (mexikan. Restaurant; für viele das beste der Stadt; Westerstr. 186), **Rafi** (kleines Restaurant; Pizza & mehr; Palmdwarsstr. 13), **Toko Manis** (indones. Imbiss; authentische Küche; 1e Goudsbloemdwarsstr. 3), **Mood's Coffee Corner** (süßes Frühstückscafé; Lindengracht 249), **Som Tam Thai** (sehr gutes thail. Eethuis; 2e Goudsbloemsdwarsstr. 24), **Terang Boelan** (toller indones. Imbiss mit ein paar Tischen; 2e Lindendwarsstr. 3hs) und Hinata Amsterdam (jap. Restaurant mit guten Ramen und Sake; Westerstr. 40H).

Ein Juwel in der Seitenstraße

1 **Bar Parry:** Die kleine Schwester von Balthazar's Keuken (s. u.) ist schnell zum Lieblingsplatz geworden. Warum? Ganz einfach: sehr leckere, ungewöhnliche kleine Gerichte, ausgezeichnete Käse, Charcuterie und Mousse au Chocolat, eine tolle Weinkarte und eine supergemütliche Atmosphäre mit aufmerksamem Service. Nach dem Dinner kommt man auch einfach auf einen Drink her – immer wieder!

1e Looiersdwarsstraat 15, barparry.nl/site, Tram 2, 5, 7, 12, 17 19, Mi–Sa ab 17, So ab 16 Uhr, 80 Weine im Angebot, €,

Mit Liebe gekocht

2 **Balthazar's Keuken:** Ein echter Familienbetrieb, der mit Liebe geführt wird! Es gibt nur ein monatlich wechselndes Menü (44,50 €; Fisch, Fleisch, veget.), aber das hat es in sich. Tolle Hors d'œuvres vorab. Man sitzt eng und gemütlich beisammen, im Sommer auf der Mikroterrasse auf dem Bürgersteig. Gute, kleine Weinkarte. Unbedingt reservieren! Die Parry-Familie wächst übrigens, und zwar um das Café Cenc in der Vijzelgracht 5 (cafecenc.nl/site).

Elandsgracht 108, balthazarskeuken.nl/site, Tram 2, 5, 7, 12, 17, 19, Mi–So ab 18 Uhr, €€

Aus aller Welt

3 **Foodhallen:** An 19 Ständen – von Austern über Dim Sum und Tacos bis Mezze – kann sich in der Ex-Tramremise durch die Welt futtern, wer das nötige Kleingeld hat. Schicke Atmosphäre, häufig Livemusik.

Bellamyplein 51, www.foodhallen.nl, Tram 3, 7, 17, So–Do 12–24, Fr, Sa 12–1 Uhr, €–€€€

Bei den künftigen Sterneköchen

4 **Brasserie ROCKS & Restaurant Warmoes:** Essen, was die Studenten der Hotelschule auf hohem Niveau kochen! Auch die Kellner und Sommeliers sind noch in Ausbildung. Im ROCKS gibt es klassische Brasserieküche, im Warmoes steht Gemüse im Mittelpunkt. Bitte unbedingt reservieren!

Da Costastraat 64, heerlijkamsterdam.nl, Tram 2, 7, 12, 13, 17, Mo–Fr Lunch ab 12/12.30, Dinner ab 18/18.30 Uhr, Juli–Sept. geschl., je nach Restaurant 2 bis 4 Gänge, €–€€

Chilling at the waterfront

5 **Waterkant:** Witziges Café mit einer riesigen Sonnenterrasse direkt am Wasser. Wüsste man's nicht besser, käme man sich wirklich vor wie in Paramaribo: leckere Rotis, Gado Gado, Banana Burger, viel Vegetarisches, gute Cocktails. Hangout-Music.

Marnixstraat 246, www.waterkantamsterdam.nl/en, Tram 2, 5, 12, 13, 17, 19, So–Do 11–1, Fr, Sa 11–3 Uhr, €

Tasty Teigtaschen!

6 **Dumplings – Jiaozi:** Noch ein Insidertipp ist dieser kleine Imbisskiosk mit gefüllten Teigtaschen (Dumplings), salzigen Crêpes (jianbings) und anderen traditionellen chinesischen Snacks – auch wenn hier immer eine Warteschlange von der Qualität des Essens kündet! Netter, schneller Service, faire Preise (4–12 €), einfach lecker! Mit ein paar Tischen, oder man bestellt »to go« und picknickt im Westerpark.

Nassauplein 60, Tram 3, 5, Bus 18, 21, 22, Di–So 11–20.30 Uhr, €

Nordafrika lässt grüßen!

4 **Raïnaraï:** Wer in die Vitrine des hübsch eingerichteten algerischen Imbisses direkt an der Gracht schaut, möchte nicht mehr weg. Muss er auch nicht, kann sich ja durch die sehr gut gewürzten Gerichte schlemmen. Tipp: die Mezzeplatte. Einige Tische.

Prinsengracht 252, rainarai.nl, Tram 2, 12, 13, 17, tgl. 12–22 Uhr, Mezze-Menü 32–49 €, €€

Pfannkuchen mal anders

8 **Japanese Pancake World:** Sie heißen *okonomiyaki,* kommen aus Osaka, Hiroshima oder Kobe und werden außer mit Mehl und Eiern mit pürierter Yamswurzel zubereitet und mit leckeren Topics serviert, z. B. mit Meeresfrüchten und Shiitake-Pilzen oder Ramen-Nudeln und Eiern.

2e Egelantiersdwarsstraat 24, japanesepancakeworld.com, Tram 2, 12, 13, 17, Do–Mo 12–22 Uhr, €–€€, Pfannkuchen dauern ca. 30 Min.

Simaks Küche für alle Sinne

9 **Shahjahan:** Gilt vielen als die beste indische Küche Amsterdams, authentisch und ohne Chichi. Ausgezeichnete Currys (Achtung: scharf) und ebensolcher Service. Große vegetarische Auswahl.

1e Anjeliersdwarsstraat 18, shah-jahan.nl, Tram 3, tgl. 17–22.30 Uhr, €–€€, Menüs ca. 30 €

Wie in Thailand

10 **Kinnaree:** Genießt seit Jahren einen Ruf als Top-Thaiküche. Ausgezeichneter Service in freundlicher, warmer, moderner asiatischer Atmosphäre. Tipp: Fischkuchen, Massaman Curry, ›Dorade Kinnaree‹ ...

1e Anjeliersdwarsstraat 14, www.restaurantkinnaree.nl, Tram 3, tgl. 17.30–22 Uhr, €–€€, 2-/4-Gänge-Menü 27,50–43,50 €, reservieren!

Essen und Trinken top!

11 **Café Parlotte:** Gemütlichkeit gepaart mit einer ausgezeichneten französischen Küche, das charakterisiert Parlotte (= Geschwätz, Gerede) wohl am besten. Hinzu kommen eine fantastische Weinkarte und ein herzlicher, persönlicher Service.

Westerstraat 182, Tram 3, www.parlotte.nl, Mi–Fr, Mo 16–1, Sa 13–1, So 13–21, ab 17 Uhr festes 3-/4-Gänge-Menü 50/60 €, Snacks €

Beste ›appeltaart‹ der Stadt?!!

12 **Winkel 43:** ... mit warmer Schlagsahne, im Sommer auf der tollen Terrasse. Samstags (= Markttag) ist sehr viel los.

Noordermarkt 43, winkel43.nl/en, Tram 3, Mo 7–1, Di–Do 8–1, Fr 8–3, Sa 7–3, So 9–1 Uhr

Lieblingsort

A Place to Be …

… ist innerhalb kürzester Zeit **Het HEM** 28 geworden. In der gut 200 m langen alten Munitionsfabrik direkt am Wasser gibt es neben viel Industrieflair auf 10 000 m² Fläche massig Platz für Kulturprojekte. Das Konzept hinter Het HEM ist ungewöhnlich: Alle paar Monate ist ein Gastkurator gefragt, seine Lebenswelt in der Kulturfabrik zu installieren und die alten Hallen mit Kunst, Mode, Musik und Design zu füllen. Direktorin Kim Tuin verspricht sich davon nicht nur, dass es hier nie langweilig werden wird, sondern dass vielfältige Ideen unterschiedliche Menschen ansprechen und ins Gespräch bringen können. Nachdem das Gebäude zwei Jahre geschlossen war, eröffnet es – generalüberholt und in puncto Nachhaltigkeit auf ein neues Niveau gebracht – im Herbst 2024 wieder seine Tore, und zwar mit einem noch engagierteren Programm. Auf dem Gelände zwischen Amsterdam und Zaandam sind auch ein Café und eine Bibliothek untergebracht. Am besten kommt man mit dem Rad und nutzt dann die Fähre über den Nordseekanal – so wird das Ganze eine lauschige Landpartie. Mit einem weiteren Highlight: dem **Kissing Couple XXXL** (s. S. 238), einem überdimensionalen Delfter-Blau-Pärchen! (Het HEM, Warmperserij 1, Zaandam, hethem.nl/en; Download Radweg bis Freilichtmuseum Zaanse Schans: kissingcoupleamsterdam.nl/en; www.dezaanseschans.nl.)

Süditalienische Perle im Jordaan

13 Trattoria Koevoet: Ungewöhnlich – in einem ehemaligen Bruin Café wird ausgezeichnete authentisch italienische Küche serviert. Ausgesprochen netter Service.

Lindenstraat 17, restaurantkoevoet.com, Tram 3, Di–Sa 18–22, So 18–21 Uhr, €–€€€

Tapas satt in ältester Tapasbar

14 Duende: Herrliche Tapas in authentischem spanischem Lokal. Sonntags hochkarätige Flamenco-Konzerte u. v. m.

Lindengracht 62, cafe-duende.nl, Tram 3, Mo–Fr 17–24, Sa 13–24, So 15–24 Uhr, Tapas 3–9 €, Spezialitäten 13–17 €

Ein Hering – und ich bin happy!

15 Stubbe's Haring: s. S. 135.

Haarlemmersluis, Di–Fr 10–18, Sa bis 17 Uhr

Ein Idyll in der hektischen Stadt

16 Tannay: Seit 2024 heißt das Traditionsrestaurant Gouden Reael (1824) nun Tannay – nach dem Weinberg Coteaux de Tannay in der Bourgogne, der Heimat des jungen, talentierten Küchenchefs Thomas Demuth. Das schöne Gebäude mit der Eins-a-Lage auf Realeneiland und der großen Terrasse am Kanal gehört der Caron-Familie und ist ihr viertes Etablissement in Amsterdam. Die Küche der Bourgogne steht hier im Mittelpunkt; s. auch S. 141.

Zandhoek 14, restaurantscaron.nl/restaurant/tannay, Tram 3, tgl. 18–24 Uhr, 5-Gänge-Menü 80 €, à la carte €–€€; Tipp: Café Caron, urfranzösische Küche, Petit Caron, Bistroküche, Cantine Caron, frz.-mediterran, €€–€€€

Lokal, nachhaltig, modern, schön!

17 BAK: In dem schönen alten Lagerhaus mit Blick aufs Wasser kommen nur beste lokale Produkte in den Topf und auf den Tisch, insbesondere ausgezeichnete Gemüse! Die Karte wechselt täglich, und es gibt nur Menüs (auch veget. Variante).

Van Diemenstraat 408, bakrestaurant.nl, Bus 48, Sa, So 12.30–15, Mi–So 18–22 Uhr, Dinnermenü (5–9 Gänge) 75–115 €, €€–€€€

Eat well, do good!

18 Dignita Westerpark: Mitten in der Spaarndammerbuurt empfiehlt sich das Café für einen Kaffee vor oder nach dem Spaziergang im Park oder um sich mit Freunden zum wirklich ausgezeichneten Brunch zu treffen. Es werden überwiegend Öko-, nachhaltige und lokale Produkte verwendet. Der Gewinn hilft Menschen bei der Wiedereingliederung in den Arbeitsmarkt und in die Gesellschaft.

Spaarndammerstraat 55, eatwelldogood.nl/en, Tram 22, Mo, Mi–Fr 8.30–15, Sa, So 8.30–16.30 Uhr, €–€€

20 m über dem Wasser

19 REM: Restaurant, Bar und Rooftop residieren auf einer Plattform, die 1964, 9 km von der Küste entfernt, einem Piratensender Heimstatt bot, Jahrzehnte später demontiert und 2011 im Amsterdamer Hafen wieder aufgebaut wurde. Von der Terrasse in der dritten Etage hat man einen Traumblick aufs IJ. Nach der Übernahme durch die neue Crew hat sich die Küche (französisch, asiatisch, Fusion) maximal verbessert und serviert Kreatives bis Überraschendes. Ausgezeichneter Service.

Haparandadam 45-2, rem.amsterdam, Bus 48, Di–Sa 16–1 Uhr, gute Weine, 5-/7-Gänge-Menü 75/95 €, Barfood €

Kulinarisches Ereignis an Bord!

20 ferry: Auf dem IJ hat dieses alte Boot festgemacht und empfängt seine Gäste mit überraschenden Geschmackskombinationen und mega Blick. Besonders im Inneren hat sich das Fähren-Feeling erhalten. Unsere Favoriten aus Diegos kleiner, aber feiner Karte: Ceviche, Seebarsch, Krabben, Auberginen und Pilze. Super Terrasse!

Haparandadam 50, www.ferry-amsterdam.com, Bus 48, April–Sept. Do–So 16–1 Uhr, €–€€

Essen und Gutes tun

21 Restaurant Freud: Welcome home! Der Service ist unglaublich aufmerksam, die Einrichtung hell, witzig und innovativ und die vom Mittleren Osten geprägte Mittelmeerküche ein Traum! Dass das Ganze dann auch noch ein gut funktionierendes Sozialprojekt ist (s. S. 145) – Hut ab!

Spaarndammerstraat 424, restaurantfreud.nl, Bus 22, 48, Di–So 17–23.30 Uhr, €–€€

Essen im Industriedenkmal

22 **Restaurant Amsterdam:** Die Anwohner lieben die großartige und großzügige Location in einem Gebäude der ehemaligen Wasserwerke, an die noch eine Pumpe erinnert. Die Atmosphäre ist ungezwungen, fröhlich, egal, ob man draußen idyllisch am Wasser oder im schönen, hellen Speiseraum sitzt. Variantenreiche Mittelmeer- und niederländische Küche; Top-Meeresfrüchte und super Service.

Watertorenplein 6, cradam.nl, Tram 3, Bus 21, 748, So–Do 10–24, Fr, Sa –1 Uhr, €–€ €

Einkaufen

Antiquitäten satt!

1 **Antiekcentrum Amsterdam:** s. S. 127.

K

›KROKETTENROUTE‹

Wir sind »dol op kroketten«! In Amsterdam-West gibt es einige Highlights: Kroketten aus Garnelen bei Restaurant Amsterdam 22, mit Hühnchen und kegelförmig bei Eskina Brasil (Ten Katemarkt 3), mit Iberico-Schinken bei Pepito (1e C. Huygensstr. 21), aus Stockfisch beim karibischen Plato Loco (R. Hogerbeetsstr. 29), indonesisch bei Toko Makassar (Sam van Houtenstraat 35) mit Kartoffelpüree, Hackfleisch und Sojasauce oder Garnelenkroketten mit frischen Trüffeln bei der Truffel Boutique (Overtoom 255H).

Elandsgracht 109, www.antiekcentrumamsterdam.nl, Tram 2, 12, 17, Mi–Mo 11–17/18 Uhr

Beliebt nicht nur bei Locals

2 **HAAS Amsterdam:** Alles in diesem Familienbetrieb ist handgefertigt, inzwischen in vierter Generation: Taschen, Schmuck, Tops, Hosen, Keramik u.v.m. Außerdem Pop-up-Sale anderer Designer.

Elandsstraat 121, haasamsterdam.com, Tram 2, 12, 13, 17, Di–Fr 11–18, Sa 11–17, So 13–17 Uhr, auch Onlineshop

Vergnügen an über 100 Ständen

3 **Ten Katemarkt:** s. S. 127.

Ten Katestr., Tram 7, 17, Mo–Sa 9–17/18 Uhr

Lokal und nachhaltig

4 5 **Denim City & the Maker Store:** s. S. 127.

Hannie Dankbaarpassage, De Hallen, denimcity.org, www.themakerstore.nl, Tram 7, 17, tgl. Kernzeiten 12–17 Uhr

Bunt und trendy

6 **We are Vintage Store:** Schöner Second-Hand-Laden, der zu erschwinglichen Preisen Kleidung der 1970er- bis Nullerjahre führt. Da ist für alle etwas dabei.

Kinkerstraat 193, auf Instagram, Tram 7, 17, Fr–Mi 11–19, Do 11–21 Uhr

Plushies, Actionfiguren, TCGs

7 **A Space Oddity:** Schräger kleiner Fan-Laden für Spiele- und Serienfans. Prinsengracht 204, spaceoddity.nl, Tram 2, 12, 13, 17, Mi, Do 11–17 Uhr

Auf Schatzsuche

8 **Leelijk:** Aris Laden ist irre! Hier verbergen sich Second-Hand-Möbel, Lampen, Blechdosen, Accessoires.

Westerstraat 141 HS, auf Facebook, Bus 18, 21, Mo–Sa 10–17 Uhr

Showroom besonderer Art

9 **POLSPOTTEN:** Abgefahrenes ikonisches Interiordesign auf 700 m² in ei-

ner alten Schule – immer mit einer Spur Humor gewürzt!

Westerstraat 187, polspotten.com, Bus 18, 21, Di–Sa 10–18, So 12–17 Uhr

Der Stadt schönster Marktplatz

10 **Noordermarkt:** Amsterdams erster und wohl schönster **Biomarkt** findet hier statt, außerdem der **Noordermarkt,** ein Floh- und Trödelmarkt. Um die Ecke in der Lindengracht gibt es einen **Wochenmarkt** mit großem Warenangebot von Gemüse bis Textilien und den **Lapjesmarkt,** bei dem man tolle Stoffe und Kurzwaren bekommt.

Tram 3, Sa: Bio- 9–16 & Wochenmarkt 9–16; Mo: Floh- 9–13 & Lapjesmarkt 9–13 Uhr

»In tea we trust«

11 **Moychay Tea:** Unscheinbar die Fassade, hinter der sich ein Teeparadies mit mehr als 250 Sorten aus 13 Ländern versteckt. Mit Teebar und Workshops.

Rozengracht 92H, moychay.nl, Tram 13, 17, Mo 13–20, Di–Fr 11–20, Sa, So 11–20.30 Uhr

Schönste Shoppingmeile

12 **Haarlemmerstraat: Zipper** (Nr. 8, zippervintageclothing.com, coole Second-Hand-Mode), **Rumors** (Nr. 29 und 99, auf Instagram, Vintage und Design), **Sukha** (Nr. 110, www.sukha.nl, nachhaltige Kleidung in traumhaften Ladenlokal), **Casa Bocage** (Nr. 111A, www.casabocage.nl, port. Spezialitäten); **Haarlemmerdijk: Six & Sons** (Nr. 41, sixandsons.com, nachhaltige Marken, mit Kakaobar), **Cellarrich** (Nr. 98, cellarrich.nl, handgefertigte Lederwaren), **Jutka & Riska** (Nr. 143, jutkaenriska.com, Mode: eigenes Label, Vintage-Chic, junge Designer, s. S. 21).

Bewegen

Schwimmen und relaxen

1 **Marnixbad:** Moderne Schwimmhalle, schöner Sento Spa und Health Club, Café.

Marnixplein 1, www.hetmarnix.nl, Tram 5

Streicheln erwünscht!

2 **Boerderij Westerpark:** Hier ist alles zu Hause, was auf einen Bauernhof gehört.

Overbrakerpad 10, Westerpark, boerderijwesterpark.nl, Bus 18, 21, 22, Di–So 10–15.45 Uhr

Seien Sie Ihr eigener Kapitän!

3 **Mokumboot:** Ein Führerschein ist für die E-Schaluppen nicht erforderlich.

Polonceaukade 20, Buchung: T 020 210 57 00, mokumboot.nl/de, tgl. 9–22 Uhr, Bus 18, 21, ab 2 Std./95 €, bis zu 6 Pers., mind. 18 J.

Ausgehen

Traditionelles Bruin Café

1 **Café De Eland:** s. S. 124.

Prinsengracht 296, auf Facebook, Tram 2, 5, 12, 17, 19, So–Do 10–1, Fr, Sa –2 Uhr

Anspruchsvolles Kino

2 **De FilmHallen:** s. auch S. 127.

De Hallen, Hannie Denkbaarpassage 12, filmhallen.nl, Tram 3, 7, 17, Ticket 13,50 €

Comedy-Club & Impro-Theater

3 **Boom Chicago:** Stand-up-Comedians in einem alten Kino. Wer gut Englisch spricht und böse Witze mag, ist hier richtig!

Rozengracht 117, boomchicago.nl, Tram 2, 5, 12, 13, 17, 19, Tickets ab 13 €

Alternativ & ganz schön vielseitig!

4 **De Nieuwe Anita:** Oben wartet eine nette Bar, während unten zu alternativer Musik die Post abgeht. Plus: Filme, DJs, Cocktails, Comedy, Poetry Slams, Robin-Food-Küche (Mo, Di, Do). Kurz: eine Perle in der Kulturlandschaft!

Frederik Hendrikstraat 111, denieuweanita.nl, Tram 3, 5, Bus 18, 21, 22, Mo, Di, Do 18–24, Fr, Sa 20–1.30 Uhr

Ältestes Bruin Café der Stadt?!

5 **Café Chris:** s. S. 129. Billard!

Bloemstraat 42, Tram 2, 12, 13, 17, 19, Mo–Do 14–1, Fr, Sa, So 14–2 Uhr

Eine Institution im Jordaan

6 De Twee Zwaantjes: Musikcafé, in dem allabendlich die Post abgeht!

Prinsengracht 114, cafedetweezwaantjes.nl, Tram 13, 17, So–Do 12–1, Fr, Sa 12–3 Uhr

›Amsterdamse gezelligheid‹

7 't Smalle: s. S. 129.

Egelantiersgracht 12, t-smalle.nl, Tram 2, 5, 12, 13, 17, Bus 18, 21, tgl. 10–1 Uhr

Beer & Bites auf dem Boot

8 P96: Das Tolle an dieser ohnehin schönen Kneipe ist die Terrasse auf dem Kahn gegenüber. Leckere Gerichte (belegde broodjes), gute Biere, freundliche Truppe.

Prinsengracht 96, p96.nl, Tram 2, 12, 13, 17, Di–Do 16–3, Fr, So, Mo 12–3, Sa 12–4 Uhr

Gutes Bier, gute Musik

9 De Tuin: Beliebtes Lokal mit lockerer Atmosphäre und einer großen Auswahl an belgischen Bieren. Snacks. Terrasse.

2e Tuindwarsstraat 13, www.cafedetuin.nl, Tram 5, Mo–Do 10–1, Fr, Sa 10–3, So 11–1 Uhr

Ein plüschiges Vergnügen

10 Nol: Die Wogen schlagen hoch beim lautstarken Mitsingen holländischer Evergreens und Schnulzen. Allerdings sehr voll und recht teuer (u. a. Geld für Garderobe).

Westerstraat 109, cafenol.amsterdam, Tram 3, So, Mi, Do 20–3, Fr 20–4, Sa 16–4 Uhr

Die schönste Ecke der Stadt

11 Café Tabac: Gut besuchte hippe Eckkneipe an der Gracht, im Sommer knubbeln sich die Gäste auf der Straße. Kleine Außenterrasse, asiatisch inspirierte Küche.

Brouwersgracht 101, cafetabac.eu, 10 Gehmin. vom Bahnhof, Bus 18, 21, Mo–Do 12–1, Fr 12–3, Sa 11–3, So 11–1 Uhr, €–€€

Ausnahme-Bartender

12 Vesper Bar: Kleine, intime Bar mit ausgezeichneten Cocktails und Weinen.

Vinkenstraat 57, www.vesperbar.nl, Bus 18, 21, 22, Mi, Do 18–1, Fr, Sa 18–2 Uhr

Art-déco-Kino mit Anspruch

13 The Movies: s. S. 138. Mit toller Bar.

Haarlemmerdijk 161, www.themovies.nl, Bus 18, 21, Kinotickets 13,50 €, Tipp: »Film e Pizze«, Pizzabakkers Haarlemmerdijk 128, Film & Pizza 19 €

Auf ein Bier in den Houthavens

14 Breugem Meeting Point: Tolles *proeflokaal* der Breugem-Brauerei. Ein ›social entrepreneur‹ mit Liebe für sein Fach.

Nwe. Hemweg 2, www.breugemmeetingpoint.nl, Bus 21, 22, 48, So, Mi, Do 11–23, Fr, Sa –24 Uhr, € (sehr gute Burger), Terrasse

Lässiger Allrounder

15 yellow house: Creative Hub mit Bar & Resto (Lunch, Burger!, Mezze, Naturweine), ab 19 Uhr Musik. Breites Musikprogramm, super Soundsystem. Der Weg lohnt.

Danzigerbocht 45, yellowhouse.amsterdam, Bus 18, 21, 22, Mi–Fr ab 12, Sa, So ab 14 Uhr

Kunst- & Kultur-Allrounder

16 WG Kunst & Lab111: Kunst in einem alten Krankenhaus – von Malworkshops bis Videofestival –, Kultkino und coole Bar Strangelove in Ex-Labor.

M. v. Bouwdijk Bastiaansestr. 28, Arie Biemond str. 111, wgkunst.nl, lab111.nl, Tram 2, 3, 13, 17

(Kultur-)Stadt in der Stadt

27 Westergas: RadioRadio – Club mit knalligen DJ Sets und mitreißenden Radioshows (radioradio.radio); **Het Ketelhuis** – engagiertes Kinoprogramm (www.ketelhuis.nl); **Pacific** – Essen, Trinken, Tanzen, Sa, So legendäre Tanz-Events (pacificamsterdam.nl); **raīnaraī** – hier gibt's super Mezze (rainarai.nl); **Westerunie** – coole Partys und Clubabende (westerunie.nl); **Brouwerij Troost** – Schankstube mit Spezialbieren (brouwerijtroost.nl, 1. Fr im Monat Tanz); wem ein Museum zu trocken ist: einem Künstler gewidmete spektakuläre Video- und Musikproduktion in der **Fabrique des Lumières** (www.fabrique-lumières.com).

Pazzanistraat 33, westergas.nl, Tram 3, Bus 21

Zugabe

Geweldig, deze Eberhardjes!

Ein Keks für Bürgermeister van der Laan

Ode an Eberhard van der Laan auf der NDSM-Werft: Zwölf Tage nach Amtsniederlegung und nur fünf Tage vor dessen Tod stellte Telmo Miel das Graffiti für den »fantastischsten Bürgermeister, den Amsterdam je hatte«, fertig.

Warum Bürgermeister Eberhard van der Laan posthum für seine Liebe zu Amsterdam geehrt wurde und die Stadt zu einem neuen Keks kam, der Menschen verbinden soll. So oder ähnlich hätte die Überschrift auch lauten können. Zu lang, zu kompliziert. Doch was hat es nun mit den Keksen auf sich, die den Vornamen des ehemaligen, 2017 verstorbenen Bürgermeisters Eberhard van der Laan tragen? In niederländischer Verniedlichungsform versteht sich, Eberhardjes eben.

Es war einmal ein Bürgermeister, der sich trotz einer schweren Erkrankung weiter in den Dienst seiner Stadt stellte und ihr bis kurz vor seinem Tod zur Verfügung stand. Ihr und ihren Bewohnern. Am 18. September 2017 schrieb Van der Laan einen Brief an alle Amsterdamer; zuvor hatten ihm seine Ärzte mitgeteilt, dass sie die weitere Behandlung seiner Krebserkrankung einstellen müssten: »Es war ein großes Privileg, Bürgermeister der schönsten und liebsten Stadt der Welt zu sein.« Der Brief endet mit den Worten: »Passt gut auf unsere Stadt und aufeinander auf! Lebt wohl.«

Noch in der Nacht versammelten sich Hunderte Bürger vor seiner Amtswohnung, sie applaudierten ihm und sangen »Aan de Amsterdammer Grachten«. Unzählige Menschen schrieben ihm auf Twitter. Warum? Van der Laan galt als ausgesprochen engagierter Bürgermeister, als einer mit Herz, der für eine Gesellschaft kämpfte, in der alle mitwirken. Er war stolz darauf, dass mehr als 180 Nationen in Amsterdam leben und sagte Sachen wie »Wichtig ist es, die schönsten Schulen in den ärmsten Vierteln zu bauen und mit Nachdruck dafür zu sorgen, dass die Kinder die Sprache lernen.«

> »Passt gut auf unsere Stadt und aufeinander auf!«

Die herzförmigen Eberhardjes (eberhardjes.nl/en) mit den drei Amsterdamer Andreaskreuzen sollen Menschen bei einer Tasse Kaffee zusammenbringen, verbinden. Der Erlös fließt zum Teil in die Stiftung ›Hart voor je stad‹ ein, die Projekte verwirklicht, um Menschen zusammenzuführen. Wer *koekjes* mit nach Hause nehmen möchte, findet sie in der Patisserie Holtkamp (Vijzelgracht 15). ■

Museumkwartier, Vondelpark und De Pijp

Ganz schön vielfältig — Nachtleben am Leidseplein, Kunst am Museumplein, Naturgenuss im Vondelpark, Alltag in De Pijp!

Seite 162

Paradiso

In dieser Kirche wird getanzt – und das bei anhaltender Begeisterung schon seit mehreren Jahrzehnten! Zum Konzertegucken ist der beste Platz auf der Galerie.

Seite 164, 180

Rijksmuseum

Im »Schatzkästchen der Nation« sind alle großen Meister des Goldenen Jahrhunderts zu sehen – und noch viel mehr! Das Konzept des ›Rijks‹ überzeugt: Kunst, Geschichte und Objekte werden nicht mehr getrennt voneinander, sondern gemeinsam in einem Raum präsentiert – eine ganz neue Sicht der Dinge!

Für jeden Touristen ein Baum – tolle Idee vom Conscious Hotel!

Eintauchen

Seite 168

Bötchen fahren auf der Boerenwetering

Auf dem hübschen Kanal greifen nicht nur die Amsterdamer ins Ruder, nein, auch Touristen können sich hier ein Boot leihen und nach Herzenslust rumschippern – einen Führerschein braucht es nicht, und rudern müssen Sie auch nicht!

Seite 168

Vondelpark

Vom Lustgarten für Reiche zum Volksgarten für alle, vom Paradies für Hippies zum liebsten Grün der Amsterdamer. Der Park hat eine bewegte Geschichte hinter sich.

Seite 172

Albert Cuypmarkt

Touristen und Einheimische vereint: Auf diesem bunten Markt muss man gewesen sein. Mit den Streetfood-Guides der Hungry Birds bekommt's Mehr- und Nährwert. Also: *Eet smakelijk!*

Seite 177

Sarphatipark

In die schnurgeraden Straßen von De Pijp wurde dieses kleine feine Grün eingefügt. Wundervoll für ein Päuschen!

Seite 178

Spaziergang durch Plan Zuid

Stadtplaner H. C. Berlage, eine Wohnungsbaugesellschaft und Architekten der Amsterdamer Schule haben Anfang des 20. Jh. eine Wohnlandschaft aus einem Guss für Arbeiter geschaffen.

Seite 191

Öko auf dem Wasser

Was ein paar Wasserpflanzen in der Gracht fürs Ökosystem bewirken können, kann man sich auf der Boerenwetering, dem Kanal an der Ruysdaelkade, ansehen.

Miró, Calder, Moore, Lee Ufan – sie alle waren schon im Garten des Rijksmuseums zu sehen, ebenso wie die berühmten Spinnen von Louise Bourgeois.

Zwerge auf dem Dach (Huis met de Kabouters) und eine Gemeinde, die sich partout nicht von der Stadt Amsterdam einverleiben lassen wollte und schnell noch ein Rathaus bauen ließ … (s. S. 173).

Museen, Markt und verspielte Architektur

N

Nach dem Auftakt am quirligen Leidseplein geht es zu den Museums-Highlights der Stadt – Rijksmuseum, Stedelijk Museum, Van Gogh Museum – und zum Concertgebouw am Museumplein. Dieser weitläufige offene Platz, der seinen Namen den großen Museen verdankt, muss jährlich einem Ansturm von gut 10 Mio. Menschen gerecht werden – keine einfache Herausforderung.

Ganz anders dann im westlichen Teil des Museumkwartiers: Ein idyllischer Abstecher führt ins Alltagsleben der Amsterdamer, in den gemütlichen und in architektonischer Hinsicht spannenden Teil. Und bevor der Vondelpark mit seinen Caféterrassen lockt, steht vielleicht noch ein Besuch der eleganten Einkaufsstraßen wie P. C. Hooftstraat, Willemsparkweg oder Beethovenstraat auf dem Programm. Doch Vorsicht: Nicht ohne Grund wird dieser Teil der Stadt auch das »St. Tropez Amsterdams« genannt …

Wer jetzt noch ein paar Cents im Portemonnaie und auf ein Kontrastprogramm Lust hat, ist auf dem Albert Cuypmarkt richtig. Hier sind allerdings nicht Gucci und Prada angesagt, sondern Meterware von Hunderten von Stoffballen und eine riesige Palette an Gewürzen.

O

ORIENTIERUNG

Reisekarte: B–H 8–11
Wie bewegen: Sowohl das Museumkwartier als auch De Pijp lassen sich gut zu Fuß ›erlaufen‹. Zum Verkehrsknotenpunkt Leidseplein fahren die Tramlinien 1, 2, 5, 7, 12, 19, mit der 12 fährt man von hier aus weiter nach De Pijp (Ceintuurbaan/Ferdinand Bolstraat). Mit der 3 (Van Baerlestraat) kommt man vom Vondelpark zur Ceintuurbaan. Vom Hbf. fahren die Trams 4 und 12 nach De Pijp. Auch der Museumplein ist mit den Linien 3 und12 gut angebunden.
Achtung, Taschendiebe: Vorsicht geboten ist am Leidseplein und in den Trams in Richtung Leidseplein.

Das Viertel De Pijp ist für seinen bunten Markt und sein multikulturelles Flair bekannt, das Einheimische und Touristen gleichermaßen genießen. Multikulturell ist demnach auch die Küche dieses Stadtteils, daneben öffnen immer mehr Szeneläden und -restaurants ihre Pforten, was die Atmosphäre verändert und die Preise in die Höhe treibt. Architekturfans werden sich für die Gebäudekomplexe der Amsterdamer Schule südlich der Ceintuurbaan interessieren und den Ausflug mit einem Besuch im Sarphatipark ausklingen lassen.

Leidseplein

Was früher eleganter Treffpunkt der Amsterdamer war, ist heute das Amüsierzentrum der Stadt. Seit einem umfassenden Facelifting wirkt der Platz aber cleaner, aufgeräumter, gestylter – mit mehr Raum für Fußgänger. Großes Gedränge und Geschiebe indes herrscht noch immer, denn zig Cafés, Restaurants, Bars und Imbissbuden locken fast rund um die Uhr Besucher an. Insbesondere Lange Leidsedwars- und Korte Leidsedwarsstraat sind ein Paradies für Foodies (man muss nur wissen wo). Eine Seite des Platzes wirkt wie eine riesige Caféhausterrasse, auf der anderen zeigen Straßenkünstler ihr Können. Außerdem endet hier die **Leidsestraat,** nach der Kalverstraat wohl die lebendigste Einkaufsstraße der Stadt.

Der Name ist Programm!

Rund um den Leidseplein laden einige der wichtigsten Amsterdamer Kunst- und Kulturadressen zu einer anderen Art Vergnügen ein – der Stadt ist sehr daran gelegen, die Amüsiermeile wieder zur Theatermeile zu machen. An erster Stelle ist hier das **Internationaal Theater Amsterdam (ITA)** 3 zu nennen, das in einem wuchtigen Neorenaissance-Gebäude aus dem Jahr 1894 den Platz dominiert. Es ist der Spot sowohl für nationale als auch für internationale Theater- und Tanz-Events.

Im Foyer lockt die trendy **ITA Brasserie** nicht nur Theatergänger an. Wer eher Lesehunger verspürt: Nebenan hat sich der **International Theatre & Film Bookshop** auf Theater, Film und Tanz spezialisiert.

Zu Gast auf der Milchstraße

Spektakulär ist nicht nur das Programm des ITA, sondern auch seine Architek-

Nicht nur Nachtleben, auch Kunst und Kultur warten am Leidseplein. Seit Hippiezeiten eine gute Adresse: das legendäre Melkweg!

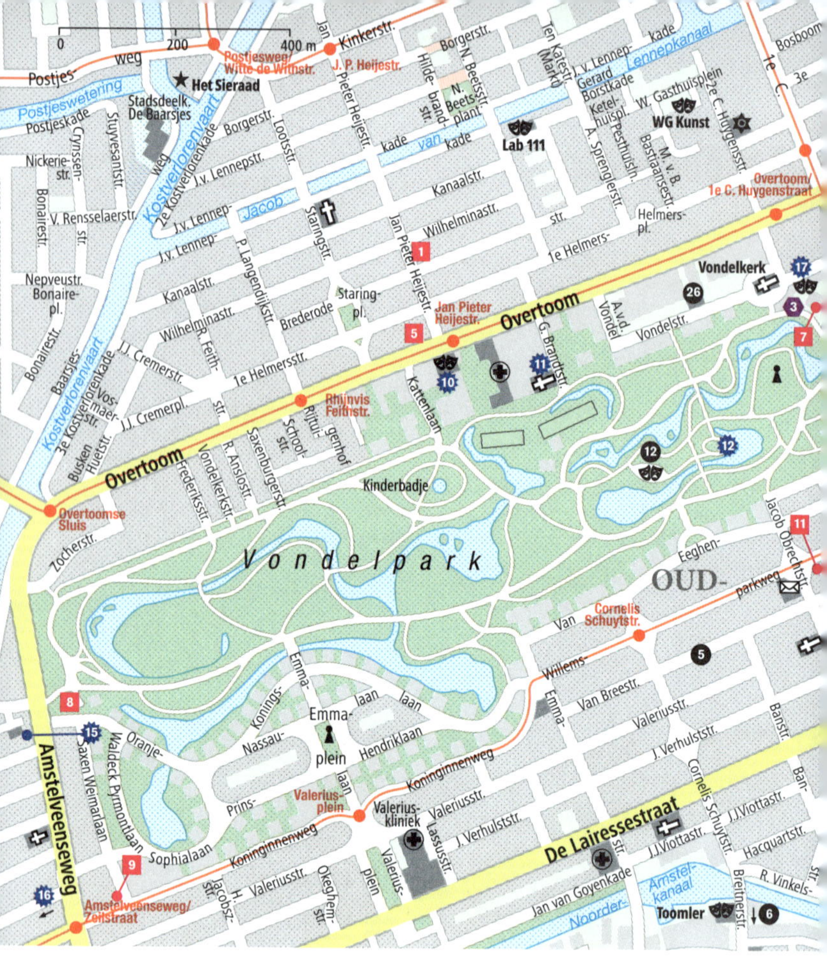

tur: Über einen gläsernen Gang, der in einer Höhe von 9,5 m über der Gracht ›hängt‹, ist der **Rabozaal** erreicht. Den hypermodernen Saal mit 29 m breiter und 25 m hoher Glaswand und Platz für bis zu 1400 Besucher nutzen das Theater und das legendäre alternative Kulturzentrum **Melkweg** 2 gemeinsam. Letzteres ist heute eines der bekanntesten Kulturpodien der Niederlande, und egal, ob Musik, Theater, Tanz, Film, Fotografie oder Multimediakunst – die Veranstaltungen sind herausragend.

»Kulturkwartier«

Dritte und Vierte im Bunde der hochrangigen Kulturstätten rund um den Platz sind **De Balie** 5, das Zentrum für Kultur und Politik mit reger, disziplinübergreifender Diskussionskultur und großzügigem Grand Café, sowie das **Paradiso** 9. Dieser über die Landesgrenzen hinaus bekannte ›Popdom‹ der Stadt ist in einer ehemaligen Kirche untergebracht und lockt mit seinen oft hochkarätigen Konzerten und abgefahrenen Partys allabendlich Besucher an.

Museumkwartier & Vondelpark

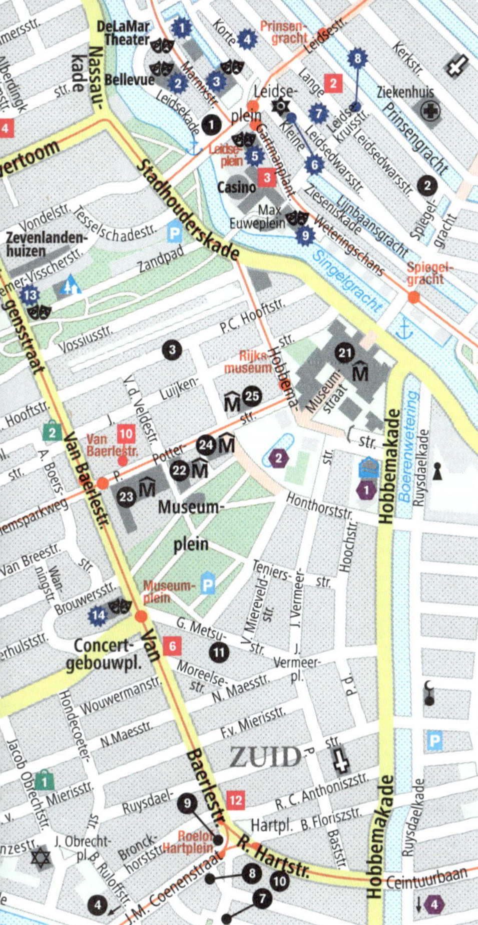

Ansehen

1. Clayton Hotel Amsterdam American
2. Spiegelkwartier
3. P. C. Hooftstraat
4. Beethovenstraat
5. Van Breestraat
6. Apollolaan
7. Harmoniehof
8. Rode Blok
9. Huize Lydia
10. Het Nieuwe Huis
11. Hillehuis
12. Openluchttheater
13. – 20, 27 s. Karte S. 172
21. Rijksmuseum
22. Van Gogh Museum
23. Stedelijk Museum
24. Moco Museum
25. Diamant Museum Amsterdam
26. Hollandsche Manege

Essen

1. Warna Baru
2. Bojo
3. Hosokowa
4. Hap-Hmm
5. Abyssinia
6. Esh Pitaria & Bar
7. Parkzuid
8. De Vondeltuin
9. Dignita Vondelpark
10. Taiko | BARBOUNIA
11. Di Bruno
12. Café De Wildschut
13. – 24 siehe S. 172

Einkaufen

1. Edible Treasures
2. Vanilia
3. – 9 siehe S. 172

Bewegen

1. Zuiderbad
2. Eislaufbahn Museumplein
3. Friday Night Skate
4. Boaty

Ausgehen

1. Bar Weber & Bar Lux
2. Melkweg
3. ITA
4. The Waterhole
5. De Balie
6. ClubUp
7. Jazz Café Alto
8. Bourbon Street
9. Paradiso

Fortsetzung S. 164

Museumkwartier & Vondelpark Fortsetzung von Seite 163

Ausgehen
10 OT301
11 De Orgelpark
12 't Blauwe Theehuis
13 Vondelbunker
14 Koninklijk Concertgebouw
15 OCCII
16 RADION
17 Het Documentaire Paviljoen
18 – 21 siehe S. 172

Jugendstil und 'ne Prise Hardrock

Am Platz liegt auch eines der architektonischen Jugendstil-Highlights der Stadt: das **Clayton Hotel Amsterdam American** ❶, das seine besten Tage wohl als traditionsreiches Amsterdam American Hotel (bis 2020) hatte. Das von den Amsterdamern heißgeliebte Art-Nouveau-Juwel von 1902 erinnert ein wenig an eine uneinnehmbare Burg. Das angeschlossene **Café Americain,** einst wie das Hotel ein Treffpunkt von Künstlern und Intellektuellen und bis heute als die Mutter aller Hotelbars gehypt, mit Tiffanylampen, Jugendstilgemälden und -glasmalereien, lädt vom Frühstück über den Afternoon Tea bis zum Cocktail Hauptstädter und Touristen in die ›heiligen Hallen‹ ein.

Café: Leidseplein 28, cafeamericain.nl/en

Spiegelkwartier

Allein die wunderschöne **Spiegelgracht** ist Anlass genug für einen Besuch. Zusammen mit der sich anschließenden **Nieuwe Spiegelstraat** und den kleinen Querstraßen bildet sie das **Spiegelkwartier** ❷, Amsterdams Kunsthandels- und Antiquitätenviertel. Hier ist Amsterdam noch so, wie man es sich vorstellen mag: Die kleinen, recht schmalen altholländischen Giebelhäuser sind herrlich schief, die Häuser restauriert und hübsch herausgeputzt, die Brücken geschwungen und blumengeschmückt. Die vor Anker liegenden Hausboote komplettieren das Idyll. Kaum vorstellbar, dass auch diese Gracht eigentlich zugeschüttet werden sollte.

Zwischen Kunst und Kitsch

Und dann sind da noch die etwa 70 Antiquitätengeschäfte, Galerien und netten Shops. Wer archäologische Fundstücke, Antiquitäten, alte Stiche, moderne Kunst, Porzellan aus Delft oder antiquarische Bücher sammelt, ist im Spiegelkwartier, in nächster Nähe zum Rijksmuseum, richtig. Hier macht die Stadt ihrem Ruf alle Ehre, das Epizentrum der Kunst in den Niederlanden und eines der bedeutendsten Kunst- und Antiquitätenzentren Europas zu sein.

spiegelkwartier.nl/en/home

Museumkwartier

Wer sich bei dem majestätischen Gebäude gegenüber vom Spiegelkwartier an den Bahnhof erinnert fühlt, irrt nicht. Beim **Rijksmuseum** ㉑ war derselbe Architekt am Werk: P. J. H. Cuypers. Die Ähnlichkeit der beiden Gebäude ist frappant: derselbe Grundriss, dieselbe ungewöhnlich breite Fassade. Und ebenso wie das später fertiggestellte Bahnhofsgebäude (s. S. 37) war auch dieser Neorenaissance-

Bau umstritten. Von unumstrittener Schönheit jedoch ist der reiche Bilderschmuck des roten Backsteingebäudes von B. van Hove und F. Vermeylen mit zahllosen Figuren und Szenen, die heute zu den bedeutendsten in der nordholländischen Kunstgeschichte gehören.

Museumplein

Eine beeindruckende Säulenhalle mit Kreuzrippengewölben und Mosaiken führt unter der Mittelachse des Rijksmuseums hindurch: die **Museumstraat,** die an eine Fahrradautobahn erinnert. Vorsicht ist geboten: Rücksicht auf Fußgänger nimmt hier niemand! Das Sträßchen führt in Nord-Süd-Richtung zum weitläufigen Museumplein mit den drei bedeutendsten Museen der Stadt, Reichs-, **Van Gogh Museum** ㉒ und **Stedelijk Museum** ㉓, zu zwei kleineren Museen, **Moco** ㉔ und **Diamant Museum Amsterdam** ㉕, sowie zum Concertgebouw (s. S. 166).

Kein Platz wie jeder andere

Auf dem großzügigen **Museumplein** geht es *echt druk* zu, wie man hier sagt. Busse spucken Scharen Kulturinteressierter aus, Besucher mit den bunt bedruckten Tüten der Museumshops und den charakteristischen dreieckigen Kartons mit Van-Gogh-Postern, denen man überall in der Stadt begegnet, laufen kreuz und quer zwischen den Museen umher.

Der dänische Landschaftsarchitekt Sven-Ingvar Andersson versah den 1999 neu gestalteten Museumsplatz mit Bäumen, Ruhebänken, einer Skatebahn, zwei Pavillons, Wasserläufen und einem Bassin sowie dem ›Eselsohr‹ beim Stedelijk Museum. Dieser über Parkhaus und unterirdischem Supermarkt künstlich angelegte und mit Gras bepflanzte Hügel ist bei Sonnenschein beliebter Ruhe- und Picknickplatz der Amsterdamer. Der Platz wird auch für Großveranstaltungen, Festivals oder das aufwendige Bühnenprogramm am Königstag genutzt und verwandelt sich im Winter in eine **Schlittschuhbahn** ❷.

EIN TOURISTEN-WALD

Für jeden Touristen, der eines ihrer vier Ökohotels direkt bucht, will die kleine Amsterdamer Kette der Conscious Hotels (s. S. 30; das Stammhaus liegt um die Ecke vom Museumplein) einen Baum pflanzen. 19 000 Bäume sind seit 2018 bereits gemeinsam mit Initiativen wie ›Die Bestäuber‹ und ›Trees for all‹ gepflanzt worden, doch das ist erst der Anfang. Seit 2022 arbeitet das Unternehmen mit ›Hotels for Trees‹ (hotelsfortrees.com) zusammen und pflanzt weiter emsig Bäume. Von jeder Direktbuchung fließt 1 € in das engagierte Projekt. Den Plan, einen Wald in oder bei Amsterdam anzulegen, konnte die Hotelkette leider nicht umsetzen. So wachsen die Bäume nun mehrheitlich in Leersum in der Provinz Utrecht.

Gelungen?

Der Entwurf Anderssons ist viel kritisiert worden: zu nüchtern, zu kühl, zu karg. Was ihm fehle, sei Intimität, sei der »räumliche Zusammenhang«, urteilt die Zeitung »Trouw«. Seitdem alle drei großen Museen einen Eingang am Museumplein haben, ist der Platz noch belebter geworden. Das Stadtplanungsamt hat ihn weiter ›aufgehübscht‹: Statt Grau dominiert Grün, ein Museumboulevard ist entstanden, die Lichtplanung wurde überarbeitet, Skulpturen, ein Springbrunnen und diverse Sport- und Spieleinrichtungen wie Halfpipe und Bouleplatz schmücken den Platz – und dennoch: ein großes Ganzes ist der Museumplein nicht!

Mit Blick auf das Rijksmuseum macht der oftmals kritisierte Museumplein gar keine so schlechte Figur …

Brahms sei Dank!

Über die belebte Van Baerlestraat (s. S. 167) ist das letzte Kultur-Highlight am Museumplein erreicht: das **Concertgebouw** 14. Mit mehr als 700 000 Besuchern pro Jahr ist es das bestbesuchte Konzertpodium der Welt. Weltweit einen Namen hat sich auch das Hausorchester, das Koninklijk Concertgebouworkest, gemacht. Hochkarätige Solisten und Orchester runden das Programm ab. Der Grote Zaal (Großer Saal) ist bei Musikliebhabern für seine ausgezeichnete Akustik berühmt. Der Kleine Zaal dient insbesondere dem Nederlands Kamerorkest und den Kinderkonzerten als Podium. Einen Ruf genießt das Concertgebouw auch bei Jazzfans.

Indirekt soll das Konzerthaus dem deutschen Komponisten Johannes Brahms zu verdanken sein, der sich über die schlechte Akustik in den Amsterdamer Konzerthäusern mokiert hatte. Das 1883–86 errichtete Gebäude im historisierenden Stil mit seitlichen Türmen und einer klassizistischen Säulenreihe vor dem Haupteingang geht auf einen Entwurf des Architekten A. L. van Gendt zurück, der Ende des 19. Jh. in Amsterdam sehr gefragt war. Achten Sie auf den Tympanon über dem Haupteingang: Ihn ziert eine Darstellung der Musen. Wie passend!

Das Concertgebouw traf übrigens ein Schicksal, das viele Amsterdamer Bauwerke ereilt: Es drohte abzusinken, da es auf morastigem Untergrund gebaut ist. Die alten Holzpfähle mussten gegen längere, beständigere Metallrohre ausgetauscht werden – nicht risikolos für den 10 000 t schweren Bau!

Spend one million in an hour …

Rund um den Museumplein fallen die breiten Straßen und die großzügige Bebauung auf, prächtige Villen, zwischen denen viel Platz ist – ganz anders als im Grachtengürtel oder gar im Jordaan. Diese reiche Wohngegend entstand im ausgehenden 19. Jh., nach dem Bau des

Reichsmuseums und der Anlage des Vondelparks. Mit **P. C. Hooftstraat** ❸ – kurz »die P. C.« – und **Van Baerlestraat** besitzt das Museumkwartier zwei der elegantesten und exklusivsten Einkaufsstraßen der Stadt. Eine Million in einer Stunde auszugeben, dürfte auf einem kleinen Bummel bei Tesla, Tiffany & Co., Jimmy Choo, Gassan Diamonds, Hermès & Co. kein Problem sein!

Vielfältiger, bodenständiger und fürs Portemonnaie verträglicher zeigt sich die ruhige **Beethovenstraat** ❹ mit vielen Shops und Café-Restaurants. Hier hatten sich nach Hitlers Machtergreifung im Jahr 1933 viele deutsche Juden angesiedelt, und es gab deutsches Brot und deutsche Wurst zu kaufen, eine deutsche Buchhandlung und ein Restaurant mit deutscher Küche.

museumquarter.com/shopping-amsterdam, pchooftstraat.nl//en, www.beethovenstraat.nl/en

Zwischen Museumplein und Vondelpark

Wer eine kleine Tour im ganz alltäglichen Amsterdam unternehmen möchte, ist in dem netten Wohnviertel hinter dem Koninklijk Concertgebouw richtig. An einigen Stellen laufen die ruhigen, breiten Straßen zu kleinen Plätzen zusammen. Backsteinarchitektur herrscht bei den großzügig angelegten Wohnhäusern vor, es gibt viel Grün, Bäume, Blumen. Das Viertel mit seinen vielen Geschäften, Cafés und Restaurants entstand Ende des 19./Anfang des 20. Jh. Die reizvolle Wohnlage nahe Konzerthalle und Vondelpark lockte reiche Bürger. Noch immer leben hier vor allem Wohlhabendere, viele Familien mit Kindern, aber auch gut situierte Singles. Darüber hinaus ist es ein Viertel der Künstler und Intellektuellen.

Das Herumschlendern lohnen alle Parallelstraßen der **Van Breestraat** ❺ zwischen Lairesse- und Van Eeghenstraat am Vondelpark sowie die von ihr abzweigenden Querstaßen. Die Straße galt vor dem Zweiten Weltkrieg auch als jüdische Straße, mit Filialen koscherer Lebensmittelhändler. Zum Einkaufen empfehlen sich neben der Beethovenstraat (s. links) der **Willemsparkweg** und die **Cornelis Schuytstraat** (»De Schuyt«) mit einem Mix aus kleinen Traditions- und sehr exklusiven Läden. Die vielen Straßenterrassen der Cafés und Restaurants verlocken dazu einzukehren – etwa bei **Di Bruno** 11, wo's zur Aussicht eine ausgezeichnete italienische Küche gibt.

Die Straßenzüge zeigen ein geschlossenes Bild, bunte Fliesenmosaike zieren die Hauseingänge, kleine schmiedeeiserne Balkone verschönern die Fronten, Bänke vor den Häusern und die dicken Stämme der Baumveteranen runden das Bild ab.

»Little Paris«

Noch weiter südlich liegt die **Apollolaan** ❻, ein breiter Boulevard mit imposanten Häusern – untypisch für Amsterdam und von H. P. Berlage als Reminiszenz an die Boulevards von Haussmann in Paris angelegt. Anders als dort allerdings mit viel Grün, das erschien ihm menschlicher. Im Hilton Hotel, etwa in der Mitte der Straße, hielten John Lennon und Yoko Ono übrigens ihr berühmtes »Bed-in-for-peace« (s. S. 288) ab – ein Auge für die Umgebung hatten sie wohl nicht, sie haben das Hotelzimmer ja nicht verlassen.

www.cornelisschuytstraat.com

Südlich des Concertgebouw

In dem Dreieck zwischen Concertgebouw (s. S. 166), Noorder-Amstelkanaal und Boerenwetering sind zahlreiche Bauten der Amsterdamer Schule zu finden,

H

HAUSARBEIT ADE!

Het Nieuwe Huis ⑩ am Roelof Hartpein 50 hat eine spannende Geschichte: Das sog. Einküchenhaus besaß nur eine zentral bewirtschaftete Küche. Das Konzept dieses Reformmodels städtischen Wohnungsbaus geht auf die deutsche Frauenrechtlerin Lily Braun zurück, die Frauen von der Hausarbeit befreien wollte und ein expliziter Gegenentwurf zur Isolierung der Kleinfamilien sein sollte.

die bereits zu dem von Berlage 1914 entwickelten Plan Zuid (s. S. 178) zur Stadterweiterung zählen. Sie sind zwar nicht ganz so spektakulär wie die Gebäude der Amsterdamse School in der Spaarndammerbuurt (s. S. 144) oder in De Pijp (s. S. 178), aber sehenswert und auf einem schönen Spaziergang zu erwandern.

Backsteinexpressionismus

Erste Zeugnisse dieses Architekturstils an Ruysdaelstraat, Jacob Obrechtplein, B. Ruloffsstraat und R. Vinkeleskade führen auf ein Prachtexemplar zu: den **Harmoniehof** ⑦, eine Oase der Ruhe mit viel Grün im Innenhof – die Bewohner sollten gesund leben können. Dieser Straßenzug gilt als einer der schönsten Amsterdams.

Vorbei am **Rode Blok** ⑧ in der D. de Langestraat mit den angeblich schönsten Zugkränen der Niederlande am Giebel und den Wohnblocks in der J. M. Coenenstraat 16–22 mit wunderschön gearbeiteten Türen führt der Spaziergang zum **Roelof Hartplein,** der gemeinhin als »Tor zum Plan Zuid« betrachtet wird. Neben dem **Huize Lydia** ⑨, einem frühen Frauenhaus, mit geschwungenen Erkern und Balkonen sind vor allem die Häuser sehenswert, in denen die Stadtbücherei, das **Café De Wildschut** 12 und die Buchhandlung Het Martyrium residieren.

Einfach treiben lassen …

Sie haben fürs Erste genug Backsteine gesehen? Eine Stippvisite ›ins Blaue‹ führt an die **Boerenwetering,** einen hübschen Kanal, auf dem zahlreiche Ruderboote auf und ab schießen. Zwischen Jan v. d. Heijdenstraat und Cornelis Trooststraat liegen idyllisch Hausboote vor Anker, weiter Richtung Norden zum Rijksmuseum hin treiben sog. *floatlands,* Wassergärten (s. S. 191), auf dem Kanal. Wollen Sie das Ganze einmal aus der Nähe sehen, chartern Sie bei **Boaty** 4 einfach ein Boot und seien Sie Ihr eigener Kapitän.

Zurück an Land, gibt es noch ein paar Backsteine zu sehen, und zwar ein paar denkwürdige! Denn das **Hillehuis** ⑪ am Vermeerplein gilt als »der wahre Beginn der Amsterdamer Schule« und bildet ein harmonisches Ensemble mit der Umgebung.

Rund um den Vondelpark

Größtmöglichstes Vergnügen – dafür steht der **Vondelpark** den Amsterdamern, den Gästen, uns! Egal, ob beim Picknicken unter einer alten Weide, beim frühmorgendlichen Joggen, wenn der Park eine ganz besondere Atmosphäre ausstrahlt, beim Relaxen oder Ballspielen unter schattigen Bäumen am Weiher oder auf einer der Caféterrassen bei einem Glas kühlen Weißwein.

Amsterdams Central Park

Ursprünglich nutzten nur die Anwohner, reiche Bürger, den Park, später kamen auch die Arbeiterfamilien zum Flanieren.

Lieblingsort

Und es strahlt wieder …

… in schönstem Blau, das **Blauwe Theehuis** 12. Das bemerkenswerte Erbe der Funktionalisten aus dem Jahr 1937 und heutige Rijksmonument war einst ein Teehaus, bevor es seine Karriere als beliebtes Café/Restaurant mit schöner Außenterrasse im Vondelpark begann. Das runde Gebäude aus Beton, Stahl und Glas erinnert von der Form her ein wenig an ein vom Himmel gefallenes Ufo. Seit einiger Zeit erstrahlt es in neuem Glanz – nicht nur die Farbe wurde aufgefrischt! Hinter all dem steckt die Brouwerij 't IJ (s. S. 203), die hier ihr zweites Proeflokaal eröffnete. Wohl bekomm's!

Heute ist der Vondelpark das beliebteste Freizeitrevier der Amsterdamer. Sie kommen zum Spazierengehen, Ballspielen, Radfahren, Joggen, Picknicken, Grillen oder einfach zum Faulenzen her. Und freitagabends zum Skaten: Traditionell findet dann der **Friday Night Skate** 3 statt.

Ihr kostbares Grün haben die Amsterdamer reichen Bürgern der Stadt zu verdanken, die es 1864 in Auftrag gaben. Der heute denkmalgeschützte Park verdankt seinen Namen Joost van den Vondel (1582–1674), dem »Shakespeare der Niederlande«. Der Architekt J. D. Zocher entwarf die 1,5 km lange und mit 48 ha Fläche größte Grünanlage Amsterdams im Stil eines englischen Landschaftsgartens mit Rasenflächen, unregelmäßig angelegten Teichen und reichem Baumbestand.

www.vondelpark.nl

Dokus in turbulenten Zeiten

Idyllisch an einem der Teiche residiert der **Vondelparkpaviljoen,** ein monumentaler Glas- und Eisenpavillon aus dem Jahr 1881, der länger leerstand und nun endlich wieder bespielt wird. Und zwar neben dem Café/Restaurant **Parkzuid** 7 mit herrlicher Terrasse) vom **International Documentary Film Festival Amsterdam (IDFA),** das hier eine wunderbare feste Location gefunden hat und nun das ganze Jahr über Dokus zeigt – unter dem Namen **Het Documentaire Paviljoen** 17.

Gratis-Vergnügungen

Eine besondere Attraktion bietet das **Openluchttheater** 12, ein Freilichtpodium, in dem von Juni bis September jedes Wochenende unterschiedlichste Veranstaltungen stattfinden: Tanz, Konzerte, Comedy, Kinder-Amusement etc., die von Amsterdamern und Besuchern gleichermaßen gut besucht sind.

www.openluchttheater.nl

H

HAPPY HIPPIE DAYS

Damals war alles möglich … Bekanntheit auf internationalem Parkett erlangte der Vondelpark in den späten 1960er- und zu Beginn der 1970er-Jahre. Er war bei den Anhängern der Flower-Power-Generation so beliebt, dass hier bis zu 2000 Blumenkinder gleichzeitig campten, im See schwammen, Drogen nahmen und freien Sex hatten. Die Fluggesellschaft KLM warb damals gar mit dem Slogan: »Visit Amsterdam, fly KLM and sleep in the Vondelpark.« Den Amsterdamern aber war diese Art der Bekanntheit gar nicht lieb, und schließlich wurde der Park geräumt. Schade eigentlich!

De Pijp

Ja, auch hier ist die ›Yuppisierung‹ in vollem Gange, und günstiger Wohnraum knapp. Das Schicksal teilt De Pijp mit anderen ehemaligen Arbeitervierteln wie dem Jordaan. Ein wenig zehrt es noch vom proletarischen Flair vergangener Tage, auch wenn die Diamantschleifereien abgerissen oder umgewidmet und die Heineken-Brauerei in einen ›Abenteuerspielplatz‹ verwandelt wurde. Etwa 35 000 Menschen leben hier miteinander – Niederländer mit marokkanischer, türkischer, surinamischer Herkunft, Künstler, Studenten sowie zunehmend auch Familien mit Kindern und sogenannte DINKS (Double Income no Kids).

Immobilienmarkt aus den Fugen

Steigende Mieten sind in De Pijp übrigens kein neues Problem: Als im 19. Jh.

TOUR
Sieben auf einen Streich!

Ein Spaziergang zu den Zevenlandenhuizen von Tjeerd Kuipers

Infos

D–F9

Wichtig: Die Häuser sind nur von außen zu besichtigen.

Tipp: Um die Ecke liegt die **Hollandsche Manege** 26, die der Spanischen Hofreitschule in Wien nachempfunden ist. Ein schönes Gebäude, in dem das Levende Paardenmuseum (Lebendiges Pferdemuseum) einen Einblick in die Ära einer pferdezentrierten Gesellschaft gibt – Amsterdams einstige High Society lässt grüßen! Wer mag, kann hier Reitstunden oder den High Tea nehmen.

Wer jetzt noch Energie für etwas Besonderes aufbringt, kann eine Rundreise durch sieben europäische Länder antreten. Wie das gehen soll? Tjeerd Kuipers hat 1894 im Auftrag des wohlhabenden und viel gereisten Politikers Samuel van Eeghen in der Roemer Visscherstraat (20–30 a) ein architektonisches Kuriosum geschaffen: die **Zevenlandenhuizen,** Wohnhäuser aus sieben europäischen Ländern. Sie entstanden, weil sich die niederländische Architektur Ende des 19. Jh. ausgiebig mit Fremdem und Exotischem beschäftigte. Der Auseinandersetzung Kuipers' mit dem sogenannten Exotismus verdanken wir diesen Abriss durch die Geschichte der europäischen Baukunst.

Duitsland, Frankrijk, Engeland …

Sieben Wohnhäuser auf einen Streich – wobei Wohnhaus etwas zu schlicht ist. Wer hier wohnt, hat sicher ein paar Milliönchen für sein prachtvolles Domizil hingelegt. Etwas kleiner als die anderen fünf fallen das **deutsche Romantikhaus** (Nr. 20) mit gotischen Spitzbogenfenstern und Türmchen und das französische **Mini-Loireschloss** im Renaissance-Stil (Nr. 22) aus. An der **spanischen Villa** lassen sich gut die maurischen Einflüsse ablesen (Nr. 24), während der **italienische Palazzo** (Nr. 26) eindeutig neoklassizistisch ist. Auf das an Kathedralen zur Zeit Iwan des Schrecklichen erinnernde **russische Haus** mit der hübschen zwiebelförmigen Kuppel (Nr. 28) folgen das **holländische Renaissance-Wohnhaus** (Nr. 30) und das **englische Cottage** (Nr. 30 a). Über den Türen sind die Ländernamen abzulesen – doch eigentlich ist alles ganz eindeutig. Im Engelandhuis findet sich heute ein Hotel – wer mag, kann also englisches Flair schnuppern.

De Pijp

Ansehen
1 – 12 siehe Karte S. 163
13 Hemonybuurt
14 Huis met de Kabouters
15 ehemaliges Rathaus
16 Diamantslijperij I. J. Asscher
17 Diamantstraat
18 Badhuis
19 Sarphatipark
20 Heineken Experience
21 – 26 siehe Karte S. 163
27 De Appel

Essen
1 – 12 siehe S. 163
13 De Waaghals
14 Moksi
15 Brouwerij De Engel
16 H/eart.h
17 De Japanner
18 101 Gowrie
19 Warung Mini
20 Fa. Pekelhaaring
21 Skandnavian Embassy
22 Coffee & Coconuts
23 Brouwerij Troost De Pijp
24 Yamazato

Einkaufen
1 – 2 siehe S. 163
3 Blond
4 Albert Cuypmarkt
5 Cottoncake
6 Emaillekeizer
7 O my bag

Bewegen
1 – 4 siehe S. 163

Ausgehen
1 – 17 siehe S. 163
18 De Tulp
19 Pilsvogel
20 Cinetol
21 GlouGlou

in aller Eile Wohnungen hochgezogen werden mussten, langten die Vermieter kräftig zu. Viele konnten sich die Mieten nur leisten, wenn sie untervermieteten, z. B. an Künstler und Studenten der in De Pijp gegründeten Kunstakademie.

Albert Cuypstraat

Wer bitte ist noch mal Albert Cuyp? Ein Maler, und zwar einer der bekanntesten niederländischen Landschaftsmaler des 17. Jh. In De Pijp hat er nicht gelebt, das war damals Bauernland. Es dauerte noch etwas, bis daraus das sogenannte Quartier Latin Amsterdams wurde.

Dahinter geht's weiter

Fester Bestandteil dieses Viertels ist der nach dem Maler benannte **Albert Cuypmarkt** 4, der auf der Albert Cuypstraat zwischen Van Wou- und Ferdinand Bolstraat auf 800 m Länge sein buntes Treiben entwickelt. An den Ständen – etwa 260 an der Zahl – verschafft man sich den ersten Überblick; das Angebot wird breiter, wenn man die dahinter liegenden Läden betritt. Indonesische Gewürze, chinesische Haushaltswaren, indische Stoffe, Obst und Gemüse sowie exotische Lebensmittel sind hier immer noch günstig zu haben. Jeden Mittwoch gibt es auch ein paar Stände mit biologischen Lebensmitteln entlang der 1e Sweelinckstraat.

Albert Cuypstraat, albertcuyp-markt.amsterdam, Mo–Sa 9.30–17 Uhr

Hemonybuurt

Die **Hemonybuurt** 13 wurde in den 1880er- und 1890er-Jahren zwischen Stadhouderskade im Norden und Ceintuurbaan im Süden entlang der früheren Poldergräben und Sägemühlenpfade an-

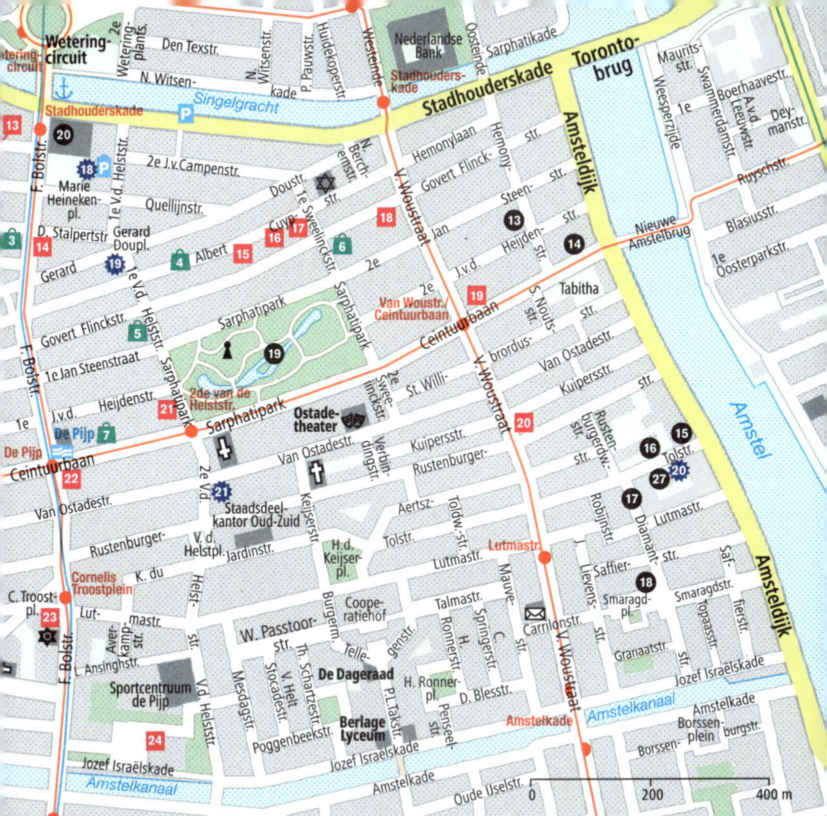

gelegt. Dass dies die bessere Gegend von De Pijp war, ist besonders in der baumbestandenen **Hemonylaan** an den reich verzierten Hausgiebeln zu sehen. Am **Amsteldijk** setzt sich dieser Eindruck fort: Schon um 1500 standen hier die Landhäuser reicher Amsterdamer. Im 19. Jh. machten sie abwechslungsreich gestalteten Herrenhäusern Platz.

Links überquert die 114 m lange und 16 m breite siebenbogige **Nieuwe Amstelbrug** die Amstel. Sie wurde 1902 als ›Wilhelminabrug‹ eröffnet und befreite das Viertel aus seiner vorherigen Isolation.

Zwergenaufstände

Gleich zu Beginn der Ceintuurbaan (Ringbahn) fällt auf der rechten Seite das **Huis met de Kabouters** ⓮ (Nr. 251–253) auf. Die Fassade des Doppelhauses mit den Neogotik- und Neorenaissance-Elementen ist oben mit *kabouters*, also Zwergen, aber auch Adlern und Engeln verziert. Die Bedeutung der Zwerge, die sich einen Ball zuwerfen, ist unklar. Es könnte eine Anspielung auf die Auftraggeber sein, die Van Ballegooijen (Ballwerfer) hießen.

Die Ceintuurbaan bildet die Grenze zu dem bis 1896 selbstständigen Ort Nieuwer Amstel. Um ihrem Selbstbewusstsein gegenüber Amsterdam Ausdruck zu verleihen, hatte die Gemeinde noch 1894 ein prächtiges **Rathaus** ⓯ im Neorenaissance-Stil (Amsteldijk/ Tolstraat) hochziehen lassen, das nur vier Jahre als solches genutzt wurde und

TOUR
Bitte ordentlich Hunger mitbringen!

Streetfood-Tour durch De Pijp mit den Hungry Birds

Unser Guide Esther-Hanna hat indonesische Eltern und ist komplett niederländisch sozialisiert, aufgewachsen in Nordfriesland. Ihre Liebe zum Streetfood hat sie mit der Mitgründerin von Hungry Birds, Zosia, auf den Märkten und in den Straßen Südostasiens entdeckt. Heute will uns Esther-Hanna zeigen, dass ungewöhnliche Streetfood-Erlebnisse auch um die Ecke zu haben sind.

Imbiss aus der Wand

Wir starten urholländisch in der Ferdinand Bolstraat 89B bei **FEBO.** Der Name ist ein Akronym aus den Anfangsbuchstaben der Straße. Der Erfinder dieses frühen Fastfood-Modells, I. J. de Borst, soll hier in die Bäckerlehre gegangen sein. Hinter den Glasfächern die täglich frisch produzierten Kroketten in den Geschmacksrichtungen Rindfleisch, Kalb oder Saté, des Weiteren *frikadel*, Topseller *kassoufflé*, Vega-Grill- und Vega-Hühnchenburger und natürlich auch *bami* als Konzession ans Amsterdamer Multikulti. Das Prinzip: Münzgeld in einen Schlitz und heiße Ware ›aus der Wand ziehen‹ – essen! Konsens in unserer achtköpfigen internationalen Truppe: Nicht so übel wie erwartet, aber Vorsicht, die Dinger sind so heiß, dass man sich leicht den Mund verbrennt.

Pfannkuchen sind gut, Mini-Pfannküchlein noch besser: **Poffertjes** heißen die kleinen runden Happen, die es natürlich auch auf dem Albert Cuypmarkt gibt, frisch, heiß, buttrig!

Wo bitte liegt Suriname?

Exotischer wird's in der 1e van der Helststraat 64. Esther-Hanna führt uns zu **Tjin's Toko,** einem unscheinbaren Laden, der die ehemalige südamerikanische Kolonie Suriname und den Kontinent Asien zusammenbringt. Im Shop gibt's internationale Spezialitäten zu kaufen. Uns interessiert der Imbiss: Wir probieren Broodje Pom, ein Sandwich mit Hühnchen, abgeschmeckt

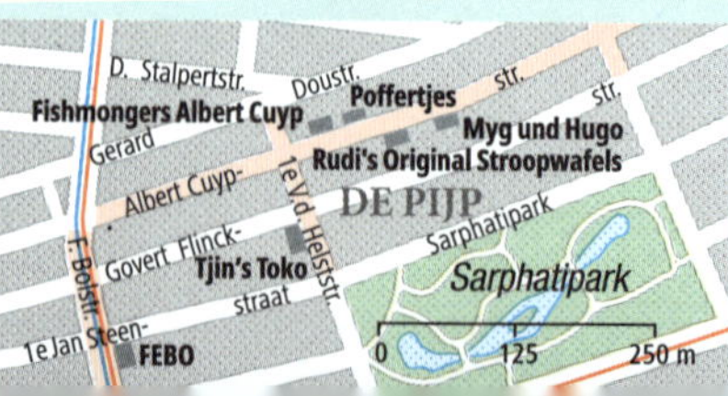

Infos

G 10

Start:
Ferdinand Bolstraat (ändert sich je nach Tour)

Dauer/Kosten:
4,5 Std./98 €/Pers. Besuch von 7–8 Food Locations, max. 8 Pers./Gruppe

Anbieter:
Hungry Birds, www.hungrybirds.nl

Achtung: Die Touren sind nie ganz gleich, auch diese Tour ist eine ›Momentaufnahme‹.

mit Zitrone und pikanter roter Chillisauce, garniert mit *pomtajer,* einer süßkartoffelähnlichen Wurzel, und einem exotisch gewürzten Zwiebel-Kohl-Relish. Hm, nicht zu viel davon essen, damit noch Platz für die Stationen auf dem Albert Cuypmarkt bleiben, denn der beginnt um die Ecke.

Ganz oder gestückelt?

Esther-Hanna beruhigt uns: »Stresst euch nicht, wenn ihr den Nieuwe Haring nicht im Ganzen essen könnt.« Klar, wir haben alle das Klischee im Kopf, wonach die Niederländer den Kopf in den Nacken legen und der Hering komplett in der Kehle verschwindet. Wir stehen bei **Fishmongers Albert Cuyp** (Albert Cuypstraat 155) und sehen Amsterdamern dabei zu, wie sie den Matjes in Stücke geschnitten, garniert mit Gürkchen und Zwiebeln, genüsslich verzehren – machen wir auch. Und erfahren dabei von Esther-Hanna, dass ausgerechnet das Arme-Leute-Essen Matjes im 17. Jh. den Grundstock für den Reichtum der Niederlande legte: Man hatte entdeckt, dass sich der Fisch länger hielt, wenn man ihm die Eingeweide bis auf die Bauspeicheldrüse herausschnitt, und konnte deshalb länger auf See bleiben, mehr fangen und mehr verdienen als die anderen.

Indonesien im Hinterhof

Nun noch ein kleines Abenteuer mit **Myg und Hugo:** Das indonesisch-niederländische Paar führt einen Laden mit Haushaltswaren (Albert Cuypstraat 196–198). Und Myg kocht fast jeden Mittag ein Gericht. Sie hat keine Lizenz, deshalb sind wir ›Freunde des Hauses‹ und tun uns selbst auf. Wir sitzen in einem lauschigen kleinen Innenhof und löffeln die süß-scharfe Suppe – köstlich.

Heiße Luft

Wir stöhnen schon ein bisschen. Doch Esther-Hanna ist überzeugt: »Da geht noch was.« Uns weht ein Duft nach Zimt und Karamell in die Nase, kurz vor dem Restaurant De Engel ist der Stand von **Rudi's Original Stroopwafels** (Albert Cuypstraat 182). Ob er nur gut Werbung macht oder ob die frisch gebackenen Waffeln, gefüllt mit *stroop* (Sirup) – natürlich hausgemacht – wirklich so gut sind? Ja, wirklich, sie zergehen auf der Zunge, kein Vergleich zu der abgepackten Ware im Supermarkt. Aber man muss schon ein großer Süßzahn sein.

DIE PFEIFE?

Korrekt: De Pijp heißt Pfeife oder Röhre. Es hat aber auch noch die Bedeutung »langes, schmales Gewässer«, also Kanal oder Graben. Und von solchen Wassergräben war das Gebiet außerhalb der Stadt vor seiner Industrialisierung durchzogen. Der breiteste von ihnen war übrigens der Sägemühlengraben, die heutige Albert Cuypstraat, die von vielen Mühlen gesäumt wurde. Dieser Graben wurde im Volksmund De Pijp genannt und gab dem ganzen Viertel seinen Namen. Später, als die Stadt Wohnraum für die Arbeiter der Diamantschleifereien und der Brauerei brauchte, wurden aus den Gräben lange und gerade Straßen. Ihr heutiger Verlauf entspricht exakt dem früheren Kanalnetz.

später bis 2007 als Stadtarchiv Amsterdams fungierte. Das Gebäude steht als Rijksmonument unter Denkmalschutz. Mittlerweile hat es Karriere gemacht und wird von einer portugiesischen Hotelkette als Fünf-Sterne-Hotel genutzt (Pestana Hotel Riverside, www.pestanacollection.com/de/hotel/pestana-amsterdam-riverside).

Diamantenviertel

Der größte Diamant der Welt, der Cullinan, verließ die **Diamantslijperij I. J. Asscher (16)**, ein festungsartiges Gebäude in der Tolstraat, 1908 in mehrere kleinere Teile gespalten, meisterhaft geschliffen und zu britischen Kronjuwelen verarbeitet. Das raumschiffartige Gebäude gegenüber der ehemaligen Schleiferei wurde als **Theosofischer Tempel** im Stil des Neuen Bauens in den 1920er-Jahren errichtet, später als Moschee, Kino Cinetol und Bibliothek genutzt. Im März 2024 gab es einen erneuten Umschwung: Das Kunstzentrum **De Appel (27)**, das immer wieder den Ort wechseln musste, hat das Gebäude bezogen. Mit Ausstellungen, Lesungen, Diskussionen und Performances, oft mit politischem oder gesellschaftlichem Impact, setzt es sich für zeitgenössische Kunst ein und fördert junge Talente (s. auch S. 183). Daneben hält sich, ebenfalls mit dem Namen **Cinetol (20)**, ein feiner kleiner *broedplaats*, in dem viel Livemusik gespielt wird.

Es schließen sich eine ganze Reihe typischer Arbeiterhäuser an, die vor 1911 erbaut wurden – zu sehen ist das an den schmiedeeisernen *muurankers* (Maueranken), die bis zu jenem Jahr die tragenden Holzteile eines Hauses befestigten.

Sparsam gebaut

Wie passen die kleinen Puppenhäuser zu Beginn der **Diamantstraat (17)** ins Bild? Klein heißt in Amsterdam meist nichts Gutes, und in der Tat hat sich die Diamantschleiferei bei diesen Häusern nicht mit Ruhm bekleckert. Ende des 19. Jh. wurden sie in aller Eile für die Arbeiter

MENSCHENFREUND

Unter steinernem Baldachin thront mitten im Sarphatipark eine **Bronzestatue** des Namengebers Dr. Samuel Sarphati (1813–66), Arzt und Menschenfreund. Sarphati setzte sich für bessere Lebensbedingungen im Südwesten der Stadt ein. So gründete er u. a. die erste Brotfabrik, in der hygienisch einwandfreies und billiges Brot gebacken wurde. Die Anlage des Sarphatiparks hat er nicht mehr erlebt.

Sarphati wäre bei dieser Szenerie in ›seinem‹ Park wohl glücklich gewesen. Er wollte die Lebensbedingungen in der Stadt verbessern.

von Asscher gebaut. Sie sind so niedrig, weil sie möglichst billig sein sollten: Je niedriger, desto weniger Pfähle musste man in den Untergrund rammen.

Einseifen

Ein Recht auf ein Badezimmer hatten die Arbeiter bis 1933 nicht, erst danach wurde es Pflicht. Die Wohnungsbaugesellschaften, die Anfang des 20. Jh. für bessere Wohnbedingungen sorgten, wollten Abhilfe schaffen. So entstand 1920 das runde **Badhuis** ⓲ nach den Plänen von Pieter L. Marnette kurz vor dem Smaragdplein. Für wenig Geld und streng getrennt nach Geschlecht, konnten die Arbeiter nun in die Wanne steigen oder unter die Dusche gehen.

Wer jetzt in Richtung Süden weitergeht, kommt in das Viertel **Plan Zuid,** das sich zwischen Amstel, Olympiastadion und Amstelkanaal erstreckt (s. S. 178).

Sarphatipark und nördliches De Pijp

Welch Glück, dass sich dieser Plan zerschlagen hat: Auf dem Areal des **Sarphatiparks** ⓳ sollte 1870 der Hauptbahnhof gebaut werden und mit ihm ein Reichenviertel mit Villen und allem Pipapo. Daraus wurde dann nichts, weil die Ausführung die Stadt zu teuer gekommen wäre und die drängelnden Fabrikanten Platz für Produktionsstätten und Arbeiterwohnungen brauchten. 1881 wurde der Park im englischen Landschaftsstil angelegt, mit einem Teich, der unterir-

TOUR
Visionär und kühn

Spaziergang durch die Wohnblocks des Plan Zuid

Infos

H 11

Start:
Coöperatiehof

Dauer:
ca. 30 Minuten

Museum De Dageraad: Do–So 13–17 Uhr, 16 €, im Preis ist jeweils eine Führung durchs umliegende Viertel inbegriffen (13.30, 14.30, 15.30 Uhr, letztere in Engl.), Infos zu allen anderen Führungen, Events und Projekten der Amsterdamer Schule unter www.hetschip.nl

Hier, wo Tellegenstraat und Takstraat ein Ypsilon formen, ist es sehr still, um die Ecke, auf dem sehenswerten **Coöperatiehof** ein paar Kinder, die Fußball spielen. Langweilig ist es trotzdem nicht, denn die roten Backsteine sprechen eine ganz eigene Sprache.

Skulpturen aus Backstein

Einer organischen Skulptur gleich ziehen sich die vierstöckigen Häuserblocks mit den weißen Strebenfenstern die **Tellegenstraat** entlang. Dreieckige Erker, schwingende Mauerwellen, steinerne Plisseefalten, runde, gegeneinander versetzte Türmchen oder hohe Kamine, aber auch vertikal oder mit den Luftlöchern nach außen gedrehte Backsteine setzen auf den Flächen aus rotem Ziegelstein Akzente.

Utopie und Wirklichkeit

Hinter dieser Bauweise steckte nicht nur eine Architekturströmung, die Amsterdamer Schule, sondern eine regelrechte Stadtplanungsphilosophie – entstanden aus einer engen Zusammenarbeit zwischen Wohnungsbaugesellschaften, Stadtplanern wie H. P. Berlage und städtischen Architekten wie Michel de Klerk, Piet Kramer und Johan van der Mey. Der Plan Zuid war seit der Stadterweiterung des Grachtengordel im 17. Jh. das erste Wohnungsprojekt, das den Namen Raum- und Stadtplanung wirklich verdiente, mit breiten Alleen und kleinen Verbindungssträßchen, die auf die Grachtenstruktur der Innenstadt Bezug nahmen. Die strikte Trennung zwischen Arm und Reich, wie sie auf dem Grachtengürtel gang und gäbe war, sollte allerdings aufgehoben werden. Vor allem Werktätige erhielten bezahlbaren und guten Wohnraum.

Auch vor Fensterrahmen und Türen machte die gestalterische Kraft der Amsterdamer Schule nicht halt – sie gehörten zum Gesamtkunstwerk und lassen diese Architektur noch heute wie aus einem Guss erscheinen.

Pädagogischer Auftrag

Dafür mussten sie einige ›Erziehungsmaßnahmen‹ über sich ergehen lassen: Die Küchen in den Häusern waren z. B. so knapp bemessen, dass man nicht darin essen konnte, stattdessen sollte das Wohnzimmer zum Treffpunkt der Familie werden. Die Fenster wurden extra hoch angebracht, damit die Bewohner nicht hinaussehen konnten, sondern ein gutes Buch lasen.

Morgendämmerung

Auf beiden Seiten der **Takstraat** ragen die 1920 von Piet Kramer entworfenen Flaggschiffe des Plan Zuid in die Höhe: die auffallend gewellten Türme mit der Aufschrift **De Dageraad** (Morgendämmerung), ehemals Sitz der gleichnamigen Wohnungsbaugesellschaft, die dieses Viertel baute. Im Ladenlokal des Dageraad-Gebäudes hat das Museum Het Ship eine Dependance (Ecke Burgemeester Tellegenstraat) mit einer Ausstellung zum Plan Zuid eingerichtet. Von hier aus starten die geführten Touren durch das Viertel.

Sozialistischer Häuserschmuck

Für die schmückenden Elemente auf den Dageraad-Türmen sorgte der Bildhauer Hildo Krop (1884–1970). Auch an einigen Brücken, so an der **Brücke über den Amstelkanaal** entlang der Jozef Israëlskade, und am **Berlage Lyceum** sind seine allegorischen Bildwerke, meist zu den Themen Arbeit oder Schifffahrt, zu sehen. Die beiden Schulgebäude rechts und links der P. L. Takstraat, die man am besten von der Fußgängerbrücke über den Amstelkanaal betrachten kann, wurden übrigens trotz ihres Namens nicht von Berlage entworfen.

VON DE PIJP IN DIE WELT

Als Gerardus Adriaan Heineken 1864 die Brauerei De Hooyberg am nördlichen Rand von De Pijp kaufte, wurde er zu einem der wichtigsten Arbeitgeber im Viertel. Damit begann die Erfolgsgeschichte des heute weltweit agierenden Heineken-Konzerns. Bier wird in dieser ersten Brauerei nicht mehr gebraut, der Komplex heißt jetzt **Heineken Experience** (20) und zeigt – interaktiv, klar! – den Weg des Bieres vom Korn bis zum trinkbaren Produkt (Stadhouderskade 78, www.heinekenexperience.com, Tram 24, 23 €).

disch durch ein Rohr an die Singelgracht angeschlossen war, um das Wasser immer frisch zu halten. Der Park ist ein echter Nachbarschaftsgarten: Hier werden Geburtstage gefeiert, auf den Bänken plauschen Alte und Junge, in den Wiesen liegen Liebespaare, und am Königstag im April gehört der Park den Kindern.

Mondriaan mit zwei a

Die Straßenzüge rund um den Sarphatipark zeigen eine solide, reich verzierte Bebauung – Erker, Balkone mit zierlichen schmiedeeisernen Gittern, bewachsene Häuserfronten und Markisen geben ihnen französisches Flair.

Das Haus mit den weißen Ziersteinen an der Südseite des Sarphatiparks, **Ecke 2e van der Helststraat,** bestand früher aus lauter Atelierwohnungen – in einer davon, in der ersten Etage, lebte und arbeitete von 1908 bis 1912 Piet Mondrian, der damals noch ein ›a‹ mehr im Namen hatte.

Absacker am Abend

Den volkstümlichen **Gerard Douplein** dominierten früher, Anfang des 20. Jh., die Gemüsehändler und Kaufleute, heute gehört dieses Quartier den Künstlern. Der Platz ist nicht wirklich schön, aber lebendig mit Kneipen wie dem **Pilsvogel** (19) für den Absacker.

Museen

Kunst-Kathedrale

(21) **Rijksmuseum:** Nach der Wiedereröffnung des ›Rijks‹ 2013 – es war ab 2003 für zehn (!) Jahre wegen Umbaus und Renovierung fast komplett geschlossen – schritt der millionste Besucher bereits nach nur vier Monaten über die Schwelle des Monumentalbaus. Pro Jahr kommen heute unglaubliche 2 Mio. Besucher!

Auch wenn ›nur‹ 8000 der etwa 1 Mio. Schaustücke des Museums in den 80 Sälen gezeigt werden – man ist 1,5 km unterwegs, will man diese alle sehen. 800 Jahre niederländische Geschichte und Kunst seit dem 12. Jh. können in der »nationalen Schatzkammer« bewundert werden, die sich mit den ›ganz Großen‹ wie dem Pariser Louvre, dem Prado in Madrid oder dem New Yorker Metropolitan Museum messen lassen muss. Will man namhaften Kunstkritikern glauben: sich auch messen lassen kann!

Sechs Jahre länger und mit 375 Mio. € etwa ein Drittel teurer als geplant – das musste besonders werden! Verantwortlich für den Umbau der Kunst-Kathedrale war das spanische Architektenduo Cruz y Ortiz, das die im 20. Jh. hinzugefügten Innenhöfe in zwei großzügige Atrien umwidmete, Wandmalereien wieder freilegte, Terrazzoböden von schnödem Linoleum befreite, moderne Anbauten und einen der asiatischen Sammlung vorbehaltenen Pavillon schuf. Die Architekten gaben dem Erbauer Cuypers (s. S. 164) sein Gebäude zurück – lichtdurchflutet und großzügig mit Blumenranken, Ornamenten und Wandmalereien versehen.

Herzstück der Sammlungen ist wie früher die Malerei des 17. Jh.: Das Heiligtum des Rijks, eine majestätische Halle mit hohen Spitzbogen, empfängt die Besucher, die zielgerichtet auf Rembrandts »Nachtwache« zusteuern – so viele, dass von dem 1642 entstandenen Gemälde oft kaum noch etwas zu sehen ist. Es ist das einzige Werk, das nach der Renovierung an seinem alten Platz hängt. Seinen Namen erhielt das 2019/2020 für mehr als 3 Mio. € restaurierte Werk übrigens erst viel später, als die Leinwand durch Schmutz und Staub allmählich nachdunkelte. Links und rechts auf dem Weg zu ihm hängen die Werke all der anderen Künstler des ›Goldenen Jahrhunderts‹ an dunkelgrauen Wänden: Johannes Vermeer, Frans Hals, Jan Steen u. a. Das ungewöhnliche Grau soll die dunklen Gemälde zusammen mit dem LED-Licht zum Leuchten bringen.

Das Konzept des Museums überrascht: Kunst und Geschichte der Niederlande von 1200 bis heute werden nämlich nicht mehr getrennt voneinander präsentiert, sondern sind in einen Zusammenhang gestellt zu sehen. So markiert ein Mondrian-Gemälde gemeinsam mit einem Doppeldecker den Beginn der Moderne.

Die frei zugänglichen, neu gestalteten Gärten, die **Rijksmuseumtuinen,** locken mit ihrer zauberhaften Atmosphäre, insbesondere im Frühjahr, und mit **Skulpturenausstellungen** namhafter Künstler wie Henry Moore, Miró, Calder und Lee Ufan. Der Park mit seinen Bänken und Stühlen, den Wasserspielen und dem Kiosk kommt ganz alltäglich und *echt gezellig* daher (tgl. zugänglich 9–18 Uhr).

Museumstraat 1, www.rijksmuseum.nl, Tram 2, 5, 12, tgl. 9–17 Uhr, 22,50 € (Tickets vorab buchen), unter 18 J. frei, gute App; mit Restaurant, zwei Cafés und Shop, Fotografieren erlaubt

In love with Vincent

㉒ **Van Gogh Museum:** Das 2015 um einen neuen, transparenten Eingangsbereich zum Museumplein hin erweiterte Van Gogh Museum birgt hinter seinen Mauern seit 1973 die größte Van-Gogh-Sammlung der Welt – mehr als 200 Gemälde und 400 Zeichnungen. Das bemerkenswerte Bauwerk, ein nüchterner Betonblock, geht auf einen Entwurf des De-Stijl-Mitglieds Gerrit Rietveld (1888–1964) zurück und überrascht im Inneren durch seine Helligkeit. Ein Erweiterungsbau entstand 1999 nach Plänen des Japaners Kisho Kurokawa, dessen Büro auch den neuen Eingangsbereich entworfen hat.

Neben den düsteren Frühwerken des Malers, u. a. »Die Kartoffelesser«, sind im Museum auch die späteren, sehr bekannten Bilder aus der Provence wie die »Sonnenblumen« zu bewundern. Lichte Farben dominieren in dieser Phase, die Gemälde sind heiter, strahlen. Schenkungen erweiterten die Sammlung, unter ihnen zahlreiche Gemälde der Van-Gogh-Freunde Toulouse-Lautrec, Paul Gauguin und Claude Monet.

Museumplein 6, www.vangoghmuseum.nl, Tram 2, 3, 5, 12, tgl. 9–17/18, Fr 9–21 Uhr, Tickets **nur** online, 22 €, unter 18 J. frei, mit Café, Shop; Fr abends unregelmäßig **Vincent op Vrijdag:** Abendprogramm mit Kreativen (s. Website)

Hollands Antwort auf das MoMA

㉓ **Stedelijk Museum:** Dritter im hochkarätigen Museumsbund ist das international renommierte Stedelijk (Städtisches) Museum mit seiner außergewöhnlichen Kollektion moderner Kunst von 1850 bis heute. Fast anachronistisch erscheint die Unterbringung der modernen Sammlung in einem Neorenaissance-Gebäude – ein gewollter Bruch. Das von A. W. Weissman entworfene, 1895 eröffnete Gebäude entsprach allerdings schon länger nicht mehr den Anforderungen an heutige Museen. Dringend erforderliche Umbauten und ein spektakuläres Neubauprojekt mit Eingang am Museumplein waren die Antworten. Das 2012 neu eröffnete Museum gilt als »Hollands Antwort auf das New Yorker MoMA«. Der umstrittene Anbau von Benthem Crouwel Architects, von den Amsterdamern spöttisch »Badewanne«

Allein schon das Treppenhaus des Stedelijk ist ein Kunstwerk!

geschimpft, erweitert die Ausstellungsfläche um 8000 m² – und egal, wie man das neue Gebäude von außen finden mag, innen ist die Verbindung von Alt und Neu hervorragend gelungen, und die Ausstellungen sind top!

Schwerpunkte der Sammlungen sind Gemälde, Zeichnungen, Plakate und Skulpturen. Neben Klassikern des 19. und 20. Jh. – u. a. von Van Gogh, G. H. Breitner, Renoir, Monet, Macke, Mondrian, Matisse, Picasso, de Kooning, Andy Warhol, Jeff Koons – besitzt das Museum umfangreiche Sammlungen der Cobra-Gruppe und des Konstruktivisten Kasimir Malewitsch. Die ständige Ausstellung zeigt 750 ikonische Werke aus dem eigenen Fundus. Anspruchsvolle Wechselausstellungen zeigen aktuelle zeitgenössische Kunst. Zu Ehren des 750. Geburtstags Amsterdams ist im Eingangsbereich ein Skulpturengarten zu sehen.

Museumplein 10, www.stedelijkmuseum.nl (auch E-Tickets), Tram 2, 3, 5, 12, tgl. 10–18 Uhr, 22,50 €, unter 19 J. frei, mit Restaurant, Shop und hybridem Kunstraum Buro Stedelijk

Stippvisite in moderner Kunst

24 Moco: Das Modern Contemporary Museum ist der jüngste ›Kollege‹ am Museumplein und machte mit Ausstellungen zu Banksy und Warhol auf sich aufmerksam. Die Ausstellungen sind klein, niederschwellig angelegt und zeigen eine breite Palette an moderner, zeitgenössischer und Street Art (Basquiat, Haring, Hirst, Koons etc.). Am besten vor 11 Uhr kommen, sonst schiebt man sich durch die hübsche Jugendstilvilla Alsberg (mit schönem Garten). Wer sich intensiver mit moderner Kunst beschäftigen möchte, ist im Stedelijk Museum vermutlich besser aufgehoben.

Honthorststraat 20, mocomuseum.com, Tram 2, 3, 5, 12, Di–Do 9–20, Fr–Mo 9–21 Uhr, 25 €, ab 7 J. 22 €, online 3–4 € Ermäßigung

Blick hinter die Kulissen

25 Diamant Museum Amsterdam: Gleich in drei Häuser hat sich die alteingesessene Diamantschleiferei Coster Diamonds am Museumplein eingenistet. Ein kleiner Rundgang lohnt, wenn man großes Interesse an dem Gewerbe hat. Gründer Mozes Elias Coster war übrigens ein Perfektionist – ihn beauftragte die englische Königin Victoria im Jahr 1850 mit dem Neuschliff des Koh-i-Noor, des vielleicht ältesten geschliffenen Diamanten der Welt.

Paulus Potterstraat 8, www.diamantmuseum amsterdam.nl, Tram 2, 3, 5, 12, tgl. 9–17 Uhr, 12,50 €, 13–17 J. 10 €

Gruß nach Wien

26 Hollandsche Manege: Die 1881 von A. L. van Gendt erbaute Manege ist der Spanischen Hofreitschule in Wien nachempfunden und beherbergt das ›Lebende Pferdemuseum‹ (s. S. 171). Die weit geschwungene Treppe führt zum Orchesterbalkon hinauf, von wo man Pferd und Reiter sowie das elegante Metalldach im Blick hat. In der ältesten Reitschule des Landes wird noch immer Reitunterricht gegeben, während man hier gleichzeitig die formale Reitkunst der Niederlande bewahrt.

Vondelstraat 140, dehollandschemanege.nl, levendpaardenmuseum.nl, Tram 1, 3, Di–Fr 13–19, Sa, So 11–17 Uhr, 12,50 €, So High Tea, diverse Pferdeshows sowie Reiten im Damensattel

Gesellschaftspolitisch

27 De Appel: s. S. 176

Tolstraat 160, www.deappel.nl/en, Tram 3, Mi–So 14–20 Uhr, 6 €

Essen

Beste indonesische Küche

1 Warna Baru: Dieser Newcomer in Oud-West hat es in sich: superleckere authentische indonesische Küche zum Miteinanderteilen (pro Person sind etwa zwei zu empfehlen), Spitzen-Naturweine, gute Cocktails und ein mega Service!

Jan Pieter Heijestraat 137, www.warnabaru.nl, Tram 1, 2, 7, 12, 17, Di–So 17–23 Uhr, €–€€

Indonesisch bis in die Nacht

2 Bojo: Das beliebte indonesische Restaurant mit seiner authentischen Einrichtung ist eine Institution – hier trifft sich, wer (nachts) am Leidseplein unterwegs ist. Es kann eng werden. Super Satéspieße!

Lange Leidsedwarsstraat 49–51, www.bojo.nl/de, Tram 2, 12, tgl. 16–24 Uhr, €–€€

Auf heißer Platte zubereitet

3 Hosokowa: In einer der gesichtslosesten Ecken liegt eines der besten japanischen Restaurants Amsterdams. Chef Hosokawa kocht seit 1992 auf höchstem Niveau. Stichworte: Teppanyaki und Sushi! Die Qualität rechtfertigt den Preis.

Max Euweplein 22, www.hosokawa.nl, Tram 1, 2, 7, 12, 19, tgl. 17–23 Uhr, 5-/6-Gänge-Menüs 110–210 €, Klassiker à la carte €€€

Essen wie bei Oma – seit 1935!

4 Hap-Hmm: Liebevoll zubereitete niederländische Hausmannskost wie Bierhühnchen, Kalbsleber mit Zwiebeln, Karbonade, Hühnersuppe oder Garnelencocktail. Auswahl an vegetarischen Alternativen. Ein Ort zum Wohlfühlen und Bleiben!

Eerste Helmersstraat 33, hap-hmm.nl, Tram 1, 2, 3, 5, 11, 12, Mo–Fr 17–21.15 Uhr, €

Wohlfühlen auf Eritreisch

5 Abyssinia: Kleines, beliebtes afrikanisches Eetcafé, in dem das gut gewürzte Essen mit den Händen bzw. mithilfe von Injera, gesäuerten Teigfladen, gegessen wird. In der gemütlichen und herzlichen Atmosphäre sollte man ein Banana-Bier, unbedingt aber den Joghurt mit Honig und Nüssen probieren. Viel Vegetarisches.

Jan Pieter Heijestraat 190, www.abyssinia.nl, Tram 1, 2, 3, 12, 13, 17, Di–So 17–23 Uhr, €–€€

Streetfood à la Tel Aviv

6 Esh Pitaria & Bar: Einen Steinwurf vom Concertgebouw entfernt, wartet dieses kleine Paradies. Die Brüder Ilan und Joël bereiten alles selbst zu: Pita, Falafel,

Pizza. Unbedingt probieren: das traditionelle Zopfbrot (challa) und das Bananenbrot. Und am besten einmal durch die ›Esh Experience‹ futtern: Hummus nach Wahl, Falafel, Fischbällchen, fluffiges Fladenbrot, Chips, verschiedene Salate und Dips.

Moreelsestraat 1–3, esh.amsterdam, Tram 3, 5, 12, 13, 17, So, Mo, Do 12–1, Fr, Sa 12–3 Uhr, €, Esh Experience 27,50 € p. P. (mind. 2 Pers.)

Traumterrasse im Park

7 **Parkzuid:** Auf der zauberhaften Terrasse des Vondelparkpavillons ist von Frühstücken ›all day long‹ über Lunchen bis borrelen und Kaffee & Kuchen (kleine Karte) unter schattigen Bäumen alles möglich – auch Cocktails.

Vondelpark 3, park-zuid.nl, Tram 1, 3, Mo–Do 10–18, Sa, So 10–18.30 Uhr, €

Summer in the city

8 **De Vondeltuin:** Nachbarschaftskneipe mit einer der schönsten Terrassen Amsterdams direkt im Vondelpark. Sehr relaxte Atmosphäre, abends von Fackeln erhellt! Lecker: *broodjes*, gefüllte Ravioli, Linguine mit Langusten, Flammkuchen, Snacks.

Vondelpark 7, gegenüber Eingang Amstelveenseweg, devondeltuin.nl, Tram 1, 2, 15, 17, tgl. ab 10 Uhr, €–€€

Eat well, do good!

9 **Dignita Vondelpark:** Nur wenige Minuten vom Vondelpark entfernt gibt es den ganzen Tag über einen leckeren, gesunden Brunch – entweder auf der kleinen Straßenterrasse oder im süßen, lichtdurchfluteten Café. Das Patisserie-Team zaubert leckerste Eiergerichte, Bowls und Salate, üppig belegte Sandwiches und unvergleichliche Kuchen. Der Erlös hilft Opfern von Menschenhandel. Weitere Lokale: Nieuwe Herengracht 18a (s. S. 113) und Spaarndammerstraat 55.

Koninginneweg 218h, eatwelldogood.nl/en/dignita-vondelpark, Tram 2, tgl. 8.30–17 Uhr, €

Ein Fest nicht nur fürs Auge!

10 **Taiko:** Hippes Hotel-Restaurant mit moderner asiatischer Küche. Ein Jahr lang richtet Koch Schilo sein Augenmerk auf eine Zutat wie Soja und interpretiert diese immer wieder neu. Menüs auch vegetarisch. Seit Kurzem experimentiert Schilo mit italienischen und griechischen Kollegen im brandneuen mediterranen BARBOUNIA, das ebenfalls im Conservatorium Hotel untergebracht ist. Man schmeckt die Sonne in den außergewöhnlichen Gerichten der mediterranen Küche förmlich auf der Zunge. Schilos ›signature dish‹ ist die frittierte Rotbarbe (Barbounia) mit Tahinisauce.

Taiko: Paulus Potterstraat 50, www.taikocuisine.com, Tram 2, 3, 5, 12, Mo–Sa 18–24 Uhr, 5-8-Gänge-Menü 85–135 €, à la carte €€–€€€, reservieren!; BARBOUNIA: tgl. 7–22 Uhr, €–€€€

Essen wie in Italien

11 **Di Bruno:** Alles ist toll hier, der superfreundliche Empfang (durch Bruno), die Grüße aus der Küche, die überraschende, ehrliche italienische Küche, die gemütliche Einrichtung, die Atmosphäre … Bonissimo!

Willemsparkweg 155, www.dibruno.nl, Tram 2, tgl. 12–15, 17.30–22.30 Uhr, €€–€€€, günstigeres Tagesgericht

Evergreen mit herrlicher Terrasse

12 **Café De Wildschut:** Den Plüschsofas und -sesseln, Art-déco-Leuchten und Glaseinlegearbeiten aus den 1920er-Jahren verdankt das Café, eines der ersten Grand Cafés Amsterdams, sein besonderes Flair. Wer also auf der riesengroßen Terrasse seinen *koffie verkeerd* trinkt, sollte eine Stippvisite ins Innere des Amsterdamer-Schule-Baus nicht versäumen.

Roelof Hartplein 1–3, www.cafewildschut.nl, Tram 3, 5, 12, 24, Mo–Fr ab 9, Sa, So ab 10 Uhr, €–€€, 3-Gänge-Menü 40 €

Der Ur-Vegetarier

13 **De Waaghals:** Das viel gelobte vegetarisch-vegane Restaurant in De Pijp läuft

Mischung aus Jugendstil und Orient-Kitsch – ausgeschenkt wird im De Engel leckeres Craftbier.

so gut, dass man reservieren sollte. Seit 1981 (!) wird hier in stimmungsvoller Atmosphäre äußerst kreativ und originell gekocht. Die 3- oder 4-Gänge-Überraschungsmenüs sind fürs Gebotene preislich absolut angemessen (42/51 €).

Frans Halsstraat 29, www.waaghals.nl, Tram 24, So, Di–Do 17–23, Fr, Sa 17–24 Uhr, €€

Surinamisch – klein und fein!

14 **Moksi:** In diesem sehr gut besuchten surinamischen Restaurant sollte man *moksi meti* (Reis mit gebratenem Huhn, Rindfleisch, grünen und schwarzen Bohnen) oder die *rotis* (Gemüse oder Fleisch mit herzhaftem Pfannkuchen) probieren. Entspannte und freundliche Atmosphäre.

Ferdinand Bolstraat 21, T 676 82 64, www.moksi.nl/index2.html, Metro: De Pijp, Tram 3, 24, Di–Do 17–22 Uhr, Fr–So vorher anrufen, €

Goldener Engel auf dem Dach

15 **Brouwerij De Engel:** Diese ehemalige Kirche am Albert Cuypmarkt mit schönem hohem Saal und Galerie hat schon einige Besitzer kommen und gehen sehen. Der ursprüngliche Name, Engel, ist wieder zurück, mit ihm eine Craftbier-Brauerei, deren Brauanlagen durch eine gläserne Wand vom Gastraum zu bewundern sind. Acht unterschiedliche Biere sind im Ausschank, immer im Wechsel. Dazu gibt's – Überraschung – französisch-baskische Küche. Brauereiführungen mit Bierverkostungen auf Anfrage!

Albert Cuypstraat 182 www.brouwerijdeengel.nl, Tram 3, 4, auf Facebook auch Musik-/Tanzveranstaltungen, So–Do 10–1, Fr, Sa 10–3 Uhr, €–€€

Essen auf der Schaukel ...

16 **H/eart.h:** Zwei engagierte italienische Amsterdamer servieren hier nicht nur eine ausgezeichnete vegane/vegetarische Küche, sondern nutzen ihren Creative Space für Ausstellungen, Konzerte, Mode etc.

Albert Cuypstraat 208 H, hearthamsterdam.nl, Tram 3, 4, Mo–Do 17–23, Fr, Sa 17–24, So 12–23, €€

Informell und günstig

17 **De Japanner:** Diese Kneipe ist den japanischen Izakayas nachempfunden, in denen sich die arbeitende Bevölkerung nach einem langen Arbeitstag bei Bier, Sake und Fingerfood entspannt. In De Pijp ist der Ur-Japanner, in West, Zuid und auf Strandeiland gibt's drei weitere.

Albert Cuypstraat 228, www.dejapanner.com, Tram 3, 4, So–Do 18–1, Fr, Sa 18–3 Uhr, €–€€

Wow-Faktor

18 **101 Gowrie:** Niederländische Küche neu interpretiert von einem Australier mit deutsch-japanischen Wurzeln – spannend! Gute Naturweine, super Service.

Govert Flinckstraat 326, 101gowrie.com, Tram 3, 4, Mi–Sa 18–23.30 Uhr, €€€

Alternative Werbung für Pommes auf dem Albert Cuypmarkt.

Ost-West-Transfer

19 Warung Mini: Surinamische Tokos gibt's in De Pijp viele. In diesem kann man nett sitzen und eine Saoto-Suppe genießen – das ist sozusagen ein kulinarischer Transfer von der indonesischen Insel Java auf den südamerikanischen Subkontinent nach Suriname. Beide waren einmal Kolonien der Niederlande.

Ceintuurbaan 205, Tram 3, 4, Mo–Fr 12–21, Sa, So 14–21 Uhr, €

Urbane Kantine

20 Fa. Pekelhaaring: Authentische und originelle Küche mit (nicht nur) italienischen Klängen und persönlicher Chefkoch-Note, das Ganze in lässig-relaxter Atmosphäre – dafür gab's vom Guide Michelin den Bib Gourmand

Van Woustraat 127, pekelhaaring.nl, Tram 3, 4, Di–Sa 12–22 Uhr, €€

Für Parkgänger

21 Scandinavian Embassy: Hier gehen wir gerne hin, wenn uns im Sarphatipark der Kaffeedurst überfällt, und mit uns viele andere, denn die Schlange ist manchmal lang. Ausgeschenkt wird Ware von skandinavischen Röstern, dazu gibt es leckere Kleinigkeiten wie, na klar, die schwedische Zimtschnecke. Und wenn die Sonne scheint, nehmen Sie draußen vor dem holzverkleideten Laden Platz.

Sarphatipark 34, Tram 3, 4, 24, scandinavianembassy.nl, Mo–Fr 8–17, Sa, So 9–17 Uhr, €

Ich war ein Kino

22 Coffee & Coconuts: Relaxtes Café zum Runterkommen in einem ehemaligen 1920er-Jahre-Kino, sehr *cosy* mit warmen Naturfarben, Holz, Pflanzen und gemauerten Wänden über drei Etagen. Der Kaffee ist selbst geröstet (und auch im Shop zu haben), leckeres Frühstück und prima Lunch.

Ceintuurbaan 282–284, www.coffeeandcoconuts.com/the-pijp, Metro: De Pijp, Tram 3, 4, So–Di 8–18, Mi–Sa 8–22 Uhr, €–€€

Klösterlich

23 Brouwerij Troost De Pijp: In einem ehemaligen Kloster ist die Urzelle dieser

Hausbrauerei beheimatet, die auch in Westergas braut und ausschenkt (s. Website). Zum Bier isst man gerne hausgemachte Burger, die es natürlich auch veggie gibt. Auf der Karte ist immer vermerkt, welches Bier zum Essen passt.

Cornelis Troostplein 21, brouwerijtroost.nl, Metro: De Pijp, Tram 12, Mo–Do 16–1, Fr 16–2, Sa 14–2, So 14–23 Uhr, Burger €

Wenn's ganz besonders sein soll

24 **Yamazato:** Die facettenreiche Kaiseki-Ryori-Küche lernt kennen, wer im ersten mit einem Michelin-Stern bekrönten japanischen Restaurant Europas tafelt. Authentisch ist nicht nur die Küche, sondern auch die zurückhaltende Einrichtung. Und selbstverständlich serviert die Bedienung die Hochämter jahrhundertealter japanischer Kochkunst im traditionellen Kimono. Nur Dinner-Menüs ab 175 €. Reservieren!

Ferdinand Bolstraat 333 (im Hotel Okura), T 678 83 00, www.okura.nl, Tram 12, Mi–So 18–22 Uhr, €€€

Einkaufen

In der **P. C. Hooftstraat** finden sich Edelmarken wie Alexander McQueen, Louis Vuitton, Ralph Lauren und Tiffany, aber auch Max Mara, Filippa K, Celine, ZEGNA, Shoebaloo etc. (www.pchooftstraat.nl).

Rund um den **Albert Cuypmarkt** gibt es jede Menge kuriose Läden, Geschäfte, die sich auf altes Handwerk zurückbesonnen haben, Shops und Cafés, die auf *duurzamheid* (Nachhaltigkeit) und Fairtrade achten, z. B. **O my Bag** 7 (s. S. 188) oder **H/earth** 16 (s. S. 185).

Süßer Concept Store & Deli

1 **Edible Treasures:** Dieser Laden-Deli-Workshopspace hat das Zeug zum Lieblingsort mit ›Schätzen‹ für Küche, Speisekammer und Esstisch – von Keramik über Gläser bis Tischwäsche und -deko. Nicht zu vergessen die Leckereien: von Kürbis- über Zitronenkuchen bis zu Focaccia.

Jacob Obrechtstraat 75, Tram 2, 3, 12, 13, 17, Di–Sa 10–18 Uhr, €

Hochwertig und originell

2 **Vanilia:** Originelle Kleidung und schöner Schmuck in einer Wahnsinns-Location. Dafür ist es auch etwas teurer.

Van Baerlestraat 30, vanilia.com, Tram 2, 5, 12, So, Mo 12–17, Di–Sa 10–18 Uhr

Naiv, farbenfroh und humorvoll

3 **Blond:** Bilder, Tassen, Teller, Schreibwaren, Kosmetika, Badartikel, Bettwäsche, Geschirr-/Handtücher, Schürzen, Babykleidung – alles sehr bunt mit viel Rot und Pink und naiven Mustern.

Ferdinand Bolstraat 44H, www.blond-amsterdam.nl, Metro: De Pijp, Tram 24, Di–So 11–18 Uhr

Muss man gewesen sein!

4 **Albert Cuypmarkt:** s. S. 172.

Zwei in einem …

5 **Cottoncake:** Angesagter Concept Store mit ausgesuchten Marken wie Samsøe & Samsøe oder Storm & Marie, Kosmetik und Wohnaccessoires sowie Kunst an den Wänden; liebevoll eingerichtetes Café mit gesundem, leckerem Frühstück, Snacks, Kaffee und Kuchen.

1e van der Helststraat 76 hs, cottoncake.nl, Tram 3, 12, 24, Mo–Fr 11–18, Sa 10–18, So 11–18 Uhr

Umgesattelt

6 **Emaillekeizer:** Entgegen dem Namen fallen in diesem kleinen Laden die wunderschönen afrikanischen Körbe ins Auge; außerdem Stühle, Lampen, Schmuck, Spiegel aus recycelten Materialien sowie Musikinstrumente und Musik aus Westafrika. Und dann doch: Geschirr, Buchstaben, Schilder etc. aus Emaille.

1e Sweelinckstraat 15, www.emaillekeizer.nl, Tram 3, 4, Di, Do, Fr 11–18, Sa 11–17 Uhr

Zweite Chance

7 **O my bag:** Wunderschöne Ledertaschen, vintage oder neu, die mit Respekt für Umwelt und Mensch in Indien hergestellt und in den Niederlanden designt sind.

Ceintuurbaan 117-H, omybagamsterdam.com, Mo–Sa 10–18, So 12–17 Uhr

Bewegen

Schönstes Schwimmbad

1 **Zuiderbad:** Hinter dem Rijksmuseum liegt das schöne Art-déco-Schwimmbad mit Sauna und Whirlpool.

Hobbemastraat 26/Ecke Hobbemakade, www.amsterdam.nl/zuiderbad, Tram 2, 5, 12, Öffnungszeiten s. Website, 6 €

Pirouetten drehen auf 1400 m²

2 **Eislaufbahn Museumplein:** s. S. 165. Seit mehr als 100 Jahren …

Ice*Amsterdam, iceamsterdam.nl, ca. Mitte Nov.–Anf. Feb. tgl., Zeiten & Preise (auch Leihschlittschuh) s. Website, mit Brasserie

Skaten mit Tradition

3 **Friday Night Skate:** Im Vondelpark startet und endet (fast) jeden Freitag seit 1997 der Friday Night Skate – eine ca. 20 km lange Tour für Inlinefahrer. Auf der Website stehen die Termine, der Treffpunkt die jeweilige Strecke.

Start: 20.30 Uhr, Treffpunkt 20.15 Uhr: Eingang Roemer Visscherstraat, bei Parkzuid, Dauer: gut 2 Std., mit Pausen, www.fridaynightskate.com oder auf Facebook; Schoner und Helm tragen, für Anfänger nicht geeignet; Inliner gibt's für 10 € pro Tag beim Skate Dokter, der leider etwas entfernt liegt (www.skatedokter.nl)

Boot fahren mit Sonnenenergie

4 **Boaty:** s. S. 168. Entweder auf der Boerenwetering oder auf der Amstel. Weder Erfahrung noch Bootsführerschein nötig, gute Einweisung. Für max. 6 Pers.

Steg an der Jozef Israëlskade neben Hotel Okura, Ferdinand Bolstraat 333, www.bootmieten inamsterdam.de, 3 Std. 89 €

Ausgehen

Am Leidseplein und in seinen Nebenstraßen liegen Imbisse, Nachtrestaurants, Clubs, Musikkneipen, Kabaretts, Kinos, Kulturzentren und das Kasino.

Beliebte Designerbars

1 **Bar Weber & Bar Lux:** Die Amsterdamer fühlen sich in den beiden Designerbars bei atmosphärischen Beats wohl, bevor sie durchstarten in die Nacht oder bis zum frühen Morgen durchmachen. Um die Ecke vom Leidseplein gelegen und nicht nur bei jungem Publikum beliebt.

Marnixstraat 397 und 403, Tram 5, 7, 19, www.barweber.nl, www.barlux.nl, beide: So–Do 15–3, Fr, Sa 15–4 Uhr,

Traditionsadresse

2 **Melkweg:** s. S. 162.

Lijnbaansgracht 234A, Programm etc. s. Website, www.melkweg.nl, Tram 2, 5, 7, 12, 19

Hochkaräter!

3 **Internationaal Theater Amsterdam (ITA):** s. S. 161. Tipp: die Sprint-Mitgliedschaft. Ab 1 Std. vor Vorstellungsbeginn sind an der Abendkasse die verfügbaren Plätze für 12,50/17,50 € zu kaufen.

Leidseplein 26, https://ita.nl/en/, Tram 2, 5, 7, 12, 19, Theaterführung 1. Sa im Monat 15–16.30 Uhr,10 € (Tickets online/am Schalter)

Ausgezeichneter Sound

4 **The Waterhole:** Der Dinosaurier unter den Amsterdamer Bars ist eine echt urige Kneipe. Jeden Abend Livemusik (Rock, Pop) und ein ausgezeichnetes Soundsystem; Di/Mi Jam Sessions. Poolbillard.

Korte Leidsedwarsstraat 49, waterhole.nl, Tram 2, 5, 7, 12, 19, So–Do 12–3, Fr, Sa 12–4, Happy Hour 12–21 Uhr

Kulturbörse

5 **De Balie:** s. S. 162. Mit schönem Café (ab 10 Uhr, €–€€).

Kleine Gartmanplantsoen 10, Kasse: T 553 51 10, www.debalie.nl, Tram 1, 2, 5, 7, 12, 13, 19

Musikvielfalt

6 **ClubUp:** Super Partys (House, Hip-Hop, Techno) mit guter Atmosphäre und unterschiedlichen Leuten. Gute Cocktails.

Korte Leidsedwarsstraat 26, www.clubup.nl, Tram 2, 5, 7, 12, 19, Fr, Sa 23–5 Uhr, Eintritt meist 12 €, im Vorverkauf 9 €

Live-Jazz in toller Atmosphäre

7 **Jazz Café Alto:** In netter Kneipenatmosphäre gibt es an sieben Abenden in der Woche Livemusik, vorwiegend Jazz, Free Jazz und Blues lokaler Musiker, aber auch internationaler Größen. Die Stimmung ist super, das enge Lokal gut besucht.

Korte Leidsedwarsstraat 115, www.jazz-cafe-alto.nl, Tram 2, 5, 7, 12, 19, So–Do 17–3, Fr, Sa 17–4 Uhr, Livemusik ab 21 Uhr, Eintritt So–Do 5 €, Sa, So 7,50 €

Like in New Orleans

8 **Bourbon Street:** Am Leidseplein versteckt sich dieser kleine, stimmungsvolle, gut besuchte Jazz- und Bluesclub. Jeden Abend Livemusik, viele internationale Stars.

Leidsekruisstraat 6–8, www.bourbonstreet.nl, Tram 2, 12, So–Do 22–4, Fr, Sa 22–5 Uhr, Eintritt frei (meist So, Mo) bzw. 5 €

SUBKULTUR

S

Das basisdemokratisch betriebene Zentrum **OT301** 10 war einst eine Filmakademie, sollte abgerissen werden und wurde besetzt. Die Ex-Besetzer sind heute die Eigentümer und versuchen, Alternativen zur Mainstream-Kultur zu schaffen – mit Ausstellungen, Musik-, Tanz- und Theaterevents ebenso wie mit Filmen und der vegetarischen Kulturküche **Rasa** mit südostasiatischem Einschlag (Overtoom 301, www.ot301.nl, Tram 1, Küche Fr, Sa 18–22 Uhr, Menü 20 €, vegan n. V., www.instagram.com/rasa_amsterdam).

Im Vondelpark mit einem zweiten Proeflokaal vertreten: Brouwerij 't IJ im Blauwe Theehuis.

Popdom

9 **Paradiso:** s. S. 162.

Weteringschans 6–9, www.paradiso.nl/en, Tram 1, 7, 19, Mitgliedschaft erforderlich (4 €)

Einzigartiges Konzertpodium

11 **De Orgelpark:** Orgelkonzerte im prachtvollen Interieur der Parkkerk – Klassik, Jazz, Improvisation. Mit Tanz, Film.

Gerard Brandtstraat 26, www.orgelpark.nl/en, Tram 1, Tickets 20/25 €

Denkmalgeschützt Bier trinken …

12 **'t Blauwe Theehuis:** s. S. 169.

Vondelpark 5, beim Pavillon, www.brouwerijhetij.nl/proeflokaal-het-blauwe-theehuis, Tram 1, 2, 3, So–Mi 10–21, Do–Sa 10–22 Uhr

Rohdiamant unabhängiger Kultur

13 **Vondelbunker:** Eine große Bereicherung für Amsterdams Kulturlandschaft ist der 2011 wiederentdeckte Vondelbunker, ein ehemaliger Atomschutzbunker. Im ehedem ersten Jugendzentrum der Stadt gab Pink Floyd 1968 ein Spontankonzert. Und auch heute ist die Location wieder ein Garant für spannende Abende – mit Konzerten, DJs, Performances, Ausstellungen …

Vondelpark 8a, unter der Vondelbrug, Verbindung 1e Constantijn Huygensstraat mit Van Baerlestraat, auf Instagram, Eintritt frei, Spende erwünscht, Tram 1, 2, 3

Wahnsinns-Akustik

14 **Koninklijk Concertgebouw:** s. S. 166.

Concertgebouwplein 10, T 671 83 45, www.concertgebouw.nl/en, Tram 3, 5, 12

Alternative Live-Gigs

15 **OCCII:** Diese Non-Profit-Konzerthalle ist spezialisiert auf alternative, Underground- und Non-Hitparade-Musik und wird fast komplett von Volunteers betrieben. Das bunte Gebäude von 1883/84, ein altes Pferdekutschenhaus, ist reizend und erinnert ein wenig an eine Kuckucksuhr.

Amstelveenseweg 134, www.occii.org, Tram 1, 2, 17, Aug. geschl., 8,50–10 €

Kultureller Hotspot

16 **RADION:** Rave-Club im ACTA mit Clubnächten am Wochenende (Techno, Electro, House) im Ex-Zahnheilkundezentrum. Die Hörsäle werden auch als *broedplaats* für Künstler und Kreative genutzt.

Louwesweg 1, www.radion.amsterdam, Tram 2, mit Eetcafé (€) und Ausstellungsraum

Kultureller Hotspot

17 **Het Documentaire Paviljoen:** s. S. 170.

Vondelpark 3, www.idfa.nl, Tram 1, 2, 3, 5, 12, Mi, Fr, So Dokumentarfilme, International Documentary Film Festival Amsterdam im Nov.

In the jungle

18 **De Tulp:** Das ist die Antwort auf mieses Amsterdamer Wetter, denn drinnen sorgen die Deko und die ungewöhnlichen Cocktails für tropische Gefühle. Mittags bei gutem Wetter lässt es sich auf der Terrasse super lunchen, abends gibt's Fingerfood und Kokos- oder Ingwer-Bier.

Marie Heinekenplein 33, tulp.amsterdam, Tram 24, tgl. 9–3 Uhr, Cocktail 9 €, Di Salsa-Abend

Abendlicher Absacker

19 **Pilsvogel:** Den Abend auf dem lebendigen Gerard Douplein ausklingen zu lassen, ist besonders im Sommer eine runde Sache. Schöne Alternative ist auch die Café-Bar **het Paardje** gegenüber, ebenfalls mit großer Terrasse zum Draußensitzen.

Gerard Douplein 14, pilsvogel.nl, Tram 3, 4, 24, So–Do 11–1, Fr, Sa 11–3 Uhr; www.cafehetpaardje.nl, Mo–Do, So 10.30–1, Fr, Sa 10.30–3 Uhr

Musik, Musik, Musik

20 **Cinetol:** Im Diamantenviertel gibt's einen kleinen *broedplaats* mit Kreativen aus der Sparte Musik. Abends steht Livemusik der Richtungen Pop, Rock, aber auch Rap, Hip-Hop, Electro-Pop, Blues, Funk … auf dem Programm. Ergänzt wird das Ganze durch die **Tolbar** mit großer Terrasse, in der man gut und günstig essen kann.

Tolstraat 182, Programm: cinetol.nl, Tram 3, 4; tolbar.nl, Mo 10–23, Di 10–24, Mi, Do 10–1, Fr 10–3, Sa 11–3, So 11–24 Uhr, €

Ohne Schwefel

21 **GlouGlou:** In der charmanten Wein-Bar werden nur Naturweine ohne jegliche Zusätze ausgeschenkt. Zu der beeindruckenden Weinauswahl gesellen sich kleine Gerichte, die man drinnen oder draußen auf der blumengesäumten Terrasse genießen kann. Wem ein Wein besonders geschmeckt hat: Kaufen ist möglich.

Tweede van der Helststraat 3, glouglou.nl, Tram, Mo–Fr 15–24, Sa, So 14–24 Uhr

Zugabe
Aktion saubere Gracht

Pflanzenflöße in der Boerenwetering

Sie hübschen das Stadtbild auf und verbessern die Wasserqualität: die Pflanzeninseln in den Grachten.

Wer sich über die Korrelbrug lehnt, guckt in gerader Linie auf das Rijksmuseum am Ende der Boerenwetering, wie der Kanal Nase voraus heißt. Dann fällt der Blick auf einige grüne Inseln in der Gracht. Sieht schön aus im heißen Juli, saftig grün und von Blüten bedeckt. Nur schön oder auch nützlich? Auf einer Tafel im Rücken erfährt man, dass 1996, auf Initiative des damaligen Stadtökologen Martin Melchers, auf einer Länge von 200 m bepflanzte Flöße ins Wasser gesetzt wurden – übrigens nicht nur hier, sondern auch in anderen Grachten Amsterdams. Die Wurzeln der Wasserpflanzen ziehen sich ihre Nährstoffe aus dem Wasser und sorgen dafür, dass es sauberer wird. Unter den Flößen siedeln sich Muscheln an, die das Grachtenwasser zusätzlich filtern, sodass mittlerweile die Wasserflöhe zurückgekehrt sind, beliebte Nahrung von Fischen und Libellen, die jetzt wieder übers Wasser fliegen. Wegen der schlechten Wasserqualität war der Hechtbarsch nicht mehr in den Grachten zu sehen. Mit gestiegener Sauberkeit hat er die Alleinherrschaft der Brassen gebrochen, und das Ökosystem ist auf Touren und mehr ins Gleichgewicht, gekommen, zumal auf den begrünten Inseln Enten, Haubentaucher und Blesshühner brüten. Die Blüten von Dotterblume, Iris oder Weidenröschen wiederum ziehen Bienen und Schmetterlinge an. Ein Öko-Idyll im Kleinen sollte man meinen – jein. Die Wasserqualität ist inzwischen so gut, dass man das Grachtenwasser zwar nicht trinken sollte, aber viele Amsterdamer durchaus zum Schwimmen hineinspringen. Das wäre vor 20 Jahren undenkbar gewesen. Andererseits verfängt sich in den Inseln – und nicht nur dort – gerne auch der (Plastik-)Müll, der in den Grachten immer noch zuhauf schwimmt. Der wird seit ein paar Jahren u. a. von der Organisation Plastic Whale aus den Grachten gefischt, und sie macht regelmäßig fette Beute (s. S. 268). Es gibt also immer noch genug zu tun. ■

Müll gehört nicht in die Gracht, sondern in den Mülleimer!

Oost

Vergangenheit und Zukunft — liegen hier dicht beieinander: Da, wo im ›Goldenen Zeitalter‹ der Hafen brummte, haben Wissenschaft, Musik und Literatur ›angelegt‹. Weiter östlich, auf den künstlichen Inseln IJburgs, wird auf Wasser gebaut.

Eintauchen

Seite 195

Scheepvaarthuis

Was kann man an und in diesem Prestige-Bau der Amsterdamer Schule nicht alles entdecken: Meerjungfrauen und Meeresgötter, Seehelden und Schiffe, im Inneren edle Hölzer und avantgardistische Kunst.

Seite 198

Dappermarkt

Konkurrenz zum Albert Cuypmarkt in De Pijp: Auf diesem Markt auf der Dapperstraat ist alles eine Spur normaler und entspannter, gut, um Amsterdamer Alltag zu erleben. 200 Stände mit Klamotten, Obst und Gemüse und viele, viele Imbisse.

Eine gibt's noch auf Stadtgebiet: die Molen De Gooyer (s. S. 217).

Seite 203

Brouwerij 't IJ

Das Urgestein unter den Amsterdamer Craft-Beer-Brauereien!

Seite 200

Marineterrein

Ein ehemaliges Sperrgebiet macht Karriere: Im Sommer Badeplatz und ganzjährig ein NEMO für Erwachsene.

Seite 205

OBA

Öffentliche Bibliothek? Klingt zu langweilig? Nicht in Amsterdam. Schon architektonisch ein Hingucker. Entspannen, runterkommen, Kaffee trinken, lesen …

Seite 205

Muziekgebouw aan ’t IJ ✪

Moderne klassische Musik hat keine Lobby? In diesem gläsernen Prachtbau, der dem vergessenen IJ-Ufer neues Leben eingehaucht hat, schon. Tolle Säle, super Akustik und natürlich ein Restaurant mit Wahnsinnsterrasse am IJ.

Seite 208

Mediamatic

Spielplatz für Kunst-, Technologie-, Pflanzen- und Nahrungsbegeisterte. Rein ins Lab und ausprobieren, wie alles zusammenhängt.

Seite 210

IJburg

Landnot macht erfinderisch – warum also nicht auf Wasser bauen. Und sind das dann Boote oder Häuser? Erfahren Sie mehr bei einem Streifzug über die neuen Inseln im Osten.

Seite 202

NEMO

Klassiker der Wissensvermittlung auf die spielerische Art – und auch die äußere Hülle des Wissenschaftsmuseums von Renzo Piano kann sich sehen lassen.

Im Scheepvaartmuseum wohnte am Anfang seiner Malerkarriere Vincent van Gogh. Früher waren in dem Gebäude Wohnungen für das höhere Marinepersonal untergebracht.

Der Imbiss schlechthin, wenn der kleine Hunger drückt, z.B. auf dem Dappermarkt: Loempias oder Frühlingsrollen.

erleben

Alte und neue goldene Zeiten

O

Osten – das heißt in Amsterdam sowohl alte Welt als auch Aufbruch zu neuen Ufern. Am heutigen Oosterdok ragten die Schiffsmasten und Wachttürme auf. Die Gegend um den Hafen war das Industriegebiet des ›Goldenen Jahrhunderts‹ mit Werften, Lagerhäusern und Reeperbahnen. Hier stand die Wiege einer Seefahrernation – und wo könnte man dem besser nachspüren als im Scheepvaartmuseum, am Entrepotdok oder auf dem ehemaligen Marineterrein, das als Wissenschafts-, Stadtentwicklungs- und Freizeitmotor Fahrt aufgenommen hat. Moderne Zeichen setzen auch der Schiffsbug des Wissenschaftsmuseums NEMO von Renzo Piano oder das kühn geschwungene ARCAM, das Architekturzentrum Amsterdams. Dahinter, auf Oostenburg, wird gebaut und entwickelt, was das Zeug hält.

Diese Entwicklung ist östlich des Bahnhofs, auf dem Oosterdokseiland, abgeschlossen. Wo früher die großen Dampfschiffe anlandeten, reihen sich Öffentliche Bibliothek, Conservatorium und Muziekgebouw, aber auch Restaurants und Nightlife-Institutionen wie das Panama aneinander.

ORIENTIERUNG

O

Reisekarte: H–O 5–9
Verkehr: Im östlichen Hafengebiet erledigt man gut alles zu Fuß. Ein **Fahrrad** bietet sich sowohl Richtung Czaar Peterstraat als auch für die Tour über Java, KNSM, Sporenburg und Borneo an (Verleihe überall in der Innenstadt und am Bahnhof s. S. 249). **Tram 26** fährt über Muziekgebouw/Bimhuis weiter bis IJburg. **Bus 43** fährt von der Centraal Station über Java- bis Borneo-Eiland und zurück, **Bus 65** erschließt KNSM-Eiland und fährt Richtung Südwesten Richtung Amstelstation, vom Azartplein auch **Tram 7**, dann **26** oder **Bus 22** zur Centraal Station. **Fähre F1** setzt vom Azartplein nach Noord über zur Zamenhofstraat.

KNSM-Eiland, Java-Eiland, Sporenburg und Borneo sind Gewächse der 1990er-Jahren und eines der am dichtesten besiedelten Neubaugebiete der Niederlande. Auf ehemaligem Hafenterrain spielte das Thema Wasser naturgemäß eine wichtige Rolle.

Noch weiter östlich ist IJburg, einer der jüngsten Landzugänge, eine Entdeckung für Architekturinteressierte und Fans ungewöhnlicher Wohnlösungen.

Altes Hafengebiet

Vom Schreiers- zum Montelbaanstoren

Warum heißt der **Schreierstoren** ❶ (Prins Hendrikkade/Ecke Geldersekade) Schreierstoren? Schauen Sie nach oben: Das Türmchen der ehemaligen mittelalterlichen Stadtmauer (1487) hat einen Giebelstein, darauf eine klagende Frau. Angeblich hat der Turm seinen Namen von den weinenden Seemannsfrauen, die ihren Männern, die gen Ostindien in ein ungewisses Schicksal fuhren, zuwinkten. Könnte sein – viele Matrosen, die auf den Schiffen der Vereinigten Ostindischen Kompanie (VOC) Dienst taten, kehrten nicht zurück. Vielleicht leitet sich der Name aber auch von *schreye,* ab, dem spitzen Winkel, in dem der Turm hier steht.

Noch 'en Schiff

Hier wollte jemand mächtig angeben: Das **Scheepvaarthuis** ❷ ist ein etwas großspuriges Backsteingebäude mit spitz zulaufendem Dach, das die Form eines Schiffes nachahmt – ein frühes, wenn nicht sogar das erste Beispiel der Amsterdamer Schule (1913–16), entworfen von Johan Melchior van der Mey, Michel de Klerk und Piet Kramer. Die Auftrag gebenden Schifffahrtsgesellschaften wollten, dass der Bildhauer Hildo Kropp beim Schmücken aus dem Vollen schöpft. Viele Meerjungfrauen und -götter, niederländische Entdecker und Schiffe tummeln sich deshalb an der Fassade. Innen edle Hölzer und andere Materialien aus aller Welt sowie avant-

Rembrandt liebte den Montelbaanstoren: Mehrmals malte er ihn – damals noch ohne die weiße Spitze.

gardistische Kunst. Heute residiert das Fünf-Sterne-Hotel **Amrâth** in dem Bau. Bei einer Führung erfährt man mehr.

Hotel Amrâth, Prins Hendrikkade 108–114, www.amrathamsterdam.com, jeden So Führungen über Museum Het Schip, 11.30–ca. 14.30 Uhr mit Kaffee und Lunch, 47 €/Pers., auch individuell gestaltete Gruppenführungen möglich (Engl. auf Anfrage), Tickets/Info: www.hetschip.nl/en, ›Activities/Guided Tours‹, T 68 68 595, info@hetschip.nl

Romantik ohne Gedränge

Wenn die Sonne auf Wohnboote, Bäume und Brücken scheint, ist das Dreieck zwischen Geldersekade, Oosterdok und Oude Schans besonders schön, und hier ist es nicht so überlaufen wie im Rotlichtviertel nebenan. Wer es romantisch mag, sollte unbedingt die **Binnenkant** oder **Kromme** und **Oude Wal** an der Waalseilandsgracht entlangschlendern. Entdecken kann man

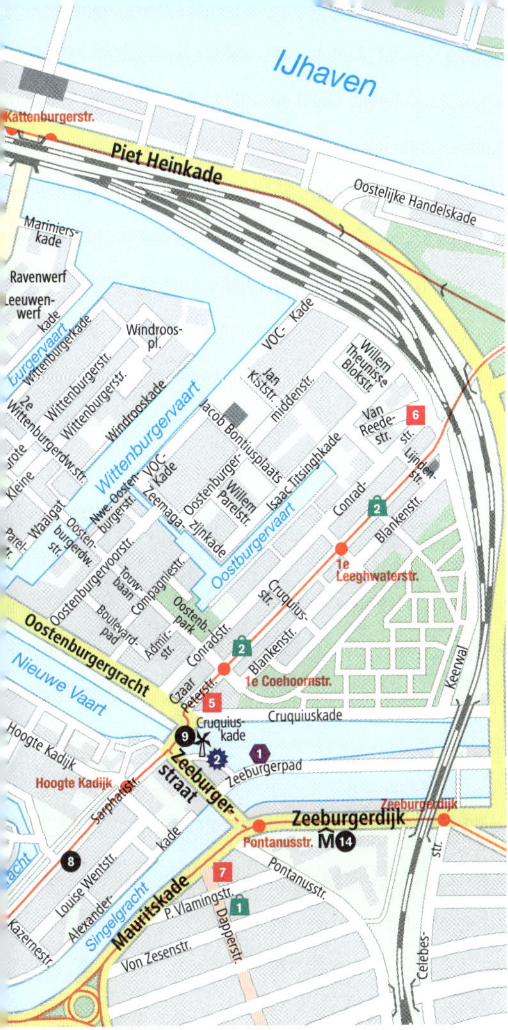

Altes Hafengebiet

7 Entrepotdok
8 Oranje Nassau Kazerne
9 Molen De Gooyer
10 NEMO Science Museum
11 De Studio
12 Het Scheepvaartmuseum
13 VOC-Schiff Amsterdam
14 Suriname Museum
15 – 27 siehe Karte S. 206

Essen

1 Kilimanjaro
2 Gebr. Hartering
3 Entrepot
4 Bloem eten en drinken
5 Spirit
6 VRR
7 Café Wu
8 – 10 siehe Karte S. 206

Einkaufen

1 Dappermarkt
2 Czaar Peterstraat
3 – 4 siehe Karte S. 206

Ausgehen

1 De Druif
2 Brouwerij 't IJ – Proeflokaal de Molen
3 Hiding in Plain Sight
4 – 9 siehe Karte S. 206

Bewegen

1 Mooie Boules

Ansehen

1 Schreierstoren
2 Scheepvaarthuis
3 Montelbaanstoren
4 Diamantschleiferei Gassan Diamonds
5 ARCAM
6 Marineterrein

eine aus Ziegelstein gemauerte Plattenbrücke über die Gracht mit schmiedeeisernen Balustraden und den passenden Laternen – sie ist ein frühes Werk des Amsterdamer-Schule-Architekten van der Mey (1913). Der **Montelbaanstoren** 3 im Hinter-

Lieblingsort

Multikulti auf dem Markt

Der ganz normale wuselige Alltag tobt auf dem **Dappermarkt** 1 zwischen etwa 200 Ständen mit billigen Klamotten, Käse, Obst und Gemüse, Fisch und Fleisch, Blumen und Blumenzwiebeln. Immer wieder herrlich, an einem der Asia-Stände stehenzubleiben, *loempias,* Frühlingsrollen, zu essen und den Blick schweifen zu lassen (Dapperstraat, 1e van Swindenstraat, www.dappermarkt.nl, Tram 3, 7, 14, 19, Mo–Sa 9–17 Uhr, viermal im Jahr Sonntagsmärkte, s. Website).

grund ist eines der Wahrzeichen der Stadt. Er wurde 1512 zur Verteidigung des Stadtviertels errichtet und erhielt 1606 die verspielte weiße Spitze aus Holz.

Uilen- und Rapenburg

Land gewinnen hieß das Motto damals wie heute: Zwischen der Oude Schans, einem Befestigungsgraben von 1516, und der Nieuwe Herengracht schüttete man im Zuge der Stadterweiterung die Inseln **Uilenburg** und **Rapenburg** (1593) auf. Sie dienten der Vereinigten Ostindischen Kompanie als Werftenstandort; später, im 19. Jh., wurde besonders Uilenburg zum Elendsquartier für arme Juden.

Diamanten mit Dampf

Genug billige Arbeitskräfte gab es in Uilenburg, und so suchte sich die Diamantsliperij Boas diesen Standort nicht ohne Grund aus. Die damals mit Dampfenergie betriebene Diamantschleiferei, ein 73 m langer und 12 m breiter neoklassizistischer Komplex, war zu jener Zeit (1878/79) die größte ihrer Art in Europa. Nach der Weltwirtschaftskrise in den 1930er-Jahren ging es bergab, 1944 kam das endgültige Aus. Heute residiert hier wieder eine Diamantschleiferei, die Firma **Gassan Diamonds** ❹. Wer möchte, kann den Diamantschleifern über die Schulter schauen und sich erklären lassen, wie aus einem Rohdiamanten ein Brillant wird. Natürlich kann man hier auch Juwelen und Uhren (u. a. Rolex) kaufen.

Nieuwe Uilenburgerstraat 173–175, Gratis-Führungen tgl. 9–17 Uhr (Dauer 60 Min.) über www.gassan.com/nl/tours/diamond-experience-tour, gratis

Architektur im P

Kühner Schwung, metallverkleidet – das Architectuurcentrum Amsterdam, kurz **ARCAM** ❺. Amsterdam hat architektonisch was auf dem Kasten, soll das wohl heißen, besonders was die moderne Architektur betrifft. Dazu und zu vielerlei städtebaulichen Themen liefert ARCAM mit seinen Wechselausstellungen interesssante Beiträge. Besonderer permanenter Anziehungspunkt ist das inklusive Tastmodell des geschwungenen ARCAM-Gebäudes und seiner Umgebung – Oosterdok, Marineterrein – mit Audio-Infos zu Scheepvaartmuseum, Marineterrein, Mediamatic und NEMO Science Museum. So lässt sich das Gebäude samt Umgebung im wahrsten Sinne des Wortes ›begreifen‹. Außerdem gibt's hier Informationsmaterial zu moderner Architektur und Städtebau sowie gutes Bücher- und Kartenmaterial (einiges auch auf Englisch) zu Architektur-(Fahrrad-)Touren in der Stadt. Dazu unbedingt auch auf der Website stöbern unter ›Tours‹ (nur auf der niederl. Seite verfügbar). ARCAM arbeitet mit »architour«, einem Zusammenschluss von Expertinnen und Experten aus der Architekturbranche, zusammen. Mit ihnen können Sie kenntnisreiche Touren zu Städtebau und Architektur, ob alt oder neu, auf Deutsch erleben.

Prins Hendrikkade 600, Di–So 13–17 Uhr, www.arcam.nl, 4 €; Touren mit architour über www.architour.nl

Marineterrein

Was tun mit dem 14 ha großen Gelände **Marineterrein** ❻, das jahrzehntelang militärisches Sperrgebiet der Marine war? Es liegt hinter dem **Schifffahrtsmuseum** ⓬, inmitten eines lebendigen Stadtgebietes und ist erstaunlich grün. Seit 2015 darf man es wieder betreten, und seitdem hat es sich zu einem Stadtlaboratorium entwickelt, in dem mit Wissenschaft, Innovation und Bürgerbeteiligung an nichts weniger als der Zu-

TOUR
Lernen, Sporteln, Genießen

Zu Fuß oder mit dem Fahrrad aufs Marineterrein

Infos

J/K 6/7
Citypläne S. 197 und S. 206

Hinkommen: Zu Fuß/per Rad vom Scheepvaartmuseum. oder mit Tram 26 bis zur Jan Schaeferbrug und von dort die Kattenburgerstraat hinunter

SUP-Box: Per App von Equip Sport lässt sich die Box öffnen, ein Set mit Brett, Paddel und wasserfester Hülle entnehmen und eigene Sachen einschließen.

Einkehr: Kanteen 25, kanteen25.nl, auch Zimmer, €€; Scheepskameel, scheepskameel.nl, weit im Voraus reservieren, €€€

Kletterhalle Klimmuur: www.deklimmuur.nl/vestigingen/klimmuur-centraal

Direkt hinter dem Eingang zum **Marineterrein** 6 ist die **Pension Homeland** nicht nur ein cooles Hotel (s. S. 29), sondern auf der Terrasse lässt sich auch ein hausgebrautes Bier kosten. Die **Kombuis** (Kombüse) auf der Ecke ist der Laden dazu: mit dem Bier in Flaschen sowie *broodjes* und Snacks zum Mitnehmen. Wer bei warmem Wetter herkommt, wird staunen, dass es möglich ist, NEMO, Scheepvaartmuseum und VOC-Museumsschiff vor der Nase, im Hafenbecken zu baden. Ein echtes Freibad ist der **Binnenhaven** des **Marineterreins** (noch) nicht, dazu ist die Wasserqualität nicht durchgehend gut genug, aber das Wasser wird ständig überwacht, und so können alle selbst entscheiden, ob sie sich von den Holzstegen ins Wasser gleiten lassen wollen. Oder drüberstehen: In der **SUP-Box** am Wasser gibt's sechs Stand-up-Paddle-Sets zum Leihen per App, mit allem, was man braucht, um eine Tour zu starten. Auch auf der Wiese liegt es sich gut, jedenfalls wenn man früh genug da ist und einen Platz ergattert. Zielgerichtetes Workout wiederum bietet der frei zugängliche **Fitness-Garten** mit vier Kraft- und zwei großen Klettergeräten. Er liegt zwischen Gebäude 25 mit der **Kanteen 25** zum Einkehren und dem lang gezogenen Riegel mit der Nr. 24, wo ganz am Ende noch ein etwas gehobeneres Restaurant wartet, das **Scheepskameel.** Zurück zur Wissenschaft, die auf dem Marineterrein mit vielen Forschungseinrichtungen zu Themen wie Nachhaltigkeit oder Sozialwissenschaften eine große Rolle spielt: Neugierige können im Erwachsenenableger des NEMO, **De Studio** 11 (s. S. 202), wie Forschende agieren und Fragen an die Zukunft stellen, z. B. zum Thema Älterwerden, (Welt-)Ernährung oder Datenanhäufung, so einige zurückliegende/aktuelle Ausstellungsthemen. Zurück zur Centraal Station geht es über zwei Brücken via **Mediamatic** 18 (s. S. 208), Kletterhalle **Klimmuur, Hannekes Boom** 8 (s. S. 214), **Conservatorium** 16 (s. S. 205) und **OBA** 15 (s. S. 205).

kunft der Stadt in Zeiten der wachsenden Bevölkerung, von Klimaproblemen und fehlendem Wohnraum geabeitet wird. Innovation, Wissenschaft und Business sowie Wohnen, Arbeiten, Freizeit und Sport sollen Hand in Hand gehen, und das gelingt schon sehr gut. Neuester Aufruf an die Bevölkerung: Sie möge bitte Ideen einreichen, wie der Binnenhafen ökologisch begrünt werden kann.

Hatten die Menschen anfangs noch Schwierigkeiten, den Eingang zum Gelände zu finden, ist es mittlerweile im Sommer arg *druk* hier, denn die Sache mit der Freizeit wurde sehr gut angenommen (s. Tour S. 200).

Weitere Informationen: marineterrein.nl (auch auf Englisch)

Zum Entrepotdok

Hoch gestapelt

Innovation à la Amsterdam mit Vergangenheit: Vom Kadijksplein durchschreiten Sie das westliche Eingangstor zum **Entrepotdok** ❼ (*entrepôt* heißt auf Französisch ›Lager‹). Schmuckstück der Speicherstadt ist die Zeile mit den 84 Stapelhäusern (um 1827), die jeweils den Namen einer niederländischen oder belgischen Handelsstadt tragen und in denen zollfreie Waren gelagert wurden. Nach dem Zweiten Weltkrieg verfiel das Viertel, in den 1980er-Jahren dann wurde der Komplex je zur Hälfte in Sozial- und teurere Eigentumswohnungen umgewandelt, und die Architekten sorgten mit Lichtschächten in den dunklen Lagerhäusern für Helligkeit. Dieses gelungene Stadtsanierungsprojekt ahmten andere Städte mit ähnlichen Speichervierteln nach. Das Bio-Restaurant **Bloem eten en drinken** 4 ist in der Nr. 36 seit Jahren eine feste Größe, von der Sommerterrasse fällt der Blick auf das Zoo- und Plantageviertel gleich gegenüber (s. S. 74). Über den Kanal, der ebenfalls Entrepotdok heißt, geht's auf der kleinen Hippo-Brücke.

Wieder zurück auf der Nordseite, springen die Amsterdamer von den Holzpontons im Sommer gerne ins Grachtenwasser. Wenn Sie es genauso machen möchten, sollten Sie wissen, dass die Wasserqualität hier nicht überwacht wird: Baden auf eigenes Risiko (s. auch S. 278)!

LÄNGSTE FASSADE

Wer es hinter dem Entrepotdok noch ein bisschen weiter raus schafft, wundert sich vielleicht über die wohl längste Fassade Amsterdams: die **Oranje Nassau Kazerne** ❽. Napoleon ließ sie bauen, als die Franzosen Amsterdam besetzten. Als der Bau endlich fertig war (1814), waren sie längst abgezogen. Heute ist das Gebäude komplett in ziviler Hand.

Molen De Gooyer und Czaar Peterstraat

Überraschung, auf Amsterdamer Stadtgebiet steht eine Mühle, die **Molen De Gooyer** ❾. Warum sie da steht, lesen Sie auf S. 217. Die Mühle ist übrigens in Privatbesitz und nicht zu besichtigen. Wer auf gutes Bier steht, ist in der **Brouwerij 't IJ** 2 nebenan richtig. Und ihr **Proeflokaal De Molen** ist natürlich kein Geheimtipp mehr, wir kommen trotzdem immer noch gerne her (s. S. 203).

Schwieriger Fall

Schade, die **Czaar Peterstraat** 2 liegt im Dornröschenschlaf, und es ist nicht ganz klar, ob sie wieder wachgeküsst wird. Es gibt ein paar ganz entzückende Lädchen (s. auch S. 214), Cafés und Restaurants, aber es haben eben auch schon viele Geschäftstreibende das Handtuch geworfen – zu wenig Laufkundschaft, schlechte Anbindung ans Zentrum (dabei gehört das Quartier administrativ dazu), die Auswirkungen von Corona und Onlinehandel, steigende Mieten … Und auch die Erschließung des ehemaligen Industriegeländes auf dem **Oostenburgereiland** westlich der Straße hat (bisher) nicht den entscheidenden Schub gebracht.

Museen

Wissen macht Spaß

⑩ **NEMO Science Museum:** Wichtige Frage in einem Amsterdamer Wissenschaftsmuseum: Wie bändigt man Wasser und baut einen Damm? Aber auch: Wie funktioniert das Gehirn und was macht den Menschen zum Menschen? Oder: Was ist der Urknall, und was macht das Leben auf einem Planeten möglich? Und wie war das noch mal mit der Kettenreaktion? Fragen über Fragen, auf die es im Museum Antworten gibt – entweder zum Selbstrausfinden oder in beeindruckenden Shows. Natur, Technik, Astronomie, Physik, Biologie – alles ein großer Spielplatz für Groß und Klein. Täglich gibt es Workshops mit Experimenten (s. Website). Architektonisch ist der kupfergrün schimmernde Bau von Renzo Piano ebenfalls interessant: Wie ein riesiges Schiff erhebt er sich aus dem alten Hafen. Er steht über dem Eingang des IJtunnels, durch den täglich Tausende von Autos hindurchbrausen. Vom Deck des NEMO hat man den wahrscheinlich schönsten Gratis-Ausblick auf das historische Amsterdam. Außerdem gibt's eine frei zugängliche Ausstellung zu erneuerbaren Energien wie Wind, Sonne und Wasser.

Oosterdok 2, https://www.nemosciencemuseum.nl/en, tgl. 10–17.30 Uhr, manche Mo im Jahr geschl., s. Website, Tickets online mit Zeitslot, ab 4 Jahren 17,50 €, Sonnendeck mit Restaurant frei zugänglich 10–17.30 Uhr

Ableger für Erwachsene

⑪ **De Studio:** Dieser Ableger des NEMO auf dem Marineterrein zeigt Wechselausstellungen zu aktuellen (Zukunfts-)Fragen wie z. B. zu Chancen und Gefahren unserer steigenden Lebenserwartung.

Gebouw 027A, Kattenburgerstraat 5, www.nemosciencemuseum.nl/nl/de-studio, ab 18 Jahren, Mi–So 10–17.30 Uhr, Tickets nur online mit Zeitslot, 7,50 €

Szenen einer Seefahrernation

⑫ **Het Scheepvaartmuseum:** Der quadratische Bau wurde ursprünglich als Magazin der Amsterdamer Admiralität nach Entwürfen von Daniël Stalpaert im holländischen Klassizismus erbaut (1656). Die Kriegsflotte der Admiralität sorgte in den Hoheitsgewässern der Niederlande für die Sicherheit der Handelsschiffe, und deren gesamte Ausrüstung, z. B. auch Kanonen, lagerten in diesem Magazin. Das Museum selbst zeigt drei große Themenausstellungen – zum ›Goldenen Zeitalter‹, zum Walfang und wie sich der Amsterdamer Hafen zu einem der wichtigsten Warenumschlagplätze Europas entwickelte. Globen, Gemälde, Schiffsmodelle und Seefahrtsinstrumente ergänzen das Angebot, durchgängig ausgestattet mit viel Multimedia und interaktiven Stationen, was besonders Kinder ansprechen soll. Für sie gibt es zusätzlich noch eigene Angebote, so z. B. den lebensgroßen Wal, in dessen Innerem man das Walherz schlagen hört und die Walhaut fühlt.

Kattenburgerstraat 7, www.hetscheepvaartmuseum.nl, Bus 22, 48, tgl. 10–17 Uhr, 18,50 € inkl. VOC-Schiff. Einige Teile des Gebäudes sind ohne Eintritt zugänglich: der sehenswerte, mit Glas überdachte Innenhof, die Terrasse am Wasser, das Restaurant Stalpaert, der Shop und die Bibliothek.

›Goldenes Zeitalter‹ live

⑬ **VOC-Schiff ›Amsterdam‹:** Besonders beliebt, vor allem bei Kindern, ist der Nachbau des VOC-Dreimasters ›Amsterdam‹, der neben dem Schifffahrtsmuse-

Lieblingsort

Essen ist Nebensache

Was heute überall neumodisch Craftbeer heißt, gibt es an diesem Ort, einem ehemaligen öffentlichen Badehaus, schon seit 1985. Die meisten Gäste schneien nach der Arbeit in die **Brouwerij 't IJ** 2 auf ein Bier herein. Publicity-wirksam hat sie den Zusatz **Proeflokaal De Molen** bekommen. Das Craftbeer gibt es inzwischen in breiter Palette von blond bis schwarz, von mild bis herb oder als Saison- und Spezialbier. Basis geben kleine Käse- oder Wursthappen. Merke: Hier trinkt man, Essen ist Nebensache (Funenkade 7, www.brouwerijhetij.nl, Tram 7, 14, Mo–Fr 14–22, Sa, So 12–22 Uhr, Terrasse, Brauereiführungen in Englisch Fr–So 15.30 Uhr, 20 Min. 2,50 €, Anmeldung am selben Tag an der Bar, früh da sein!). Das **Café Struis** auf der anderen Seite der Mühle in der Zeeburgerstraat 1 ist quasi die Verlängerung des Proeflokaals, kommt aber von der Atmosphäre ans Original nicht heran (Mo–Fr 12–22, Sa, So 12–24 Uhr). Im Vondelpark gib es ein weiteres Proeflokaal im 't Blauwe Theehuis (s. S. 169, 189).

Das ist das Original: In China gibt's einen – kleineren – Nachbau des Scheepvaartmuseums inklusive des überdachten Innenhofs.

um vor Anker liegt. An Bord können Sie eine virtuelle Reise unternehmen, über den Hafen ›fliegen‹ und erleben, in welch rasendem Tempo dieser im ›Goldenen Zeitalter‹ aus allen Nähten platzte. Und praktisch mit anpacken: durch den engen Laderaum kriechen, die Ladung löschen oder ›eine Kanone abfeuern‹ – und danach in der Hängematte abhängen. Seit 2023 werden endlich auch der Sklavenhandel und die Kolonialgeschichte zum Thema gemacht. Dem Originalschiff war kein langes Leben beschieden: 1748 lief das Schiff vom Stapel und versank schon ein Jahr später auf seiner Jungfernfahrt vor der englischen Küste.

Neben dem Nordflügel des Scheepvaartmuseums, tgl. 10–17 Uhr, Ticket s. Museum

Unbekanntes Suriname

⑭ Suriname Museum: Dieses Museum konnten wir noch nicht besuchen, denn es wird erst im November 2024 eröffnet. Es handelt von Suriname, einem kleinen Land im Nordosten Südamerikas, dessen Geschichte und Politik durch die Kolonialzeit und deren Auswirkungen eng mit den Niederlanden verknüpft ist. Wie Suriname schmeckt, können Reisende in Amsterdam vor allem durch die typischen Imbisse, Tokos, erleben. Das Museum ist die Chance, auf 1300 m^2 Fläche mehr über die surinamisch-niederländische Geschichte und Kultur zu erfahren, und dies in einem Viertel, das eine große surinamische Bevölkerungsgruppe zählt. In dem riesigen historischen Gebäude der »Vereinigung Unser Suriname« waren früher die Black Archives beheimatet, mit 10 000 Büchern und Schriften zu Rassismus, Sklaverei und (De-)Kolonisierung, Feminismus, Suriname, den ehemaligen Niederländischen Antillen, Südamerika, Afrika und mehr haben sie zum Aufbau des Museums beigetragen.

Zeeburgerdijk 19–21, https://surinamemuseum.nl

Nieuw Oost

Man kann schon ein bisschen durcheinanderkommen mit all den ›Inseln‹: Östlich des Bahnhofs erstreckt sich das **Oosterdokseiland,** das in den Nuller-Jahren mit einigen Bauten renommierter Architekten aufgewertet wurde. Das Ergebnis ist eine sehr konzentrierte Kultur- und Musikmeile in modernem Gewand.

OBA und Conservatorium

Raus aus dem Tourismusmodus

Wenn die Füße rauchen und der Geist müde ist von all den Eindrücken in der Stadt, ist die **Openbare Bibliotheek Amsterdam** ⓯ von Joe Coenen in unmittelbarer Nähe zum Hauptbahnhof eine Oase auf sieben Stockwerken. Hier können Sie sich einfach ein ruhiges Plätzchen suchen, ohne und mit Konsum, z. B. im **OBA-Café,** immer versorgt mit internationalen Zeitungen und Zeitschriften. Ganz oben im 7. Stock gibt es einen sagenhaften Blick aus dem verglasten Restaurant **Babel** auf die Innenstadt (Essen kann man woanders besser). Im 5. Stock steht ein Modell der OBA, im Untergeschoss ist die Kinderabteilung. Die Bibliothek ist also auch ein Ort für Familien. Ein Blick auf die Agenda (www.oba.nl/agenda.html): Sonntags gibt es z. B. Gratis-Konzerte (12–12.45 Uhr) von Studierenden des benachbarten Conservatoriums.

Oosterdokskade 143, www.oba.nl, Mo–Fr 8–22, Sa, So 10–20 Uhr; OBA-Café tgl. 8–18, €, Babel Mo–Fr 10–19.30, €, So 10–19 Uhr, €€

Keine Ablenkung

Schon mal vom japanischen Engawa-Modell gehört? Der Architekt Frits van Dongen hat es beim **Conservatorium van Amsterdam** ⓰ angewandt: Die Gänge sind nach außen, Konzertsäle, Probenräume und Hörsäle nach innen verlegt, sodass die Studenten ungestört musizieren und lernen können. Mit viel Glas und Holz ist auf diese Weise ein sehr luftiges Gebäude herausgekommen. Gucken Sie aufs Programm im Internet: Für wenig Geld kann man hier hervorragende Konzerte junger Talente besuchen, manchmal sind sie sogar kostenlos. Viele Konzerte werden auch an anderen Veranstaltungsorten wie Q-Factory, Paradiso Noord und natürlich im Bimhuis gegeben.

Oosterdokskade 151, www.conservatoriumvanamsterdam.nl/en, Mo–Sa 8–24, So 10–18 Uhr, Konzertdaten auf der Website unter ›Calendar‹

Muziekgebouw aan 't IJ 

Dieses gläserne Raumschiff, das **Muziekgebouw aan 't IJ** ⓱, der dänischen Architekten 3xNielsen ist für sich ein Statement und der Blick auf die vorüberziehenden Schiffe und aufs IJ grandios!

Experimentelle Musik ist sexy

Tollkühn aber ist, dass in dem Bau eine Musiksparte bedient wird, die es sonst schwer hat: (experimentelle) klassische Musik des 20. und 21. Jh. In Vergessenheit geraten ist, dass dieses Projekt der mittlerweile verstorbene Hornist Jan Wolff gewuppt hat – erst mit der Musikkneipe De IJsbreker, die irgendwann zu klein wurde. Nach vielem Klinkenputzen und den Versuchen, etwas Größeres zu finden, war es eine glückliche Fügung, dass die Stadt dem vergessenen IJ-Ufer mit etwas Prestigeträchtigem neues Leben einhauchen wollte. Man wurde sich einig, und seit 2005 steht er da, der große Glaskasten, den Wolff bis 2008 leitete.

Herausragender Musizier- und Hörgenuss für Ausführende und Publikum:

Nieuw Oost

Ansehen

1 – 14 siehe Karte S. 197
15 Openbare Bibliotheek Amsterdam
16 Conservatorium van Amsterdam
17 Muziekgebouw aan 't IJ
18 Mediamatic
19 Pakhuis de Zwijger
20 P////AKT
21 Grachten/Java-Eiland
22 Loods 6
23 Piraeus-Block
24 Barcelonahuis
25 Emerald Empire
26 Walfisch
27 Scheepstimmermanstraat

Essen

1 – 7 siehe Karte S. 197
8 Hannekes Boom
9 Kanis en Meiland
10 Badhuis Amsterdam

Einkaufen

1 – 2 siehe Karte S. 197
3 Thinking of Holland
4 Sissy-Boy

Ausgehen

1 – 3 siehe Karte S. 197
4 Bimhuis
5 Panama
6 Odessa Amsterdam
7 Mezrab
8 De Nieuwe KHL
9 Kompaszaal

Die Akustik im großen Saal ist superb, mit 735 Sitzplätzen kann er individuell an die spezifischen Erfordernisse der Ensembles angepasst werden. Außerdem gibt es noch einen kleinen Foyersaal, der knapp 150 Personen fasst. Eine gute Gelegenheit, ins Muziekgebouw aan 't IJ zu schnuppern, sind die günstigen Lunchkonzerte (6 €, Mi, Do oder Fr 12.30–13.30 Uhr, auf der Website unter ›Agenda/Afternoon Concert‹).

Neben dem Muziekgebouw ist der schwarze Kasten des **Bimhuis** 4 mit Jazz und Weltmusik ein weiterer musikalischer Hochkaräter, in dem häufig auch junge Talente des **Conservatorium van Amsterdam** 16 ihr Können zeigen.

Ohne ein Restaurant wäre das Ganze nicht denkbar. Der Blick aufs IJ, inklusive romantische Sonnenuntergänge, ist im Grand Café **4'33** inklusive – ob mit oder ohne Konzert.

Piet Heinkade 1, www.muziekgebouw.nl/en, Tickets online; Grand Café 4'33, www.433grandcafe.nl, Mi–So 11.30–24 Uhr, €€

Zum Verbindingsdam

Selber machen

Wie betreibe ich eine Aquaponik-Anlage? Wie kreiere ich mein eigenes Parfüm aus natürlichen Stoffen? Welche neuen

Luftiges Glas und eine fantastische Aussicht auf den Norden mit dem A'DAM Toren, das Zentrum und das IJ – das Restaurant 4'33 des Muziekgebouw.

Materialien kann ich aus Müll machen? Die Liste der Fragen, mit denen sich **Mediamatic** ⓲ beschäftigt, ist lang. Dabei geht es ums Tun, Gucken und Forschen im Spannungsfeld Kunst, Design, Wissenschaft, Natur und Biotechnologie. Freitags ab 16 Uhr kann man auf einem Rundgang hinter die Kulissen gucken (4,50 € inkl. Tee aus selbst gezogenen Kräutern) und die Mediamatic-Labs und das Aquaponik-Gewächshaus besuchen. Dazu gibt es Ausstellungen, Künstlergespräche, Performances und Workshops. Am besten auf der Website inspirieren lassen! Im Restaurant **ETEN,** in einem Treibhaus am Wasser, ist das Essen vegan, lokal und aus eigener ›Landwirtschaft‹, s. Kasten.

Dijksgracht 6, www.mediamatic.net; ETEN Mi 13–20, Do–So 13–21 Uhr, Do–So 16–20.30 Uhr vegane Holzofenpizza, € reservieren online oder T 638 44 28 78

AQUAPONIK

A

Aquaponik ist eine nachhaltige Produktionsmethode für Lebensmittel, die Fischzucht und den Anbau von ›Grünzeug‹ kombiniert. Sie ist ideal für die Stadt, weil sie kaum Platz braucht. Die Fischexkremente düngen die Pflanzen und die Pflanzen reinigen das Wasser, in dem die Fische leben. Viel Grünzeug und essbare Pflanzen für ETEN stammen aus der eigenen Aquaponik-Anlage.

Sich einmischen

Fast wäre das **Pakhuis De Zwijger** ⓳, ein ehemaliges Kühlhaus aus dem Jahr 1934, den Bauplänen um die Jan Schaeferbrug zum Opfer gefallen, doch eine Petition stoppte den Abbruch. Heute steht es unter Denkmalschutz – und die Brücke führt mitten hindurch.

Das Innenleben kann sich sehen lassen – mit Ausstellungen, Workshops, Lesungen, vielen Kreativbüros. Die Themen sind Ökologie, fairer Handel, Lebensmittelverschwendung, Stadtentwicklung unter Bürgerbeteiligung und die kritische Betrachtung der Weltpolitik. Im **Eetcafé,** das gerne Werke von Amsterdamer Kunstschaffenden zeigt, werden mit Vorliebe lokale Produkte verarbeitet.
Piet Heinkade 179, www.dezwijger.nl, Eetcafé Mo–Fr 8.30–23 Uhr, €–€€

Alternatives Kunstzentrum

Im ehemaligen Pakhuis Wilhelmina zeigt **P////AKT** 20 regelmäßig in wechselnden großen Einzelausstellungen, was junge internationale Künstlerinnen und Künstler in Performance, Malerei, Bildhauerei und anderen Kunstgenres auf die Beine stellen. Hingehen!
Groenhoedenveem 2/Ecke Veemkade, www.pakt.nu, Do–So 14–18 Uhr

Java-Eiland

Der Weg nach Java-Eiland führt über die **Jan Schaeferbrug.** Am Kopf der Insel, auf dem sogenannten Driehoek (Dreieck), steht das **Hotel Jakarta** in umweltfreundlicher und klimaneutraler Holzbauweise mit tropischem Patio-Garten und Transparenz durch Glas (s. S. 30).

Material-Spielerei

Die restliche Bebauung stammt aus den 1990er-Jahren, als die Stadt daranging, das ehemalige Hafengelände in Wohngebiete umzuwandeln. Heraus stechen die vier modernen **Grachten** 21 quer zu den ehemaligen Kaimauern, an denen lange sechsgeschossige Riegel stehen. Auch wenn die Kanäle Bezug auf den Grachtengürtel in der Innenstadt nehmen, sind die Häuser alles andere als historisierend. Vielmehr haben die Architekten unbekümmert mit Beton, Backstein, Stahl, Glas, Holz und Farbe experimentiert. Über die Grachten spannen sich Bogenbrücken in verspielt-organischen Formen und bilden einen Kontrast zur Sachlichkeit der Häuser.

KNSM-Eiland

Java-Eiland geht am großen offenen **Azartplein** (mit Bäckerei **Neeltje** für den kleinen Hunger!) in KNSM-Eiland über, wo Superkomplexe das Bild bestimmen. Die Abkürzung KNSM steht für Koninklijke Nederlands Stoomboot-maatschappij (Königlich Niederländische Dampfschifffahrtsgesellschaft), die hier bis 1979 ihren Sitz hatte. Von hier fuhren zu Kolonialzeiten die Schiffe nach Indonesien.

Vielfalt im Schuppen

Amsterdamer Mischung: Im umgebauten Hafengebäude der KNSM **Loods 6** 22 (Schuppen 6) haben sich Kreative, Architekten, Filmschaffende, Designer und der Laden **Sissy-Boy** 4 angesiedelt. 1950er-Atmosphäre schnuppert man im original erhaltenen Wartesaal der KNSM, dem **Kompaszaal** 8.
KNSM-laan 143, T 418 20 20, www.loods6.nl, Bus 43, 65

Rundungen

Die Vorgaben für die Architekten waren klar: Auf wenig Raum sollten ganz viele Wohnungen entstehen. Im **Piraeus-Block** 23 der Berliner Architekten Hans Kollhoff und Christian Rapp haben 300 Apartments Platz. Kurios: Der dunkle Komplex mit dem abgeschrägten Dach ist nicht ganz geschlossen, weil ein seit 1980 besetztes KNSM-Gebäude bei der Planung miteinbezogen werden musste.

Zweimal rund: Das **Barcelona-huis** 24 von Bruno Albert hat maurische

TOUR
Auf Wasser gebaut

Spaziergang auf IJburg

Infos

Karte 3, E 3

Start: Tram 26, Station Steigereiland

Geführte Wanderungen auf IJburg: www.architour.nl

Mit dem Fahrrad: Fahrradverleih im Zentrum oder am Camping Zeeburg, Tram 26, Station Zuiderzeeweg, www.campingzeeburg.nl, 14,50 €/24 Std.; in der Tram 26 darf man Fahrräder mit Zusatzticket mitnehmen.

Skatepark: Er ist mit 3100 m^2 der größte der Niederlande, liegt auch auf Zeeburgereiland oberhalb des Campingplatzes und kann kostenlos genutzt werden (https://skateplace.nl/skatepark/skatepark-urban-sport-zone).

Einigen Visionären gelten sie als landsparende Alternative für die dicht besiedelten Niederlande – die schwimmenden Häuser in der **Waterbuurt** (Wasserviertel). Wer mit Fahrrad oder Tram nach **Steigereiland** fährt, wird sich vor allem für *sie* interessieren. Über Stege ist die **Waterbuurt West** erreichbar, wo dreigeschossige Mietwohnungen recht eng aneinander im Wasser liegen, weiter östlich die **Waterbuurt Oost**, deren Wasservillen Privateigentum sind und die schicker, individueller und lichter wirken.

Ist das ein Boot oder ein Haus?

Bei beiden kommen patentierte Betonwannen zum Einsatz, die die Häuser auch bei stürmischen Wetterverhältnissen halbwegs gerade im Wasser halten. Leitungen für Wasser, Strom und Gas sind in die Stege eingearbeitet, Abwasser wird auf demselben Weg zurückgepumpt. Damit die Energielieferanten bereit waren, ihre Dienste auch auf dem Wasser zu leisten, musste ein System zur Erwärmung der Rohre im Winter und zur Kühlung im Sommer erdacht werden. Skeptisch waren auch die Versicherungen: Sie wollten die schwimmenden Wohnungen zunächst nicht als Immobilien anerkennen, schließlich könne man sie auch an eine andere Stelle schleppen – so wie sie vor Jahren durch eine Schleuse an ihre Plätze gezogen wurden.

Die soziale Mischung stimmt!

Die Häuser in der **Zuiderbuurt** (Südviertel) stehen auf Sand und wirken im Gesamtbild der bisher vollendeten künstlichen Inseln IJburgs wie eine gelungene und bunte Mischung. Hier wurde sowohl auf abwechslungsreiche Bauweise als auch auf ein stimmiges soziales Gefüge Wert gelegt. Große und kleine Gebäude wechseln sich ab, öffentliche Wohnungsbaugesellschaften, sozial und künstlerisch engagierte Baugemeinschaften sowie Privatleute kamen zum Zug.

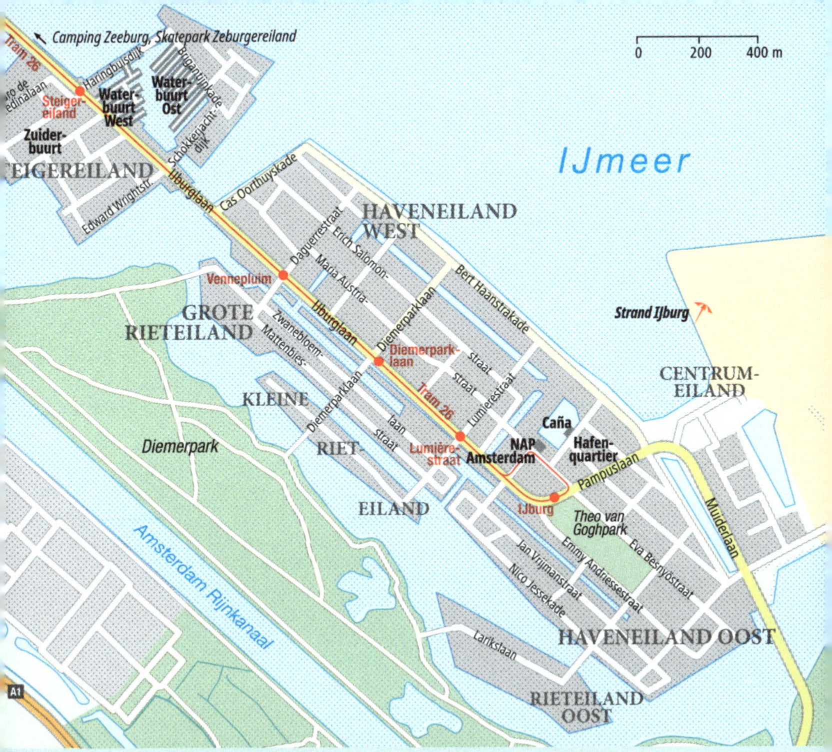

Getrennte Welten

Die Grundstücke auf **Kleine Rieteiland** und **Rieteiland Oost** sind Privateigentum, die Häuser schick, die Autodichte vor den Garagen hoch, beide attraktiv in unmittelbarer Nähe zum Grün des Diemerparks gelegen. Weiter oben, auf **Haveneiland West**, dominieren mehrgeschossige Bauten mit Mietwohnungen – getrennte Welten. Hübsch ist das **Quartier am kleinen Hafen**, wo es auch Einkehrmöglichkeiten gibt, z. B. das **NAP Amsterdam** (www.napamsterdam.nl, €€) oder das **Caña** (cana-ijburg.nl, €–€€). Davon profitieren auch die Bewohner von **Centrumseiland**, wo von den 1500 geplanten Häusern 60 bis 70 % individuell gestaltet werden können.

Strand ahoi

Strand IJburg auf Strandeiland ist NICHT der legendäre Blijburg, der musste 2018 nach 15 Jahren schließen. Dieser hier ist perfekt organisiert mit allem Drum und Dran: Badeaufsicht an Wochenenden (Mai–Sept.), SUP-/Surfcenter am Ende des Strandes, ein Imbiss (De Japanner), Skate-, Fuß-, Volleyball- und Fitnessmöglichkeiten sowie kostenlose Toiletten. Es wurde an alles gedacht!

Das hat noch gefehlt: Es gibt auch freitägliche Tanzabende, IJ-mibo, exakte Daten und Tickets auf Facebook.

Anklänge, einen runden Patio und einen schönen Ausblick auf die Levantkade. Am östlichen Zipfel findet die Insel ihren Abschluss in einem mächtigen Rundbau, dem **Emerald Empire** 25 des Architekten Jo Coenen, der auch den Masterplan für KNSM-Eiland entwarf.

Erfrischung gesucht

Die **Levantkade** führt vorbei an Hausbooten, einige mittlerweile B&B, mit Blick auf die Insel Sporenburg und den breiten Verbindingsdam mit den kühnen Bogen zwischen KNSM und Sporenburg. Und im **Kanis en Meiland** 9 sitzen Sie schön am Wasser.

Sporenburg

Skulptur im Bau

Auf Sporenburg steht man nach Überschreiten des **Verbindingsdam** vor dem **Walfisch** 26, einem Megablock (2001) des Architekten Frits van Dongen. Dieser orientierte sich an dem skulpturalen Piraeus-Block auf der anderen Seite, der mit seinem langsam ansteigenden Dach Maßstäbe setzte. Van Dongen arbeitete bei seinem Walfisch ebenfalls mit schrägen Linien – auch an der Unterkante: So scheint das Gebäude auf dünnen Stelzen zu schweben. Mit den 27 000 Zinkplatten, die im Sonnenlicht schimmern und einen schönen Kontrast zur Backsteinumgebung bilden, ist tatsächlich so etwas wie eine Riesenskulptur entstanden.

Borneo-Eiland

Diese **Pythons** sind inzwischen zu Ikonen des neuen Bauens in Amsterdam geworden: Zwei knallrote Fußgänger- und Radfahrerbrücken, die sich wie Schlangen von Sporenburg nach Borneo winden. Adriaan Geuze und das Architektenbüro West 8 haben hier kleine Kunstwerke mit wogenden Geländern und Lampen geschaffen. Ansonsten ist Borneo ein wenig

Ikone des neuen Bauens: die Python-Brücke zwischen Sporenburg und Borneo

eintönig geraten – mit einer Ausnahme: der **Scheepstimmermanstraat** ㉗ (s. Kasten).

Essen

Kulinarische Reise durch Afrika

1 **Kilimanjaro:** An den Tischen mit den bunten afrikanischen Stoffen kann man eine kulinarische Reise über den afrikanischen Kontinent antreten. Krokodil und Antilope wecken Neugier, sehr lecker sind die äthiopischen Fleisch- und Gemüsegerichte, die man mit Injera, luftigen Teigfladen, als Fingerfood genießt.

Rapenburgerplein 6, Nieuwmarkt, T 622 34 85, Metro: Nieuwmarkt, dann 10 Gehmin., Di–So 17–22 Uhr, €€

Saisonal und gehoben

2 **Gebr. Hartering:** Gemütliches und freundliches Lokal an der Gracht mit ausgezeichneter Fusionküche und Sinn für Zutaten.

Peperstraat 10hs, www.gebr-hartering.nl, tgl. ab 18 Uhr, Menüs und à la carte €€€

Kantinenatmosphäre

3 **Entrepot:** Kreative Küche aus Zutaten, die ausschließlich aus den Niederlanden kommen. Gekocht wird, häufig über dem offenen Feuer, mit Gemüse, Fisch und Wild – und das in ungewöhnlichen Kombinationen (Kostprobe: rohe Makrele mit roter Bete, Earl Grey und Rhabarber-Umeboshi). Das Treiben in der einsehbaren Küche ist einen Blick wert.

Entrepotdok 7–8, restaurantentrepot.nl, Bus 22, Mi–Mo ab 18 Uhr, Menüs und à la carte €€

Vegan und glutenfrei

4 **Bloem eten en drinken:** Alles bio, vegan und glutenfrei, der Ort hoch und sonnendurchflutet. Natürlich mit Terrasse!

Entrepotdok 36, www.bloem36.nl, Bus 22, Di–So 15–23 Uhr, Menüs und à la carte €€

R

RAUS AUS DER MONOTONIE

Zwischen den etwas uniformen Häuserreihen Borneos entstanden in der **Scheepstimmermanstraat** ㉗ 60 sehr individuelle Häuser an einer Gracht, die, meist mit großzügigen Fensterfronten, ins Wasser zu fallen scheinen. Erstmals seit drei Jahrhunderten hatte die Stadt Ende des 20. Jh. wieder Baugrund an Privatleute verkauft, die ihre Wohnungen fast komplett eigenständig gestalten durften. Sie waren aus 3000 Bewerbern per Losverfahren bestimmt worden. Einige waren ihre eigenen Architekten, andere holten sich die Crème de la Crème der jungen Architektengarde, so z. B. Koen van Velsen (Nr. 120), Herman Hertzberger (Nr. 126), Gunnar Daan (Nr. 128), das Büro MVRDV (Nr. 12, 18) und Christian Rapp (Nr. 62, 68).

Große Auswahl

❻ **Marineterrein:** s. S. 200

Selbstbedienungsladen

5 **Spirit:** Ein guter Grund, in die Czaar Peterstraat zu kommen! Alles wird jeden Tag vor Ort frisch aus biologischen und ausschließlich veganen oder vegetarischen Zutaten der Saison, die Desserts ohne Industriezucker zubereitet und appetitlich auf einem großen Buffet angerichtet, wobei sich die Macher:innen unter der Leitung von Manja (nicht nur) gerne in der asiatischen Küche umtun. Die Zutaten sind bei jedem Gericht detailliert in Niederländisch und Englisch angegeben, ein Traum nicht nur für Allergiegeplagte. Frühstück, Suppen, Salate, Hauptgerichte und Desserts schmecken in einem großzügigen, mit viel Holz eingerichteten Saal, und es gibt auch ein paar Tische draußen

an der Cruquiuskade. Alles, außer Getränken und den leckeren Kuchen in der langen Theke, wird grammgenau berechnet.
Czaar Peterstraat 2a/Ecke Cruquiuskade, www.spiritrestaurants.nl/amsterdam, Tram 7, Bus 22, Mo–Sa 8–23, So 9–23, Frühstück 8/9–11, Lunch/Dinner 11–22 Uhr, €–€€

Verwandlung

6 **VRR:** Der Industrie-Look des ehemaligen Rosa & Rita (daher die Abkürzung: **V**ormalig **R**osa & **R**ita) ist geblieben, die Gerichte gewandelt zu einer raffinierten, gleichzeitig entspannten Bistroküche. Sie wird aus heimischen Zutaten (viel Fisch) zubereitet und spielt mit Anleihen bei u. a. der französischen, spanischen, kroatischen – Palačinke = gefüllte Pfannkuchen – oder sogar deutschen Küche – Sülze, aber was für eine! Die Karte wechselt häufig, und es werden viele Naturweine ausgeschenkt. Nicht zu vergessen die **Stadsbakkerij AS** daneben. Credo ihres Bäckers Efraim Bolado van der Meij, genannt Eef: Für ein gutes Brot braucht es nur vier Zutaten – Sauerteig, Wasser, Salz und Bio-Mehl.
Conradstraat 471, vvr.rest (Reservierung) und Instagram, Tram 7, Di–So 18–24 Uhr, €€–€€€; Stadsbakkerij AS: broodvanas.nl, Mo–Sa 9–15 Uhr

Ost-West-Interpretationen

7 **Café Wu:** Seit das chinesische Bistro in »Het Parool« über den grünen Klee gelobt wurde, sind die Besucherzahlen durch die Decke gegangen. Mit gutem Grund: Chefkoch Timo de Beurs sorgt für einen aufregenden Mix aus klassischen chinesischen Gerichten mit europäischem Twist, Namensgeberin Chi Ling Wu stellt mit französischen, deutschen und italienischen Weinen die Begleitung – die es auch musikalisch von Jazz über Hip-Hop bis Bossa Nova gibt. Unbedingt vor der Reise nach Amsterdam Plätze reservieren.
Dapperstraat 1, www.cafewu.nl, Tram 14, Di–Sa 18–22 Uhr, 5-Gänge Menü oder à la carte €€–€€€

Am Wasser

8 **Hannekes Boom:** Ein Ort am Wasser, wie ihn die Amsterdamer lieben: relaxed zum Drinnen- und Draußensitzen, mit schönem Blick hinüber zum NEMO, einer unspektakulären Küche und guten Biersorten.
Dijksgracht 4, www.hannekesboom.nl, Tram 26, Mo–Do 11–1, Fr, Sa 11–3 Uhr, €–€€

Sonniger Abend

9 **Kanis en Meiland:** Gemütliches Eetcafé mit Bootsanleger und Südterrasse, super, um einen Sundowner mit vegetarischen oder fleischlichen Bitterballen oder eine Käseplatte von Kef zu genießen. Tolle Sicht auf den ›Walfisch‹ und den IJ-Turm gegenüber.
Levantkade 127, https://kanis.amsterdam, Bus 43, 65, So–Do 10–23, Fr, Sa 10–24 Uhr, €–€€

Neues Herz der ›Indische Buurt‹?

10 **Badhuis Amsterdam:** 1942 als Badehaus des Viertels eröffnet, wurde der markante Bau nach einigen Besitzerwechseln innen schick renoviert, inkl. der alten Kachelwände mit Seifeneinkerbungen. Er versteht sich als Nachbarschaftscafé zum Essen von Snack bis Dinner, für den Treff auf einen Kaffee oder ein Bier (z. B. das hauseigene), Tanznächte am Wochenende oder einen entspannten Hang-out auf der großen Terrasse beim Cocktail. Diverse Veranstaltungen s. Website/Agenda.
Javaplein 21, badhuisamsterdam.nl, Tram 14, Bus 22, 65, So–Do 9–1, Fr, Sa 10–3 Uhr, €–€€

Einkaufen

Multikulti

1 **Dappermarkt:** s. S. 198

Für City-Flüchtlinge

2 **Czaar Peterstraat:** Wer extra herkommt, wird vielleicht enttäuscht sein,

weil einige Läden schließen mussten (s. auch S. 201), aber wer im **Spirit** 5 oder **VRR** 6 essen geht, kann *en passant* ein paar leckere/schöne Mitbringsel finden, z. B. hier: **Odin Amsterdam Czaar Peter,** ein besonders gut sortierter Bio-Supermarkt (Nr. 2c), **Fromagerie Abraham Kef** mit französischen und holländischen Käsesorten (Nr. 137, www.abrahamkef.nl), **Kaffa Koffie,** äthiopische Kaffeerösterei mit sortenreinen Kaffees (Nr. 130, www.kaffakoffie.com), **OnleyDesirables** mit Second-Hand-Einzelstücken bekannter Modedesigner (Nr. 197, www.onleydesirables.com), **Re-bell** mit Labels nachhaltig und fair produzierender Designer (Nr. 263, re-bell.nl), **Marie Marie,** mit farbenfrohen von Hand gehäkelten Taschen (Nr. 128, marie-amsterdam.com).

Mehr als Tulpen und Klompen

3 **Thinking of Holland:** Souvenirs und Mitbringsel jenseits der üblichen Niedlichkeit, z. B. die originelle Radler-Vase, die Amsterdamer/Delfter Manschettenknöpfe oder der Grachtengürtel-Schal.

Piet Heinkade 23, www.thinkingofholland.com, Tram 26, Mo–Mi, Sa 10–18 Uhr

Von allem etwas

4 **Sissy-Boy:** Basics der Eigenmarke und anderer Labels in vielen Farben und Designs für Frauen, Männer und Jugendliche, Dekor fürs Haus, kleine Lebensmittelabteilung und gutes Café.

KNSM-laan 19, www.sissy-boy.nl, Bus 43, 65, tgl. 10–18 Uhr

Ausgehen

Welche ist die älteste?

1 **De Druif:** Hier läuft der Betrieb schon seit 1585, was einen der ersten Plätze unter den ältesten Kneipen sichert. Innen ist die ehemalige Destillerie typisch braun eingefärbt. Als Grundlage für Bier und Schnaps empfehlen sich Borrelhapjes, wie Bitterballen (Hackbällchen) oder Ossenworst (Wurst aus rohem Rindfleisch).

Rapenburgerplein 83, zu Fuß, Mo–Do, So 10–1, Fr, Sa 10–3 Uhr

Craftbeer-Pionier

2 **Brouwerij 't IJ:** s. Lieblingsort S. 203

Klassik trifft auf Moderne

3 **Hiding in Plain Sight:** Cocktails wie The Flying Dutchman oder The Walking Dead haben den gewissen Twist, der Service ist freundlich, die Atmo schön schummrig trotz riesiger Fenster.

Rapenburg 18, hpsamsterdam.com, So–Do 18–1, Fr, Sa 18–3 Uhr

Jazz-Institution

4 **Bimhuis:** Direkt neben dem Muziekgebouw liegt dieser begehrte Auftrittsort niederländischer und internationaler Jazzgrößen mit Schwerpunkt auf Improvisation.

Manchmal ist Wissenschaft von Ferne auch okay: Drüben grüßt das NEMO, während die Füße (fast) im Wasser baumeln – in Hannekes Boom.

Aber auch Freunde des klassischen Jazz kommen auf ihre Kosten. Über 300 Konzerte und Sessions pro Jahr, gelegentlich mit freiem Eintritt. Das Bimhuiscafé ist zu den Konzerten geöffnet.

Piet Heinkade 3, www.bimhuis.nl/en, Tram 26, Café-Restaurant vor Konzertabenden ab 18.30 Uhr, Reservierung online, Besuch nur mit Ticket

Fresh old Lady

5 **Panama:** Nach wie vor ein viel besuchter und beliebter Nachtclub in einem alten Lagerhaus mit Tanznächten von Balkan, Metal über Hip-Hop und Ibiza-Vibes bis zu 70er-, 80er-, 90er-, 00er und 10er-Sounds, s. Agenda.

Oostelijke Handelskade 4, Eingang Piet Heinkade, www.panama.nl, Tram 26, Fr, Sa, gelegentlich auch unter der Woche, oft bis 4/5 Uhr

Express yourself!

6 **Odessa Amsterdam:** In dem Nachbau eines russischen Schiffes herrscht striktes Phone- und Alkoholverbot, getanzt wird barfuß. Der ›Rausch‹ stellt sich beim meditativen und expressiven Tanzen und durch das ausgefeilte Soundsystem ein. Vegane Speisen.

Veemkade 259, www.odessa.amsterdam, Tram 26, Mi–Sa 18–23, So 10–14 Uhr, ab 18 € (online), Programm s. Website

Erzähl was!

7 **Mezrab:** Kernstück des Programms ist das gute alte Geschichtenerzählen, nur schneller, härter und zugespitzter, in der Wohnzimmeratmosphäre eines alten Lagerhauses im Osthafen. Die Macherinnen und Macher kommen aus Iran, Österreich, Griechenland und Russland, entsprechend international ist das Ambiente, und die meisten Programme sind auf Englisch. Auch Comedy, Jam Sessions, Tanz u. v. m. Gereicht wird eine günstige Linsensuppe, der Eintritt ist frei, Spenden erbeten!

Veemkade 576, mezrab.nl, Tram 26, Bus 76, tgl., Agenda s. Website

Ehemalige Kantine

8 **De Nieuwe KHL:** Hier aßen früher die Angestellten der Schifffahrtsgesellschaft Koninklijke Hollandsche Lloyd (KHL). Mittlerweile ist die Kantine zum kleinen nachbarschaftlichen Kulturzentrum mit Musikabenden und, wer will, kombiniertem mediterranem Dinner geworden. Wer nur essen möchte, schaut auf die Website, dort sind pro Monat die entsprechenden Daten für Lunch und Dinner gelistet.

Oostelijke Handelskade 44, T 779 15 75, Reservierung erwünscht, denieuwekhl.nl, Tram 7, 26, Bus 43, 65, €€

Baby, lass uns tanzen …

9 **De Kompaszaal:** Der Saal kündet noch von der Zeit, als die Passagiere erst eine Erfrischung nahmen und dann vom Balkon in die riesigen Kreuzfahrtschiffe stiegen, die im IJ vor Anker lagen. Auf diesem Balkon sitzt man freitags und sonntags und guckt aufs Wasser, genießt Getränke, Suppe oder herzhafte und süße Snacks. Die regelmäßigen Musik- und Tanzveranstaltungen (u. a. Jazz, Salsa, Tango, Lindy Hop …) checkt man am besten aktuell auf Facebook.

KNSM-laan 311, www.kompaszaal.nl, Bus 43, 65, Terrasse und Grand Café Fr 12–23, So 11–15 Uhr (bei Veranstaltungen auch später)

Aktiv

Pétanque und mehr

1 **Mooie Boules:** Boules und Brettspiele mit Streetfood – *gezellig.*

Zeeburgerpad 3, mooieboules.nl/amsterdam, Mo–Do 16–24, Fr 16–1, Sa, So 12–2/23 Uhr, Bahn für max. 8 Pers., 45 Min., 15 €

Baden, SUP, Fitness, Klettern

6 **Marineterrein:** s. S. 200

Zugabe
Eine Mühle und ein Strauß

Molen De Gooyer

Windmühlen auf Stadtgebiet sind ein seltener Anblick. Dabei standen auf den Amsterdamer Stadtwällen früher zahlreiche *windmolen* – der günstigen Windverhältnisse wegen. So drehte sich auch die **Molen De Gooyer** 9 auf der anderen Seite der Dageraadsbrug, benannt nach einer ehemals hier ansässigen Werft, bis 1814 auf dem Wall Oosterbeer. Aber der Bau der Oranje-Nassau-Kaserne, ein langer mächtiger Riegel, behinderte den Windeinfall, sodass die Mühle umzog. Im Zweiten Weltkrieg, als Brennstoffe knapp waren, wurde ihre Windkraft noch genutzt, heute ist die Mühle ein Wohnturm und nicht zu besichtigen. Trotzdem pilgern viele Amsterdamer und Touristen hierher – wegen des Gebäudes nebenan, einem ehemaligen Badehaus. Dort wird seit 1985 Bier gebraut, und das mit stetigem Erfolg. Die **Brouwerij ’t IJ** 2 (s. S. 203) wirbt übrigens nur verschämt mit dem Mühlensymbol: Auf Etiketten und Bierdeckeln hält sie sich dezent im Hintergrund, im Vordergrund steht ein Vogel Strauß, warum, weiß niemand mehr! ■

Noord

Noord ist im Kommen — die Zeiten, als die Amsterdamer dem Stadtteil auf der anderen Seite des IJ den Rücken zukehrten, sind vorbei. Hier gibt es coole Locations, hier werden tolle Festivals gefeiert und, ja, hier gibt es trotz Industrie viel Grün.

Eintauchen

Seite 221

Eye Filmmuseum ✪

Egal ob man wegen des furiosen Gebäudes, der Sammlung niederländischer und internationaler Filme, der interessanten (Foto-) Ausstellungen oder – mehr als wahrscheinlich – wegen der Sonnenterrasse kommt: immer ein Ereignis! Die Umgebung mit Tolhuistuin und A'DAM Toren ist auch nicht ohne.

Seite 225

Shelter

Freunde der elektronischen Tanzmusik, dies ist euer Revier: Hier gibt's guten Sound, good vibrations und feine DJ-Sets!

Die höchste Schaukel Europas steht auf dem A'DAM Toren.

Seite 225

Pekbuurt und Disteldorp

Mal was ganz Normales tun, schlendern, eine super Pizza essen und sich an ewigwährenden Provisorien erfreuen.

Seite 226

Grüne Tour

Auf dieser Fahrradtour wird's dörflich, inklusive umgewidmeter Kirche, Mühle und schönen Parks.

Seite 234

Hotel De Goudfazant

Nicht schlafen, essen! Mehrgängig und in Industriearchitektur!

Seite 236

Skatepark Noord

Riesig: 1600 m² mit Hindernissen die hydraulisch abgesenkt und gehoben werden können. Hat einen Ruf wie Donnerhall.

Seite 229

De VerbroederIJ

Weit ab von allem ein schönes Nachbarschaftsprojekt, das man hier nicht vermuten würde: Gemüsegärten, zwei glückliche Schweine, ein Café und ein nicht ganz legaler Strand!

Seite 232

Noorderlicht

Dieses coole Kulturcafé ist einer der Pioniere auf der NDSM-Werft, als sie aus dem Dornröschenschlaf erwachte. Drinnen wie draußen relaxed, tolle Musik-Events, gutes, relativ günstiges Essen, im Sommer die Terrasse von NDSM!

Seite 237

De Ceuvel

Noch eine ehemalige Werft und ein durch Schwermetall und Mineralöl verseuchter Boden. Für Amsterdamer Kreative eine Herausforderung, auf die sie sich mit Verve stürzen. Nun haben sie einen nachhaltigen Arbeitsplatz, der schon mehrere Preise eingeheimst hat.

In Noord ein ganz normales öffentliches Verkehrsmittel: die Fähre – schnell, regelmäßig, gratis!

Beliebt in der veganen Szene: Produkte aus Seetang – Seaweed. Deshalb steht in einigen alternativen Kneipen gerne mal ein Weed Burger auf der Speisekarte, auch in Noord.

erleben

Stadtteil im Aufwind

D

Der Galgen war einst die Hauptattraktion in Noord. Glücklicherweise gibt es heute erfreulichere Highlights. Gegenüber vom Bahnhof hat sich ein riesiges weiß schimmerndes Gebäude wie ein Vogel ans IJ-Ufer gesetzt. Eye heißt es und es ist das Filmmuseum Amsterdams. Daneben, ebenfalls unübersehbar, der ehemalige Shell-Turm, in dem heute Kreative, Unternehmen aus der Musikbranche, Restaurants und Nachtclubs fröhlich koexistieren. Zeigten die Amsterdamer dem kleinbürgerlichen und von Industrie geprägten Stadtteil im Norden früher eher die kalte Schulter, ist es heute ziemlich cool, mit der Fähre übers IJ zu hoppen und ins Kultur- und Nachtleben einzutauchen.

Die Amsterdamer haben ein Händchen dafür, aus hässlichem Brachland und ungenutzten Industrie- und Werftanlagen florierende Brutplätze *(broetplaatsen)* zu machen. Zu erleben ist das auf den ehemaligen Werften wie NDSM im Nordwesten, wo erst die Künstler und dann die Stadtentwickler kamen. Oder De Ceuvel, wo Architekten, Designer und Schreiner in upgecycelten Hausbooten wohnen und arbeiten, nachdem sie den Boden mit Pflanzen entgiftet haben. Nordöstlich entstehen auf den ehemaligen Docks immer mehr Locations, in denen stimmungsvolle und/oder nachhaltige Projekte beheimatet sind. Und bei aller Coolness: Wer sich vom Ufer entfernt – unbedingt mit dem Rad –, ist schnell im Grün des Noorderparks und in den dörflichen Welten von Buiksloot und Nieuwendam. Dahinter geht's weiter und immer weiter ins Waterland.

ORIENTIERUNG

O

Reisekarte: G–O 1–5
Hinkommen: Fähren von der Centraal Station alle kostenlos zum Buiksloterweg (F3, nonstop), zur NDSM-Werft (F4, Mo–Sa/So 7/9–24, F5, Mo–Sa/So 0–2/3 Uhr) und zum IJplein (F2, Mo–Sa/So 6/9–24 Uhr), weitere Fähren www.amsterdamtips.com/amsterdam-ferry-map). Metro 52 fährt zum Noorderpark/Noord, Bus 38 von der F3 in den östl. Teil von Noord.
Zu Fuß und mit dem Rad: Wer nur kurz zur Uferlinie rund ums Eye oder zur NDSM-Werft will, kann alles gut zu Fuß machen. Bei weiteren Strecken bietet sich ein Rad an, das man an auch in Noord leihen kann, z. B. beim A'DAM Toren (bikerentalamsterdamnorth.nl/en) oder auf NDSM (ndsmbikes.nl/en).

Rund ums Eye

Eye Filmmuseum

So wie dieses ausladende weiße Gebäude am IJ-Ufer sieht wohl ein städtebauliches Statement aus! Mittlerweile ist das **Eye Filmmuseum**  sogar eines der Wahrzeichen der Stadt, egal ob man es als hockende Kröte, riesigen Vogel oder große Jacht interpretiert. Es war die erste bedeutende Kulturinstitution, die den Sprung übers IJ wagte, und es hat Sogwirkung für andere Kulturschaffende entfaltet. Entworfen wurde der Bau vom österreichischen Architektenduo Delugan Meissl, weil das Filmmuseum im Vondelpark zu klein geworden war. Hier ist Platz für eine riesige Sammlung niederländischer und internationaler Filme aller Genres, eine Dauerausstellung zur Entwicklung des Mediums Film, viel Fläche für Wechselausstellungen, das interaktive Basement (Zutritt gratis) und den schönen Museumsshop. Vier Kinosäle zeigen u. a. Filmraritäten im Original (mit niederl. oder engl. Untertiteln, Programm s. Website).

Das **Eye Bar & Restaurant** gehört zu den beliebtesten Einkehrmöglichkeiten der Stadt, denn hier im Norden sitzt man auf der Sonnenseite, dementsprechend belebt ist die treppenartig angelegte Terrasse mit Blick aufs Wasser und die gläserne Rückseite des Bahnhofs mit dem unübersehbaren Amsterdam-Schriftzug.

IJpromenade 1, www.eyefilm.nl, Buiksloterwegveer, tgl. 10–19 Uhr, 15 €, Kino So–Do 10–ca. 22, Fr, Sa 10–23, Restaurant So–Do 10–24, Fr, Sa 10–1 Uhr, reservieren, €€

Der Blick auf das Eye Filmmuseum ist spektakulär, in die andere Richtung, aufs geschäftige Treiben im IJ und das Zentrum am anderen Ufer, aber auch. Und außerdem gibt's hier richtig viel Platz …

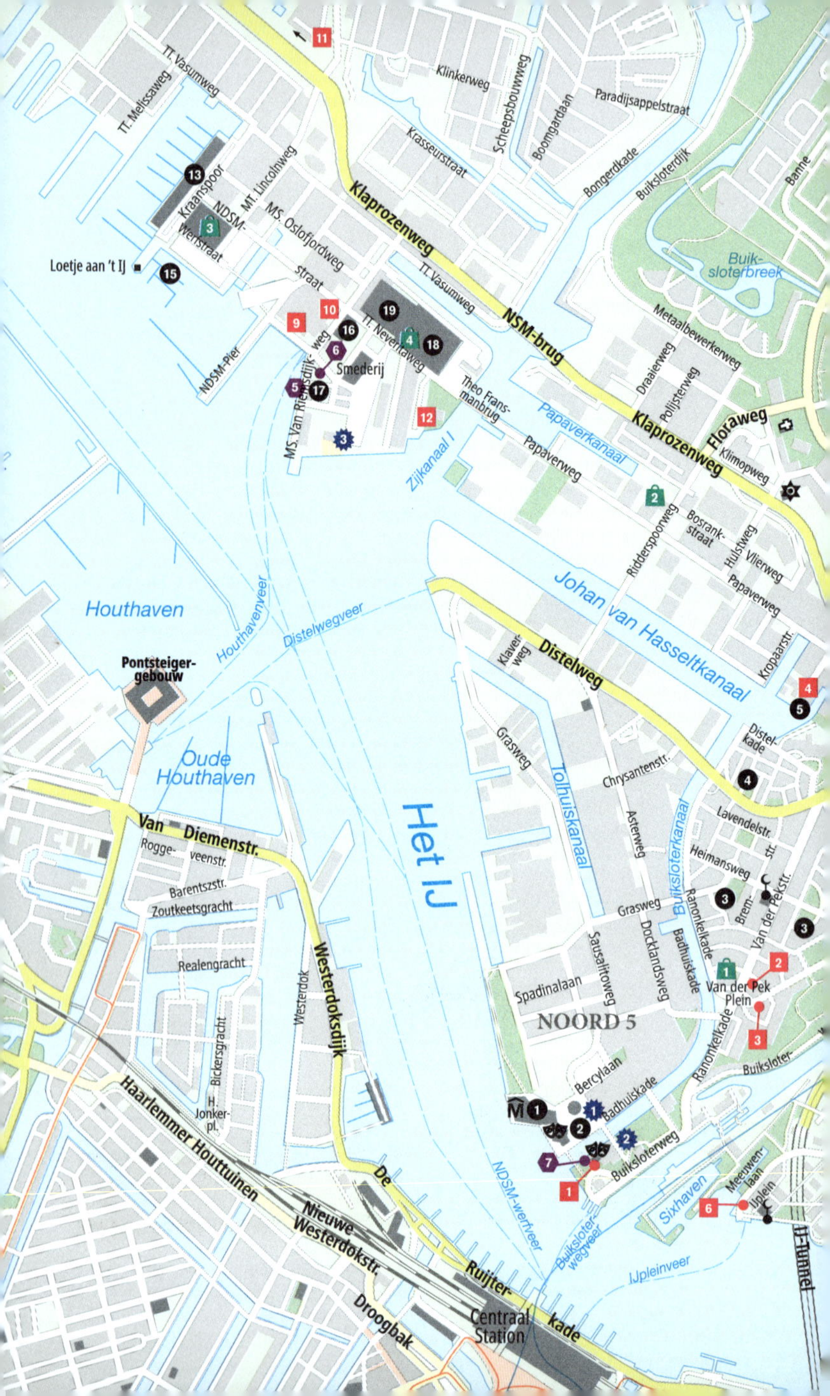

Het IJ
Houthaven
Oude Houthaven
Klaprozenweg
NSM-brug
Distelweg
Johan van Hasseltkanaal
Papaverkanaal
Zijkanaal I
Tolhuiskanaal
Buiksloterkanaal
Buiksloterbreek
Pontsteiger-gebouw
Loetje aan 't IJ
Smederij
NOORD 5
Centraal Station
Van der Pek Plein
Houthavenveer
Distelwegveer
NDSM-werfveer
Buiksloterwegveer
IJpleinveer
IJ-tunnel
Sixhaven
Klinkerweg
Scheepsbouwweg
Paradijsappelstraat
Boomgardaan
Krasseurstraat
Bongerdkade
Buiksloterdijk
Banne
TT. Vasumweg
TT. Melissaweg
Kraanspoor
MT. Lincolnweg
NDSM-Werfstraat
MS. Oslofjordweg
TT. Neveritaweg
MS. Van Riemsdijkweg
NDSM-Pier
Theo Fransmanbrug
Papaverweg
Metaalbewerkerweg
Draaierweg
Polijsterweg
Floraweg
Klimopweg
Ridderspoorweg
Bosrankstraat
Hulstweg
Vlierweg
Kropaarstr.
Klaverweg
Grasweg
Chrysantenstr.
Asterweg
Distelkade
Lavendelstr.
Heimansweg
Bremstr.
Van der Pekstr.
Ranonkelkade
Badhuiskade
Docklandsweg
Sausalitoweg
Spadinalaan
Bercylaan
Buiksloterweg
Buiksloter-
Meeuwenlaan
IJplein
Van Diemenstr.
Roggeveenstr.
Barentszstr.
Zoutkeetsgracht
Realengracht
Bickersgracht
H. Jonkerpl.
Westerdok
Westerdoksdijk
De Ruijterkade
Haarlemmer Houttuinen
Nieuwe Westerdokstr.
Droogbak

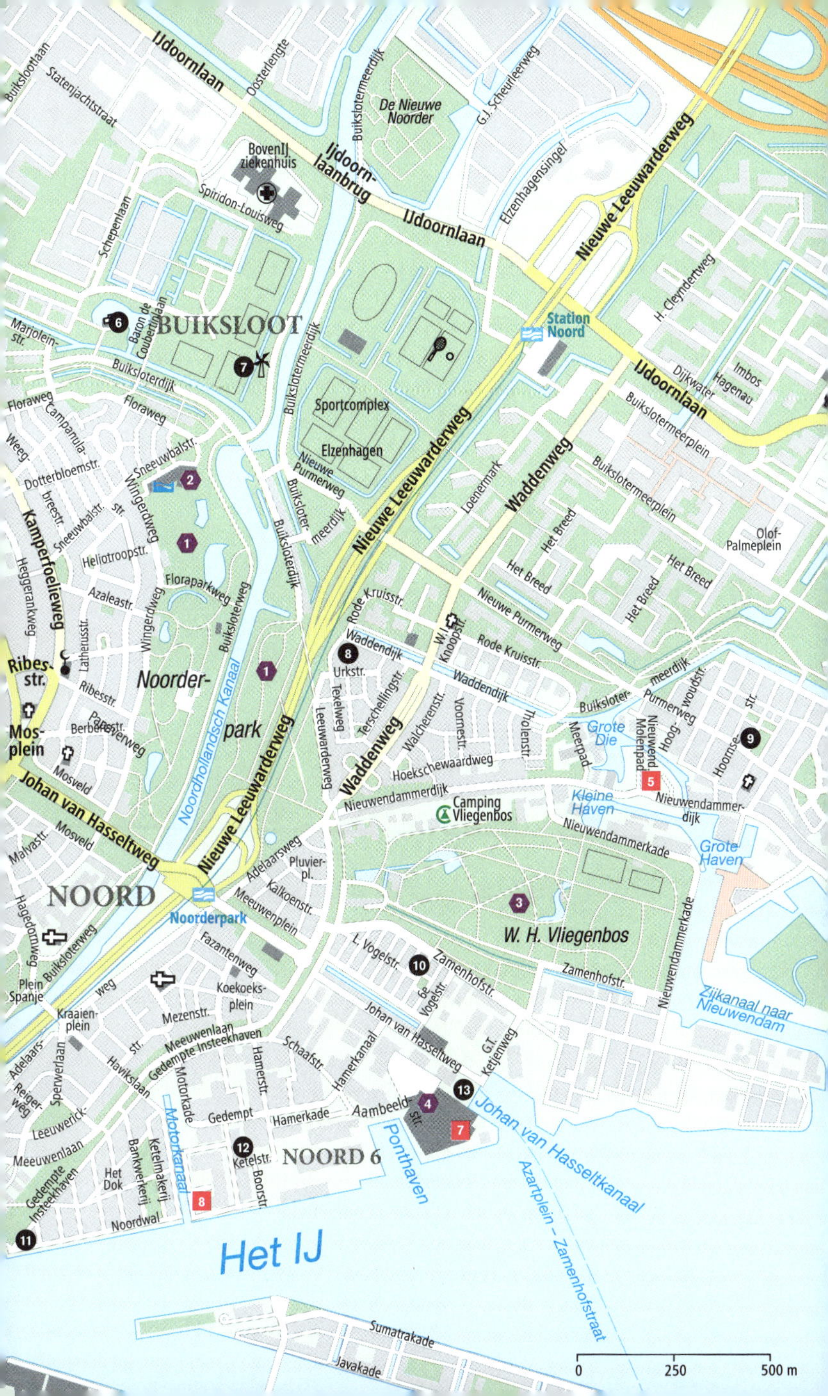

BUIKSLOOT
NOORD
Noorder-
park
W. H. Vliegenbos
NOORD 6
Het IJ
Station
Noord
Noorderpark
BovenIJ
ziekenhuis
De Nieuwe
Noorder
Sportcomplex
Elzenhagen
Camping
Vliegenbos
IJdoornlaan
IJdoorn-
laanbrug
Nieuwe Leeuwarderweg
Waddenweg
Johan van Hasseltweg
Noordhollandsch Kanaal
Johan van Hasseltkanaal
Zijkanaal naar
Nieuwendam
Azartplein - Zamenhofstraat
Ponthaven
Motorkanaal
Grote
Die
Kleine
Haven
Grote
Haven
Kamperfoelieweg
Ribes-
str.
Mos-
plein
Buiksloterdijk
Buiksloterweg
Buiksloterweg
Buikslotermeerdijk
Buikslotermeerplein
Nieuwendammerdijk
Nieuwendammerkade
Zamenhofstr.
Sumatrakade
Javakade
0
250
500 m

Noord Karte auf Seite 223

Ansehen

1 Eye Filmmuseum
2 A'DAM Toren
3 Van der Pekbuurt
4 Disteldorp
5 De Ceuvel
6 Buiksloterkerk
7 Krijtmolen
8 Tuindorp Buiksloot
9 Nieuwendam
10 Vogeldorp
11 Sexyland World
12 Kromhouthal
13 De Verbroederij
14 Kranspoor
15 Amsterdam Marina
16 Schiffszimmerei/MTV
17 Nieuw Dakota
18 Kunststad NDSM
19 STRAAT

Essen

1 Café THT
2 Il Pecorino
3 Café Modern
4 Café De Ceuvel
5 Café 't Sluisje
6 Al Ponte
7 Hotel De Goudfazant
8 Lowlander Botanical Bar & Restaurant
9 IJ-kantine
10 NEXT
11 Pof
12 Noorderlicht

Einkaufen

1 Fromagerie Abraham Kef
2 Neef Louis
3 HEMA
4 Flohmarkt IJ-Hallen

Bewegen

1 Noorderpark
2 Noorderparkbad
3 W. H. Vliegenbos
4 Skatepark Noord
5 Pannenkoekenboot
6 NDSM Bikes
7 TIP Amsterdam Noord

Ausgehen

1 Shelter
2 Tolhuistuin
3 Pllek

A'DAM Toren

Hui, da oben pfeift der Wind, und das Herz rutscht in die Hose: Wir fliegen gen Abgrund. Leichtsinnigerweise haben wir auf der großen Schaukel auf der Plattform des **A'DAM Toren** 2 Platz genommen. Die Marketing-Leute haben das Ganze A'DAM LOOKOUT getauft und mit 100 m Höhe soll die Schaukel die höchste Europas sein. Tatsache ist: Wer sich traut, hat einen tollen Blick aufs Zentrum und den Grachtengürtel – den hat man allerdings auch, ohne zu schaukeln. Panorama ist hier oben alles, das zeigt sich auch bei den Preisen: Im 20. Stock sitzt man im Restaurant **Madam** gut bei asiatischer Fusion-Küche zum Teilen, an den Wochenenden ist es Skybar mit Musik und Tanz (www.madamamsterdam.nl, €€–€€€). Das **Moon** im 19. Stock überzeugt mit mehrgängigen Menüs und einem freundlichen Service sowie dem Drehmoment von 360° (restaurantmoon.nl, €€€).

Music is it

A'DAM Toren, das war bis 2009 der Overhoeks Toren (etwa: diagonaler Turm, weil er um 45° zur Uferlinie gedreht ist), die Verwaltungszentrale des Shell-Konzerns, der auf dieser IJ-Seite sein Forschungs- und Entwicklungszentrum betrieb. Als Shell das Gelände bis auf einen Laboratoriumskomplex verließ, wurde der Turm zu einem multifunktionalen Zentrum der Musikbranche mit

Co-Working-Plätzen für Kreative und für Unternehmen, dazu das Hotel Sir Adam, Restaurants und der Nachtclub **Shelter** 1, der sich innerhalb kurzer Zeit einen Ruf in der Electro-Musik-Szene erarbeitet hat. Der ursprüngliche Look der Fassade des Architekten Arthur Staal ist erhalten geblieben, nur die ›Krone‹ mit dem sich drehenden Restaurant wurde aufgesetzt.

Overhoeksplein 1, https://adamtoren.nl, A'DAM LOOKOUT 18,50 € (online 2 € günstiger), Schaukel 7,50 € zusätzl., tgl. 10–22 Uhr, Madame und Moon reservieren, ab 21.30 Uhr ist der Zugang zur Aussichtsplattform über das Restaurant Madame gratis

Tolhuistuin

Einen kundigen Partner muss man haben! Der **Tolhuistuin** 2 ist mithilfe des alten Flaggschiffs Paradiso (s. S. 162) zu einer beliebten Nachtadresse geworden – mit Konzerten, Tanzevents und Festivals, aber auch vielen politischen Veranstaltungen (s. Agenda). Der große, flache Pavillon neben dem A'DAM Toren, das ehemalige Shell-Betriebsrestaurant, und der parkähnliche Tolhuistuin (Zollhausgarten) dahinter sind seit 2009 für die Öffentlichkeit zugänglich, als Shell das Gelände verließ. Im Pavillon fassen ein großer und zwei kleinere Säle viele Zuhörer und Tänzer, es gibt zwei Ausstellungsräume, Ateliers, eine Hip-Hop-Schule. Schön sitzt man im **Café THT** 1 (s. S. 233) das über dem Tolhuistuin ›schwebt‹, gut fürs Warming-up vor Konzerten oder den Ausklang danach. Im Sommer ist die Gartenterrasse geöffnet, wo es sonntags Gratiskonzerte gibt.

Overhoeksplein, Park auch von hinten über den Tolhuisweg zugänglich, tolhuistuin.nl; THT, IJpromenade 2, T 760 48 20, tgl.12–24 Uhr, €, nur Kartenzahlung

Pekbuurt und Disteldorp

Maximal unaufgeregt

Wer in Noord was ganz Normales tun will, geht oder fährt besser mit dem Rad ins Viertel. Direkt hinter dem Eye liegt das Overhoeks-Wohngebiet der 2000er-Jahre. Fährt man hindurch, gelangt man auf den Grasweg und überquert den Buiksloterkanaal, um in die ruhige Welt der **Van der Pekbuurt** 3 einzusteigen. Sie wurde zwischen den beiden Kriegen von Jan Ernst van der Pek geplant, um der Wohnungsnot in der Innenstadt Herr zu werden. Das Viertel war damals nicht nur unter Arbeitern, sondern wegen der luftigen Bauweise mit Gärten auch bei Angestellten und Beamten beliebt. Die **Van der Pekstraat,** die das Viertel durchschneidet, ist nicht besonders aufregend. Doch das **Il Pecorino** 2 ist ein besonders guter Italiener, die Location mit Terrasse großzügig geschnitten und immer voll. Der 1950er-Jahre-Klassiker **Café Modern** 3 serviert in einem ehemaligen Bankgebäude schräg gegenüber innovative Küche. Guten Käse und Wein kauft man bei **Abraham Kef** 2. In Gehweite liegt das **Hotel BUNK,** eine ehemalige Kirche (s. S. 31).

Provisorien halten länger

Dieses ›Dorf‹ dürfte es gar nicht mehr geben: Das **Disteldorp** 4, eine Mischung aus Amsterdamse School und ländlichem Zaanse Stijl, entstand wie das **Vogeldorp** 10 (s. S. 228) wegen der innerstädtischen Wohnungsnot in Rekordzeit von einem halben Jahr und sollte später wieder abgerissen werden. Doch das Provisorium hielt: Es steht unter Denkmalschutz und wurde generalsaniert.

Von der Distelkade geht der Blick hinüber zum alternativen Projekt **De Ceuvel** 5 (s. S. 237) mit seinem **Café** 4.

TOUR
Grüne Dörfer

Mit dem Fahrrad vom Noorderpark nach Nieuwendam

Machen Sie es wie ein echter Amsterdamer und nehmen das Fahrrad auf der Fähre mit. Dann können Sie hinter dem Fähranleger direkt losstarten. Neben dem Buiksloterweg verläuft rechter Hand der 1824 eröffnete **Noordhollandsch Kanaal,** der sich durch die gesamte Provinz Nordholland zieht. Der Grünstreifen verbreitert sich weiter nördlich zum **Noorderpark** 1, der von den Landschaftsarchitekten von West 8 aus mehreren Teilen rechts und links des Kanals zu einem großen zusammenhängenden Naherholungsgebiet umgestaltet wurde.

Der Noorderpark hat eine eigene Metrostation (Metro 52). Wer will, kommt hier also auch ohne Wasserkontakt (Fähre) hin.

Pack die Badehose ein

Das moderne **Noorderparkbad** 2 mit Drinnen- und Draußenbetrieb hat ein altes, unrentables Schwimmbad ersetzt (Sneeuwbalweg 5, www.amsterdam.nl/noorderparkbad). Wer jetzt vielleicht nicht schwimmen, aber einen Kaffee trinken möchte, kann dies im **Grand Café Noorderpark** direkt daneben tun.

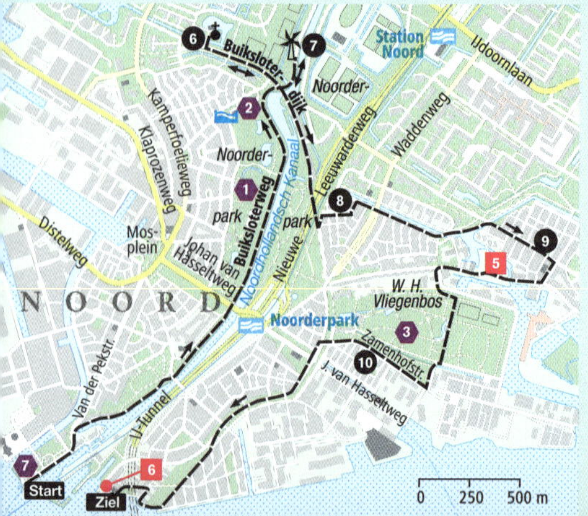

Ist das noch Amsterdam?

Vom Buiksloterweg biegt man an einer kleinen Brücke links in den **Buiksloterdijk** ein. Hier oben auf dem Deich hat man nun einen sehr guten Blick auf die Umgebung: Linker Hand, jenseits eines kleinen Kanals, ducken sich Sozialwohnungssiedlungen aus den 1960er-Jahren, die die damalige Wohnungsnot in Amsterdam lindern sollten. Rechter Hand, auf dem Dijk, mischen sich zwischen kleine Villen aus dem 19. und

Infos

H–O 1–5

Start:
Station Buikloterweg

Hinkommen:
Die Fähre F3 fährt in kurzen Abständen hinter dem Bhf. zum Buiksloterweg.

Fahrrad:
TIP Amsterdam Noord 7
(s. S. 236).

20. Jh. einfache Holzhäuser aus dem 17. und 18. Jh. – ein Vorgeschmack auf den Zaanse Stijl, den dörflichen Stil des Zaanlandes, das sich im Norden Amsterdams erstreckt und ebenfalls erradelt werden kann.

Kirche mit Zusatzqualifikation

Ältestes Gebäude in Noord ist die **Buiksloterkerk** 6, eine alte Backsteinkirche (1609) mit kleinem Türmchen. Sie wird – wie viele Kirchen in Amsterdam – nicht mehr als Gotteshaus, sondern als Veranstaltungsort für Kleinkunst, Film und Musik genutzt (Buiksloterkerkpad 10, www.buiksloterkerk.nl).

Sobald die Häuserparade auf dem Buiksloterdijk endet, weisen zahlreiche Schilder ins grüne nordwestliche und nördliche Umland – es ist möglich, die Tour beliebig zu verlängern (Tourenvorschläge und Karten für Noord gibt es z. B. im I amsterdam Visitor Centre im Bahnhof, De Ruijterkade 28, tgl. 10–19 Uhr).

In die andere Richtung endet mit dem Buiksloterdijk 138 vorerst die dörfliche Geruhsamkeit. Wer will, hat vorher noch einen Abstecher zur **Krijtmolen** 7 (Kalkmühle, 1792) gemacht. Die **Kinderboerderij De Buiktuin** daneben ist ein Streichelzoo mit Hängebauchschweinen, Schafen, Ziegen, Eseln und Kaninchen (Noordhollands kanaaldijk 19, www.kinderboerderijdebuiktuin.com, Fr–Mi 10–16, Do 10–15 Uhr).

Garten und Badezimmer für Arbeiter

Unter einer Unterführung wird der Buiksloterdijk zum Waddendijk, der an einem kleineren Kanal entlangführt. Auf der rechten Seite liegt das **Tuindorp** (Gartendorf) **Buiksloot** 8, ein dreieckiges Terrain, das in den 1930er-Jahren gebaut wurde und im Süden an den Vliegenbos (s. S. 228) angrenzt. Viele Menschen von der anderen Seite des IJ, vor allem aus dem Jordaan, sollten hier bessere Wohnbedingungen als drüben finden.

Wer im angrenzenden Tuindorp **Nieuwendam** 9 wohnt, gehört zu den Besserverdienenden, denn die Gebäude wirken wie kleine Landhäuser. Das war nicht immer so: Als das Gartendorf in den 1920er- und 1930er-Jahren entstand, war der fortschrittliche Plan, großzügige Arbeiterwohnungen mit viel Grün und einem eigenen Badezimmer zu schaffen. Das Weideland am Nieuwendammerdijk schien dafür wie geschaffen. Tuindorp Nieuwendam ist ein echtes Dorf mit dem Ortskern Purmerplein und kleinen Läden am Platz. Vor dem Zweiten Weltkrieg galt es als das schönste Gartendorf für Arbeiter ganz Europas, französische und englische Stadtplaner pilgerten hierher, um sich Anregungen zu holen.

Den Nieuwendammerdijk links hoch, vorbei an der Kirche, lässt es sich im über 100 Jahre alten Traditionscafé **'t Sluisje** 5 super relaxen. Auch von Nieuwendam kann man übrigens prima weiterradeln, z. B. nach Monnickendam oder nach Edam und Volendam.

Unsere Häuser sollen bleiben!

Zurück zur Amsterdamer City passiert man gegenüber der Augustinuskerk ein renoviertes Lagerhaus (Nr. 240) und biegt links in die Nieuwendammerkade ein. Eine kleine weiße Brücke weist den Weg zum **W. H. Vliegenbos** 3, einem Wäldchen, das 1912 angelegt wurde. Allerdings sind die Bäume in diesem Naherholungsgebiet höchstens 65 Jahre alt, da ein großer Teil des ursprünglichen Baumbestands in der Kriegszeit zu Brennholz verarbeitet wurde.

Bald ist wieder Industriearchitektur zu sehen, die man aber schnell hinter sich lässt. Über die Zamenhofstraat gelangt man zum fast rechteckig angelegten **Vogeldorp** 10 (Vogeldorf). Die billigen Häuschen wurden 1918 schnell hochgezogen, um die Wohnungsnot zu bekämpfen. In den 1990er-Jahren wollte man die Häuser noch abreißen. Aber nach massivem Protest der Anwohner wurden sie renoviert – und konnten 2018 hundertjähriges Bestehen feiern.

Mediterranes am Anleger

Mit dem Fahrrad kommt man von hier schnell zur IJplein-Fähre. Nicht schlimm, wenn das Boot auf sich warten lässt: Im Kaffee-Kiosk **Al Ponte** 6 gibt's echt italienischen Caffè mit echt italienischen Kleinigkeiten. Da kann man problemlos noch weitere Fähren davonfahren und den Sonnuntergang auf sich wirken lassen.

Ehemaliges Hafengelände

Um ehrlich zu sein: Hier ist es ganz schön hässlich. Das Gebiet zwischen Meeuwenlaan, Johan van Hasseltweg und IJ war früher der Lagerplatz des Hafens, und dieser hat heute vielerorts den etwas öden Reiz eines ganz normalen Gewerbegebiets. Trotzdem haben sich in den Industriehallen nahe dem Wasser viele Architekten, Designer, Modeleute, Filmgesellschaften und andere Kreative niedergelassen.

Kommen und Gehen

Auf dem Gelände gibt es ein großes Kommen und Gehen: Hier poppt eine Geschäftsidee auf, überlebt eine Weile und ist dann wieder verschwunden. Von der NDSM-Werft ›rübergemacht‹ hat das **Sexyland World** ⓫, das mit Sex nichts zu tun hat, nur mit dem ursprünglich avisierten Ort, einem ehemaligen Sexshop im Rotlichtviertel. Der Name blieb: Sexyland World ist eine Art (queerer) Kultur-Concept-Store, ein Kulturzentrum mit täglich wechselndem Programm. Das reicht von Lesungen über Elektronik-Musik-Experimente mit Trompete oder DIY-Angebote für Radiomacher bis zu Konzerten und Festivals. Außerdem liegt es direkt am IJ (Terrasse!) und die Schiffe ziehen vorüber. Leckeres und günstiges chinesisches Essen (Noordwal 1, sexyland.world, Mi, Do 17–1, Fr, Sa 17/16–3, So 16–23 Uhr, der Mitgliedsbeitrag von 3 € berechtigt zum Besuch für einen ganzen Monat, je nach Event weitere Kosten).

Feste Größen sind dagegen inzwischen die **Kromhouthal** ⓬, in der die Affordable Art Fair (Okt., affordable artfair.com/fairs/amsterdam) Kunst für den kleineren Geldbeutel sowie andere Messen und Events zeigt, der **Skatepark Noord** 4 und das **Hotel De Goudfazant** 7, das entgegen seinem Namen ein sehr relaxtes und gutes Restaurant ist.

Stadtteil-Community

Ums Eck vom Goudfazant gibt es einen wunderbaren rauen Ort mit Gemüsegärten, Bienenstöcken, Insektenhotel, zwei Schweinen und einem Strand – an dem offiziell nicht gebadet werden darf, es aber doch getan wird. Die Rede ist von **De VerbroederIJ** ⓭, einem Wortspiel aus ›Miteinander‹ und dem Gewässer IJ, an dem ebenjener Strand liegt. Dabei natürlich auch ein Eetcafé mit großem sandigem Außengelände, auf das Holzplanken gelegt und Kabeltrommeln als Tische gestellt sind, dazwischen immer wieder buddelnde Kinder. Hin und weg kommt man hier stilecht mit der Fähre zum und vom Azartplein.

Johan van Hasseltweg 21, Metro: Noorderpark, dann zu Fuß, Fähre Zamenhofstraat–Azartplein, deverbroederij.nl, Di–Fr 11–22, Sa, So 9.30–22 Uhr, Essen und Trinken €

Wenn die Umgebung auch etwas nüchtern daherkommt, die VerbroederIJ ist eine kleine Oase!

In der NDSM-Werft weist ein knallrotes Infozentrum den Weg. Der Broedplaats erklärt sich nicht mehr von selbst …

NDSM-Werft

Auf eine ehemalige Werft mit dem Schiff zu fahren, ist nur folgerichtig. Die Fähre legt hinter dem Hauptbahnhof ab und ist vollgestopft mit Fahrrädern und Mopeds, dazwischen Fußgänger.

Die kurze Expedition mit der NDSM-Fähre führt in den Nordwesten Amsterdams, dorthin, wo bis Anfang der 1980er-Jahre riesige Tanker und Frachtschiffe gebaut wurden. NDSM steht für Nederlandsche Dok en Scheepsbouw Maatschappij, Niederländische Dock- und Schiffsbaugesellschaft. Die Werft ging pleite und fiel in einen Dornröschenschlaf, bis sie Ende der 1990er-Jahre von Künstlern und Medienschaffenden wachgeküsst wurde. Mittlerweile sind viele neue Gebäude entstanden, und NDSM gehört zu dem, was man als Amsterdam-Reisende gemacht haben muss …

Zurück auf Anfang

Das Gelände der ehemaligen Werft lässt sich gut von links nach rechts aufrollen: Am Anleger einige Schiffe, darunter ein altes U-Boot, die Hotelschiffe Botel und Kapitein Anna sowie gegenüber das **Pannenkoekenboot** 5.

Links vom Anleger gelangt man zum **Kranspoor** 14. Der Komplex präsentiert sich als gelungenes Statement experimenteller Architektur: Drei Stockwerke aus leichten Glaslamellen wurden auf eine alte Kranbahn aufgesetzt, die früher zum Be- und Entladen der Schiffe diente und heute von Medienschaffenden belegt ist. Direkt gegenüber liegt die Amsterdamer Zentrale des niederländischen Einzelhandelsunternehmens **HEMA** 3. Hier kann man nicht nur günstig frühstücken, sondern sich auch an Produkten erfreuen, deren Markttauglichkeit im Headquarter getestet wird. Unterhalb sind ein Jachthafen, die **Amsterdam Marina** ⑮, und das halbrunde Restaurant **Loetje aan 't IJ** mit spektakulärer Holzterrasse rundherum sowie Hafen- und IJ-Blick entstanden (www.loetje.nl/nl/locaties/aan-t-ij, €€–€€€). Ja, da kann einem schon mal das böse Wort Gentrifizierung einfallen.

Treffpunkt am Wasser

Die **IJ-kantine** 9, ein kantiger Backsteinblock am Wasser, gehört in Noord inzwischen zu den Traditionscafés, auch wenn sich die Konkurrenz im Laufe der Jahre verschärft hat. Das hohe Gebäude mit viel Holz, großzügigen Fenstern und offen liegenden Rohren an der Decke summt um die frühe Mittagszeit wie ein Bienenstock. Ausflügler, Angestellte, Künstler und Medienschaffende treffen sich hier, mit Blick aufs Wasser, zum Lunch, Kaffee oder Arbeitsessen. Und auch Kinder sind gern gesehen.

Seit 1957 waren in dem geräumigen Komplex Büros, eine Montagehalle und eben auch eine Kantine für NDSM-Werftarbeiter und höhere Angestellte untergebracht. Nachdem die Werft 1985 abgewickelt war, standen Tausende von Arbeitern auf der Straße und nutzten die Kantine als Versammlungsort zum Diskutieren, Karten- und Billardspielen.

Aus Alt mach Neu

In der alten **Schiffszimmerei** ⑯ residierte seit 2007 die Hauptniederlassung Benelux des Musiksenders MTV (jetzt Paramount) im umgestalteten historischen Gebäude, schräg gegenüber die ehemalige **Smederij** (Schmiede) mit dem gezackten Dach, in der u. a. Greenpeace seine Zentrale hat. Ein paar Schritte weiter ein Ausstellungsraum für moderne Kunst, **Nieuw Dakota** ⑰, der es schafft zu berühren, zu verstören und zum Nachdenken anzuregen (Ms. van Riemsdijkweg 41b, www.nieuwdakota.com, Mi–Fr 14–20, Sa, So 12–18 Uhr, 15 €). Der Kran dahinter, letztes Überbleibsel der Schiffskräne, die einmal die Silhouette von Noord bestimmten, ist ein hochpreisiges Hotel mit nur drei Zimmern; es heißt **Faralda Crane Hotel** (https://faralda.com, €€€).

> **B**
>
> ### WENN DER BROEDPLAATS HIP WIRD
>
> Im Laufe der vergangenen Jahre konnte man auf NDSM gut beobachten, was einen *broedplaats* ausmacht: Erst kommen Kunstschaffende und Kreative und beleben den brachliegenden und ungemütlichen Ort mit Ideen und Taten, dann springen nach und nach die Motoren der Ökonomie an, die ersten Unternehmen, hier MTV, interessieren sich für den neuen Standort, Gastronomie, (hochpreisige) Hotellerie, Event-Tourismus und Wohnungswirtschaft ziehen nach. Die einen bedauern und kritisieren die Kommerzialisierung, die anderen begrüßen die Wiederbelebung und sinnvolle Nutzung – in einer Stadt, in der (Bau-)Platz ein rares Gut ist.

Zwischen Chaos und Ordnung

Zum Kernstück des Ganzen: der Schiffsbauhalle, **Kunststad** ⑱ genannt, wo in etwa 85 nebeinander- und übereinandergestapelten Ateliers gut 250 Menschen arbeiten – Designerinnen, Maler, Bildhauerinnen, IT-Leute (www.artcityndsm.nl). Das sieht immer noch ein bisschen künstlerisch-chaotisch aus, oben schweben an Schienen gelbe Krankabinen aus alten Tagen, als hier noch Schiffe gebaut wurden. Der raue Charme des Unfertigen und Improvisierten lässt sich nicht so leicht austreiben, auch wenn auf NDSM

Lieblingsort

Im Treibhaus

Das **Café Noorderlicht** 12 am östlichen Rand des Terrains gibt's gefühlt schon ewig. Und tatsächlich, es gehört zu den Pionieren des NDSM-*broedplaats,* veranstaltet kleine, feine Musikevents und Ausstellungen. Sein Wahrzeichen, das transparente ›Treibhaus‹, musste erst einmal weichen und wird überholt. Solange gibt's ein Provisorium, ganz im Sinne dieses Ortes. Gut und biologisch essen, quer durch die Weltküche, kann man hier, vieles ist vegetarisch bis vegan. Im Sommer lässt man sich die Sonne aufs Gesicht scheinen und blickt aufs Wasser. Zwar macht das Gewusel, das mittlerweile auch auf NDSM herrscht, vor dem Noorderlicht nicht halt, es lässt sich hier aber perfekt ausblenden (NDSM-plein 102, www.noorderlichtcafe.nl, NDSM-Fähre F1, Mi–So 11–24 Uhr, bei Livemusik, Festivals Fr, Sa, s. Agenda, €).

überall gebaut und designt wird. Am Eingang der Halle links und schnell die Treppe hoch, findet sich ein luftiger ›Ausstellungsraum‹, **NDSM Fuse** mit einem kleinen Kunst-Shop. Unter dem Namen NDSM Expo sind Werke von Künstlern zu sehen, die auf dem NDSM-Gelände arbeiten, oft gepaart mit Theateraufführungen oder Werken von externen Künstlern. In den **Wunderkammer** genannten fünf Schiffscontainern, die nun als Vitrinen fungieren, gibt es wechselnde Ausstellungen auch außerhalb der Fuse-Öffnungszeiten (www.ndsm-fuse.eu, Do–So 12–18, Wunderkammer tgl. 8–18 Uhr, beide gratis, Spenden erwünscht). Von dort oben fällt der Blick in eine weitere Gastronomie, **IJver,** die mit dem Industrie-Ambiente spielt: 8 m hohe Decken und Wände aus Stahl mit Patina, 18 m lange Bar mit 34 Bierzapfhähnen und eine große Innen-/Außenterrasse (ijveramsterdam.nl, €€).

Noch mehr Kunst

Neben der Kunststad residiert in einer riesigen Halle das Musem **STRAAT** ⓳ mit mehr als 150 Graffiti von über 130 Künstler:innen das größte Street-Art-Museum der Welt.Warum dieses Museum hier seine Berechtigung hat, erlebt, wer übers Gelände schlendert: Graffiti sind einfach überall. Das Café im 2. und 3. Stock erlaubt eine super Sicht auf die (wechselnden) Kunstwerke in der Halle.

NDSM-plein 1, straatmuseum.com, Mo 12–17, Di–So 10–17 Uhr, Erw. 19,50 €, Führungen Sa, So 12, 13.30, 15 Uhr, plus 10 €

Essen

Warm up und cool down

1 **Café THT:** s. auch S. 225. Kleine Gerichte der Weltküche, auch vegan; gut zum Teilen.

IJpromenade 2, www.tht.nl, Buiksloterweg-Fähre F3, So–Mi 12–24, Do–Sa 12–1 Uhr, €–€€, Zahlen nur mit Karte

ÜBRIGENS

Über die Fußgänger- und Fahrradbrücke zum Papaverweg kommt man von der NDSM-Werft mit dem Rad bequem und schnell in den östlichen Teil von Noord mit **De Ceuvel** ❺, dem **Eye Filmmuseum** ❶, **Nieuwendam** und, wenn man will, noch weiter ins Waterland.

Groß geworden

2 **Il Pecorino:** Hier sollte man reservieren, denn es sind einfach zu viele, die die echt neapolitanischen Pizzen gut finden. Sie werden in 60 bis 90 Sekunden bei gut 450 °C im selbst gebauten Holzofen gebacken.

Van der Pekplein 11, www.ilpecorino.nl, Buiksloterweg-Fähre F3, Mi–So 17–22 Uhr, €

Zwei auf einen Streich

3 **Café Modern:** s. S. 225. Im ehemaligen Bankhaus wird nicht nur fein saisonal und regional gekocht. Über dem Café gibt es auch ein kleines Boutique-Hotel mit drei liebevoll eingerichteten Zimmern. Die Reservierung läuft über booking.com.

Meidoornweg 2, www.modernamsterdam.nl, Buiksloterweg-Fähre F3, Mo–Fr ab 18, Sa, So ab 12, Küche bis 22 Uhr, Menüs, à la carte €€–€€€, Hotelzimmer €€€

Selbst anbauen

4 **Café De Ceuvel:** Das Café gehört zur ehemaligen Schiffswerft, auf der Kreative und Künstler nachhaltige Wege beschritten haben (s. S. 237). Das Gebäude sieht ein bisschen aus wie ein Piratennest und besteht u. a. aus einer alten Rettungsstation vom Scheveninger Strand. Zu essen gibt es Nachhaltiges aus der Umgebung, manches sogar selbst gezogen auf dem Dach, und zwar vegan oder vegetarisch. Softdrinks werden aus selbst gemachtem Sirup und Wasser aus dem Sprudler her-

gestellt, das Bier ist ein Eigengebräu (Gulpener) oder von Oedipus, Brouwerij 't IJ und anderen lokalen Craftbeer-Erzeugern. Für die Stimmung gibt's in unregelmäßigen Abständen Konzerte und Feste. Schön zum Draußensitzen, Ins-Wasser-Springen, Wohnen in Hotelbooten: **Hotel Asile Flottant** (deceuvel.nl/nl/hotel-asile-flottant).

Korte Papaverweg 2–6, cafedeceuvel.nl, Buiksloterweg-Fähre F3, So, Di, Mi 12–23, Do 12–24, Fr, Sa 12–1 Uhr, €

An der Schleuse

5 Café 't Sluisje: Über 100 Jahre altes Bruin Café wie auf dem Land mit ›Nachbarschaftsgefühl‹. Herrlich zum Draußensitzen an der Schleuse. Von hier aus kann man auch Rundfahrten über Java- und KNSM-Eiland unternehmen.

Nieuwendammerdijk 297, www.cafehetsluisje.nl, Buiksloterweg-Fähre F3, Fahrrad/Bus 38, So, Di–Do 11–24, Fr, Sa 11–1 Uhr, €–€€

Noord auf Italienisch

6 Al Ponte – Caffè Italiano: s. S. 228.

Pontplein 1, www.alponte.nl, IJplein-Fähre F2, Sommer/Winter Mo–Fr 8–17/15, Sa, So 10–17/16 Uhr, €

Hier kann man nicht schlafen

7 Hotel De Goudfazant: Die ehemalige Autowerkstatt mit der offenen Küche, dem großen Kronleuchter und den langen Tischen beeindruckt mit aufmerksamem Service und einer zwar übersichtlichen, aber abwechslungsreichen Speisekarte mit französischen Anklängen. Nicht zu vergessen die Aussicht aufs IJ! Angeschlossen ist eine sehr gute Bäckerei (Di–So ab 10 Uhr).

Aambeeldstraat 10 h, hoteldegoudfazant.nl, IJplein-Fähre F2, Di–So ab 18 Uhr, unbedingt reservieren, €€–€€€

Industrie-Charme

8 Lowlander Botanical Bar & Restaurant: Am Standort des ehemaligen Fischrestaurants Stork braut und kocht seit 2023 Lowlander, das mit seinem Bier bekannt geworden ist. Die hausgebrauten Biersorten und Limonaden kommen zusammen mit einer pflanzenbetonten Küche, in der auch Gemüse vor dem Müll bewahrt wird. Durchdachte Vintage-Einrichtung mit vielen Pflanzen und natürlich eine Terrasse zum IJ mit Bootsanleger.

Gedempt Hamerkanaal 201, restaurant.lowlander.nl, IJplein-Fähre F2, So–Mi 11–24, Do–Sa 11–1 Uhr, €

Kinderfreundlich

9 IJ-kantine: Früher, als hier noch Schiffe repariert und gebaut wurden, hieß das Gebäude De Baanderij (Biegerei). Serviert wird ordentliche Brasserie-Küche mit viel Fisch und Meeresfrüchten. Schöne Südterrasse, toller Blick aufs IJ und in den Sommermonaten mit großem Sandkasten und Spielzeug.

NDSM-kade 5, www. ijkantine.nl, NDSM-Fähre F4, tgl. ab 9 Uhr, €€

Coolness & Hipness à la NDSM

10 NEXT: Dieser etwas düster verpackte Bau will alles sein – Cocktailbar, Restaurant, Lounge, Grand Café, Brasserie ... und kommt damit gut an. In großzügigen und dennoch intimen Räumlichkeiten gibt es moderne Küche zum Teilen, an der riesigen, runden Bar – mit den ausladenden Stableuchten ein Hingucker – werden Cocktails mit besonderer Handschrift gemixt. Aus den Loveseats im ersten Stock geht der Blick aufs IJ. Für eine frische Brise sorgen die geöffneten Schiebetüren. Und eine Terrasse gibt's auch.

NDSM-kade 2, www.nextndsm.nl, Mo–Do 10–24, Fr, Sa 10–1, So 10–23 Uhr, €–€€€

Rösten, einsalzen, einwecken

11 Pof: Auf einem ehemaligen Sportkomplex in Noord, NoordOogst genannt, ist ein alternatives Anbaugebiet für Nahrungsmittel entstanden (Oogst = Ernte), und Pof ist das Restaurant dazu. Um überschüssiges Gemüse zu bewahren, werden alte

Konservierungstechniken angewendet, insbesondere das Räuchern. Alle Zutaten außer Kaffee stammen aus der (näheren) Umgebung, auch der Wein! Hauptsächlich vegetarische/vegane Gerichte, wenige mit Fleisch von vertrauenswürdigen Bauern. Von der NDSM-Werft ein schöner Ausflug ins Grüne (10 Min. mit dem Fahrrad).
Meteorenweg 272, pofamsterdam.nl, Mi–Fr 12–23, Sa, So 10–23 Uhr, €€–€€€

Treibhaus

12 **Noorderlicht:** s. S. 232.

Einkaufen

Alles Käse

1 **Fromagerie Abraham Kef:** Die Auswahl und Fachkenntnis über französische und niederländische Käse und Weine ist groß, eine Verkostung ein schönes Erlebnis. Proeflokaal mit Terrasse (reservieren).
Van der Pekplein 1b, T 737 08 17, www.abrahamkef.nl, Buiksloterweg-Fähre F3, Geschäft Di–Sa 10–18, So 12–18 Uhr, Proeflokaal Do 15–21, Fr, Sa 12–21, So 12–20 Uhr

Second-Hand-Möbel

2 **Neef Louis:** Definitiv etwas für Leute, die mit einem (großen) Auto anreisen: Tische, Stühle, Lampen, Bänke, Sessel, alles im Vintage-Look – das meiste echt alt.
Papaverweg 46–48, www.neeflouis.nl, Buiksloterweg-Fähre F3, Fahrrad, Di–Sa 10–18 Uhr

Testlauf

3 **HEMA:** Für Fans der niederländischen Kaufhauskette gibt's hier ein besonders breites Sortiment, und es werden Produkte getestet, die es nicht zwingend in die anderen Läden schaffen; s. auch S. 230.
NDSM-straat 12, www.hema.nl, NDSM-Fähre F4, Mo–Fr 8.30–18.30, Sa 9–18 Uhr

Einer der größten!

4 **Flohmarkt IJ-Hallen:** 750 Stände für Trödelliebhaber vor der Kulisse der

Häuschen wie aus dem Bilderbuch – auf der Fahrradtour nach Nieuwendam.

alten Werft, je nach Jahreszeit drinnen oder draußen.
T. T. Neveritaweg 15, https://ijhallen.nl/en/index.php, NDSM-Fähre F4, jedes 1. Wochenende im Monat (Sommer draußen, Winter drinnen) 9–16.30 Uhr, 6 €, Früher-Vogel-Ticket ab 6 Uhr, 10 €; Kombi-Ticket mit STRAAT 20 €

Bewegen

Das Grün des Nordens

1 **Noorderpark:** s. S. 226.

Draußen und drinnen

2 **Noorderparkbad:** Das Schwimmbad im Noorderpark nutzt Sonnenkollektoren und Regenwasser, ist barrierefrei und besitzt eine familienfreundliche Röhrenrutsche. Schöne Liegewiesen!
Sneeuwbalweg 5, Öffnungszeiten und Preise s. www.amsterdam.nl/noorderparkbad

F

FESTIVALS AUF DER WERFT

Auf NDSM werden bekannte Festivals gefeiert: das **DGTL Amsterdam** mit einer großen Bandbreite an elektronischer Musik und spektakulären Kunstinstallationen (dgtl.nl/amsterdam, April), das Theaterfestival **Over het IJ** (overhetij.nl; Juli) und das **Amsterdam Dance Event**, Festival für Elektro-Musik (ADE, www.amsterdam-dance-event.nl; Okt.).

Junger Wald

❸ **W. H. Vliegenbos:** s. S. 228.

Prädikat aufregend

❹ **Skatepark Noord:** Das Indoor-Gelände des Parks ist mit 1600 m² nicht nur riesig, sondern auch mit hydraulisch heb- und absenkbaren Hindernissen ausgestattet. Eigene Skater-Schule und Platz für Shows. Und die Pizza gibt's bei Matto (mattonoord.nl, €).

Aambeeldstraat 12, gonoord.com, Buiksloterweg-Fähre F3, Di–Fr 14–22, Sa, So 13–22 Uhr, 8 €

Pfannkuchenboot ahoi

❺ **Pannenkoekenboot:** Mit dem Schiff übers IJ fahren und so viele Pfannkuchen essen, wie man will.

Ms. van Riemsdijkweg 41, T 636 88 17, https://amsterdam.pannenkoekenboot.nl, NDSM-Fähre F4, z. B. 75-Min.-Fahrt Kinder 3–11 J./Erw. 19,50/24,50 € (bei Online-Buchung, sonst 2 € mehr)

Fahrradverleih

❻ **NDSM Bikes:** ab 19 €/24 Std.

NDSM plein 8, ndsmbikes.nl, Mo–Fr 9.30–17, Sa, So 10–17 Uhr

❼ **TIP Amsterdam Noord:** ab 13,50 €/24Std.

IJpromendade 2, bikerentalamsterdamnorth.nl/en, Mo–Fr 9–17, Sa–So 10–17 Uhr

Ausgehen

1-a-Elektro

❶ **Shelter:** *Der* Ort für qualitativ hochwertige elektronische Tanzmusik, s. S. 225.

Overhoeksplein 3, shelteramsterdam.nl, Buiksloterweg-Fähre F3, Öffnungszeiten/Preise je nach Event

Musikgarten

❷ **Tolhuistuin:** s. S. 225.

Café THT, IJzaal, Expozaal, Concertzaal, Tuinzaal: IJpromenade 2, Tuin und Tuinhuis: Tolhuisweg 3, tolhuistuin.nl, Buiksloterweg-Fähre F3, Öffnungszeiten/Preise s. Website

Immer schon

❸ **Pllek:** Gebaut aus aufgeschnittenen Schiffscontainern und mit Strand (ohne Bademöglichkeit), wirkt das Pllek mit seinen vielen (Jazz-)Konzerten, Kunstaktionen, Yoga am Wochenende, gemüsebetonter Küche mit wenig Wildfisch/-fleisch, relaxter Atmosphäre, phänomenaler Aussicht aufs IJ so etabliert, als wäre es immer schon dagewesen. Von Juni bis Sept. dienstagabends »Films with a view«, die im engl. Original oder engl. untertitelt laufen.

TT Neveritaweg 59, T 290 00 20, www.pllek.nl, NDSM-Fähren F4, F5, So–Do 9.30–1, Fr, Sa 9.30–3 Uhr, nur Kartenzahlung, €€

Infos

- **Infos zur NDSM-Werft:** www.ndsm.nl/en
- **Infos zum A'DAM Toren:** adamtoren.nl
- **Touren auf Deutsch:** Die ›Bestseller-Tour‹ von **Amsterdamliebe** (www.amsterdamliebe.de) ist die Fahrradtour durch Noord – kreativ, hip und grün. Spezifisch architektonisch ist die Tour von **architour** (www.architour.nl) zu den typischen Siedlungsmodellen in Noord.

Zugabe
Aus Gift Gold machen

De Ceuvel

Vielleicht nicht ganz: Aber auf einem verseuchten Boden etwas Nachhaltiges zu schaffen – dafür sind in Amsterdam, wo *duurzamheid* nicht nur ein Schlagwort ist, die Bedingungen gut. Auf dem Gelände einer im Jahr 2000 geschlossenen Schiffswerft, deren Boden mit Öl und Schwermetall vergiftet war, ist 2012 das Arbeits- und Freizeitprojekt **De Ceuvel** 5 entstanden, das mehrere Preise eingeheimst hat. Dafür haben sich (Landschafts-)Architekten, Designerinnen, Fotografen, Künstler, Schreinerinnen u. a. zusammengeschlossen. Ihre Büros sind in alten Hausbooten untergebracht, die sie von den ehemaligen Besitzern für fast nichts bekamen – Verschrotten wäre teurer gewesen. Upgecycelt auf der ehemaligen NDSM-Werft, zogen sie mithilfe eines riesigen Krans aufs Gelände. Was tun mit dem belasteten Boden? Er wurde nicht abgetragen, sondern mit Pflanzen entgiftet. Fast nebenbei ist so eine grüne Oase entstanden. High- und Low-Tech-Methoden sorgen für ein sich selbst tragendes System: Energie wird selbst produziert, Abfall vermieden oder in Energie und andere nutzbare Stoffe umgewandelt. Holzstege verbinden die Boote miteinander, und Besucher, die hier spazieren, erfahren auf den gut platzierten Tafeln viel Informatives zur Entstehungsgeschichte der Idylle. Danach abhängen im **Café De Ceuvel** 4 (s. S. 233), in dem nur Pflanzliches serviert wird, oder ins Wasser springen, denn das Terrain liegt am Johann van Hasseltkanaal. Das Projekt war übrigens nur auf zehn Jahre angelegt, wird aber Jahr für Jahr von der Stadt verlängert – hoffentlich auch weiterhin! ■

Das Kleingedruckte

Lieb, fröhlich, ein bisschen kitschig, weltberühmt und von hohem Symbolwert für die Niederlande: das »Kissing Couple XXXL« am Ufer des Nordseekanals. Das Kunstwerk von Saske van der Eerden steht seit 2018 auf dem Hempontplein am Radweg von Amsterdam zur Zaanse Schans. Normalerweise ist das Souvenir »Küssendes Paar Delfter Blau« nur gut 10 cm hoch – doch dieses misst 10 m und ist auch von den vorbeifahrenden Kreuzfahrtschiffen aus gut zu sehen. (Download Fahrradkarte: kissingcoupleamsterdam.nl/en)

Anreise

... mit dem Flugzeug

Mehrere Fluggesellschaften fliegen den **Luchthaven Schiphol** (AMS) täglich von Deutschland, Österreich und der Schweiz aus an. Der Flughafen liegt ca. 18 km südwestlich von Amsterdam an der A 14. Mit dem Schnellzug ist man in etwa 15 Min. im Zentrum. Der Ausgang zum Bahnhof befindet sich direkt gegenüber dem Zoll. Wer schnell zu den Gleisen muss, kann den Terminal-Bahnweg nehmen. In der Regel verlässt eine Bahn alle 4–15 Min. den Flughafen in Richtung Hauptbahnhof (Centraal Station), von 1–5 Uhr im Stundentakt.

Auch Busse fahren direkt ins Zentrum, z. B. der Amsterdam Airport Express (Linie 397, www.bus397.nl, Ticket u. a. im Bus ab 6,50/11,75 € oder online, Platform B 17, alle 7,5 Min.; nachts fährt der Niteliner, Linie N97). Einige der großen Hotels bieten einen 24/7-Airport-Hotel-Shuttle-Bus an. Ein Taxi, das etwa 25 Min. ins Zentrum braucht, kostet ca. 50 €.

T 0031 20 794 08 00, www.schiphol.nl/en, hier gibt es auch die Schiphol-App

... mit der Bahn

Der Amsterdamer Hauptbahnhof (Centraal Station) ist gut ans IC/EC- und ICE-Netz angebunden. Immer wichtiger werden auch die Bahnhöfe Schiphol und Amsterdam Zuid. Für eine gemütliche Anreise empfiehlt sich der ÖBB nightjet, ein moderner Nachtreisezug (Strecke: Wien–Passau–Regensburg–Nürnberg–Würzburg–Köln–Düsseldorf–Duisburg).

IC/EC- & ICE-Buchungen in allen DB Reisezentren und auf www.bahn.de; nightjet-Tickets über www.nightjet.com oder an den Bahnhöfen

... mit dem Auto

Aus Richtung Norddeutschland nimmt man die E 30 (A 30, A 31) über Hannover, Osnabrück und Enschede, aus Richtung Süddeutschland die E 35 über Essen, Arnhem und Utrecht oder die E 31 (A 30, A 1) über Köln, Düsseldorf, Nijmegen in Richtung Rotterdam und dann die E 35 nach Amsterdam. Am praktischsten ist es, das Auto an einem der **P+R-Parkplätze** am Stadtrand (Autobahnring A 10) abzustellen.

S

STECKBRIEF

Lage: 52° 22' N, 4° 53' O
Größe: 219 km², davon sind 165 km² Land und 54 km² Wasser
Einwohner: knapp 935 000 im Stadtgebiet, ca. 1,5 Mio. in der Agglomeration Groot-Amsterdam
Staat und Politik: Die Stadt ist in acht Bezirke mit jeweils einer Verwaltung eingeteilt. Amsterdams Stadtverwaltung ist ein Magistrat. Der König beruft den Bürgermeister oder die Bürgermeisterin in das mind. sechsjährige Amt. Die Stadtverordnetenversammlung wird alle vier Jahre von den Bürgern gewählt. Einwohner mit einem ausländischen Pass haben Stimmrecht, sobald sie fünf Jahre in Amsterdam leben.
Amts- und Umgangssprache: Niederländisch
Währung: Euro
Vorwahl: 0031 für die Niederlande, Amsterdamer Festnetznummern beginnen mit 020, Mobilfunknummern in den Niederlanden mit 06.

WOHIN MIT DEM AUTO?

In der Innenstadt sind Parkplätze teuer: 6,50–7,50 € pro Stunde. Günstiger sind Ein-Tages-Tickets – je nach Zone ca. 40 %. Tickets kann man am Automaten lösen; hier ist die Eingabe des Kennzeichens notwendig, alles läuft digital, es kann auch nicht mehr bar bezahlt werden. Das P + R-Ticket (nur gültig in Verbindung mit einem ÖPNV-Ticket!) kostet bei allen Einrichtungen 6 € (Off-Peak Rate: Mo–Fr ab 10 Uhr, am Wochenende und an Feiertagen) bzw. 13 € (Peak Rate Mo–Fr vor 10 Uhr) für 24 Std. Die maximale Parkdauer für diese Tarife sind 96 Std., im P+R RAI 24 Std. Achtung: Das Ticket für den ÖPNV in Richtung City *muss* innerhalb 1 Std. nach dem Parken gelöst werden bzw. *müssen* die Parkgebühren bei der Rückfahrt 1 Std. nach dem letzten ÖPNV-Checkout bezahlt werden – sonst wird es richtig teuer!

Diese sind mit Zug, Metro, Tram und Bus hervorragend ans Zentrum angebunden. Infos zu P+R auf www.iamsterdam.com/en/travel-stay/getting-around/park-and-ride

Bewegen und Entschleunigen

Baden und Schwimmen

Schwimmbäder gibt es viele in Amsterdam. Das schönste ist das **Zuiderbad** (www.amsterdam.nl/zuiderbad). Wen es eher nach draußen zieht, der kann im **Noorderparkbad** seine Runden drehen (www.amsterdam.nl/noorderparkbad). Und wem der Sinn nach Tropenatmosphäre steht, dem sei ein Besuch des **Mirandabads** nahegelegt (www.amsterdam.nl/demirandabad). Angeschlossenes Freibad mit 50-m-Bahnen.

Bötchen fahren

Ganz klar, Amsterdam erlebt sich am besten vom Wasser aus! Gelegenheiten dazu gibt es viele, z. B. bei einer Sightseeingtour oder mit dem öffentlichen Nahverkehr. Besonders schön ist es auch, sich ein **Canal Bike** (www.stromma.com) zu mieten! Mit dem Tretboot, pardon, mit dem *waterfiets* unterwegs auf den historischen Prunkgrachten – was kann es Schöneres geben?

Fahrradfahren

Auf der kleinen innerstädtischen Fläche von Amsterdam gelangt man mit dem Fahrrad wirklich schnell von A nach B, und wen es in die Umgebung zieht, der ist mit einem Leihfahrrad erst recht gut bedient. Fahrräder verleihen u. a. **MacBike** und **Black Bike** (s. S. 249). Für Touristen werden zahlreiche Sightseeingtouren per Rad angeboten. Achtung: Amsterdamer Fahrradfahrer fahren schnell und ohne große Skrupel – man sollte sich an Tempo und Gebräuche anpassen. Eldorados für Radfahrer sind der Vondelpark, der Amsterdamse Bos und die Gebiete im Norden, wo man durch idyllische Dörfer bis inws Waterland radeln kann (www.recreatienoordholland.nl, www.fietsenwandelweb.nl).

Stand-up-Paddling (SUP)

›Suppen‹ ist ein beliebtes Hobby der Amsterdamer! Damit ist jedoch kein kulinarischer Höhenflug gemeint, sondern ein sportlicher. Denn *suppen* ist das niederländische Verb zu SUP: Stand-up-Paddling (supboardonline.nl/suppen-amsterdam). Zum Glücklichsein gehören ein 3 m langes und 80 cm breites Board, Paddel, Neoprenanzug oder Bikini.

Wellness

Wie in jeder Weltstadt bieten viele Luxushotels auch Nichtgästen ihren Spa-Be-

G

SCHWIMMEN IN DEN GRACHTEN!

Ein Highlight für alle Schwimmer ist das alljährliche Grachtenschwimmen. Die Wasserqualität hat sich in den letzten Jahren so sehr verbessert, dass heute das Undenkbare möglich ist: Fast 3000 Teilnehmende schwimmen beim **City Swim** im September für die ALS-Stiftung durch den Grachtengürtel (www.amsterdamcityswim.nl). Auch Prinzessin Máxima stieg schon ins Wasser. Trinken sollte man das Wasser aber trotzdem nicht …

reich an – so etwa **AWAY Spa** im W Hotel Amsterdam (awayspa.wamsterdam.com). Das Floaten, sich treiben lassen auf Salzwasser, kann man besonders gut bei **Koan Float** – in einem schicken Grachtenhaus des 17. Jh. (www.koanfloat.nl). Und bei schlechtem Wetter vielleicht lieber in die Jugendstilsauna oder das Türkische Bad von **Sauna Deco** (www.saunadeco.nl)?

Drogen

Die Niederlande trennen in ihrer Drogenpolitik konsequent zwischen harten (Heroin, Kokain, Ecstasy, LSD, Speed etc.) und weichen Drogen (Haschisch, Marihuana etc.). Der Besitz weicher Drogen (bis 5 g) ist keine Straftat, sondern eine Ordnungswidrigkeit, der Konsum ist straffrei. Darüber hinaus gilt: Anbau, Herstellung, Besitz, Handel und Verkauf von Drogen sind strafbar! Ebenfalls verboten ist der Verkauf sog. *Paddo's,* halluzinogener Pilze, da ihre Wirkung schwer einschätzbar ist. Ende der 1970er-Jahre, als der niederländische Staat seine Drogenpolitik liberalisierte, entstanden die sog. Coffeeshops, die ihre Kunden mit Haschisch und Marihuana versorgen durften und bis heute viele Touristen anziehen. Dabei ist es – trotz Versuchen des Gesetzgebers, den Drogentourismus einzudämmen – auch geblieben. Nichtsdestotrotz ist die Stadt Amsterdam bemüht, die Zahl der Coffeeshops weiter zu verringern. Wir nennen hier bewusst keine Coffeeshops, da sie leicht zu finden und Infos ebenfalls einfach zu beschaffen sind.

Einreisebestimmungen

Deutsche, Österreicher und Schweizer können sich mit einem gültigen Reisepass/Personalausweis bis zu drei Monate in den Niederlanden aufhalten, ohne sich anzumelden. Kinder unabhängig vom Alter brauchen eigene Ausweispapiere.

Zoll

Zollkontrollen werden bei Einreise aus einem EU-Land gemäß dem Schengener Abkommen nicht mehr durchgeführt. Stichproben sind allerdings jederzeit möglich.

Feiertage

1. Januar: Neujahr (Nieuwjaarsdag)
Karfreitag (Goede Vrijdag)
Ostern (Pasen)
27. April: Koningsdag (Feier zum Geburtstag des Königs)
1. Mai: Dag van de Arbeid (Tag der Arbeit)
4. Mai: Dodenherdenking (Gedenken der Toten des Zweiten Weltkriegs)
5. Mai: Bevrijdingsdag (Tag der Kapitulation der deutschen Besatzer 1945)
Christi Himmelfahrt (Hemelvaartsdag)
Pfingsten (Pinksteren)
5. Dezember: Nikolaus (Sinterklaas)
25./26. Dezember: Weihnachten (Kerst)
31. Dezember: Silvester (Oud en Nieuw)
Viele Geschäfte in der Amsterdamer Innenstadt sind an den meisten Feiertagen zumindest einige Stunden geöffnet.

Wie passend: Joints verboten vor der Juristischen Fakultät der Uni.

Feste und Festivals

Die Amsterdamer feiern ausgesprochen gerne – und zwar das ganze Jahr über. Festivals gibt es fast zu jedem Thema. Bei jährlich 300 (!) Festivals in der Stadt wird man immer eines erwischen. Hier nur eine kleine Auswahl:
Von Ende November bis Mitte Januar tauchen Lichtkünstler beim **Amsterdam Light Festival** die Stadt in geheimnisvolles Licht (www.amsterdamlightfestival.com/en). Eines der beliebtesten Festivals im Frühjahr ist **De Rollende Keukens,** ein Streetfoodfestival mit über 100 Ständen (rollendekeukens.amsterdam, vier Tage Anfang/Mitte Mai).

Open air findet das **Vondelpark Openluchttheater** (www.openluchttheater.nl) statt: Es lockt im Juni und Juli zu Theater, Tanz, Kabarett, Konzerten in den Vondelpark. Beim bedeutendsten Theater-, Opern-, Musik- und Tanzfestival der Niederlande, dem **Holland Festival** (www.hollandfestival.nl) stehen im Juni drei Wochen lang erstklassige internationale und nationale Aufführungen auf dem Programm.

An einem Sonntag im Juni lockt das beliebte und kostenlose **Amsterdam Roots Festival** (www.amsterdamroots.nl) Musik-, Theater-, Tanz- und Zirkusfans in den Oosterpark. Eine der bestbesuchten Veranstaltungen der Stadt ist das **Kwaku Festival** (kwakufestival.nl): Von Mitte Juli bis Anfang August zieht das Fest der Surinamer im Stadtteil Bijlmermeer an den Wochenenden mit Fußball, Theater, Gesang, Tanz und karibischer Küche mehr als 1 Mio. Besucher an. Regen Zulauf genießt auch der **Julidans:** Bei dem knapp zweiwöchigen internationalen Festival des zeitgenössischen Tanzes im Juli zeigen hochkarätige Truppen ihr Können (julidans.nl/nl).

Fast gleichzeitg ist u. a. die NDSM-Werft in Amsterdam-Noord Spielplatz des Theaterfests **Over het IJ Festival** (overhet ij.nl). Es gibt ungewöhnliche Performances, die auch für Ausländer interessant sind, da viel Pantomimisches, Tanz und Musiktheater geboten werden. Passend zur Sommerpause vieler anderer Spielstätten finden im Concertgebouw im Juli und August die **VriendenLoterij ZomerConcerten** (www.concertgebouw.nl/en/summerconcerts) statt. Diese Konzertreihe umfasst klassische, Jazz-, Pop- und Filmmusik. Ende Juli/Anfang August feiert sich die große Schwulen- und Lesbengemeinde Amsterdams neun Tage lang mit der **Pride & Canal Parade** (pride.amsterdam/en) selbst.

Auf den Grachten, in Privathäusern und -gärten, auf Terrassen und in Konzertsälen sowie am IJ-Ufer werden beim **Grachtenfestival** (www.grachtenfestival.nl/?&language=en) gut 200 vornehmlich klassische Solisten- und Orchesterkonzerte gegeben (zehn Tage Mitte/Ende Aug.). Last but not least ist das zehntägige Internationale Dokumentarfilmfestival **IDFA** (festival.idfa.nl/en) Mitte/Ende November mit mehr als 300 Filmen eines der renommiertesten Filmfestivals dieses Genres weltweit.

A

ART IN THE AIR

Unter den Kunstmessen sind die **KunstRAI** (kunstrai.nl/en, März) und die **Affordable Art Fair** (affordable-artfair.com/fairs/amsterdam, Okt.) zu nennen. Die größte nationale Kunst- und Antiquitätenmesse der Niederlande, **PAN Amsterdam** (www.pan.nl), findet in der letzten Novemberwoche beim kaufwilligen Publikum im RAI regen Anklang.

Informationsquellen

Fremdenverkehrsämter

Informationen bieten das **Niederländische Büro für Tourismus & Convention** (NBTC) über seine Website www.holland.com oder das Tourismusbüro vor Ort (I amsterdam Store, s. u.). Gratis-App für Android und iOS erhältlich (I amsterdam City Card-App, Sehenswürdigkeiten, Cafés, Restaurants, Spaziergänge, interaktive Karten etc.).

Im Hauptbahnhof befindet sich der **I amsterdam Store.** Neben einigen Informationen gibt es hier vor allem Amsterdamer und niederländische Produkte sowie Souvenirs zu kaufen.

In der Centraal Station an der Seite zum IJ, De Ruijterkade 28b–d, www.iamsterdam.com/en, tgl. 9–19 Uhr

Infos im Internet

www.iamsterdam.com/en
Hilfreiches Amsterdam-Portal von Amsterdam Marketing. Informationen zu vielen Aspekten des Stadtlebens werden hier angeboten, von Sightseeing und Veranstaltungen über Einkaufen und Ausgehen bis hin zu Unterkünften – leider nur auf der englischen bzw. niederländischen Website, die deutsche ist arg eingeschränkt. Auch Infos zur City Card sowie zu Tickets. Mit Gratis-App.

www.spottedbylocals.com/amsterdam
Gute Insider-Tipps von verschiedenen Einwohnern, die ihre Empfehlungen rund um alle für Besucher relevanten Themen teilen (auch für den kleineren Geldbeutel und viel Ungewöhnliches). Auf Englisch, empfehlenswerte App (2,99 €).

www.amsterdamalternative.nl
Ein Zusammenschluss von diversen kreativen Orten aus Amsterdam – alternativ und unabhängig. Auf der Website gibt es Veranstaltungen, Neuigkeiten und Lieblingsorte der Künstlerszene. Auf Englisch.

www.bartsboekje.com
Die Amsterdamerin Maartje Diepstraten und ihr Team stecken hinter »Barts Büchlein« und berichten viel (nicht nur) über ihre Stadt – amüsant und ehrlich. Sie bloggen insbesondere über Kulinarisches (Restaurants, Foodfestvials), aber auch über Hotels und Bars. Auf Englisch.

www.amsterdamfoodie.nl
Foodbloggerin Vicky Hampton schreibt ausführlich und witzig über Cafés und Restaurants in Amsterdam. Das Schöne: Sie kratzt nicht nur an der Oberfläche, sondern geht dabei auch ans Eingemachte. Mit Restaurant-Suchmaschine (sortiert u. a. auch nach Preisniveau!). Mit Restaurant-Guide zum Download (5,99 €). Auf Englisch.

www.yourlittleblackbook.me
Spannender und schön gemachter Blog für Leute, die gern gut leben – Bloggerin Anne weiß, wie's geht, und zeigt allen, wo und wie man das in Amsterdam tun kann. Aktuelle Tipps, insbesondere auch zum Ausgehen am Wochenende (als Newsletter abonnierbar). Auch auf Englisch, mit eigenem Videokanal: yourlbb.tv.

www.arcam.nl
Das Amsterdamer Architekturzentrum lohnt auch online den Besuch. Mit Architektur-Guide und -Karten, kurzem Abriss der Amsterdamer Architekturgeschichte, Gebäude-Suchfunktion, Vorschlägen für Rundgänge und -fahrten, Shop etc. Auf Englisch.

www.gayamsterdam.com
Schwule Besucher finden hier einen umfassenden Überblick zu Ausgehvierteln, Hotels, Restaurants, Discos, Clubs, Bars, Saunas etc., mit top aktueller Ausgeh-Agenda und Tourist-Guide.

www.amsterdamliebe.de/unsere-amsterdamtipps
Theresa und ihr deutsches Team lieben Amsterdam – diese Liebe geben sie weiter, auf ihren tollen Stadtführungen und auf ihrer Website. Infos zu Kunst & Kultur, zu Restaurants, über Essgewohnheiten, Wellness, Partys, Livemusik, Familienaktivitäten u. v. m. Klein, aber fein – und auf Deutsch.

Auch für Kinder bietet Amsterdam viel. Einen Besuch im Rijksmuseum versüßen diese Spielfiguren …

Internetzugang

Die meisten Cafés oder Kulturzentren wie z. B. De Balie am Leidseplein bieten kostenlosen WLAN-Zugang.

Internetzugang ohne Konsum gibt es in der **Openbare Bibliotheek** (Stadtbibliothek; www.oba.nl/service/internet-en-wifi.html) in der Nähe des Hauptbahnhofs, S. 205.

Kinder

Amsterdam ist für Kinder ein großer Spielplatz – angefangen bei den Möglichkeiten, die das Wasser bietet: Hinter dem Hauptbahnhof legen kostenlose **Fähren** nach Noord ab, mit dem **(Tret-)Boot** kann man über die Grachten schippern, mit dem **Pannekoekenboot** (amsterdam.pannenkoekenboot.nl) Pfannkuchenessen und Schifffahren verbinden, und das **VOC-Schiff** am Schifffahrtsmuseum entführt in die Welt der Matrosen des 17. Jh. Der **TunFun** (www.tunfun.nl) ist eine riesige Indoor-Spielelandschaft, das Technologiemuseum **NEMO** das Richtige für kleine Tüftler und Wissenschaftler, und im Juniormuseum des **Wereldmuseums** können die Kids in fremde Welten eintauchen. Das **Widerstandsmuseum** im Plantageviertel hat ein interaktives Juniormuseum für die ganze Familie eingerichtet, wo die Besetzung Amsterdams durch die Deutschen anhand von Einzelschicksalen erlebbar wird. Hier liegen auch der Zoo **ARTIS** und das neue Museum **Micropia**, das sich den ganz kleinen Lebewesen, Bakterien, Viren, Schimmelpilzen, widmet – beides Hits, nicht nur für die Kleinen.

Amsterdamse Bos und **Vondelpark** laden zum Klettern, Toben, Reiten, Baden oder Inlinern ein. Auf dem Demeterhof

Ridammerhoeve in Amstelveen lassen sich über 100 Ziegen bürsten und melken (Amsterdamse Bos, Nieuwe Meerlaan 4, T 645 50 34, www.geitenboerderij.nl). Populär sind ohnehin die **Kinderboerderijen,** die mit Streichelzoos nur unzureichend übersetzt sind: Klein- und Nutztiere werden hier meist von freiwilligen Helfern versorgt, und Kinder wie Erwachsene sind willkommen. Der Eintritt ist meist kostenlos, um eine Spende fürs Futter wird gebeten.

Klima und Reisezeit

Amsterdam ist das ganze Jahr über eine Reise wert! Das charakteristische Seeklima mit gemäßigten Sommertemperaturen (max. 28 °C) und milden Wintern – das Quecksilber fällt selten unter die Null-Grad-Marke – ist recht wechselhaft und im Winter eher regnerisch. Auch im Sommer sind kurze Regenschauer häufig. Das Seeklima bringt eine frische Brise mit sich, von kalten, heftigen Winden im Winter, die um die Häuserecken fegen, bis zum lauen, wohltuenden Lüftchen im Sommer.

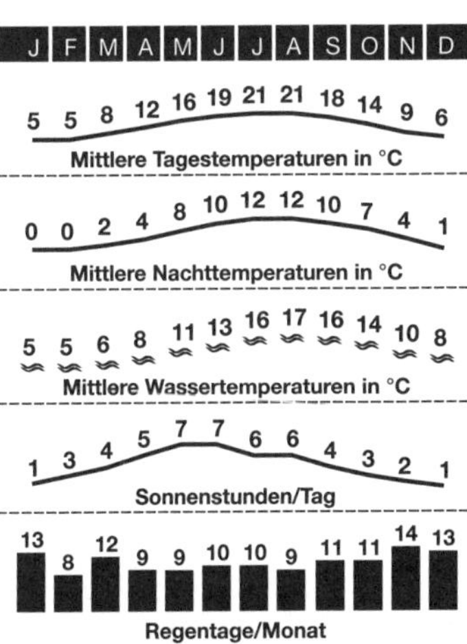

So ist das Wetter in Amsterdam.

Lesetipps

Christoph Driessen: Kleine Geschichte Amsterdams (Europäische Metropolen), Regensburg 2010. Driessen, ein deutsch-niederländischer Journalist, war 14 Jahre lang Auslandskorrespondent in Den Haag. Auf häufig gestellte Fragen, z. B. warum fast alle Amsterdamer Fahrrad fahren, findet er erstaunliche Antworten.

A. F. Th. van der Heijden: Der Anwalt der Hähne, Frankfurt 2001. Im Mittelpunkt steht die Kraker-Szene der 1980er-Jahre – also die bewegte Zeit der Hausbesetzer in Amsterdam.

Willem Frederik Hermans: Die Dunkelkammer des Damokles, Berlin 2003. Spannender Thriller vor dem Hintergrund der deutschen Besatzung während des Zweiten Weltkriegs.

John Irving: Witwe für ein Jahr, Zürich 2000. Ein Teil dieser Saga um eine amerikanische Schriftstellerfamilie spielt im Rotlichtviertel Amsterdams. Dem Roman ging die ausgezeichnete Recherche Irvings im Milieu voraus.

Jürgen Kehrer: Spinozas Rache, Dortmund 1996 (antiquarisch). Kehrers Krimi spielt in Amsterdams Rotlichtmilieu und im Universitätsviertel. Eine wertvolle Handschrift aus dem Umfeld des Philosophen Spinoza verschwindet, und gemeinsam mit der Bibliothekarin stößt man auf Spuren, die ins 17. Jh. und zum Streit zwischen Spinoza und der jüdischen Gemeinde führen.

Hermann Koch: Odessa Star, Köln 2015. Spannender, ausgesprochen witziger Thriller, der u. a. in Amsterdams Unterwelt spielt. Wer Hermann Koch kennt, weiß, dass es hier bald bitterböse zugehen wird und dass es nicht nur in der Unterwelt, sondern auch in der Mittelschicht gar nicht fein zugeht.

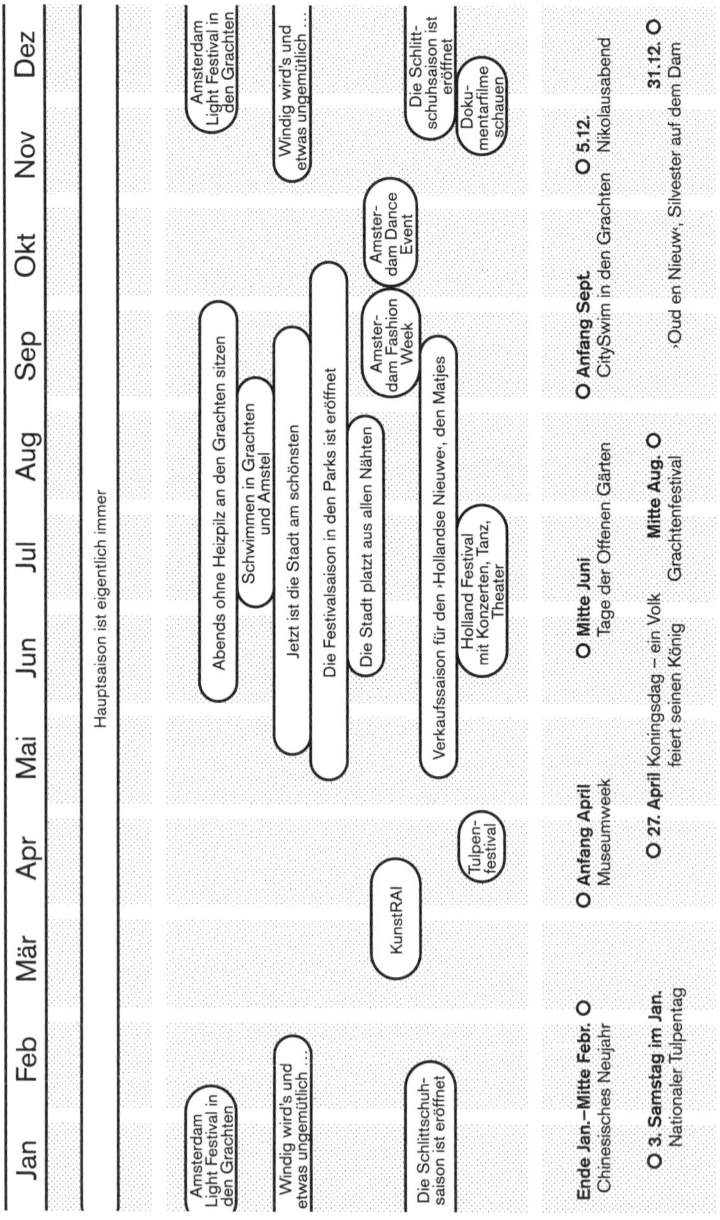

Jan Feb Mär Apr Mai Jun Jul Aug Sep Okt Nov Dez

Hauptsaison ist eigentlich immer

Amsterdam Light Festival in den Grachten (Jan)

Windig wird's und etwas ungemütlich … (Jan–Feb)

Die Schlittschuhsaison ist eröffnet (Jan–Feb)

KunstRAI (Mär–Apr)

Tulpenfestival (Apr)

Abends ohne Heizpilz an den Grachten sitzen (Jun–Sep)

Schwimmen in Grachten und Amstel (Jul–Aug)

Jetzt ist die Stadt am schönsten (Mai–Sep)

Die Festivalsaison in den Parks ist eröffnet (Mai–Sep)

Die Stadt platzt aus allen Nähten (Jun–Aug)

Verkaufssaison für den ›Hollandse Nieuwe‹, den Matjes (Mai–Sep)

Holland Festival mit Konzerten, Tanz, Theater (Jun)

Amsterdam Fashion Week (Sep)

Amsterdam Dance Event (Okt)

Amsterdam Light Festival in den Grachten (Dez)

Windig wird's und etwas ungemütlich … (Nov–Dez)

Die Schlittschuhsaison ist eröffnet (Dez)

Dokumentarfilme schauen (Nov)

Ende Jan.–Mitte Febr. Chinesisches Neujahr

3. Samstag im Jan. Nationaler Tulpentag

Anfang April Museumweek

27. April Koningsdag – ein Volk feiert seinen König

Mitte Juni Tage der Offenen Gärten

Mitte Aug. Grachtenfestival

Anfang Sept. CitySwim in den Grachten

5.12. Nikolausabend

31.12. ›Oud en Nieuw‹, Silvester auf dem Dam

Marente de Moor: Amsterdam und zurück, Frankfurt 2012. Der Roman erzählt von der großen Zahl russischer Exilanten im Amsterdam der 1990er-Jahre – mit viel Witz für ihre Irrungen und Wirrungen.
Harry Mulisch: Die Entdeckung des Himmels, Reinbek 1999. Breit angelegter psychologischer Gesellschaftsroman. Zeitgeschichte der 1960er- und 1970er-Jahre, bei der man eine ganze Menge über das Amsterdam jener Zeit erfährt.
Russell Shorto: Amsterdam, New York 2013. Der amerikanische Historiker und Journalist hat ein sehr amüsantes Porträt über Amsterdam geschrieben. Shorto lebte von 2007 bis 2013 in der Stadt und hält sie für die Wiege des Liberalismus.

Preise

Die im Buch angegebenen Preiskategorien bei den Unterkünften beziehen sich auf ein Doppelzimmer ohne Frühstück bzw. bei den Restaurants auf ein Hauptgericht.

So viel kostet ein DZ ohne F

€	= bis 110 Euro
€€	= 110 bis 160 Euro
€€€	= über 160 Euro

So viel kostet ein Hauptgericht

€	= unter 20 Euro
€€	= 20 bis 30 Euro
€€€	= über 30 Euro

Reisen mit Handicap

Rollstuhlfahrer, aber auch Seh- und Hörgeschädigte haben mit engen Grachtenstraßen, dem Auf und Ab des Kopfsteinpflasters, Kanten und Absperrungen sowie rasenden Rad- und Autofahrern zu kämpfen. Sehr hilfreich und informativ sind die Websites accessibletravel.nl/destinations/amsterdam und www.ableamsterdam.com. Alle neuen Trams und Busse sowie die Metro sind für Rollstuhlfahrer zugänglich. Und auch immer mehr Bushaltestellen werden umgebaut, sodass Menschen im Rollstuhl oder mit motorischen Einschränkungen einsteigen können (www.gvb.nl/toegankelijk-ov). Auch die niederländische Bahn (NS) bietet einen Service für Gehbehinderte und Rollstuhlfahrer an (www.ns.nl/en/travel-information/traveling-with-a-disability). Beide Websites geben auch Infos für Seh- und Hörgeschädigte. Weitere Infos auf: www.iamsterdam.com/en/travel-stay/accessibility. Große Museen, Kinos und Theater verfügen meist über Rampen. Hinweise dazu (und vieles mehr) finden sich auf der Website www.amsterdamobile.com/en/blog. Auf der Website www.thefork.nl gibt es unter ›Restaurantdetails‹ den Filter ›Toegankelijk voor rolstoelen‹ mit Hinweisen auf barrierefreie Restaurants.

Reiseplanung

Stippvisite

Auch für ein Wochenende lohnt ein Amsterdam-Besuch! Einen schönen Start und guten Überblick bietet eine **Grachtenrundfahrt.** Wer das erste Mal in der Stadt ist, kann danach ganz entspannt die Klassiker abklappern: Als da wären ein Besuch auf dem **Dam** mit der imposanten Basilika **Nieuwe Kerk** und dem **Königspalast.** Ein Bummel entlang der Grachten führt zum **Jordaan,** in stille Hofjes und belebte Bars. Unumgänglich ist auch der Abstecher zum **Museumsplein** mit den drei großen Museen **Rijksmuseum, Van Gogh Museum** und **Stedelijk Museum.** Und natürlich kommen Sie auch am **Rotlichtviertel** nicht vorbei, es beginnt direkt am Hauptbahnhof.

Abseits der Touristenströme

Kreativ, ungewöhnlich und immer im Wandel: die **NDSM-Werft.** Eine kurze (kostenlose!) Fährfahrt vom Zentrum, und schon ist man auf der Sonnenseite des IJ. Hier gibt es spannende Ausstellungen, urban-schicke Cafés und andere Entdeckungen. Wen es rauszieht aus der Stadt, der sollte sich auf sein *fiets* schwingen! In die Pedale treten, immer weiter am Ufer der Amstel entlang, nach **Ouderkerk aan de Amstel.** Oder über den Stadtteil **Noord** in das ruhige Waterland mit Besuchen in **Durgerdam, Holysloot, Broek in Waterland** und **Monnickendam.** Eine Reise in die Vergangenheit – die Zeit scheint hier plötzlich stillzustehen.

Sicherheit und Notfälle

Im Notfall

Die kostenlose Notrufnummer für **Feuerwehr, Polizei** und **Krankenwagen** lautet T 112.

Der **Pannendienst** heißt Wegenwacht und ist unter T 088 269 28 88, der ADAC-Auslandsnotruf unter T 0049 89 22 22 22 erreichbar.

Sperrung von Bankkarten mit der T 0049 116 116 vornehmen.

Huisartsenpost Central Doctors Amsterdam, im Hauptbahnhof an der Seite zum IJ in der Amsterdam Central Pharmacy, T 0031 20 427 50 11 (vorher anrufen) oder online anmelden: www.centraldoctors.nl/doctor.

Außerdem gibt es den **Tourist Medical Service:** www.amsterdamtouristdoctors.nl, Sint Antoniesbreestraat 88. Er bietet Hilfe für Touristen, 24 Std. am Tag, sieben Tage die Woche (bitte online anmelden).

Vorsicht ist besser als …

Amsterdam ist genauso sicher oder unsicher wie jede andere Weltstadt. Dort, wo besonders viel los ist, am Bahnhof, am Leidseplein, bei den großen Museen, in den Straßenbahnen (insbesondere Linien 1, 2, 5) und Einkaufsstraßen, muss man auf seine Wertsachen aufpassen. Am besten so wenig mitnehmen wie möglich.

Der Umwelt zuliebe

Amsterdam ist grün! Es gibt viele Hotels, die sich dem internationalen Ökolabel Green Key verpflichtet haben oder einen anderen Beitrag zum Klimaschutz leisten. In diesem Buch finden Sie einige solcher Schlafmöglichkeiten (s. S. 30).

Einige Restaurants kochen umweltneutral, etwa mit vor der Mülltonne gerettem Essen (s. S. 285), viele mit regionalen und saisonalen Zutaten. Ein zirkuläres Restaurant ist etwa das Elixir in Zuidoost, das kreative, hausgemachte Speisen in farbenfrohem Ambiente serviert (www.restaurantelixer.com). Bio-Produkte aus der Umgebung können Sie gut auf dem Noorder-, Nieuw- oder Pure Markt kaufen.

Das Uniprojekt ›Greenguide‹ liefert viele weitere Tipps sowie Adressen rund um nachhaltiges Reisen unter www.uvagreenoffice.nl/green-guide.

Es ist außerdem in Amsterdam fast alles zu Fuß erreichbar, und der ÖPNV ist hervorragend. Grachtenrundfahrten mit dem Elektrotboot bieten Eco Boats Amsterdam (ecoboatsamsterdam.com/en) und Stromma (www.stromma.com) an. Letztere elektrifizieren zzt. die gesamte Flotte, ihre *waterfietsen* werden sowieso mit Muskelkraft betrieben. Parallel dazu sammeln sie Pfandflaschen und -dosen; der Erlös kommt nicht so begüterten Amsterdamern zugute.

Verkehrsmittel

Metro, Tram und Bus

Es gibt ein ausgezeichnetes Netz öffentlicher Verkehrsmittel mit 15 Tram-, 33 Bus-, fünf Metro- und sieben Fährlinien sowie elf gut vernetzten Nachtbusverbindungen (0.30–7.30 Uhr; spezieller Tarif). Die Metro eignet sich vor allem, wenn man weitere Strecken zurücklegen muss. Eine komplette Übersicht über das Streckennetz gibt es online (www.gvb.nl/en/gvb-maps) und bei den

Städtischen Verkehrsbetrieben GVB gegenüber vom Bahnhof (tgl. 8.30–19 Uhr). Übersichtspläne der Linien und Zonen hängen auch an den Haltestellen aus. Die kostenlose GVB-App gibt es auf Englisch (Download: www.gvb.nl/bezoek-amsterdam/tourist-information-deutsch).

Taxi

Taxifahren ist nicht billig: Für die Strecke Westergasfabriek–Joods Museum z. B. berechnen die Fahrer ca. 24 €, für die Fahrt vom Hauptbahnhof bis zum Museumplein ca. 18 €. Taxiruf: T 020 777 77 77. Neben den herkömmlichen Taxis gibt es auch in Amsterdam Uber, mytaxi, Staxi ... Diese Anbieter sind günstiger, Sicherheit und Fahrweise werden von den ›offiziellen‹ Fahrern aber immer wieder bemängelt.

Fähren

Immer wieder eine schöne Art sich fortzubewegen, ist der Linienverkehr auf dem Wasser mit den sechs kostenlosen Fähren nach Noord (www.gvb.nl). Die Flotte wird zzt. elektrifiziert, ab 2026 fahren die ersten E-Fähren.

Fahrrad

Amsterdam ist die Stadt der Radfahrer – unbestritten! Für Anfänger heißt es aufpassen, bis man sich an die schnelle und ruppige Fahrweise gewöhnt hat, allerdings achten Autofahrer hier auch eher auf Radfahrer. Ein dickes Plus sind die zahlreichen Radwege. Auf www.iamsterdam.com/en/travel-stay/getting-around/cycling-in-amsterdam gibt es Tipps fürs sichere Radeln in der Stadt. Am Bahnhof und auf großen Plätzen gelten Regeln für das Parken der Räder, etwa in bestimmten Zonen. Am besten beim Verleiher nachfragen oder online schauen (www.amsterdam.nl/en/traffic-transport/bike-parking).

Für Leihräder muss man eine Kaution hinterlegen und den Ausweis mitbringen. Es gibt in der Stadt zahlreiche Möglichkeiten, u. a. in Quietschrot bei **MacBike** hinter der Stadtbibliothek (5 Min. vom Hbf., Oosterdokskade 151, www.macbike.nl, ab 12 €/1 Tag, online günstiger). Wer sich nicht direkt als Tourist outen möchte, kann auf ein elegantes Hollandrad in schlichtem Schwarz setzen. Die gibt es beispielsweise bei **Black Bike** (black-bikes.com, 16 Stationen über die Stadt verteilt, ab 18 €/1 Tag, div. Deals). Sehr schicke Räder gibt es auch in Noord. Wer Lust hat, hier mit dem Fahrrad herumzufahren, dem sei das sympathische **TIP Amsterdam North** direkt gegenüber vom A'DAM Toren angeraten (bikerentalamsterdamnorth.nl/en, 13,50 €/1 Tag).

DIE FAHRSCHEINE BITTE!

Für Touristen empfehlen sich die **Tageskarten** (1- bis 7-Tage-Tickets, 9–41 €; für Kinder ermäßigte Karten). Tages-/Mehrtageskarten erhält man beim GVB, z. T. in den Tram-, Bus- und Metrostationen, und Stunden- und Tageskarten auch in Tram und Bus. Die Chipkarten müssen bei jedem Ein- und Ausstieg am Gerät eingelesen werden, ebenso wie mit Bank- oder Kreditkarte sowie Handy oder Smartwatch. Für den ÖPNV (auch Bahn) gibt es die **anonyme OV-Chipkarte,** die fünf Jahre gültig ist und 8,50 € kostet (plus 10 € Startkapital, danach beliebig aufladbar). In Tram und Bus gibt es auch 1-Stunden-Karten für 3,40 € (nicht gültig für Nachtbusse). Eine Nachtbusfahrt kostet 5,40 € (1,5 Std. gültig, inkl. umsteigen). Ggf. empfiehlt sich die Amsterdam & Region Day Card (für GVB, Connexxion und EBS, nicht aber für die Bahn; 1–3 Tage, 21–40,50 €). Mehr Infos zum Kartensystem: www.gvb.nl/bezoek-amsterdam/tourist-information-deutsch.

Sprachführer Niederländisch

A

AUSSPRACHE

Niederländisch	Deutsch
ei z. B. in plein	wie äi in Lady, aber kurz
eu z. B. in deur	wie ö in dösen
oe z. B in boek	wie u
ou z. B. in oud	wie au
u z. B in nul	wie ü
ui z. B. in uit	etwa öi
ij z. B. in lijn	wie ei
g z. B. in tegel	etwa wie ch in fluchen
sch z. B. in schaap	s + ch getrennt sprechen

In der niederländischen Schriftsprache stößt man manchmal auf ein Trema wie z. B. in Indië oder drieëntwintig, d. h. beide Vokale müssen einzeln gesprochen werden.

Allgemeines

Guten Morgen	Goedemorgen!
Guten Tag	Dag! Goedendag!
Guten Abend	Goedenavond!
Auf Wiedersehen	tot ziens
Entschuldigung	sorry, pardon
Hallo/Grüß dich	hallo/dag
bitte	alstublieft
Vielen Dank	dank u wel
ja/nein	ja/nee
bis später	tot straks
wie bitte?	Hoe bedoelt u?
Wann?	Wanneer?

Unterwegs

Haltestelle	bushalte, tramhalte
Bus	bus
Auto	auto, wagen
Ausfahrt/Ausgang	uitrit/uitgang
Tankstelle	benzinepomp
Benzin	benzine
rechts/links	rechts/links
geradeaus	rechtdoor
Alle Richtungen	alle richtingen
Auskunft	inlichtingen/ informatie
Telefon	telefoon
Postamt	postkantoor
Bahnhof	station
Flughafen	luchthaven/ vliegveld
Hafen	haven
Stadtplan	plattegrond
geöffnet	open
geschlossen	gesloten
Kirche	kerk
Museum	museum
Rathaus	stadhuis
Platz	plaats, plein
Straße	straat
Brücke	brug

Zeit

Stunde	uur
Tag	dag
Woche	week
Monat	maand
Jahr	jaar
Montag	maandag
Dienstag	dinsdag
Mittwoch	woensdag
Donnerstag	donderdag
Freitag	vrijdag
Samstag	zaterdag
Sonntag	zondag
Feiertag	feestdag

Notfall

Hilfe!	Help!
Polizei	politie
Arzt	dokter
Zahnarzt	tandarts
Apotheke	apotheek

Krankenhaus	ziekenhuis
Unfall	ongeval
Schmerzen	pijn
Zahnschmerzen	kiespijn, tandpijn
Halsschmerzen	keelpijn
Fieber	koorts
Insektenstiche	insektenbeten

Übernachten

Hotel	hotel
Pension	pension
Einzelzimmer	eenpersoonskamer
Doppelzimmer	tweepersoons-kamer
Doppelbett	tweepersoonsbed
Einzelbetten	eenpersoonsbed
mit/ohne Bad	met/zonder bad
Toilette	toilet
Dusche	douche
mit Frühstück	met ontbijt
Gepäck	bagage

Einkaufen

Geschäft	winkel
Markt	markt
Geldautomat	geldautomaat
Bäckerei	bakkerij
Lebensmittel	levensmiddelen
Kleidung	kleding
teuer	duur
billig	goedkoop
Größe	maat
bezahlen	betalen, afrekenen
Preis	prijs
Rechnung	rekening

Zahlen

0	nul	17	zeventien
1	een	18	achttien
2	twee	19	negentien
3	drie	20	twintig
4	vier	21	eenen-twintig
5	vijf		
6	zes	30	dertig
7	zeven	40	veertig
8	acht	50	vijftig
9	negen	60	zestig
10	tien	70	zeventig
11	elf	80	tachtig
12	twaalf	90	negentig
13	dertien	100	honderd
14	veertien	200	twee-honderd
15	vijftien		
16	zestien	1000	duizend

W

WICHTIGE SÄTZE

Allgemeines

Sprechen Sie … Deutsch/Englisch?	Spreekt u Duits/Engels?
Ich verstehe nicht.	Ik begrijp het niet.
Ich heiße …	Ik heet …
Wie heißt Du/ heißen Sie?	Hoe heet je/u?
Wie geht's?	Hoe gaat het?
Danke, gut.	Goed, dank u wel.

Unterwegs

Wie komme ich zu/ nach …?	Hoe kom ik bij/ naar …?
Wo ist …?	Waar is …?
Könnten Sie mir bitte … zeigen?	Kunt u mij alstublieft … laten zien?

Notfall

Können Sie mir bitte helfen?	Kunt u me alstublieft helpen?
Ich brauche einen Arzt.	Ik heb een dokter nodig.

Übernachten

Haben Sie ein freies Zimmer?	Heeft u een kamer vrij?

Einkaufen

Wie viel kostet …?	Hoeveel kost …?

Im Restaurant

Die Rechnung, bitte.	De rekening, alstublieft.
Prost!/Zum Wohl!	Proost!/Op uw gezondheid!

Kulinarisches Lexikon

Allgemeines

dagschotel	Tagesgericht
diner	Abendessen
entree	Vorspeise
garnituur	Beilage
hoofdgerecht	Hauptgericht
lunch	Mittagessen
maaltijd	Mahlzeit
ontbijt	Frühstück
peper	Pfeffer
soep	Suppe
toetje/nagerecht	Nachspeise
zoetstof	Süßstoff
zout	Salz
zuiker	Zucker

Zubereitung

gebakken	gebraten
gefrituurd	fritiert
gegrild	gegrillt
gekookt	gekocht
gestoofd	geschmort
koud	kalt
scherp	scharf
uit de oven	aus dem Backofen
warm	warm

Fisch und Meeresfrüchte

forel	Forelle
garnalen	Krabben, Garnelen
haring	Hering
kabeljauw	Kabeljau
karper	Karpfen
kreeft	Hummer
makreel	Makrele
mosselen	Muscheln
oesters	Austern
paling	Aal
paling in't groen	Aal grün
schelvis	Schellfisch
schol	Scholle
snoek	Hecht
zalm	Lachs
zeetong	Seezunge

Fleisch

bal gehakt	Frikadelle
biefstuk	Beefsteak
frikadel	würziges Würstchen
gehakt	Gehacktes
ham	Schinken
kalf	Kalb
karbonade	Kotelett
lam	Lamm
nieren	Nieren
rund	Rind
varken	Schwein
worst	Wurst

Geflügel und Wild

eend	Ente
fazant	Fasan
gans	Gans
kalkoen	Pute, Truthahn
kip	Huhn, Hähnchen
konijn/konijntje	Kaninchen
lever	Leber

Spezialitäten

appeltaart met slagroom	Apfelkuchen mit Schlagsahne
bitterballen	frittierte Ragoutbällchen
boerenkool met worst en spek	Grünkohl mit Wurst und Speck
bruine bonen met stoofvlees, worst en spek	Braune Bohnen mit Schmorfleisch, Wurst und Speck
erwtensoep met worst	Erbsensuppe mit Wurst
gebakken aardappels met appelmoes	Bratkartoffeln mit Apfelmus

gebakken haring met bietensalade en remouladesaus	Brathering mit Rote Betesalat und Remoulade
gebakken kabeljauwfilet met Zaanse mosterdsaus	gebratenes Kabeljaufilet mit Zaanser Senfsauce
geitenkaas	Ziegenkäse
gepocheerde zalmfilet met Goudse kaassaus	pochiertes Lachsfilet mit Gouda-Käsesauce
Hete Bliksem	Himmel und Erde
Hollandse biefstuk met pepersaus	Beefsteak mit Pfeffersauce
Hollandse garnalen	Garnelen
Hollandse garnalenkroketjes	Holländische Garnelenkroketten
Hutspot met stoofvlees, worst en spek	Kartoffelbrei mit Gemüse, Schmorfleisch, Wurst und Speck
kaaskroketjes met oude kaas	Käsekroketten mit altem Käse
loempia	Frühlingsrolle
Noordzee vissoep	Nordsee-Fischsuppe
oliebollen	frittierte Krapfen
palingsoep	Heringssuppe
pannenkoeken	Pfannkuchen
patat speciaal	Pommes frites mit Mayonnaise, Ketchup und Zwiebeln
poffertjes	Minipfannkuchen
saté	Erdnusssauce
stamppot	Eintopfgericht
Texels lamsvlees met rode portsaus	Texelsches Lammfleisch mit roter Portweinsauce
uitsmijter	Strammer Max
zoute haring met uitjes	Salzhering mit Zwiebeln
zure haring met salade	sauer eingelegter Hering mit Salat
zuurkool met worst	Sauerkraut mit Wurst

Gemüse

asperges	Spargel
bloemkool	Blumenkohl
boerenkool	Grünkohl
erwten	Erbsen
lof/witlof	Chicorée
prei	Lauch
spruitjes	Rosenkohl
tuinbonen	grüne Bohnen
witte bonen	weiße Bohnen
zuurkool	Sauerkraut

Beilagen

aardappelpuree	Kartoffelpüree
friet/patat	Pommes frites
gemengde sla	gemischter Salat
komkommersalade	Gurkensalat
pasta	Nudeln
patat, aardappel	Kartoffel
rijst	Reis

Nachspeisen und Obst

aardbeien	Erdbeeren
appelpap	Griesbrei mit Apfelmus
blauwe bessen	Blaubeeren
bramen	Brombeeren
frambozen	Himbeeren
ijs	Eiscreme
kersen	Kirschen
meloen	Melone
pannenkoek met stroop	Pfannkuchen mit Sirup
perkel/perzik	Pfirsich
stroopwafel	Sirupwaffel
wafel	Waffel

Getränke

appelsap	Apfelsaft
bier, pilsje	Bier, Pils
chocolademelk	Kakao
koffie (met melk)	Kaffee (mit Milch)
koffie verkeerd	Milchkaffee
koffie zonder cafeïne	koffeinfreier Kaffee
room	Sahne
sinaasappelsap	Orangensaft
Spa blauw	Stilles Wasser
Spa rood	Mineralwasser mit Kohlensäure
thee	Tee
water	Wasser
wijn (witte, rode)	Wein (weiß, rot)

Das

Leben am Wasser – die Amsterdamer sind diesbezüglich sehr erfinderisch. Schon immer gewesen. Man könnte wirklich neidisch werden!

Magazin
SOLVIT-1

»Street Art is a pussy!«

»Courage« von BTOY zeigt Amelia Earhart, die 1932 als erste Pilotin den Atlantik überflog. Das Porträt dieser mutigen Frau steht für Emanzipation – aber auch für Abenteuer, Ausdauer, Tapferkeit. Die Spanierin BTOY zählt zu den besten Stencil-Künstlern weltweit.

Die Schönheit zeigt sich in den Seitenstraßen — erzählt uns Anna, Gründerin des Street Art Museum Amsterdam. ›Schön‹ meint bei ihr aber mehr als ›nur‹ schön. »Street Art bildet die Basis für den Dialog im Viertel. Sie verbindet Menschen!«

Als wir im Büro von Anna Stolyarova eintreffen, ist sie noch im Gespräch. Später wird sie uns erklären, dass es hier um Geld für ihre Projekte ging. Wir bekommen schnell mit, dass Anna kämpfen kann. Als ihr Gesprächspartner das Büro verlässt, scheint es, als hätte sie bekommen, was sie wollte. Man trennt sich ausgesprochen freundlich. Genauso begrüßt uns Anna auch.

Slotervaart, das Viertel, in dem wir hier sind, steht wohl kaum ganz oben auf der Liste der Amsterdam-Touristen, oder?

Nein, ganz sicher nicht (lacht). Aber es kommen immer mehr Kulturinteressierte her, auch von außerhalb.

Slotervaart – oder Nieuw West, wie es heute heißt – ist eher bekannt für Armut, Analphabetismus, einen hohen Ausländeranteil. Es ist ein eher grauer Stadtteil, den niemand auf dem Schirm hatte …

Stimmt. Anfangs wollten wir auch einfach nur die Wände bunter machen, Farbe ins Viertel bringen. Inzwischen haben wir mehr als 300 Murals in unserer Sammlung – und sind sehr stolz darauf. Wir sehen uns als ein lebendiges Museum, das am sozialen Dialog teilnimmt und davon lebt, dass die Bewohner mitmachen.

Ihr wollt also nicht nur Kunst zeigen, sondern auch etwas im Viertel bewegen?

Richtig. In Nieuw-West, zu dem Slotervaart ja gehört, gibt es fast nur Sozialbauten. Gentrifizierung spielt hier bislang kaum eine Rolle. Die 180 000 Anwohner kommen aus 128 Nationen, 60 % sind Muslime. Wir versuchen, dem Viertel etwas zurückzugeben. Daher möchten wir, dass sich die Locals beteiligen, mitmachen, dabei sind.

Wie sieht das konkret aus?

Es gab beispielsweise ein Mural namens »Music« von einem jungen Künstler aus Florenz, ExitEnter. Zusammen mit den überwiegend marokkanischstämmigen Jugendlichen aus dem Viertel hat er das Thema erarbeitet. Musik ist grenzenlos, war ihr Ansatz. Und auch, dass ein Graffito hier nicht hinpassen würde, ein lyrisches Werk aber schon. So it is!

Anna Stolyarova (geb. 1970) ist Direktorin des Street Art Museum Amsterdam. An ihrem Viertel, Slotervaart, schätzt sie vor allem die Bewohner, die vielen Nationalitäten und die unzähligen Sprachen. Sie selbst kommt ursprünglich aus der Ukraine und hat einen niederländischen Pass.

Für den Künstler war es sicher ungewöhnlich, so zu arbeiten?

... aber spannend. Unsere Projekte sind immer Ergebnis eines Dialogs und oft Kompromisse. Darauf sind wir stolz! Auch »Fatherhood« von Stinkfish, übrigens einer der bekanntesten Künstler unseres Museums, hatte viel mit dem Viertel und seinen Menschen zu tun. Das Mural erzählte die Geschichte der muslimischen Väter in Slotervaart und stellte das Stereotyp infrage, sie wären nicht an der Erziehung ihrer Kinder beteiligt.

Sind die Menschen hier denn immer begeistert von dem, was ihr macht?

Nein, da kann es auch schon mal ganz schön abgehen. Aber dann reden wir halt darüber, so wie bei »Glory«. Auf einem Familientag, den wir organisiert hatten, fragte eine muslimische Mutter: »Wozu wird eine dicke niederländische weiße Frau auf die Wand meines Wohnblocks gemalt, wenn niemand hier weiß oder niederländisch ist?« Also haben wir alle Bewohner des Gebäudes zu Sonntags-Workshops mit Gratis-BBQ eingeladen. Wir haben zusammen gemalt, Geschichten über die Farbe Blau, Vermeer und auch über Einflüsse des Nahen Ostens auf die niederländische Kunstgeschichte gelesen.

Die Murals helfen also, kulturelle Unterschiede zu überwinden?

Genau! Die Werke bilden die Basis für Gespräche, viele Gespräche. Wir versuchen, Vorurteile abzubauen, lassen uns davon nicht stoppen. Es geht vielmehr um die Teilhabe aller im Viertel, um das gemeinsame Gestalten von Stadt.

Danke, Anna! Jetzt aber nichts wie los nach draußen, das Ganze ›in echt‹ anschauen! ■

Online: www.streetartmuseumamsterdam.com

Street Art ist ein Instrument, um Menschen innerhalb einer Community zu verbinden.

Mädchen und Jungen mit marokkanischen Wurzeln waren Kuratoren des Werks »Music« (2017) von ExitEnter. Nach einer hitzigen Diskussion einigte man sich auf die Bremer Stadtmusikanten als Motiv.

»Glory« (2014): Der Spanier Pez schuf aus grinsenden Papageien den Rahmen für Danny Recals Version der »Dienstmagd mit Milchkrug«, ursprünglich ein Werk des bekannten niederländischen Malers Jan Vermeer. Der Kolumbianer Stinkfish zeigte mit seinem Porträt »Fatherhood« (2015), wie sich Rollen ändern.

Erster multinationaler Konzern – die VOC

Die Amsterdamer Kaufleute wollten mehr — zwar liefen die Geschäfte auf den Nord- und Ostseehandelswegen prima, doch die exotischen Waren im Fernen Osten lockten, und damit noch bessere Geschäfte.

Die Risiken wollte man indes klein halten und die Konkurrenz untereinander war der Sache auch nicht dienlich. So schlossen sich 1602 einige niederländische Handelskompanien zusammen und gründeten die Verenigde Oostindische Compagnie (VOC), die als erster multinationaler Konzern der Welt gilt.

ENDLICH UNABHÄNGIG

Niederländisch-Indien wurde erst 1949 unter dem Namen Indonesien unabhängig. Um die 400 000 Menschen in den Niederlanden sind indonesischer Herkunft und ein großer Teil von ihnen lebt in Amsterdam. Nach der Unabhängigkeit kamen sie als ehemalige Angestellte, Beamte oder Soldaten des niederländischen Kolonialreiches. Sie sprachen Niederländisch, hatten eine entsprechende Erziehung genossen und gingen sozusagen in der Amsterdamer Bevölkerung auf. Heute sind sie über die ganze Stadt und alle sozialen Schichten verteilt. Am ehesten fallen sie kulinarisch auf – indonesische Restaurants mit der, so heißt es, in den Niederlanden erfundenen *rijsttafel* sind sehr beliebt.

Was bisher geschah

Der Gründung der VOC vorausgegangen war die Suche nach einem See- und Handelsweg nach Ostasien, und zwar unabhängig von den Portugiesen. Die hatten bereits Ende des 15. Jh. die indonesischen Inseln über das Kap der Guten Hoffnung erreicht und beanspruchten das Monopol auf Pfeffer, Muskatnuss und Nelke. Also taten sich einige Kaufleute zusammen und schickten 1595 vier Schiffe auf Expedition, um einen alternativen Seeweg nach ›Indien‹ zu erkunden. Die Entdeckungsreise endete im Fiasko: Von 249 Seefahrern fand über die Hälfte den Tod, die Ausbeute waren ein paar wenige Fässer mit Pfefferkörnern von der Insel Bali.

Trotzdem wurden die Heimkehrer 1597 als Helden gefeiert: Die Aktion war nicht nur Startschuss für ein prosperierendes Wirtschaftsunternehmen, sondern auch für die Kolonialisierung der indonesischen Inseln durch die VOC. Das nötige Handels- und Gewaltmonopol für alle Gebiete östlich des Kaps der Guten Hoffnung und westlich der Magellanstraße verlieh das niederländische Parlament der neu entstandenen Gesellschaft gleich mit. Damit besaß die VOC eigene Gerichtsbarkeit und Polizei und handelte als Souverän auf den meist gewaltsam eroberten Territorien.

Blutige Gewürze

Gleich nach ihrer Gründung begann die VOC ihre Hand nach dem Gewürzhandel in Niederländisch-Indien, dem Vorläufer der Republik Indonesien, auszustrecken – mit brachialen Mitteln. Beispiel Muskat: 1621 liefen zwölf Schiffe zu den Banda-Inseln im Archipel der südlichen Molukken aus, um die Einhaltung der geschlossenen Exklusivverträge einzufordern. ›Mit dem Messer am Hals‹ hatten die lokalen Führer diese erpresserischen Verträge abschließen müssen, aber nicht jeder hielt sich später daran und verkaufte seine Muskatnüsse zu einem besseren Preis an die Engländer. Einige Bauern hatten ihre Nüsse sogar gegen englische Kanonen getauscht und sich in den Bergen verschanzt, um den Angriff der Niederländer abzuwehren. Es half nichts: Wer nicht auf dem Dorfplatz exekutiert wurde, endete auf einem Sklavenschiff oder verhungerte. Von geschätzten 15 000 Einheimischen blieben keine 1000 übrig. Die ursprüngliche Bevölkerung wurde durch Bewohner anderer Inseln ›ersetzt‹ und diese mussten auf den Muskatplantagen schuften.

Ende des 17. Jh. war das Gewürzmonopol der Portugiesen gebrochen und auch die härteste Konkurrentin, die britische East India Company, war ausgeschaltet.

Lauter Profiteure

An der VOC hing im Heimatland, vor allem aber in Amsterdam, eine ganze Industrie, 25 000 Angestellte zählte sie zu ihrer Hoch-Zeit. Mitte des 17. Jh. nahm sie die Halbinsel Oostenburg mit Werften, Seilereien und Lagerhäusern in Beschlag, die nur für das mächtige Wirtschaftsunternehmen tätig waren. Tausende andere Amsterdamerinnen und Amsterdamer profitierten indirekt: Wenn die Schiffe aus der Ferne anlandeten, dann setzten die

Alles, was man fürs Corporate Design braucht: ein verschlungenes Kürzel, Neptun, ein Schiff, eine Meerjungfrau.

Seeleute ihren Lohn und die Extra-Prämien im Vergnügungsviertel unweit des Hafens um: Bordelle, Gaststätten und Schenken lebten gut von den Matrosen.

Gier isst Unternehmen auf

Es war ein Schock, als sich diese Zeit, die gerne als das ›Goldene Zeitalter‹ bezeichnet wird, dem Ende zuneigte. Die Selbstbedienungsmentalität in der VOC hatte immer schon einen hohen Prozentsatz der Gewinne verschlungen. Schlechtes Management, steigende Verwaltungskosten bei schwindenden Gewinnen, die Konkurrenz der Briten auf den Weltmeeren und schließlich der Einmarsch der Franzosen in die Niederlande, das alles versetzte der VOC den endgültigen Todesstoß – 1799 ging der Weltkonzern pleite. Die Schulden von 140 Mio. Gulden und die Kolonien wurden von der niederländischen Regierung übernommen. ■

Amsterdamer im Glück?

Amsterdamer sind weniger glücklich als gedacht — das ergab eine Studie von 2023. Glücksgefühl, Vertrauen in die Zukunft, Zufriedenheit mit der Regierung sind gesunken, und die Stadt steht vor großen Herausforderungen in puncto Natur & Umwelt.

Sie *mopperen* gerne, die Amsterdamer. Tatsächlich sind die Bewohner Amsterdams dafür bekannt, sich gerne und ausgiebig zu beklagen, mit Hingabe zu schimpfen und sich ungerecht behandelt zu fühlen. Die Hektik in der Stadt, die stetig steigenden Touristenzahlen, sich verschärfende Müll- und Verkehrsprobleme, horrende Mieten, hohe Lebenshaltungskosten … Gemotzt wird auf Bürgerabenden, in Leserbriefen und in Beschwerdeschreiben an die Gemeinde, auf der Straße, im Bus, beim Schlangestehen, auf Veranstaltungen und in den üblichen Social-Media-Kanälen.

Einsamkeit macht krank

Natürlich hat all das *gemopper* gute Gründe. Im Zentrum bestimmen Touristenhorden das Bild, die Häuserpreise steigen ins Unendliche, die Mieten in der Innenstadt sind unbezahlbar, die Wohnungsnot wächst rasant, die Schere zwischen Arm und Reich wird immer größer. Kein Wunder, dass das Glücksgefühl und die Zuversicht der Amsterdamer sinken. Doch in welchem Ausmaß – das hat Lotje Cohen und Ellen Lindeman vom städtischen Amt für Forschung und Statistik, das die Umfrage zur Lage der Stadt alle zwei Jahre durchführt, geschockt.

Die Zahlen sprechen für sich: Nur sechs von zehn Amsterdamern blicken optimistisch in die Zukunft; 2018/19 waren es noch satte 77 %. Bei Frauen sowie in der Altersgruppe der 25- bis 34-Jährigen ist der Rückgang mit gut 15 % besonders gravierend. Junge Menschen haben häufiger psychische Probleme, was sich nach der Coronapandemie noch verschärft hat. Besonders auffällig ist, wie viele Menschen unter sozialer Isolation leiden: Beinahe ein Viertel der Amsterdamer fühlt sich »sehr einsam«. Zu diesem toxischen Cocktail kommen noch Angst und Stress hinzu.

Survival of the richest?

Glück, soziale Isolation, Ausüben eines Ehrenamtes – bei all diesen Themen nehmen die Unterschiede zwischen den Amsterdamern zu. Nur gut die Hälfte der Bewohner mit niedrigem Einkommen ist

W

WELTWEITES RANKING

Amsterdam teilt sich übrigens mit Basel Platz 14 der Mercer-Studie 2023 zur Lebensqualität in Städten weltweit (2019 Platz 11). Zu den Faktoren, die die bekannte Unternehmensberatung berücksichtigte, zählten Gesundheitsversorgung, Infrastruktur, Freizeitangebot sowie Kriminalitätsrate und Umweltfreundlichkeit. Das elfte Mal in Folge führt Wien die Liste als lebenswerteste Stadt der Welt an.

glücklich – 80 % der Amsterdamer mit hohem Einkommen schon! Geografisch gesehen sind die Menschen im wohlhabenden Zuid am glücklichsten, in Osdorp, das in den Medien als »Brutstätte für kriminelle Aktivitäten« bezeichnet wird, am wenigsten glücklich (53 %).

»Insbesondere Bewohner benachteiligter Stadtteile trauen der Regierung nicht zu, Lösungen für die ungleiche Verteilung von Wohlstand und Wohlergehen und den ungleichen Zugang zu Einrichtungen in der Stadt zu finden«, sagt Prof. Femke Kaulingfreks von der Universiteit van Amsterdam. Die Stadtverwaltung versuche, das Ruder herumzureißen, indem sie den Bewohnern mehr Mitspracherecht einräume, vor allem in den Randgebieten der Stadt.

Forschen nach Glück

Wie ist es um das Glück der Amsterdamer im Vergleich zu dem der übrigen Niederländer bestellt? Schlechter als im Landesdurchschnitt, weiß Martijn Burger von der Forschungsstelle Erasmus Happiness Economics Research Organization (EHERO). Der Thinktank der Erasmus Universiteit Rotterdam beschäftigt sich mit Glück in all seinen Facetten, u. a. mit dem unterschiedlichen Glücksempfinden von Stadt- und Landbevölkerung. Im Allgemeinen seien Amsterdamer weniger glücklich als *plattelands*-Bewohner, erklärt der wissenschaftliche Direktor der EHERO, was nicht an der Stadt per se, wohl aber an der Zusammensetzung ihrer Bevölkerung liege. In Amsterdam leben mehr Alleinstehende und nichtwestliche Migranten, die eher weniger zufrieden sind.

Problemfall Nachhaltigkeit

Für Amsterdamer mit geringerem Einkommen gestaltet es sich auch schwieriger, mit den Veränderungen Schritt zu halten, denen die Stadt gegenübersteht. Ihre Möglichkeiten, nachhaltiger zu leben, sind ungleich eingeschränkter, etwa in puncto Mobilität oder Lebensmitteln, bei denen Nachhaltigkeit zu höheren Preisen führt. Wem Amsterdam zu teuer wird, etwa Familien mit Kindern, der zieht weg.

Auf Wolke sieben …

Bewusst für das Leben in der trubeligen Metropole entschieden haben sich zumeist Expats aus den USA, Deutschland, England, Italien und Indien – und sie können sich das Leben hier auch leisten!

Die, die extra herziehen, wertschätzen die großstädtischen Vorteile wie das größere Jobangebot und das sehr gut ausgebaute Radwegenetz. Der Großteil der Amsterdamer fände es gut, den Autoverkehr weitgehend aus der Stadt zu verbannen. Während Bewohner aus der Provinz, die in die Stadt wollen, eher dagegen wettern. Wie man sieht: Etwas zu mopperen gibt es immer. ■

Vom Glück an der Gracht zu sitzen ….

Wer macht das rote Licht aus?

Vielleicht ja Bürgermeisterin Femke Halsema — ihrem Ziel, das Rotlichtviertel zumindest in Teilen aus dem Zentrum zu verbannen, ist sie schon sehr nah. Ihr Plan wirkt neu und radikal, die Diskussion um die Prostitution im ältesten Viertel Amsterdams, De Wallen, ist allerdings so alt wie seine Existenz.

Das älteste Dokument zur Prostitution ist eine Verordnung von 1413, die es erlaubte, Bordelle zu betreiben, da die Ausübung dieses Gewerbes in einer umtriebigen Handelsstadt nun einmal unvermeidlich sei. Prostituierte sollten ausschließlich in zwei dafür vorgesehenen Gassen arbeiten, was natürlich nicht so blieb.

In Amsterdam gibt es einen Gott und viele Mädchen

Erstaunen mag dabei die Nähe von Religion und Prostitution: Im damals noch katholischen Amsterdam stand mitten im ›Sündenpfuhl‹ die Oude Kerk, die älteste und größte Kirche Amsterdams, die dem hl. Nikolaus, dem Schutzpatron der Seefahrer, gewidmet war. Für die Matrosen, die meist frühmorgens auf den auslaufenden Schiffen sein mussten, hielt sie einen besonderen Service bereit: Da diese die Ausschweifungen der Nacht an Bord nicht mehr sühnen konnten, durften sie ihre Beichte schon vorher ablegen, quasi für all die Sünden, die sie zu begehen hofften. Eine kleine Geldspende und ein Gebet erlösten sie von der Gefahr, auf See zu sterben – was damals sehr wahrscheinlich war –, ohne Buße getan zu haben.

Doppelmoral

Die Kehrtwende kam mit den Calvinisten. 1578 ließ der neue Magistrat die ›Hurenhäuser‹ schließen. Prostitution war nun offiziell verboten und blieb es bis 1809. Doch im Stillen duldeten auch die neuen Stadtherren das Gewerbe. Lediglich Prostituierte, die allzu offensichtlich auf der Straße um Kunden warben, wurden aufgegriffen. Zu Beginn des 19. Jh. tarnten sich die Sexbetriebe hinter Zigarettengeschäften, Massage- oder Frisörsalons.

Legal, illegal, legal …

Unter französischer Besatzung (1810–13) hieß die Devise nun Kontrolle statt Verbot: Hurerei und Bordelle waren erlaubt, allein Minderjährige durften nicht als Prostituierte arbeiten. Die Frauen mussten sich bei der Polizei registrieren

Hip, aber nicht von nachhaltiger Wirkung: das Projekt Redlightfashion

Old Sailor
JAN TAMINIAU

lassen und wurden im 14-Tage-Rhythmus auf Geschlechtskrankheiten untersucht.

100 Jahre später erneut die Kehrtwende: Seit 1911 stand auf das Betreiben eines Bordells oder Zuhälterei eine fette Geldbuße oder gar eine Gefängnisstrafe von bis zu einem Jahr. Die Einführung dieses Gesetzes ging vor allem auf den schlechten Ruf zurück, den sich die Niederlande in den Nachbarländern durch ihr allzu tolerantes Verhalten erworben hatten. Denn im Schlepptau der Prostitution hatten sich Spielhöllen, Wettbüros und pornografische Unternehmen jeglicher Art angesiedelt.

Ein Beruf wie jeder andere?

Wie in vergangenen Jahrhunderten wurde die Prostitution weiterhin geduldet. Die Kriminalität blühte, die Zahl der Prostituierten stieg. Zehn Jahre nach dem Verbot hatte sie sich sogar verdoppelt. 1936 gab es 4000 Prostituierte in der Stadt.

Ende der 1950er-Jahre standen die Walletjes plötzlich im Mittelpunkt des öffentlichen Geschehens. Nach dem Mord an einer stadtbekannten Prostituierten wurde immer deutlicher, in welchem Ausmaß das Bordellverbot umgangen wurde. Im Dezember 1959 führte die Polizei eine Razzia im großen Stil durch, Bordellbesitzer und ›unsittlich gekleidete‹ Frauen erhielten Strafmandate. Diese Aufräumaktionen ließen die Beliebtheit der Walletjes bei Bewohnern und Touristen stark ansteigen und sie wurden langsam zu der Attraktion, die sie heute noch sind.

Die 1980er-Jahre markieren den Beginn einer positiveren Entwicklung im Alltag der Prostituierten. Es gab Frauen, die aus ihrem Job ausstiegen – zuvor undenkbar. Andere Prostituierte kämpften um die Anerkennung ihres Gewerbes als Beruf. Interessenvertretungen der Huren entstanden. Nun musste möglichst schnell eine neue Gesetzgebung her.

Schöner Schein

Im Oktober 2000 wurde das alte Bordellverbot abgeschafft und die Prostitution legalisiert. Die Frauen sollten als Unternehmerinnen Rechte und Pflichten haben wie in anderen Branchen auch. Auf 5000 bis 10 000 – legale und nicht legale – Prostituierte wurde ihre Zahl in der Stadt geschätzt.

Leider ging die Rechnung der Regierung nicht auf: Die Zahl der illegal arbeitenden Frauen stieg, der Frauenhandel war ein lukratives Geschäft. 2007/2008 hob die Polizei eine Bande von Frauenhändlern aus, die in den Walletjes seit zehn Jahren ungehindert hatte ›arbeiten‹ können. Die sich anschließende Untersuchung zu Menschenhandel und Zwangsprostitution trug den vielsagenden Namen ›Der schöne Schein‹ und kam zu ernüchternden Ergebnissen: Die Kontrollen waren zu lasch, die Kontrolleure lebten oft selbst in Angst vor den Unterweltbossen, die Opfer und Sozialarbeiter konnten sich häufig nicht zu einer Anzeige durchringen, und viele Zimmervermieter hatten gutes Geld verdient, indem sie der Bande illegal Zimmer überlassen hatten.

Puppentausch

Fast zeitgleich mit dem ›Schönen Schein‹, lancierte die Gemeinde das ›Project 1012‹, benannt nach der Postleitzahl des Viertels. Die Intention war, den Walletjes neues Leben einzuhauchen: Die roten Fenster, Coffeeshops, Souvenirläden und Massagesalons sollten schickeren Restaurants und Geschäften weichen. Eine breiter interessierte Klientel sollte ins Viertel gelockt werden.

Schlüsselprojekt dabei war Redlightfashion, bei dem die Stadt 2009 Mode- und Schmuckdesigner in die roten Fenster einlud. Vom »Puppentausch« war die Rede, weil statt der Huren aus Fleisch und Blut nun Schaufensterpuppen mit coolen

Designerstücken die Aufmerksamkeit erregten. Das Projekt kam gut an, aber viele dieser Ateliers stehen wieder leer, weil der Stadt die Puste und das Geld ausging.

Mit dem Project 1012 wollte die Stadt die Zahl der roten Fenster und der Coffeeshops halbieren. Ziel nicht erreicht, aber immerhin: Etwa 130 der Zimmer zur Straße, vornehmlich in den dunkelsten und gefährlichsten Ecken, wurden zurückgekauft, um in ihnen Restaurants, Läden, Ateliers oder Galerien zu etablieren, die inzwischen, auch durch Corona, zum Teil aufgeben mussten. Und leider hat sich das Problem der Zwangsprostitution trotz härterer Gesetze und Gangart bis heute nicht erledigt.

Vorhang zu!

Dabei ist seit 2016 ein Gesetz in Kraft, das versucht, die Rechte der Sexworkerinnen und Sexworker, wie sich die Prostituierten selbst nennen, zu stärken. Wer als Freier Sex bei einer Person kauft, die ihre Arbeit augenscheinlich nicht freiwillig tut, macht sich strafbar und muss mit einer Haftstrafe von bis zu vier Jahren oder einer Geldbuße bis maximal 20 000 € rechnen. Zwischen 2013 und 2016 mussten alle Prostitutionsbetriebe Anträge auf neue Lizenzen stellen und in einem detaillierten Businessplan darstellen, dass ihre Sexworker unabhängig, sicher und unter hygienisch und arbeitsrechtlich einwandfreien Bedingungen beschäftigt sind. Gesundheitsbehörden, Polizei und Sozialeinrichtungen arbeiten seitdem verstärkt zusammen, um illegale Prostitution schnell aufdecken und aushebeln zu können.

All das, auch die Bemühungen, den Touristenzustrom ins Rotlichtviertel zu regulieren (s. auch S. 294), zeigt nach Ansicht von Bürgermeisterin Femke Halsema nicht genug Wirkung. Schon 2019 meinte sie, Prostitution als Touristenattraktion wolle sie »im ältesten und schönsten Viertel Amsterdams« nicht länger hinnehmen. Damals diskutierte der Stadtrat über mehrere Lösungsmöglichkeiten, u. a. den Vorschlag, Vorhänge vor die roten Schaufenster zu hängen, damit die Prostituierten nicht mehr sichtbar wären.

Licht aus?

Das Rennen machte die Idee, einen Teil der Fenster, momentan 201, zu schließen und ein Erotikzentrum außerhalb der Innenstadt zu bauen. Mehrere Standorte standen zur Debatte, so auch auf dem ehemaligen Werftgelände NDSM, ›gewonnen‹ hat 2024 der Europaboulevard im Süden, nicht weit vom Messezentrum RAI. Gegen den Beschluss gingen Hunderte Prostituierte und Anwohner der *rosse buurt* auf die Straße, 20 000 Unterschriften für den Verbleib kamen zusammen. Aber Proteste gab es auch am auserkorenen Standort: Geschäftstreibende fürchten Imageschäden und Einnahmenverlust, Bewohnerinnen und Bewohner um ihre Sicherheit … Nichtsdestotrotz ist die Stadtverwaltung dabei, einen Machbarkeitsplan auszuarbeiten und das Erotikzentrum auf den Weg zu bringen: 100 Prostituierte sollen dort voraussichtlich ab 2031 in einem neuen, gesicherten Umfeld inklusive Läden, Kultur- und Bildungsangeboten arbeiten. ■

G

TOP GESICHERT

Auf dem Wohnungsmarkt ist das Rotlichtviertel wegen Drogen, Kriminalität, der vielen Touristen, nächtlicher Ruhestörung und Dreck eher nicht so beliebt, die Mieten im Vergleich zum Rest der Innenstadt etwas günstiger. Deshalb zieht es durchaus junge Familien und Alleinerziehende hierher. Die Kindertagesstätte ist mit Code und Iris-Erkennung top gesichert.

Auf die Öko-Tour

Plastik müllt nicht nur die Ozeane zu — auch in den vielen Grachten Amsterdams gibt es mehr als genug davon. Genug, um daraus etwas Sinnvolles zu machen, dachte sich der Designer Marius Smit und gründete die Organisation Plastic Whale, die per Boot auf Plastikfang geht. Wir sind mitgefahren.

Treffpunkt ist Hannekes Boom. Wir reisen mit dem Boot an: Jaap, seit ein paar Jahren ehrenamtlicher Skipper, wird uns übers IJ hinfahren. Denn wir haben uns noch ein paar Informationen im Headquarter von Plastic Whale geholt. Haben uns das feine PET-Granulat durch die Hände rieseln lassen, das in mehreren Schritten zu einem festen Schaum verarbeitet wird. Daraus besteht nicht nur das Innenleben des Bootes, in dem wir später sitzen werden. Plastic Whale hat sich mit dem renommierten Möbelhersteller Vepa einen Partner gesucht, der aus Holz und recycelten PET-Flaschen Tische und Stühle fürs Büro fertigt – im Wal-Design. Es sitzt sich gut an und auf ihnen, wir durften es ausprobieren, zusammen mit Pauline, verantwortlich für die Außenwirkung des Non-Profit-Unternehmens.

Plastik ist auch ein Rohstoff

Der Ruf von Plastik sei zu Unrecht so schlecht, meint sie: »Aus dem Hartschaum kann man tolle Sachen machen, Rotorenblätter für Windmühlen, Filz für die Möbel. Das Problem ist, dass Plastik alles zumüllt und nicht sortenrein gesammelt wird – überall auf der Welt.« Und: »Dass wir uns selbst bald überflüssig machen, weil wir das Plastik aus den Grachten fischen, wird wohl so schnell nicht passieren – leider.«

»This boat is made from Amsterdam Canal Plastic«

Okay, genug geredet: Wir wollen dem Motto des Plastic-Whale-Gründers Marius Smit folgen und Taten sprechen lassen. Heißt: Wir werden für Rohstoff sorgen und in den Grachten eigenhändig PET-Flaschen aus dem Wasser holen – und was uns sonst noch so ins Netz geht. Jaap hilft uns aufs Boot, wir nehmen auf den upgecycelten PET-Flaschen Platz und ab geht's zu Hannekes Boom, einer der schönsten Freiluft-Terrassen Amsterdams gegenüber vom Wissenschaftsmuseum NEMO. Aber das interessiert uns heute nicht. Wir sind dort verabredet mit der Belegschaft des Gesundheitssegments des KIT, des Königlichen Tropeninstituts, bei denen noch zwei Plätze für uns frei waren.

Ein Großevent: Fünf Boote sind klargemacht, alle mit der charakteristischen Aufschrift »This boat is made from Amsterdam Canal Plastic«. Wir sind zu zehnt in einem Boot, da sollte was gehen. Wer schafft es, den meisten Müll aus der Gracht zu holen?

Wir legen gen Osten ab, alle mit Keschern und schwarzen Schutzhandschuhen ausgestattet. Zuerst biegen wir in die Oudeschans, die Augen aufs Wasser und die Böschung gerichtet. Es ist ein wenig paradox: Wir sind Trophäenjäger, saubere Abschnitte empfinden wir geradezu als

Beleidigung – und da ruft Irene neben mir auch schon: »Chipstüte voraus.« Und Elisabeth von gegenüber: »Aber das ist doch gar kein Plastik, das kann man gar nicht recyceln.« Von Skipper Jaap lernen wir, dass sie recht und unrecht zugleich hat: Recyceln kann man die Tüte (noch) nicht, sie ist nicht sortenrein wie PET, aus Kunststoff ist sie schon – und sie wird natürlich nicht im Wasser gelassen, sondern in einem gesonderten Sack ebenfalls gesammelt.

Kuriositätenkabinett

Wir nähern uns dem H'ART Museum, ein bisschen Sightseeing ist inbegriffen. Eine Melonenschale liegt in der Böschung, die in den Restmüll wandert, sie wird später dem städtischen Müll zugeführt. Weitere Objekte, die im Laufe unserer Fahrt zusammenkommen, mit dem hehren Ziel der Plastikgewinnung aber nichts zu tun

»Spaß, Teambuilding und Gutes tun – mehr geht nicht auf einmal.«

haben: ein Joint, den Julia zum Trocknen in die Sonne legt, ein Champagnerkorken, eine halbvolle Mayonnaise-Tube, ein Fotoschnipsel mit Wasserfall, ein schwarzes, glänzendes Objekt, das Yme an ein Ausstellungsstück aus dem Rijksmuseum erinnert, verschimmelte Pflaumen, ein Kondom, ein Fahrrad, dessen rostiger Lenker aus dem Wasser ragt und das wir nicht mitnehmen. Nicht unsere Baustelle! Um die Fahrräder, die zahlreich auf dem

Ohne Fleiß kein Preis – aber die Grachten wollen heute nichts hergeben. Zu sonnig, zu windstill.

Boden der Grachten schlummern, kümmert sich die Wasserbehörde Waternet.

Westwind, wo bist du?

Jaap, unser Skipper, ist etwas ratlos. Er macht den Ostwind, der seit ein paar Tagen weht, dafür verantwortlich, dass unsere Beute bisher so gering war. Er weiß nicht recht, wo sich der Müll bei diesen ungewöhnlichen Windverhältnissen sammelt. »Und die Putzpolizei war wohl auch schon da«, meint er. Denn Waternet beauftragt auch Unternehmen, die den Müll entsorgen – 3500 kg pro Tag. Elisabeth hingegen ist davon überzeugt, dass die Grachten viel sauberer geworden sind, »seit Femke Bürgermeisterin von Amsterdam ist«. Sie meint die Grüne Femke Halsema, die seit 2018 Bürgermeisterin ist.

Dabei sein ist alles

Da, endlich der erlösende Ruf: Julia hat eine Plastikflasche gesichtet. Das ist zwar nur der Tropfen auf den heißen Stein, aber trotzdem: die erste Flasche, schnell rein in den blauen Sack.

Wir biegen in die Nieuwe Vaart, Zeit für Getränke und Gespräche, denn die Kolleginnen und Kollegen aus dem Tropeninstitut kennen sich zum Teil gar nicht. Sie sind alle viel im Ausland unterwegs und beraten dort Regierungen und Organisationen zu Themen wie Ebola, Sexualkrankheiten oder Tuberkulose. »Da geht es auch um nachhaltige Entwicklungen«, meint Elisabeth. Deshalb können sie mit Plastic Whale, bei dem es auf andere Weise um Nachhaltigkeit geht, viel anfangen. »Es hatte schon seinen Grund, warum wir uns das als Betriebsausflug überlegt haben.«

Vorne im Bug sind Yme und Julian um die Ecke vom Zoo auf ein ›Nest‹ gestoßen: Geschickt keschern sie fünf Flaschen aus einer etwas unzugänglichen Nische. Bedauerlicherweise mussten wir schon an ein paar Flaschen vorbeifahren, weil Jaap nicht so nah am Ufer manövrieren konnte.

Gönnen können

Unsere zwei Stunden sind fast um, die Sonne brutzelt vom Himmel, unser Elan erlahmt. Von den Pontons im Entrepotdok springen zwei junge Männer ins Wasser und rufen uns zu, wie toll sie finden, dass wir Plastik sammeln. Es ist befriedigend, etwas uneingeschränkt Gutes zu tun. Deshalb können wir am Anleger bei Hannekes Boom generös dabei zugucken, wie die anderen blaue Tüten voller PET-Flaschen aus ihren Booten schleifen. Man muss auch gönnen können! ■

PLASTIC WHALE

P

Marius Smit ist der Kopf der Non-Profit-Organisation Plastic Whale. Unter dem Motto »Stop talking, let's start doing« begann er 2011 mit dem ersten Plastikfischfest, an dem mehrere Hundert Leute teilnahmen. Mittlerweile angeln in Amsterdam und Rotterdam Schulklassen und Betriebe für den guten Zweck, einen Tag nach dem Königstag und nach der Canal Pride Parade gibt es Gratis-Plastikfischen für alle, 2023 waren es insgesamt 15 630 Menschen. 26 758 PET-Flaschen wurden 2023 aus den Grachten gefischt und bei anderen Aktionen gesammelt. Die Flaschen kommen in einen Seecontainer außerhalb von Amsterdam und werden später weiterverarbeitet: 13 462 recycelte Möbelstücke waren es 2023. Weitere Infos auf plasticwhale.com.

Der Offizielle der Nacht

»Gin-Tonic-Bürgermeister« von Amsterdam — so wurde das Amt zunächst verspottet. Doch das ist Schnee von gestern. Längst fungiert der Nachtbürgermeister als unabhängiger Berater für Bürgermeisterin und Rat. Und ist Vorbild für andere Städte.

Selbst Mirik Milan, der bisher am längsten amtierende *nachtburgemeester* Amsterdams (2012–18), sprach vor seiner Wahl scherzhaft von einem »Prinz Karneval der Nacht«. Als es ihm gelungen war, diese Funktion zu professionalisieren und er aus dem Ehrenamt einen bezahlten Job gemacht hatte, trat er zurück.

Scharnierfunktion

Milan, der zuvor als Eventmanager tätig war, wollte eine bessere Stadt zum Leben und zum Feiern schaffen – und zwar in dieser Reihenfolge. »Es geht um viel mehr als Clubs. Amsterdam wird viel attraktiver, wenn man auch nachts leben kann: ausgehen, aber auch einkaufen oder ins Theater gehen kann.« Das ist ihm gelungen. So hat er gemeinsam mit dem Ex-Bürgermeister die 24-Stunden-Konzessionen geschaffen. Clubs mit dieser Genehmigung sind weit mehr als Bar oder Disco, sie können auch Galerie sein, Theater, Yogastudio, Arbeitsplatz. Oder von allem etwas. Hier wird nicht nur getrunken und gegessen, es ist vielmehr eine Art Nachbarschaftsheim entstanden. »So können wir den Menschen im Viertel etwas zurückgeben.«

Die Nachbarschaft mit im Boot zu haben, ist eine der wichtigsten Voraussetzungen für ein attraktives Nachtleben. Wenn es optimal läuft, kann der Nachtbürgermeister eine Scharnierfunktion zwischen Kulturschaffenden, Unternehmern, Veranstaltern, Anwohnern sowie Politik und Verwaltung einnehmen.

Lobbyist des Nachtlebens

Die wichtigsten Aufgaben des Amtes? Dafür sorgen, dass die Gemeinde genau weiß, was nachts los ist. Trends aufspüren und umsetzen. Ganz unterschiedliche Personen zusammenbringen. Roundtable-Gespräche einberufen. Menschen miteinander ins Gespräch bringen. Wichtige Themen auf die politische Agenda setzen.

Ganz schön anspruchsvoll! Doch es ist den Nachbürgermeistern gelungen – auch weil sie gute Kontakte in der Clubszene haben. Sie initiieren nicht nur Partyreihe nach Partyreihe, sie sorgen auch für größere Sicherheit nachts, den Ausbau des nächtlichen ÖPNV und die Teilhabe der Bürger an der Nacht.

Milan hat das Amt auch international bekannt gemacht. Viele Städte haben verstanden, wie wichtig ein Nachtbürgermeister sein kann. Denn in immer mehr Städten kommt es zu Konflikten zwischen Feiernden und Anwohnern. Und egal, ob Paris oder Aachen, London oder Mannheim: Sie alle haben einen Offiziellen der Nacht nach Amsterdamer Vorbild. ■

»Wir wollen den Menschen im Viertel etwas zurückgeben!«

Von Bims bis Bolo …

Straattaal — Ist die multiethnische Jugendsprache, die sich quer durch alle Schichten und Ethnien der Hauptstadt zieht, nur ›Schlumpfsprache‹ oder ist sie vielmehr das Niederländisch der Zukunft und ein Beitrag zur Integration?

Überall auf den Straßen Amsterdams, ist sie zu hören, die *straattaal*, von Bims bis Bolo und von Ginna bis Nawfside. Übersetzt in ABN, der gesprochenen niederländischen Standardsprache, bedeutet das: von Bijlmer bis Bos en Lommer, von Gein (Südost) bis Noord. Um es kurz zu machen: In ganz Amsterdam also sprechen junge Menschen *straattaal.*

Straattaal gaat viraal, bro!

Beschimpft wurde die Straßensprache als *smurfentaal* (Schlumpfsprache), die nur von der Einwanderergeneration gesprochen werde, die kaum Niederländisch könne. Doch Sprachwissenschaftler haben bewiesen: Gerade junge Leute aus Einwandererfamilien, die das Niederländische ausgezeichnet beherrschen, sprechen auch Straßensprache. Schließlich spielen sie mit Sprache, hinterfragen diese und erfinden in diesem Kontext neue Wörter. Und: Auch *tattas*, also weiße Niederländer, sprechen Straßensprache.

Der Wortschatz der *straattaal* wird immer größer, und Ende 2017 erschien ein Wörterbuch des ›Smibanesischen‹, herausgegeben vom Amsterdamer Rap-Kollektiv Smib, das ruck, zuck ausverkauft war und nun als »Smibanese Woordenboek 2.0« bei der Uitgeverij Pluim erscheint. Was genau aber ist *Smibanese?* Ein Sprachcocktail aus amerikanischem Englisch, oft der Rap-Musik entlehnt, aus Amsterdams und Sranan, der in Surinam gesprochenen Kreolsprache, aus Papiamento, marokkanischem Arabisch und Türkisch.

»Selbst bleichgesichtige Gymnasiasten reden Smibanesisch.«

Smibanesisch wird salonfähig

Zwischenzeitlich ist das Smibanesische zum Dialekt geworden, findet Wörterbuchschreiber Prof. Soortkill, selbst surinamischer Herkunft und aus dem Bijlmer, also aus Bims – oder eben auf Smibanesisch: »Smib«, wie die Band.

Und: Smibanesisch ist in der hintersten Ecke des Landes angekommen. Auch in Limburg oder Brabant wissen Schüler, dass *campina* eine weiße Frau und *guap* Geld meint. Nicht zuletzt dank der Rapper und Hip-Hopper, die die Straßensprache in ihren Liedern verwenden. Bart van Oosterhout, Chefredakteur des Amsterdamer Stadtmagazins »Uitkrant«: »Selbst bleichgesichtige Gymnasiasten reden Smibanesisch.«

Weiße Jungs aus West gebrauchen also etwa marokkanische Begriffe und türkische Jugendliche surinamische Wörter. Psychologin und Sprachwissenschaftlerin Jiska Duurkoop findet: »Die Popularität der Straßensprache kann viel für die Gesellschaft tun. Menschen versetzen sich in jemand anderen, versetzen sich in seine Welt, aber auch in seine Ausdrucksfähigkeit. Straßensprache verbindet Welten.«

Bijlmer goes Unviversity!

Straattaal ist auch ein Grund dafür, dass die Menschen aus dem immer wieder als Problemviertel stigmatisierten Bijlmer, also Bims alias Smib, nicht nur stolz auf ihr Viertel sind, sondern das auch öffentlich machen. So wie Prof. Soortkill in seinem zweiten Buch »Smibologie. Each one teach one«. Er schreibt darüber, wie er, der Schulabbrecher, zum Lehrer und Mentor an der Smib University wurde. Und wie er jetzt anderen beibringt, sich selbst zu vertrauen, eine positive Lebenseinstellung und Lösungen für Probleme zu finden. Die »Smibologie« brachte ihm sogar eine eigene Wochenkolumne in der renommierten Zeitung »NRC« ein.

Viral ging der Videoclip, den die Rapperin und Dichterin Sarah-Lee 2023 auf TikTok postete. Ihr Lied »Bims« ist eine Ode an den Bijlmer, wo sie aufwuchs. Sie singt über einen Stadtteil voller Kreativität und Innovation, wo jeder willkommen ist. »Ich dachte: Lass mich ein Lied schreiben, das die positiven Seiten hervorhebt. Denn natürlich ist Bims nicht perfekt, aber es gibt auch positive Dinge.« ■

»Ich wollte niemals woanders aufwachsen als im Bijlmer. Ich empfinde es als Segen, dass ich von so vielen verschiedenen Menschen aus so vielen verschiedenen Kulturen lernen konnte. Der Bijlmer ist ein Ort für Kreativität, Kultur und Start-ups. Hier gibt es so viele Talente«, erzählt Sarah-Lee stolz. Echt swag, also richtig cool, wie sie mit ihrem Lied durch die Decke ging!

Dans le port d'Amsterdam

Der Kontrast könnte größer nicht sein — hier das schmucke Seemannsheim in der City, in dem früher Matrosen übernachteten und das nun als Gästehaus dient. Dort die raue Realität der Seeleute, die monatelang zur See fahren. Thomas Kirschner hat mit beidem zu tun, er ist seit August 2023 Diakon der Deutschen Seemannsmission in Amsterdam.

Thomas empfängt uns im frisch renovierten Aufenthaltsraum im zweiten Stock des Seemannsheims an der Keizersgracht, auf die wir blicken – malerisch. Er wohnt zusammen mit seinem Mann auch im Haus, in der Dienstwohnung mit 3,60 m hoher Stuckdecke und Gartenblick! »Ein Traum«, sagt er, »früher haben wir darüber gescherzt, uns ein Grachtenhaus in Amsterdam zu kaufen, wenn wir im Lotto gewinnen.« Von Köln, wo er als Sozialarbeiter an einer Förderschule arbeitete, war es nicht weit nach Amsterdam, und sie waren oft auf Stippvisite in der Stadt, jetzt wohnen sie hier. Sein Mann unterstützt ihn im Hotel: »Er hält mir den Rücken frei«, lacht Thomas. Gerade sind noch Restaurierungsarbeiten in Gang, neue Türen müssen in die Gästezimmer eingebaut werden. Auch das gehört zu seinen Aufgaben – als Hotelier, nicht als Diakon.

WIE ES ANFING ...

Die Deutsche Seemannsmission in Amsterdam gibt es seit 1888, in das Haus an der Keizersgracht zog sie 1954. Seitdem das Heim nicht mehr als Schlafstätte für Matrosen und Greenpeace-Aktivist:innen genutzt wird, sind die Einnahmen durch das Guesthouse willkommene finanzielle Unterstützung für die seelsorgerische Arbeit auf den Schiffen. Die Seemannsmission besetzt in Amsterdam jedes Jahr zwei Stellen im Internationalen Jugendfreiwilligendienst (IJFD; Kontakt/Hotel s. S. 29).

Hilfe in der Not

Was ist das eigentlich, ein Diakon? »Das ist, salopp gesagt, ein kirchlicher Sozialarbeiter«, meint Thomas, »zumindest in der evangelischen Kirche.« Und warum brauchen Seeleute so einen Sozialarbeiter? »90 % unserer Güter kommen über den Seeweg, wir reden viel über technische Details und beschweren uns, wenn etwas nicht geliefert wird, aber von den Menschen, die auf den Schiffen arbeiten, wissen wir herzlich wenig – neun Monate auf See, oft mit der Angst, beschossen zu werden wie aktuell durch die Huthi-Rebellen im Roten Meer, kein Kontakt zu den Liebsten daheim, da passiert viel, von Trennung über Geburt eines Kindes bis zu Todesfällen.« Auch die Bedingungen auf dem Schiff seien nicht ohne: die harte Arbeit, ständige Vibrationen und der Lärm der Maschinen, Eintönigkeit und Eingeschlossensein oder einfach nur die Langeweile. Für die Seeleute, egal welcher Herkunft oder Religion, sei es wichtig, zumindest im Hafen mit jemandem reden zu können, der unbeteiligt ist. Was ist mit den großen Problemen, z. B. wenn jemand selbstmordgefährdet ist? »Glücklicherweise«, sagt Thomas, »sind die Stationen der Deutschen Seemannsmission gut miteinander vernetzt.« 17 gibt es weltweit, 16 in Deutschland, und auch die Drähte zu anderen Seefahrerorganisationen sind gut. So lässt sich ein gefährdeter oder besonders belasteter Mensch über mehrere Häfen begleiten.

Von der Welt abgeschnitten

WLAN auf hoher See? Fehlanzeige! Die Reedereien scheuen die Kosten, sodass die Seeleute von persönlichen Kontakten abgeschnitten sind. Deshalb leben sie dieses Bedürfnis in den Häfen aus. Und da kommen wir auch schon zum handfesten Teil der ›Mission‹.

Ortswechsel: Westpoort, ca. 13 km vom Zentrum entfernt, von Hafenromantik keine Spur, stattdessen säumen große, weiße Tanks die Fahrbahn. Einfach so kommt man nicht aufs Hafengelände, alles ist strikt abgeriegelt. Wir müssen uns ausweisen, auch Thomas, der regelmäßig hier ist. Nach viel Kletterei über Metallleitern und schmale Brücken erreichen wir das Deck eines riesigen Öltankers. Ein Seemann in orangeroter Schutzkleidung geleitet uns zum Aufenthaltsraum. Der ist recht nüchtern eingerichtet, aber offensichtlich gibt es hier gesellige Momente. Ein künstlicher Weihnachtsbaum samt Schmuck liegt in einer Ecke, eine Dartscheibe mit Gebrauchsspuren hängt an der Wand, und eine Gitarre weist darauf hin, dass hier jemand musiziert.

Hunger nach Kontakt

Thomas hat begehrte Ware im Gepäck: SIM-Karten mit verschiedenen Datenvolumen, aber auch handgestrickte Mützen und Infomaterial. Nacheinander schauen die Seeleute vorbei, alle Filipinos, und

Ferdinand nimmt von Thomas warme Mützen für die Crew entgegen – ›heiße Ware‹ gegen kalte Ohren auf dem Öltanker.

versorgen sich mit SIM-Karten. Ferdinand beispielsweise: Er fährt seit 1992 zur See und ist jetzt seit vier Monaten von zu Hause weg, weitere fünf Monate wird er noch auf dem Schiff verbringen, auf dem er fürs Monitoring zuständig ist, will heißen, sicherstellen, dass die Technik läuft und viel auf dem Deck unterwegs sein. Er freut sich über eine warme Mütze und auf den lang ersehnten Chat mit seiner Frau und seinem 22-jährigen Sohn, aber auch darauf, Filme zu streamen. Thomas weist auf die kostenlosen Bus-Shuttles zum Seemannsclub in Sloterdijk hin, den die niederländischen Kollegen betreiben, begehrte Abwechslung vom Schiffsalltag mit Getränken, Billard, Gesprächen oder sogar einem Ausflug in die City, Letzteres eher ein seltenes Vergnügen bei den kurzen Liegezeiten im Hafen. Nein, das ausschweifende, alkoholgetränkte Leben der Matrosen, das Jacques Brel einst in seinem »Port d'Amsterdam« besang, ist definitiv passé. ■

Reden wir über Wasser

Einer trägt Neopren und das hat seinen Grund – es ist Winter und die Amsterdamer begehen das Neujahrsschwimmen.

Ein paar leben auf ihm — im Hausboot oder auf den schwimmenden Häusern in IJburg, aber alle leben mit ihm. Amsterdam und das Wasser, das ist eine besondere Beziehung.

Dass sie in dieser Stadt gefährlich leben, ist den Amsterdamern bewusst. Wenn die Dämme rund um Amsterdam brächen, dann stünde die ganze Stadt unter Wasser, es gäbe viele Tote und großen finanziellen Schaden. Gefahr droht aber auch von innen: Die Stadt steht auf sumpfigem Grund und ein großer Teil des Stadtgebietes liegt unter dem Meeresspiegel. Sie wäre schon längst versumpft, gäbe es nicht ein ausgeklügeltes System aus Pumpstationen, die das Wasser permanent aus den tiefer gelegenen Vierteln nach oben in Kanäle und den Nordseekanal befördern. Letzterer ist über die Schleuse in IJmuiden wiederum mit dem offenen Meer verbunden.

Kommt das Wasser über das übliche Maß hinaus von oben, werden die Pumpen ebenfalls angeworfen, damit Amsterdam nicht absäuft.

Die See gibt und nimmt

Ziemlich verrückt, dass sich an solch einem Ort überhaupt Menschen niederließen. Dort wo die Amstel in die ehemalige Zuiderzee (heute das IJ) mündet, bauten um das Jahr 1200 die ersten Bewohner an einem Damm ihre Häuser. Reizvoll

»Gott hat die Welt erschaffen, aber die Niederländer Holland.«

war der Standort, weil die Fischgründe reichhaltig waren und weil man hier gut handeln konnte. Mit dem tückischen Wasser versuchte man sich zu arrangieren, was häufig schiefging. Die Deiche, die die Bewohner angelegt hatten, waren oft machtlos gegen die stürmische Zuiderzee, die die Häuser einfach verschlang. Entgegen aller Widrigkeiten wollten die Amsterdamer bleiben – sie bauten ihre Häuser immer wieder auf.

Graben und befestigen

Als die Siedlung am Amsteler Damm im 17. Jh. zu klein wurde, fassten die Stadtoberen, die *Heren,* einen großen Plan. In Halbkreisen wurden vier Grachten, niederländisch für Kanäle, rund um den heutigen Bahnhof gegraben und befestigt, um all die Menschen unterzubringen, die in der boomenden Stadt leben wollten. Der Untergrund war schlickig, und alle Häuser – statt aus Holz jetzt meist aus Stein – wurden mit stabilen Holzpfählen in der tiefer liegenden festeren Bodenschicht verankert. Mindestens 11 m lang mussten die Pfähle sein, damit die Gebäude sicher standen. Je mächtiger sie waren, desto mehr Pfähle waren nötig: Für ein Haus brauchte man 40, für den Königlichen Palast auf dem Dam dann schon 13 600.

Was für ein Kraftakt! Riesige Mengen an Baumstämmen wurden für den Grachtengürtel aus dem Schwarzwald über den Rhein nach Amsterdam gebracht. Viele, viele Arbeiter, auch aus dem Ausland, waren an dem 80 Jahre dauernden Projekt beteiligt. Bis heute ist nicht ganz klar, wie sie es damals schafften, dass das Wasser nicht immer wieder nachlief, wenn sie die Kanäle buddelten. Wenn heute neu gebaut wird, nimmt man übrigens Betonpfähle und treibt sie noch tiefer in den Grund, bis man auf eine zweite, etwa 20 m tiefe Sandschicht stößt. Für besonders schwere Bauten kann man sogar bis zur dritten Schicht in 60 m Tiefe vordringen. Hält!

Teppich aus Inseln

Amsterdam ist die wasserreichste Stadt Europas – Venedig, mit dem es immer gern verglichen wird, kann da einpacken. Etwa 90 Inseln werden von 160 Grachten und kleinen Kanälen durchschnitten, über die an die 1000 Brücken Verbindungen schaffen. Was heute so idyllisch

B

OFFIZIELLE UND NICHTOFFIZIELLE BADESTELLEN

Die Pontons am Entrepotdok, die Amstel beim Ruderclub Roeicentrum Berlagebrug/südl. Weesperzijde, das IJ am Bogortuin auf Java-Eiland in der Nähe des Verbindingsdam sind alle drei auf eigenes Risiko; im Binnenhaven des Marineterreins, wo Holzstege zum Baden einladen, wird die Wasserqualität überwacht; der Grote Vijver (Große Teich) im Amsterdamse Bos mit Badewiese und Kanuverleih sowie der Strand IJburg sind beides offizielle Badestellen … Näheres zur Wasserqualität s. auf www.zwemwater.nl (niederl.).

Wenn der Wasserstand durch den Klimawandel steigt, braucht man andere Ideen, als die Deiche immer höher zu bauen, z. B. Häuser, die auf dem Wasser schwimmen und einfach mitsteigen wie hier in IJburg.

und meist wohlriechend daherkommt, muss bis ins 19. Jh. eine rechte Kloake gewesen sein. Eine Kanalisation gab es nicht und so schwammen auch die Fäkalien in den Grachten und nahmen ihren Weg gen Zuiderzee, denn die Kanäle waren damals noch direkt mit dem Meer verbunden, Ebbe und Flut unmittelbar spürbar. Erst 1872 wurde ein Schleusendamm gebaut, der die Grachten von der Zuiderzee trennte und vor Hochwasser schützte. Immer noch ging der gesamte Hausunrat ungefiltert ins Wasser, viermal am Tag wurde das Wasser damals ausgetauscht. Erst 1985 waren alle Häuser an die Kanalisation angeschlossen. Die Frischwasser-Infusionen aus dem Meer stehen trotzdem noch auf dem Programm, nur nicht mehr so häufig.

Ist Grachtenwasser sauber?

Bleibt die Frage, wie sauber das Wasser in den Grachten ist. Es ist trüb, weil es zum Teil aus der Amstel stammt, die durch Torfböden fließt, und es schimmert grün wegen der Algen. Regelmäßig werden die Kanäle vom Schlick befreit und ausgebaggert. Auch Müll, darunter über 10 000 Fahrräder im Jahr, wird aus dem Wasser geholt. Bis vor einigen Jahren verklappten noch ein paar Hausboote ihre Abwässer in den Grachten. Vorbei!

In den letzten 30 Jahren ist die Wasserqualität deutlich gestiegen, auch weil man sich der Kraft von wasserfilternden Pflanzen und Muscheln bedient und die Grachten und Hafenbecken als Ökosysteme begreift. Dennoch gibt es nur wenige Stellen in Amsterdam, die offiziell zum Baden freigegeben sind – und diese liegen außerhalb des Zentrums, z. B. am Nieuwe Meer im Südwesten Amsterdams. Voraussetzung ist, dass das Wasser zwei Jahre lang durchgehend sauber gewesen sein muss, beispielsweise ein bestimmtes Maß an E.-Coli-Bakterien nicht überschreiten darf. Dessen ungeachtet springen die Amsterdamer an vielen mehr oder weniger idyllischen ›Stränden‹ einfach ins Wasser. Sie finden es offensichtlich sauber genug. ■

Das zählt

Zahlen sind schnell überlesen — aber sie können die Augen öffnen. Nehmen Sie sich Zeit für ein paar überraschende Einblicke. Und lesen Sie, was in Amsterdam zählt.

36

Titel hat Ajax Amsterdam seit 1956 geholt und ist damit niederländischer Rekordmeister. Der bekannteste Spieler des Vereins war in Deutschland Johan Cruyff, nach dem die Arena in Amsterdam ihren Namen hat.

260

Marktstände reihen sich auf dem Albert Cuypmarkt aneinander – damit ist er der größte Tagesmarkt Westeuropas. Von Obst und Gemüse über Kosmetikartikel und (Billig-)Bekleidung bis hin zu Käse und Delikatessen ist alles vertreten. Auch für Snacks ist gesorgt, z. B. mit *loempias* und *kibbeling*.

2,02

Meter ist das schmalste Haus der Stadt in der Oude Hoogstraat 22 breit (erbaut um 1600). Damals berechnete sich die zu zahlende Gebäudesteuer anhand der Breite des Hauses und der Anzahl seiner Fenster, sodass die Gebäude alle möglichst lang und hoch, aber nicht breit waren.

80

Boote dürfen jedes Jahr bei der Parade der Gay Pride mitfahren. Es bewerben sich aber so viele, dass ausgelost wird, wer dabei sein darf. Im ersten Boot fährt Amsterdams Bürgermeisterin vorweg, dann folgen weitere Würdenträger und dahinter die bunt geschmückten Boote der Teilnehmenden.

210

Gemälde von Vincent van Gogh, dem bekanntesten Maler des Landes, hängen in Amsterdam. Die meisten davon, wie nicht anders zu erwarten, in ›seinem‹ eigenen Museum. 2024 kamen drei Gemälde hinzu, als Dauerleihgaben an das Rijksmuseum.

30–50

Minuten ist der nächste Strand von Amsterdam entfernt. Sowohl Zandvoort als auch Bloemendaal, kleinere, aber sehr gut besuchte Badeorte westlich von Amsterdam, sowie der Strand von IJburg im Osten der Stadt sind mit dem ÖPNV vom Hauptbahnhof aus schnell zu erreichen.

2530

Euro muss ein Student durchschnittlich pro Jahr in Amsterdam an Studiengebühren bezahlen. Diese Summe gilt allerdings nur für die staatlichen Universitäten.

55

Brauereien sind in Amsterdam ansässig – von Heineken bis zum kleinen Craftbier-Brauer. Sie unterscheiden sich deutlich in Größe, Angebot und wie sie produzieren. Bei gut 20 von ihnen kann man die Biere direkt vor Ort in einem *proeflokaal* verkosten.

100

Prozent bio und komplett emissionsfrei produzieren die Chocolatemakers im Amsterdamer Kakaohafen ihre süßen Genüsse. Einmal im Jahr bringt ein Segelschiff den Kakao, zweimal im Jahr kommen Hunderte Radfahrer aus Deutschland, um die Schokolade abzuholen.

750

Jahre besteht Amsterdam im Jahr 2025, um genau zu sein: am 27. Oktober. Eines der Highlights im Jubiläumsjahr: Am 21. Juni, dem längsten Tag des Jahres, werden 15 Kilometer der Ringautobahn A10 für eine große Party gesperrt.

1753

Brücken überqueren die Grachten und Kanäle der Amsterdamer Wasserlandschaft. Eine der ältesten und schönsten ist die ›Milchmädchenbrücke‹, die die Brouwersgracht überspannt. Sie verdankt ihren Namen dem früher direkt neben ihr abgehaltenen Milchmarkt.

10.000

bis 15000 Fahrräder fischt Waternet bei seinen Aufräumarbeiten pro Jahr aus den Grachten – aller Marken, Größen und Farben. Richtig teure E-Bikes, unzählige Swapfietsen, aber auch Motorroller – die Palette ist groß.

9000

Tannenholzpfähle tragen den Hauptbahnhof im Zentrum. Er steht auf drei künstlichen Inseln, musste aber wegen des schlammigen Untergrunds abgestützt werden. Mittlerweile wurden viele Holzpfähle durch Beton ersetzt, damit der Bahnhof die stetig steigende Anzahl an Zügen verkraften kann.

175

Euro – so viel kostet in Amsterdam durchschnittlich eine Hotelübernachtung. Hinzu kommt noch die Touristenabgabe von 12,5 Prozent des Übernachtungspreises – pro Tag!

2,2

Mio. Gäste zählte das Van Gogh Museum 2023. Damit setzte es sich noch vor die gut besuchten Museen Rijksmuseum und Anne Frank Huis.

Lost Places: Schmuddelkinder auf Erfolgskurs

Aufgelassenen Stadtbrachen wie der ehemaligen NDSM-Werft hauchen Künstler und Kreative neues Leben ein – sogenannte ›broedplaatsen‹, Brutplätze, entstehen, permanent oder auf Dauer. Gut 70 davon gibt es in der Stadt, Kunstschaffende wie Tara Downs mit ihrer ›Radiohütte‹ wissen das zu schätzen. Und seit Neuestem verstärkt auch die städtische Politik. Welch ein Glück!

›Brutplätze‹ in Amsterdam — Kreative Freiplätze gibt es überall in der Stadt. Oft waren es ›kraker‹, Hausbesetzer, die aus einem Platz, der nichts hermachte, etwas machten. Sie hauchten ihm neues Leben ein, setzten kreative Energie frei.

Wir radeln in die Halle der NDSM-Werft in Amsterdam-Noord, so groß ist sie, und es macht Spaß, mit dem Rad durch die bunte Legowelt der Künstlerateliers und Büros zu flitzen. Ende der 1990er-Jahre ließ sich hier eine Gruppe um Hausbesetzerin Eva de Klerk nieder. Sie hatten erkannt, dass das etwa 80 000 m² große Gelände, das nach der Werftenkrise der 1970er- und 1980er-Jahre in einen tiefen Dornröschenschlaf gefallen war, mehr sein könnte als nur illegales Partyterrain. Wohnraum war knapp in Amsterdam, Atelier- und Büroflächen oft unbezahlbar. In einer der Hallen stapelten rund 250 Kunstschaffende aller Genres ihre bunten Schachtel-Ateliers aufeinander und schufen die ›Kunststad‹. Die alte Werft wurde der größte Brutplatz der Welt.

Brutplatz in Gefahr!

Maler, Goldschmiede und Bildhauer, Designer, Architekten und Grafiker, Film- und Multimediakünstler, Tanz- und Theatergruppen bereiteten den Boden, die anderen folgten – wie so oft: Café- und Restaurantbetreiber, Investoren und Stadtentwickler, Unternehmer und Bauunternehmer, Hoteliers und Wohnungsgenossenschaften und noch viele mehr. Die Werft und ihre Umgebung entwickelten sich zu einem florierenden Unternehmen, zu einer Stadt in der Stadt, zu einem In-Viertel, dort, wo es früher dreckig und ungemütlich gewesen war.

Der Kreislauf schließt sich und eigentlich braucht es die Künstler und Kreativen jetzt gar nicht mehr, die »zu günstigen Mieten in der Goldgrube hocken und nicht weichen wollen«. Jetzt sind es die Künstler, die um ihr Überleben, ihr Dasein, ihre Berechtigung kämpfen.

Trendsetter auf Zeit?

Stets mehr Initiativen sollen aus Amsterdam vertrieben werden – und das, obwohl gerade sie ein Spielplatz für Experimente, Innovation und Nachhaltigkeit sind. Überall in der Stadt werden Industriegelände, Werften und andere Stadtbrachen in Wohngebiete umgewandelt. »Kunst wird in diesem Prozess oft als Quartiermeister eingesetzt«, schreibt Edo Dijksterhuis in der Tageszeitung »Het Parool«. Und fragt sich: »Wie kann diese Rolle des Trendsetters auf Zeit zu etwas von bleibendem Wert werden?« Er resümiert, dass in den Flächennutzungsplänen alles geschützt sei – außer der Kultur. Die Schließung von Brutplätzen wie Roest auf der Insel Oostenburg scheint ihm Recht zu geben. Der flippige Treffpunkt war ein

B

BRUTPLÄTZE FÜR ALLE!

Ein Großteil der gut 70 broedplaatsen ist nur den Mietern zugänglich. Doch hier kann jeder vorbeischauen: De Ceuvel (deceuvel.nl), NDSM-werf (ndsm.nl), De Vlugt (devlugt.amsterdam), De Sloot (desloot.nl), WG-terrein mit LAB111 (wg-terrein.nl, lab111.nl), OT301 (ot301.nl) und Het HEM (hethem.nl).

Unikat: Stadtstrand, Club, lässige Bar und Restaurant sowie Veranstaltungsgelände, auf dem Kino, Theater und Ausstellungen Platz fanden. Roest, untergebracht in einem ehemaligen Kaltgasgebäude, schloss 2018 nach sieben Jahren die Tore. Hier entsteht heute ein neues Stadtviertel.

Auch De Ceuvel in Noord ist bedroht. Der nachhaltige Brutplatz für kreative und soziale Unternehmer entstand ab 2012 auf einer ehemaligen Werft und schrieb innerhalb kürzester Zeit Erfolgsgeschichte. Zunächst auf zehn Jahre befristet, konnte dieser broedplaats das Gelände als Leihgabe nutzen. Da die Pläne für ein neues Stadtviertel derzeit auf Eis liegen, wurde die Konzession erst um 13 Monate bis Anfang 2025 und danach jeweils um ein halbes Jahr verlängert. Spaß macht das nicht!

Kehrtwende in der Politik

Doch es gibt Licht am Ende des Tunnels: Im März 2024 erklärte Kulturstadträtin Touria Meliani, sie werde mehr Geld für Brutplätze lockermachen und diesen auch mehr Aufmerksamkeit zollen. Schließlich seien sie das pulsierende Herz der Kunst- und Kreativszene Amsterdams und ermöglichten es Kunstschaffenden, Ateliers, Werkstätten und Proberäume zu erschwinglichen Preisen zu mieten. So könnten sich diese auf ihre künstlerische Praxis konzentrieren. Meliani verriet damit nichts wirklich Neues, doch ist ihre ›Brutstättenpolitik‹ für die kulturellen Freihäfen ein Segen. So stehen beispielsweise jährlich insgesamt 500 000 Euro für die Programmgestaltung zur Verfügung.

Kritik ist ihr allerdings auch sicher, denn Künstler, die seit mehr als zehn Jahren in einem Brutplatz sitzen, müssen ab 2026 ihre Räume verlassen, damit Platz für Newcomer entsteht. Denn günstige Atelierplätze sind rar! Bevor dies definitiv wird, will Meliani jedoch die möglichen Auswirkungen ihres Erlasses untersuchen.

Nicht nur die Nachtbürgermeister indes werden gutheißen, dass bei den Kontrollen durch die Stadt nicht mehr im Vordergrund steht, was in den Brutplätzen passiert. Vielmehr soll der lokale Bezug gestärkt werden. Im Klartext: Wie stehen die Macher mit dem Viertel in Verbindung und mit wem arbeiten sie zusammen?

Das scheint uns ein großer Fortschritt, schießlich beobachten wir als Journalistinnen die Entwicklung seit gut 20 Jahren. Und sind froh über die großen und kleinen Siege der Künstler, sind froh, dass das Bunte, Raue, Wilde, das Nicht-ganz-Fertige noch Bestand hat. ■

Die NDSM-Werft ist ein großer Spielplatz für Street-Art-Künstler.

Raus aus dem Müll!

1,3 Mrd. Tonnen Lebensmittel — diese Menge landet weltweit jährlich im Müll, ein Drittel der insgesamt produzierten Lebensmittel. Noch 2018 waren die Niederländer Europas traurige Spitzenreiter, doch inzwischen sind sie Pionierland für das Upcycling aus Restströmen. Amsterdamer Initiativen machen es vor!

Die Verwertung von Lebensmitteln aus Restströmen ist in Deutschand für viele überhaupt noch kein Thema – und außerdem verboten. Im Nachbarland jedoch wird schon fleißig experimentiert. Die Banana Factory in Geldermalsen etwa verarbeitet aussortierte Bananen zu Püree. Schalen von ausgepressten Orangen verwerten die Peel Pioneers aus Den Bosch zu Fasern, die als Bindemittel genutzt werden können.

Alles für Müll-Menüs

In Diemen, im Südosten Amsterdams, produziert InstockMarket für seine Konsumenten Bier und Granola aus Zutaten, die sonst entsorgt werden würden. Zu bekommen sind sie in der Stadt u. a. bei Sterk, Landmarkt und The Maker Store. Doch das ist längst nicht alles: Das Food Rescue Center ist ein Online-Großhandel für Küchenchefs. Instock arbeitet mit rund 100 Lieferanten von Restströmen zusammen: Landwirten, Züchtern, Zwischenhändlern. Tag für Tag kommen neue Produkte herein, die hier eine letzte Qualitätskontrolle durchlaufen, ausgeliefert werden und dann in den Restauranttöpfen landen.

Reste-Restaurants

Ohne Umwege direkt in die Bäuche ihrer Gäste bringt die Amsterdamer Initiative BuurtBuik (›KiezBauch‹) gerettete Lebensmittel. Ehrenamtler holen Überflüssiges bei Gastronomiebetrieben, Supermärkten und Gemüsehändlern ab und teilen es mit den Nachbarn. An Kochnachmittagen bereiten sie im Team eine Mahlzeit zu, die sie dann gemeinsam einnehmen. So rettet BuurtBuik nicht nur Lebensmittel vor der Tonne, sondern bringt Anwohner zusammen. Das Kochen ist für die Helfer immer eine kleine Herausforderung – sie wissen nie, was reinkommt. Nicht immer ist es so einfach wie heute: Aus einer riesigen Ladung Kürbisse lassen sich Suppe, Lasagne und Brownies zaubern.

Allen Initiativen gleich ist, dass sie Lebensmittel retten und das Miteinander fördern möchten. So sitzt man auch beim Keuken Kollektief bunt zusammengewürfelt an den Tischen, isst, trinkt, lernt neue Leute kennen, unterhält sich, hilft mit seiner Spende. So sollte Essen immer sein! ■

WASTELESS WEDNESDAY

Mittwochs kocht das Freiwilligenkollektiv **Taste Before You Waste** ein vegetarisches bzw. veganes Müll-Menü für alle. Die geretteten Lebensmittel stammen von Läden und Märkten der Umgebung (Plantage Doklaan 8–12, www.tastebeforeyouwaste.org, ›pay as you can‹).

Oranje boven!

Wenn der König seinen Geburtstag feiert — dann leuchtet Amsterdam in Orange, der Farbe des Königshauses, Motto des Tages: ›oranje boven‹, Orange über alles!

Als Willem-Alexander I. am 30. April 2013 zum König gekrönt wurde, erbte er auch den Koningsdag – Königstag. Der hatte, weil die Niederlande seit seiner Erfindung nur von Königinnen regiert worden waren, vorher immer nur Koninginnedag geheißen. Seit Juliana, der Mutter von Ex-Königin Beatrix, wurde er immer am 30. April, ihrem Geburtstag, gefeiert. Zu Ehren ihrer Mutter behielt Beatrix das Datum bei. Ihr Sohn Willem-Alexander musste den Tag nur um drei Tage, auf den 27. April, vorverlegen, denn da hat er selbst Geburtstag.

Der Monarchie stehen die Amsterdamer eher distanziert gegenüber – das ändert aber nichts daran, dass der Königstag der absolute Höhepunkt im Festkalender der Hauptstadt ist.

Vorglühen

Früh, sehr früh schieben sich die Menschenmassen durch die Straßen, womöglich noch mit etwas Restalkohol im Blut, denn es gibt ja auch die vorausgehende Königsnacht, die man z. B. auf dem Nieuwmarkt dicht an dicht mit Livemusik feiern kann.

Geschäftstüchtig

Ebenfalls am Vortag haben die vorausschauenden Amsterdamer auf den Straßen mit Klebeband oder Kreide viereckige Flächen markiert, um dort in den Morgenstunden ihre Waren zu drapieren. Denn der Koningsdag ist auch *vrijmarkt,* was heißt, dass jeder niederländische Bürger ohne Sondergenehmigung seinen Dachboden leerräumen darf, um Möbel, Schüsseln und aufgetragene Kleidung zu verkaufen, oder aber seine Mitbürger gegen Entgelt mit Saté-Spießen, *poffertjes,* den runden Pfannküchlein, und Getränken zu versorgen. Die Einnahmen an diesem Tag sind übrigens steuerfrei. Straßenmusikanten, häufig in jugendlichem Alter, tun mit Fiedel, Flöte oder Bongo ihr Bestes, um den Lärmpegel anzuheben. Auf den Kanälen stauen sich die geschmückten Boote, auf denen man entweder selbst sitzt oder die man vorüberziehen lässt.

GUT ZU WISSEN

G

Der Koningsdag ist ein Nationalfeiertag, Geschäfte und Museen sind geschlossen, außer Anne-Frank-Haus, Van-Gogh-Museum, Stedelijk Museum und Rijksmuseum. Fällt der 27. April auf einen Sonntag, z. B. im Jahr 2025, so wird der Festtag auf den 26. April vorverlegt. Der *vrijmarkt* beginnt um 6 und endet um ca. 20 Uhr. Alkohol darf erst ab 11.30 Uhr ausgeschenkt werden.

Die einen versuchen sich im Breakdance, die anderen freuen sich, weil sie sich königlich ausstaffiert haben – der Koningsdag ist am schönsten dort, wo sich die Kinder ihr kleines Reich erschaffen.

Kurz – es geht hoch her und es gibt viel zu bestaunen: etwa den kleinen Pekinesen mit den orangefarbenen Schleifchen im Hundehaar, passend dazu das Frauchen im ebenfalls grellen Kleid und der apfelsinenfarbigen Plastikkrone auf dem ergrauten Haupt.

Glückliche Kinder

Grünanlagen wie Vondel- oder Sarphatipark sind am Koningsdag für die Kinder reserviert. Hier liegen auf Decken, Handtüchern oder Plastikplanen zu klein gewordene Kleider oder Loks, Puppen und Bücher. Mit Kunststückchen versuchen die Kinder ihr Taschengeld aufzubessern: Hier jongliert eine Zehnjährige mit drei orangefarbenen Bällen, dort macht einer einen Kopfstand.

Das fröhliche Kindertreiben erinnert daran, dass der Königstag am 31. August 1889, dem neunten Geburtstag von Prinzessin Wilhelmina, zum ersten Mal gefeiert wurde. Damals hieß er noch Princessedag und hatte eine politische Funktion – er sollte die nationale Einheit stärken. Gleichzeitig war der 31. August auch der letzte Tag der Schulferien, weshalb sich daraus schnell ein Festtag für Kinder entwickelte.

Alle feiern mit

Längst aber ist er zum Open-air-Volksfest für alle geworden. Königin Beatrix nahm traditionell mit der ganzen Familie an den Feierlichkeiten teil und mischte sich unters Volk – gleich an zwei Orten ihres kleinen Königreiches. Ihr Sohn Willem Alexander reist mit Frau und Töchtern nur noch an einen Ort und wird auf einem Königsspaziergang zu wichtigen Stationen des Ortes geführt. Die früher üblichen ›altholländischen‹ Spiele wie Stoffbierkrug-Weitschieben oder Kuchenschnappen hat er kategorisch aus seinem Programm verbannt. ■

Yoko Ono und John Lennon machten es 1969 während ihres Bed-ins im Amsterdamer Hilton Hotel vor: Kuscheln für den Weltfrieden. Zitat Lennon: »Wenn Hitler und Churchill im Bett geblieben wären, wären heute noch viele Menschen am Leben.«

Reise durch Zeit & Raum

Gebaut auf Pfählen — Im Schlammbrei an den Ufern der Amstel erbauten die ersten Bewohner ihre Häuser. Heute nimmt man Beton- statt Holzpfähle … und baut fleißig weiter.

Die Stadt wächst aus dem Wasser

Ab 1170

Erste Siedler errichten an der Stelle, wo die Amstel ins IJ mündet, einen Deich. Diesem *dam* verdankt die Siedlung ihren Namen: Aus Amstelredamme wird später Amsterdam. Anfangs leben auf den künstlich errichteten Wohnhügeln hauptsächlich Textilhandwerker, Fischer und Bauern. Doch schon 1275 verleiht der Graf von Holland der Siedlung das Zollrecht. 1300 folgt das Stadtrecht, sodass sich Handel und Schifffahrt schnell entwickeln können. Die Stadt wächst immer schneller und dehnt sich immer weiter aus. Um 1400 wird die erste steinerne Stadtmauer errichtet. Das beliebteste Baumaterial ist und bleibt wegen seines niedrigen Preises Holz – was nach dem verheerenden Stadtbrand von 1421 jedoch als Baumaterial verboten wird. Die Stadt wird in den nächsten Jahrzehnten noch zweimal erweitert und zählt 1452 bereits 10 000 Einwohner.

Zum Anschauen:
Dam S. 42, Damrak S. 39

Wie die Krone ins Wappen kommt

Ab ca. 1500

Die Stadt fällt an die Habsburger. Kaiser Maximilian verleiht ihr 1489 das Recht, seine Krone im Wappen zu tragen, eben jene Krone, die auch die Spitze des berühmten Westertoren ziert, des Kirchturms der Westerkerk. Nach der Eheschließung mit Maria von Burgund ist er der neue Herr über die Grafschaft Holland, die Burgund sich 1428 einverleibt hat. Der Protestantismus beginnt, sich im 16. Jh. in Europa und auch in den Niederlanden auszubreiten – gegen den Willen der katholischen Habsburger, was zum Achtzigjährigen Krieg führt. Führer der Aufständischen ist ab 1568 Prinz Willem von Oranje, der frühere Statthalter von Maximilians Enkel Philipp II. von Spanien. 1578 schließlich fällt Amsterdam an die Protestanten und seine Bürger zeigen sich solidarisch (Alteratie von Amsterdam), sodass Katholizismus und Habsburger bald Geschichte sind. Nur die Krone bleibt. 1581 erklären die nördlichen Sieben Provinzen ihre Unabhängigkeit von Spanien, während der Süden als Spanische Niederlande katholisch bleibt.

Zum Anschauen:
Westertoren S. 97, Oude Kerk S. 51

Goldene Zeiten

17. Jh.

Holland macht Karriere als Seemacht und wird zur führenden Handelsnation. Das bringt nicht nur Reichtum, sondern auch neue Einwohner nach Amsterdam – was allerdings auch von anderen Umständen begünstigt wird. Denn nachdem die Spanier Antwerpen eingenommen haben, flüchten Tausende Südholländer nach Amsterdam. Auch aus Spanien und Portugal vertriebene Juden zieht es in die Stadt, in der weitgehende Religionsfreiheit herrscht. Die Geflohenen haben Wohlstand, Wissen und ihre Künste mitgebracht, was Amsterdam schnell zum kulturellen Mittelpunkt Europas werden lässt. Das ›Gouden Euw‹, das Goldene Jahrhundert Hollands, beginnt. 1602 wird die Ostindische und bald darauf die Westindische Handelskompanie gegründet. Beide sammeln auf dem Rücken der holländischen Kolonien unermessliche Reichtümer an. Riesige Summen werden in den Bau von Prachtpalästen am Grachtengürtel (Beginn des Baus 1613) und in Kunst investiert. Die holländische Malerei erlebt u. a. mit Rembrandt und Vermer einen nie dagewesenen Aufschwung. 1648 wird mit dem Westfälischen Frieden der Achtzigjährige Krieg mit Spanien beendet, die Nördlichen Niederlande werden formal anerkannt. Die Amsterdamer feiern dies und sich selbst mit dem Bau des prächtigen Rathauses am Dam und machen klar: Wir sind eine Stadt der Bürger. 1662 leben rund 200 000 Einwohner in der Stadt.

Zum Anschauen:
Grachtengordel S. 90, Rijksmuseum S. 180

Niedergang und Neuanfang

18. Jh.

Holland wird in mehrere Seekriege mit England verwickelt, eine französische Invasion droht und die ehemals gewaltigen Finanz- und Kraftreserven nehmen ab. 1748 versenken die Engländer die Kriegsflotte der Sieben Vereinigten Provinzen. Nach der Besetzung des Landes durch Frankreich gründen radikale Holländer mit französischer Hilfe die Batavische Republik; Napoleons Bruder Louis, genannt Lodewijk, regiert als Statthalter bis 1813 in Amsterdam. Der Wiener Kongress bringt die Vereinigung der nördlichen und südlichen Provinzen zu einem Königreich unter Wilhelm von Oranien, bis Belgien 1830 eigenständig wird. Ab 1850 greift die Industrielle Revolution nun auch verspätet in den Niederlanden, die ersten Zugstrecken und der Nordseekanal werden gebaut. Insbesondere der direkte Zugang der Stadt zur Nordsee bringt erneut Wohlstand nach Amsterdam. Besiegelt wird die neue Epoche 1890 mit der Krönung von Wilhemina – sie ist die erste Frau auf dem Thron.

Zum Anschauen:
Königspalast S. 42, Hauptbahnhof S. 37

Neutralität

Ab 1914

Zwei Kriege erschüttern die Welt. In beiden bleiben die Niederlande neutral, was ihnen im Zweiten Weltkrieg wenig hilft. 1940 greifen die Nazis an. Rotterdam und der Flughafen Schiphol werden zerstört, die Niederlande von deutschen Truppen besetzt. Königin und Regierung fliehen nach London. Die Menschen, die in der Stadt bleiben, erleiden schlimmste Repressalien, Hunger setzt ihnen zu. Amsterdam verliert rund 10 % seiner Bevölkerung: 100 000 Juden werden in Konzentrationslager gebracht und ermordet. Am 5. Mai 1945, wenige Tage vor der Kapitulation Deutschlands, befreien alliierte Streitkräfte Amsterdam, das während des Krieges Zentrum des Widerstands gegen das Hitlerregime war.

Zum Anschauen:
Nationaal Monument S. 42, Verzetsmuseum S. 80

Auf dem Weg zu einer liberalen, offenen Stadt

1954–80

Nach den Schrecken des Krieges ist auch in Holland Wandel angesagt. 1948 besteigt Königin Juliana nach der Abdankung ihrer Mutter den Thron.

Eine Stadt baut aus: Amsterdam schafft stetig neuen Wohnraum, doch die Luxuswohnungen im alten Houthaven sind für die breite Masse kaum erschwinglich.

Nach und nach werden die alten Kolonien selbstständig, 1949 zuerst Indonesien (Ostindien), 1975 schließlich Surinam. Viele Bewohner der ehemaligen Kolonien wandern in die Niederlande aus. Die Bewohnerzahl Amsterdams wächst auf 800 000 an. In den 1950er-Jahren erholt sich die geschwächte Wirtschaft langsam, der Wohlstand kehrt zurück. Gleichzeitig gibt es erste Unruhen im Land: *provos* (eine anarchistische Bewegung), aufständische Studenten und *kraker* (Hausbesetzer) wehren sich gegen Missstände in der Stadt. Sie protestieren gegen Umweltverschmutzung, Konsumterror, Wohnungsmangel und für Frieden, die Gleichberechtigung der Frauen und gleiche Rechte für Schwule und Lesben. 1980 wird Beatrix Königin und langsam verklingen die Unruhen, hinterlassen aber eine Stadt, die für eine liberale und offene Politik steht.

Zum Anschauen:
Het Lieverdje S. 45, Vondelpark S. 168

Neu ist (fast) immer besser

Ab 1990

Die Stadt braucht neuen Wohnraum. Immer mehr Menschen zieht es nach Amsterdam, darunter viele Nicht-Europäer. Sie leben isoliert in Hochhausghettos am Rand der Stadt. Die größten ausländischen Bevölkerungsgruppen sind Türken, Marokkaner und Surinamer. Integration findet kaum statt, auch wenn immer neue Integrationsprogramme aufgesetzt werden. Die Bemühungen scheinen z. T. recht halbherzig. 1995 verabschiedet der Stadtrat das ehrgeizige Stadtentwicklungsprojekt ›Ankers in het IJ‹. An den Ufern von IJ und Markermeer sollen neue Wohnviertel entstehen, Schwerpunkte der Stadtentwicklung sind das IJ-Ufer, IJburg, die Noord/Zuidlijn (neue Metroverbindung vom Buiksloterplein im Norden über die Centraal Station bis Zuid/WTC im Süden) und die Zuidas. Aber nicht alle Projekte werden wohlwollend aufgenommen. Der 2003 beschlossene millionenschwere Bau der Metrolinie ist von Anfang an heftig umstritten. Gegen Ende der 2000er-Jahre kommt ein weiteres ehrgeiziges Projekt hinzu, die Umgestaltung von Noord, einem Stadtviertel, das das IJ vom Zentrum trennt und das nun Kreative aller Sparten für sich entdecken. Aber nicht nur Neues lässt sich feiern: 2010 wird der Grachtengürtel UNESCO-Welterbe, und 2017 begeht die Stadt 100 Jahre Amsterdamer Schule, einen Architekturstil, den es nur hier gibt. Nachdem auf dem Thron der Niederlande seit drei Generationen Frauen saßen, wird 2013 Willem-Alexander zum König gekrönt. 2025 ist große Party in der Stadt angesagt: 750 Jahre wird sie alt. Gefeiert wird aber schon 2024, denn laut dem »Arcadis Sustainable Cities Index« 2024 ist Amsterdam die nachhaltigste Stadt der Welt (www.arcadis.com).

Zum Anschauen:
NDSM-Werft S. 229, IJburg S. 210,
Eye Filmmuseum S. 221

Alles fließt

Das Rijksmuseum ist untertunnelt – freie Fahrt für Fahrradfahrer.

Fahrräder, Touristen und Amsterdamer — das ist eine komplizierte Gemengelage. Trotzdem ist es eine vortreffliche Idee, in Amsterdam aufs Fahrrad zu steigen, auch und gerade als Tourist. Ein paar Regeln sollte man allerdings kennen.

Die erste Chance, mit den Fahrradbräuchen in Kontakt zu treten, hat man direkt nachdem man aus dem Zug gestiegen ist, den Bahnhofsvorplatz erreicht hat und von Fahrradfahrern niedergeklingelt wird. Nein, wer zu Fuß geht, hat in dieser Stadt keine Lobby, das lernt man schnell. Wer Auto fährt, übrigens auch nicht: Bei einem Unfall zwischen *fiets,* Fahrrad und Auto hat in den Niederlanden grundsätzlich der Autofahrer Schuld, egal, wie riskant sich der Fahrradfahrer verhalten hat.

Das *fiets* gehört zur DNA Amsterdams: Knapp 60 % seiner Bewohner sind regelmäßig mit dem Rad unterwegs, ohne Helm selbstverständlich. Amsterdamer benutzen ihr Fahrrad, um rasend schnell von A nach B zu kommen. Bedeutet im Umkehrschluss für die nach Gemütlichkeit strebenden Touristen, sie sollten entweder die Rushhour meiden oder sich an das Tempo anpassen. Dafür muss man unbedingt schon von zu Hause eine gewisse Praxis mitbringen.

Keine Selfies bitte!

Das Fahrradwegenetz ist hervorragend, die Wege sind rot eingefärbt. Auf ihnen fährt der Langsamere rechts und stoppt auf keinen Fall abrupt ab. Wer dies dennoch tun will, etwa weil er oder sie ein Foto schießen muss, gibt Handzeichen, um einer Massenkarambolage der von hinten nachkommenden *fietsen* vorzubeugen. Gleiches gilt fürs Abbiegen. Überholt wird links und diesen Vorgang tut man mit ausgiebigem Klingeln kund.

Das Recht des Stärkeren

Ein gewisses Rowdytum gehört zum Fietsen dazu: Rote Ampeln sind für viele Amsterdamer kein Grund anzuhalten. Fußgänger auch nicht, sie sind wie andere ›Hindernisse‹ geschickt oder auch mit lautem Klingeln zu umfahren. Zebrastreifen sind eh die Farbe nicht wert, mit der sie auf den Asphalt gepinselt wurden.

Entlang der Grachten gilt die Regel rechts vor links – wenn es eben nicht anders geregelt ist. Dabei achte man auf die kleinen weißen Dreiecke auf dem Boden: Zeigt die Spitze zu mir, muss ich warten, zeigt die flache Seite zur Straße, auf der ich mich gerade befinde, kann ich weiterfahren. Aber, siehe wiederum oben, das ist eine Regel, die gerne übertreten wird.

Apropos: Motorisierte Zweiräder sind auf den Radwegen verboten – eigentlich. Sie fahren dennoch dort und können ziemlich viel Stress verbreiten. Lange hat die Polizei beide Augen zugedrückt, mittlerweile werden Strafen verhängt, wenn man sich mit dem Scooter unerlaubt auf dem Radweg aufhält.

Augen auf beim Parken

Wo parkt man sein *fiets*? Nur auf dafür markierten Plätzen oder in riesigen Fahrradparkhäusern wie am Bahnhof. Das Schloss sollte martialisch aussehen und mit einem Pfahl oder Ähnlichem verbunden werden. Keinesfalls zu lange parken, sonst könnte es einem passieren, dass das Fahrrad zu einem der 80 000 anderen wird, die die Stadt jährlich abschleppt. ■

Ich war Amsterdam

Wie viele Touristen verträgt meine Stadt? — Diese Frage stellen die Amsterdamer seit einigen Jahren immer deutlicher. Sie finden, dass zu viele kommen, dass sie laut und respektlos sind, Preise und Mieten hochtreiben, die Umwelt schädigen, kurzum: die Lebensqualität beeinträchtigen.

21 Mio. Übernachtungen (2023) sind kein Pappenstiel für eine Stadt, die selbst (noch) unter eine Million Menschen zählt. Besonders wenn sich Besucher auf einem relativ kleinen Radius, dem Grachtengürtel mit UNESCO-Welterbe-Status inklusive Rotlichtviertel, durch die Gegend schieben und die Besucherzahlen jedes Jahr weiter zu steigen drohen. Denn nach den Dellen der Coronajahre haben sich diese wieder auf Vor-Pandemieniveau oder sogar darüber eingependelt. Und wie soll das erst werden, wenn die Stadt 2025 ihr 750-jähriges Bestehen feiert? So oder so: Es ist *echt druk* (eng) in der Stadt.

Stay away?

In immer neuen Anläufen versucht Amsterdam, die Besucherzahlen zu drosseln, gerade im Rotlichtviertel, das gern von Partytouristen frequentiert wird: Müll fallen lassen, Wildpinkeln, Grölen, Alkohol und Kiffen auf der Straße sind mit Geldstrafen zwischen 100 und 140 Euro belegt. Führungen in großen Gruppen durch die *rosse buurt* sind inzwischen verboten, die Öffnungszeiten von Kneipen und den roten Fenstern verkürzt. Bewegen sich zu viele Menschen durch die engen Gassen, werden sie abgesperrt. Unvergessen auch die »Stay-away«-(Bleibt-weg-) Kampagne auf den sozialen Kanälen 2023, die explizit feierwütige britische Männer zwischen 18 und 34 abschrecken sollte. Bei den einen sorgte sie für Heiterkeit, die anderen verweisen auf Untersuchungen des Reiseindustrieanalysten ForwardKeys, der herausgefunden haben will, dass sie gewirkt hat.

Einstweilen hat die Stadtverwaltung ein weiteres Anti-Overtourism-Paket geschnürt, das seit Anfang 2024 in Kraft ist und sowohl die Touristenströme besser lenken als auch die Umwelt schützen soll: Die Bettensteuer wurde auf 12,5 % erhöht und liegt damit an der Spitze der Touristendestinationen in Europa. Die Gästezahlen wurden auf 20 Mio. pro Jahr limitiert, gleichzeitig sollen nur noch neue Hotels gebaut werden, wenn andere schließen und wenn sie ein nachhaltiges Konzept vorweisen. Zudem empfiehlt die Stadt Hotelbesitzern, einen Ort außerhalb des Zentrums zu wählen. Die Zahl der ins Zentrum einfahrenden Kreuzfahrtschiffe will man bis 2028 halbieren und so nach dem Vorbild von Venedig auch die umweltschädlichen Emissionen reduzieren. Einer Studie des Forschungsinstituts CE Delft zufolge stößt ein Kreuzfahrtschiff an einem Tag im Amsterdamer Hafen genauso viel Schadstoffe aus wie 31 000 Lastwagen auf der Stadtautobahn. Zwar bilden die knapp 300 000 Passagiere pro Jahr nur einen geringen Anteil an den Gästezahlen, aber man wollte wohl auch ein Zeichen setzen. Einige Politiker bezeichneten die Passagiere gar als »Heuschreckenplage«, die über die Stadt herfielen.

Die Geister, die ich rief

Der Ton war schon rauer geworden, als Ende 2018 die Kräne anrückten und den riesigen ikonischen Schriftzug ›I amsterdam‹ vor dem Rijksmuseum abbauten, jahrelang Anziehungspunkt und Selfie-Station für (junge) Touristinnen und Touristen. Der Stadtrat reagierte damit auf einen Antrag der Partei GroenLinks, die die Buchstaben – »I amsterdam« = »Ich bin (Am)sterdam« – als ein Symbol für den Massentourismus kritisierte.

Ersonnen hatte den Slogan die Agentur KesselsKramer im Jahr 2004. Er wurde tatsächlich zum Slogan der Stadt und ist bis heute eine Marke. Schließlich heißt auch die Touristeninformation so (die sich leider im hintersten Eck des Bahnhofs versteckt, auch das eine Botschaft?). Amsterdam wollte damals sein etwas angestaubtes Image modernisieren, weil es bei den Städte-Rankings nicht mehr auf den vorderen Plätzen landete. Kreativität, Innovation, Handelsgeist waren die Werte, die durch die Kampagne vermittelt werden sollten. Und die Identifikation von Bewohnern und Besuchern mit ›ihrer‹ Stadt. Objektiv betrachtet, war die Kampagne ein Erfolg, womöglich ein zu großer. Die Buchstaben wurden zum beliebten Foto-Stopp, und die Besucher- und Bewohnerzahlen sind seit der Kampagne rasant gestiegen.

Immerhin tauchte der Schriftzug 2024 als temporärer Gag wieder auf – in Miniaturform zum beliebigen Platzieren, Filmen und Fotografieren und natürlich auch zum Posten auf TikTok und Instagram, versehen mit der Frage: Ist die Größe wirklich wichtig? Kommentar auf Insta: Mir fehlt das Original! Dem Kommentierenden zum Trost: Ausgerechnet am Flughafen Schiphol, Sinnbild für Massentourismus und Umweltbelastung und weit weg vom Zentrum, stehen sie noch, die echten großen Buchstaben. ■

Adieu ›I amsterdam‹! Jetzt steht der Schriftzug frisch poliert am Flughafen Schiphol.

Ketten brechen

Keti Koti — ein buntes Fest und eine Erinnerung an die Zeit der Sklaverei.

Time to kick the habit Holland
HARRIET TUBMAN SAYS
KETI KOTI 2014
DUTCH SLAVERY HERITAGE
EMANCIPATE From Mental SLAVERY

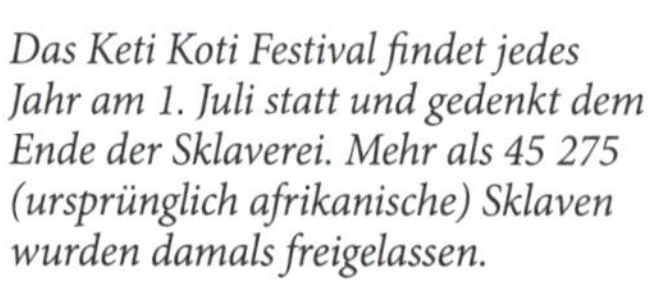

Das Keti Koti Festival findet jedes Jahr am 1. Juli statt und gedenkt dem Ende der Sklaverei. Mehr als 45 275 (ursprünglich afrikanische) Sklaven wurden damals freigelassen.

Das »Denkmal der 11 000 Namen« listet alphabetisch die Namen der surinamischen Familien auf, die von den Niederländern versklavt wurden.

Die Sklavenhändler erhielten als Entschädigung 1863 von der Regierung für jeden Sklaven den Marktwert.

1863 schafften die Niederlande als letzte Kolonialmacht die Sklaverei in ihren Überseegebieten ab. Tatsächlich aber wurden die Menschen noch weitere zehn Jahre auf den Plantagen zur Arbeit gezwungen.

Keti Koti ist auch ein buntes, ein fröhliches Fest. Viele der Feiernden kommen in traditioneller kreolischer Tracht oder in einer frei interpretierten Variante. Auch surinamische und antillianische Fahnen sind willkommen. Je bunter, je besser.

In den Niederlanden wohnen zurzeit knapp 360 000 Menschen mit einem surinamischen sowie gut 171 000 Menschen mit einem antillianischen Hintergrund.

Zum Festival gehören der Marsch in traditioneller Kleidung vom Rathaus (Stopera) bis zum Oosterpark sowie die offizielle Gedenkfeier und die Kranzniederlegung am Sklaverei-Denkmal. Danach wird gefeiert, gegessen, getrunken, getanzt.

Keti Koti bedeutet im Kreolischen ›zerbrochene Ketten‹ und ist ein Fest für Freiheit, Gleichheit und Solidarität.

A

DAS KLIMA IM BLICK

Reisen bereichert und verbindet Menschen und Kulturen. Wer reist, erzeugt auch CO_2. Der Flugverkehr trägt in erheblichem Maße zur globalen Erwärmung bei. Wer das Klima schützen will, sollte sich für eine schonendere Reiseform (z. B. die Bahn) entscheiden – oder die Projekte von atmosfair unterstützen. Atmosfair ist eine gemeinnützige Klimaschutzorganisation. Die Idee: Flugpassagiere spenden einen kilometerabhängigen Beitrag für die von ihnen verursachten Emissionen und finanzieren damit Projekte in Entwicklungsländern, die dort den Ausstoß von Klimagasen verringern helfen. Dazu berechnet man mit dem Emissionsrechner auf www.atmosfair.de, wie viel CO_2 der Flug produziert und was es kostet, eine vergleichbare Menge Klimagase einzusparen (z. B. Berlin – London – Berlin 14 €). Atmosfair garantiert die sorgfältige Verwendung Ihres Beitrags.

MIX
Papier | Fördert gute Waldnutzung
FSC® C018236

Susanne Völler und Anne Winterling reisen seit Jahren regelmäßig von Köln nach Amsterdam. Hinter dem Bahnhof steigen sie als Erstes auf die Fähre nach Noord und betrachten von der sonnigen Caféterrasse des Filmmuseums Eye das alte Zentrum auf dem gegenüberliegenden IJ-Ufer. Alt und Neu, finden sie, gehen in dieser Stadt am und im Wasser eine einzigartige Mischung ein: einerseits die Grachtenhäuser, die das Zentrum seit dem 17. Jahrhundert in mehreren Ringen umschließen, andererseits moderne Architektur und Industriebrachen, aus denen blühende Kunst- und Kulturprojekte entstehen, vielsagend ›Brutplätze‹ genannt. Altes bewahren, Modernes wagen und ganz viel Improvisationstalent – das macht Amsterdam für die beiden aus.

Abbildungsnachweis
Andy Dittrich, Köln: S. 242 **Anne Winterling,** Köln: S. 21 li., 79, 159 o. re., 177, 185, 186, 191, 229, 230, 258, 259 o., 259 u. li., 269, 275, 279 **AWL-Images,** Whitchurch (GB): S. 8 (Ian Trower) **Brouwerij 't IJ,** Amsterdam (NL): S. 169, 189 (Maarten Willemstein) **Deutsches Seemannsheim Amsterdam – Guesthouse Keizersgracht,** Amsterdam (NL): S. 29 **DuMont Bildarchiv,** Ostfildern: Umschlagklappe vorn, 23, 24, 25, 27, 37, 62 li., 62 re., 88 li., 89 M., 106, 109, 113, 158 li., 158 re., 159 li., 166, 193 o. re., 204, 213, 218 li.) **Getty Images,** München: S. 44 (Ana Fernandez/SOPA Images/LightRocket); 96 (NurPhoto/Romy Arroyo Fernandez) **Het HEM,** Amsterdam (NL): S. 121 o. re., 152 (Cassander Eeftinck Schattenkerk) **Huber-Images,** Garmisch-Partenkirchen: Titelbild (Kav Dadfar) **iStock.com,** Calgary (CA): S. 193 u. re. (Pipop_Boosarakumwadi); 26 (SrdjanPav) **laif,** Köln: S. 139 (Andreas Hub); 2/3 (Emile Luider/REA); 123 (hemis.fr/Fabrice Demier); 7 o. li., 28 (hemis.fr/Ludovic Maisant); 129 (hemis.fr/Rene Mattes); 34 re., 63 o. re., 87, 140, 146 (Hollandse Hoogte); 41, 296/297, 299 u. (Hollandse Hoogte/Berlinda van Dam); 254/255 (Hollandse Hoogte/Frans Lemmens); 238 (Hollandse Hoogte/Harold Versteeg); 301 re. (Hollandse Hoogte/Herman Wouters); 275 (Hollandse Hoogte/Kim van Dam); 55 (Hollandse Hoogte/Klaas Fopma); 295 (Hollandse Hoogte/Michael Potts); 288 (Hollandse Hoogte/Nico Koster); 65 (Hollandse Hoogte/Patrick Post); 30 (Joris van Gennip); 219 o. re., 237, 287 o., 287 u., 292 (Judith Jockel); 182 (Le Figaro Magazine/Stephan Gladieu); 265 (Miquel Gonzalez); 63 u. re. (REA/Fred Marvaux); 276/277 (REA/Jan Pierre Jans); 71, 74 (REA/Jean Pierre Jans); 212 (Redux/The New York Times/Herman Wouters); 161 (Redux/VII/Ed Kashi); 35 li., 56, 105, 120 li., 132, 263 (Thomas Linkel) **Mauritius Images,** Mittenwald: S. 118/119 (Alamy/botanikfoto/Steffen Hauser); 215 (Alamy/Frans lemmens); 217 (Alamy/History and Art Collection); 221 (Alamy/Jochen Tack); 235 (Alamy/Nick Gammon); 143 (Alamy/Wim Wiskerke); 98 (Alamy/Wiskerke); 89 u. re. (imagebroker/Hans Zaglitsch); 261 (Old Visuals); 218 re. (Rene Mattes); 91 (Travel Collection); 20 (Walter Bibikow); 32/33 (Werner Dieterich); 193 li., 208 (Westend61/Werner Dieterich) **Paula Völler,** Köln: S. 6, 19 M. **Shutterstock.com,** Amsterdam (NL): S. 35 u. re. (Alexey Pevnev); 195 (Harry Beugelink); 7 re. (Matt Ledwinka); 219 u. re. (Michael KN); 22 (Salvador Maniquiz); 7 u. li. (Sandra van der Steen) **Susanne Troll,** Köln: S. 50, 88 re., 121 M., 145, 179, 192 li., 192 re., 198, 203, 307 **Susanne Völler,** Köln: S. 14, 15, 16 o., 16 u., 18, 19 li., 34 li., 35 o. re., 47, 52, 59, 61, 63 li., 84, 89 o. re., 94, 101, 114, 120 re., 121 u. re., 131, 135, 149, 157, 219 M., 232, 244, 256/257, 259 u. re., 282, 284, 291, 298 o. li., 298 u. li., 298 re., 299 o., 300, 301 o. li., 301 u. li. **The Dots Movement,** Amsterdam (NL): 273 o., 273 u.

Umschlagfotos
Titelbild: Unterwegs mit dem Fahrrad,
Umschlagklappe vorn: Eye Filmmuseum

Kartografie
© KOMPASS-Karten GmbH, A-6020 Innsbruck; DuMont Reiseverlag, D-73751 Ostfildern

Autorinnen/Redaktion/Lektorat: Susanne Völler, Anne Winterling **Bildredaktion:** Susanne Völler, Anne Winterling, Titelbild: Susanne Troll **Grafisches Konzept und Umschlaggestaltung:** zmyk, Oliver Griep und Jan Spading, Hamburg

Hinweis: Autorinnen und Verlag haben alle Informationen mit größtmöglicher Sorgfalt geprüft. Gleichwohl erfolgen alle Angaben ohne Gewähr. Bitte schreiben Sie uns! Über Ihre Rückmeldung und Ihre Verbesserungsvorschläge freuen wir uns: DuMont Reiseverlag, Postfach 3151, 73751 Ostfildern, info@dumontreise.de, www.dumontreise.de

2., aktualisierte Auflage 2025

Printed in Poland

Offene Fragen*

Was machen all die Fahrräder in den Grachten?
Seite 279

Alles oranje – oder was?

Wo befindet sich der Regierungssitz der Niederlande?

Was macht das Stedelijk Museum in einer Badewanne?
Seite 181

Wie viel Apfel passt in ein Stück Kuchen?

Braut die Brouwerij ’t IJ wirklich mit Wasser aus dem IJ?

Amsterdamer stehen auf Kopfstöße. Wieso eigentlich?
Seite 131

Würden Sie gerne in einem Café essen, dessen Wände braun sind von Rauch?
Seite 129

Prostitution – ein Beruf wie jeder andere?
Seite 264

Warum zieht die Polizei vor allem Männerleichen aus den Grachten?
Seite 89

Was tut Rembrandt in einem Armengrab?
Seite 68

Wer war zuerst da – der Mensch oder die Mikroben?
Seite 81

Was wird in einem ›Brutplatz‹ ausgebrütet?
Seite 231

** Fragen über Fragen – aber Ihre ist nicht dabei? Dann schreiben Sie an info@dumontreise.de. Über Anregungen für die nächste Ausgabe freuen wir uns.*